LES APPARITIONS À TREVIGNANO ROMANO

Une révélation capitale pour notre temps

Recueil réalisé par Fabienne Guerrero

Nous n'entendons pas anticiper le jugement de l'Eglise au sujet des apparitions de Trevignano Romano et nous nous y soumettrons dès que celle-ci se prononcera.
Nous publions ces messages dans un but d'information comme le permet l'Eglise Catholique depuis que le pape Paul VI abolit le canon 1399 qui interdisait les publications au sujet des nouvelles apparitions. (14.10.1966)

Avertissement aux lecteurs : Les messages de Trevignano sont donnés en Italien, ils sont donc traduits en français. Attention, 'traduction' égale 'trahison', donc il faut prendre un peu de recule et ne pas trop s'attacher à la lettre. Cela n'empêche pas l'immense intérêt du message de Trevignano.
Gisella, qui est la messagère, ne souhaite pas montrer ses stigmates et autres marques du Ciel sur son corps, c'est pourquoi nous avons laissé juste les messages.

Un « Nihil obstat » a été accordé par un Archevêque
pour la traduction polonaise du livre :
« W drodze z Maryją » (En chemin avec Marie)
publié par les Editions Segno, contenant le récit des apparitions et les messages jusqu'en 2018.

Editions La Bonne Nouvelle
8 rue Roger Levy
47180 Sainte Bazeille
France

Site : labonnenouvelle.fr
Tel: 05.53.20.99.86

Préface

Depuis des années, Fabienne est très attentive aux manifestations de grâce offertes au peuple de Dieu et à l'humanité, en raison des messages forts qu'elles véhiculent, pour aider les croyants à persévérer sur le chemin de la foi et de la conversion. Elle sait que les nombreuses apparitions de la Vierge Marie, à travers l'histoire chrétienne et l'histoire de l'humanité, sont toujours riches en enseignements et en encouragements sur le chemin de l'espérance.
Dieu qui a choisi la fille de Sion pour qu'elle devienne la mère de son Fils, a mis sa confiance en elle, en faisant d'elle la médiatrice de grâce, au long des âges, pour le bonheur de ses enfants. Sa présence aux croyants doit être saluée avec reconnaissance, dans le souvenir de son Magnificat. « Le Seigneur fit pour moi des merveilles. Saint est son Nom » ; « Son amour s'étend d'âge en âge sur ceux qui le craignent ». Il fait voir cet amour dans les visites qu'il rend à son peuple, en se servant de sa servante pleine de grâce, entièrement disponible pour l'œuvre de son Dieu.

En écrivant « Les apparitions à Trevignano Romano. Une révélation capitale pour notre temps ! », Fabienne accomplit un véritable apostolat, à la suite de Gisella l'élue de Notre Dame de Trevignano, dans l'amour même de Jésus qui l'a choisie. On peut, en effet, remarquer son intérêt capital pour le don de Jésus, qui s'est livré pour la vie du monde. Elle nous partage de nombreux messages qui nous arrivent, non seulement de la vierge Marie, mais aussi de son divin Fils, et même de Dieu le Père qui se sont adressés directement à Gisella. Notre époque a besoin de s'arrêter sur ces messages, dans un contexte de graves dangers qui menacent le monde de façon imminente. Le livre, peut-on dire, est écrit au bon moment. Il est tout simplement d'actualité. Le lecteur ou la lectrice pourra en faire aisément le constat. Il lui suffira de réunir, au long des pages, les avertissements, les conseils et recommandations que donne Notre Dame à Gisela, pour qu'elle les transmette à l'Église et au monde. La crise de Covid-19 par exemple, lui a été annoncée, à travers la prophétie sur la peste et les nouvelles maladies (10 septembre 2019).

L'apostolat de Fabienne rejoint la mission de Gisella. Loin de consister à annoncer des malheurs, sa mission va plutôt en droite ligne de la révélation du dessein de Dieu, qui veut répandre seulement sa miséricorde sur ses enfants. Mais cela passe nécessairement par des avertissements et des appels à la conversion et à la prière, afin d'aider les croyants à s'unir à Dieu, en s'éloignant de tous les pièges de Satan.

Dans les messages de la Vierge Marie, auxquels le livre nous fait accéder, l'attention se porte surtout sur le salut de Dieu donné aux hommes par Jésus qu'elle a mis au monde par l'action du Saint-Esprit. En lisant donc « les apparitions de Trevignano Romano », il faut viser, avant tout, la reconnaissance à Dieu, lui qui se penche sur son humble servante à travers les âges, pour annoncer la joie du salut à ses enfants. Le message du 22 avril 2022 nous éclaire dans ce sens, avec cette belle promesse : « Dieu purifiera cette terre de ses ennemis et de la puanteur ». Clairement, avec pertinence, Fabienne insiste sur les exigences du salut, et nous convie sur le terrain de la confiance : « Faites confiance et vous serez sauvés » (Trevignano 18 mars 2017). Et cette confiance se fortifie par la prière avec ces appels répétés qui traversent les nombreux

messages de la mère du Sauveur : « Priez, Priez, Priez ».
Il faut y mettre le cœur, car « La prière n'est pas un chant distrait mais une douce musique qui vient du cœur ».

Enfin, on peut remercier l'auteure du livre pour sa façon d'être missionnaire de la Bonne Nouvelle, basée sur la disponibilité et l'obéissance à la volonté de Dieu.
Son témoignage de fidélité aux messages de Dieu livrés dans les apparitions de la Vierge Marie, peut nous aider à faire de même, c'est-à-dire, à prendre part à l'annonce du temps de grâce que Dieu offre au monde, en restant attentifs aux nombreuses révélations qu'il fait, en envoyant au monde ceux et celles que son amour choisit. Et ce temps de grâce est étroitement relié au message donné le 3 décembre 2016 à Trevignano Romano : « Aimez mon Fils et repentez-vous avec le cœur afin qu'il anticipe encore sa venue ; rappelez-vous que Dieu est miséricordieux, mais aussi juste. Priez pour l'Église. ». Est-il besoin de dire qu'un tel message a tout ce qu'il faut, pour être entendu par les hommes et les femmes désireux d'être en paix avec Dieu et avec eux-mêmes ?

Merci à Fabienne pour son souci constant d'accepter que le Seigneur se serve d'elle, pour toucher les cœurs, pendant qu'il est encore temps de se tourner vers son salut. Que son rayonnement missionnaire dans la simplicité évangélique, inspire tous ceux et celles qui bénéficieront de ses écrits empreints de beaucoup d'amour pour Jésus, et aussi pour les hommes et les femmes qu'il veut sauver.

Père Victorien
Vicaire général

TRÉVIGNANO, UNE RENCONTRE CÉLESTE !

Avant-propos par Thierry Fourchaud

Le début de l'histoire

Chers amis, le 7 mars 2023, avec un groupe de pèlerins, nous nous sommes rendus à Trévignano Romano, un petit village pas très loin de Rome en Italie. Pourquoi ? Car depuis mars 2016, Gisella et son mari Gianni vivent des évènements extraordinaires. En effet, ayant rapporté une statue de la Reine de la Paix de Medjugorje, voilà que celle-ci s'est mise à pleurer des larmes de sang. Depuis, la Vierge apparaît parfois à Gisella durant la prière du Rosaire. Elle donne des messages sur les temps que nous vivons avec paroles simples à suivre ainsi que des appels à la conversion et à la prière.

Un message à part le - 28 septembre 2019

Mes enfants bien-aimés, merci d'avoir écouté mon appel dans vos cœurs. Priez, priez, priez pour la paix et pour ce qui vous attend. **Priez pour la Chine parce que de nouvelles maladies vont venir de là-bas, tout est déjà prêt pour infecter l'air de bactéries inconnues.**

Priez pour la Russie car la guerre arrive.

Priez pour l'Église, car les combattants arrivent et l'attaque sera désastreuse, ne vous laissez pas tromper par des loups déguisés en brebis, tout va bientôt prendre un grand tournant. Regardez le ciel, vous verrez les signes de la fin des temps. Je serai avec vous jusqu'à la fin de la prière. Maintenant je vous bénis au nom du Père, du Fils et du Saint-Esprit, Amen.

Quelques mois plus tard nous avions le début de la crise mondiale du Covid 19 et plus tard le début de la guerre entre la Russie et l'Ukraine.

Que dit l'Eglise : L'évêque local de Civita Castellana semble avoir tranquillement soutenu Gisella Carda, ayant donné accès dès le début à une chapelle pour l'afflux massif de visiteurs qui ont commencé à se rassembler dans la maison de Cardia pour prier, une fois que la nouvelle des apparitions a commencé à se répandre.

Notre petit moment à Trevignano

Bref, nous sommes arrivés à Trevignano avec un car de pèlerins. La première chose qui nous a tous frappés c'est l'accueil simple et fort sympathique de Gisella et Giani. C'est un couple tout simple que la Vierge a choisi, pas des gens mystiques du tout, mais plus un couple bien les pieds sur terre. La pureté de leur regard me rappelle un peu Bernadette de Lourdes ou Edson d'Amazonie. Comme le padre Pio, Gisella porte des mitaines, nous sommes en plein carême et visiblement elle est stigmatisée mais elle ne veut pas en parler. Elle est bouleversante de gentillesse et de bonté (voir son sourire sur la photo), un peu comme Viska à Medjugorje.

C'était la première fois qu'un car français arrivait en ce lieu et nous avons vécu d'abord un chapelet tous ensemble, puis un témoignage de Gisella et enfin un autre temps de prière et de bénédictions.

L'essentiel : Ce que je retiens c'est la simplicité de ce couple qui est au milieu d'un énorme combat spirituel car les médias italiens se sont emparés de leur histoire. Il nous faut beaucoup prier pour eux car le couple ne cherche qu'à transmettre les appels répétés de Notre maman du Ciel.
Bref, avec notre groupe nous sommes restés quelques heures sur place et lorsque est venue l'heure de partir, nous étions tous bouleversés et émus, nous étions devenus amis, je dirais même plus, frères et sœurs dans le Christ.

Un appel du Ciel
Il nous faut lire ces messages avec le coeur, notre maman céleste, son Fils Jésus et même Dieu le Père nous parlent avec amour, bonté et tendresse. Cependant les appels sont pressants. Jésus nous dit : *Vous savez interpréter l'aspect de la terre et du ciel ; mais ce moment-ci, pourquoi ne savez-vous pas l'interpréter ?* (Lc 12, 54-56)

Que voyons-nous clairement ?
5 fléaux menacent notre monde :
- les catastrophes climatiques
- les crises économiques
- les épidémies
- les guerres et aussi le risque d'une nouvelle guerre mondiale
- la culture de mort

L'humanité est en train de se détruire toute seule... MAIS Dieu a un plan de Salut à découvrir dans ce livre.

Face à cela Notre Seigneur, la Mère de Dieu et les prophètes de tout temps, nous appellent sans cesse à la conversion.

« Pénitence ! Pénitence ! Pénitence ! »
Nous dit Notre Dame de Lourdes le 24 février 1858. Mais qu'elle est véritablement notre réponse ?

Le combat spirituel final. Le futur Jean-Paul II, le Cardinal Karol Wojtyla, disait le 9 novembre 1976 : « Nous sommes aujourd'hui face au plus grand combat que l'humanité ait jamais vu. Je ne pense pas que la communauté chrétienne l'ait compris totalement. Nous sommes aujourd'hui devant la lutte finale entre l'Eglise et l'Anti-Eglise, entre l'Evangile et l'Anti-Evangile. »

Ne méprisez pas les prophéties, mais discernez la valeur de toute chose : ce qui est bien, gardez-le.' (cf 1 Th 5, 20) Sachons les regarder avec discernement et Foi. Nous devons nous réveiller et prendre les bonnes armes. Faire les bons choix. C'est une question de vie ou de mort. Jésus et saint Jean-Paul II nous disent ensemble : N'ayez pas peur !

Engageons-nous !
Prions en tout temps, seul, en famille, entre amis, en église. La Vierge Marie aussi recrute une armée pour le triomphe de son Cœur Immaculé, porte ouverte à l'avènement du Christ en gloire. Alors entrons dans l'armée du Ciel, c'est la meilleure chose à faire pour nous et pour notre entourage ! Souvenons-nous de la promesse de Marie à Fatima, « A la fin mon Cœur Immaculé triomphera ! »

QUE DIEU NOUS BÉNISSE !

Notre Dame a dit :
"Cette image fera le tour du monde."
Cette image numérique représente l'apparition de Notre Dame des douleurs au camps des roses à Trevignano Romano en Italie le 3 février 2022.

INTRODUCTION

A Trevignano Romano, une petite ville pas loin de Rome en Italie, surplombant la rive nord du lac de Bracciano, depuis 2016, la Vierge Marie et son fils Jésus apparaissent continuellement à Gisella Cardia à qui ils confient des messages à diffuser à l'humanité.

Tout a commencé par un voyage que la mystique et son mari ont effectué sur le célèbre site marial de Bosnie-Herzégovine en 2014 afin de remercier la Vierge pour leur union sacramentelle.
Au cours de ce voyage, le couple a été attiré par la beauté de la statue de la Sainte Vierge placée dans l'église de Tihaljna (une petite ville à 20 km de Medjugorie), où ils ont rencontré une belle dame mystérieuse. Cette rencontre a marqué le début d'une série d'événements surnaturels :
- Blessures de la Passion de Jésus sur le corps de la Mystique pendant le Carême,
- Emogrammes,
- Ecrits et images apparus sur les murs de la maison du couple,
- Statue qui pleure des larmes de sang, (Gisella Cardia dans une interview le 11 avril 2023 : Le sang des larmes de la statue a été analysé par les Ris carabinieri en présence de l'évêque et ils ont demandé à mon mari et à moi un échantillon d'ADN. Les analyses ont été réalisées en 2016, mais les résultats n'ont pas encore été dévoilés).
- Signes du ciel.

Témoignages de l'amour de Marie

À Trevignano Romano, dans la province de Rome, depuis 2016, la Vierge, mais aussi Jésus et, à certaines occasions, Dieu le Père, se manifestent à une mystique nommée Gisella à qui ils confient des messages importants pour l'humanité : le mal se répand dans la société, l'Église connaît une période de forte apostasie (premier sceau de l'Apocalypse) ; le châtiment de Dieu, la fin des temps (et non du monde) et la seconde venue de Jésus sont imminents. La conversion du cœur, la prière du Saint Rosaire et la confiance totale en Dieu sont les instruments indiqués par le Ciel pour surmonter ces épreuves difficiles qui attendent l'humanité.

Dans les messages de 2019, on perçoit une préoccupation accrue de la Sainte Vierge pour le salut des âmes : des recommandations, on passe aux constatations ; les avertissements sont flanqués d'annonces d'événements qui devront se produire dans un avenir proche. Comme témoignage de la gravité particulière du moment, au cours des douze derniers mois, Dieu le Père s'est également manifesté à Gisella (une circonstance inhabituelle dans le panorama des mystiques) en lui confiant des messages de grande valeur : "L'Apocalypse est le livre que vous devez lire pour ces temps nouveaux qui vont venir." (message du 31 décembre 2018).

La caresse de Marie

Le 28 septembre 2019, à Trevignano Romano, dans la province de Rome, la Vierge a confié à Gisella, une dame d'origine sicilienne dotée de nombreux dons mystiques, le message suivant : "Priez pour la Chine car de nouvelles maladies viendront de là-bas, tout est prêt pour infecter l'air par des bactéries inconnues".

Quelques mois plus tard, la propagation du virus COVID-19 a changé de manière irréversible le destin de l'humanité.
L'écho de cette incroyable prophétie s'est répandu rapidement: de la Pologne à l'Uruguay, des États-Unis au Royaume-Uni, de nombreux sites Internet et une importante presse religieuse ont commencé à traiter des révélations de Notre-Dame de Trevignano, suscitant l'intérêt de centaines de milliers de personnes ; la renommée de la petite ville du Latium , visitée par le Ciel, a acquis une dimension internationale.

Mais que se passe-t-il à Trevignano Romano ?
En ce lieu, depuis le 21 avril 2016, la Vierge mais aussi Jésus et, à certaines occasions, Dieu le Père se manifestent à Gisella et lui confient des messages importants pour l'humanité : le mal se répand dans la société ; l'Église vit une période de forte apostasie ; le châtiment de Dieu, la fin des temps et la seconde venue de Jésus sont imminents. Au fil du temps, le contenu des révélations de la Sainte Vierge est devenu plus significatif tant au niveau spirituel qu'au niveau de l'ordre politique et institutionnel qui se dessine dans le monde.
Dans les premières apparitions, les messages de la Vierge concernaient principalement les calamités naturelles qui affecteraient les différentes régions de la planète ; par la suite, ils ont commencé à dénoncer la propagation de l'apostasie dans l'Église et la société, puis ils se sont concentrés sur les risques que la prise de contrôle par les forces du mal de l'économie mondiale faisait courir à la religion catholique et à l'ordre de la planète entière.

Et l'Église Catholique ?
L'Église, par l'intermédiaire du diocèse de Civita Castellana, suit de près ces événements. Quatre livres ont déjà été écrits sur les événements de Trevignano, dont deux ont été traduits en polonais et ont rencontré un grand succès. Il est nécessaire que l'humanité entière accepte les invitations du Ciel, qu'elle renverse les tendances négatives de la société et qu'elle se rassemble à nouveau autour de la Sainte Vierge avec une foi renouvelée.

L'évêque local de Civita Castellana semble avoir tranquillement soutenu Gisella Carda, ayant donné accès dès le début à une chapelle pour l'afflux massif de visiteurs qui ont commencé à se rassembler dans la maison de Cardia pour prier, une fois que la nouvelle des apparitions a commencé à se répandre.

Quelques années avec Jésus et Marie
Ce livre contient l'intégralité de nombreux messages que, ces dernières années, la Vierge Marie, Jésus et Dieu le Père ont envoyés, par l'intermédiaire de Gisella, à l'humanité afin d'avertir les fidèles des très graves dangers qui menacent le monde et de faire connaître le plan céleste tracé pour son salut.

" Moi, Jésus-Christ, j'ai amené mes Apôtres dans ce jardin, et après le souper, après avoir rempli six jarres de vin, source de mon sang, j'ai donné le pain rompu pour tous, pour la rémission des péchés, et j'ai dit : "Prenez et mangez-en tous, ceci est mon Corps livré pour vous".
Ceci est le Pain, prenez-le et mangez-le, vous tous ".
Ils ont marché vers Moi, deux par deux. J'ai mis le Pain sur leurs langues - je ne l'ai pas donné sur leurs mains - et ils l'ont

avalé comme une Lumière. Quand Judas s'est approché, je lui ai donné le Pain et lui ai dit : "Maintenant va et fais ce qui est écrit" ; Son visage est devenu gris et il s'est enfui, les démons l'ont accompagné pour faire ce qu'il devait faire... son visage était sombre ainsi que son cœur.
Voici, maintenant tout va s'accomplir. Dis-le, ma fille, dis-le... (L'Institution de l'Eucharistie racontée par Jésus lors de l'extase de Gisella le 1er avril 2021, Jeudi Saint).

Gisella et Gianni Cardia racontent les débuts de cette belle histoire

“Tout a commencé en mars 2016, mais nous croyons fermement que le véritable début coïncide avec la consécration de notre mariage. Des signes et des manifestations extraordinaires ont marqué nos cœurs. Une statuette achetée à Medjugorje représentant la Reine de la Paix a pleuré de l'eau et du sang. Une peinture de la Miséricorde Divine achetée sur la place Saint-Pierre pleurait du sang et de l'eau.
Avec la première apparition de la Sainte Vierge, nos vies ont changé. Elle nous a montré le chemin et une mission à remplir: réaliser ses plans de conversions et de retour à Notre Père. Maintenant, la Sainte Vierge apparaît lors de la récitation du Saint Rosaire et au-delà. Elle laisse des messages de conversion et de préparation aux événements qui toucheront l'humanité. Nous les avons collectés et transcrits depuis le début. Notre Mère Immaculée nous a demandé de les diffuser afin que tous puissent méditer et être rachetés avant la fin des temps. Nous avons une mission dictée par les plans de la Sainte Vierge et personne ne peut entraver ce chemin.
Méditez et priez beaucoup avec votre cœur, où que vous soyez, pour le salut de toutes les âmes du monde.”

Gisella et Gianni

Les messages

Le contenu des messages reçus par Gisella converge très étroitement avec le "consensus prophétique" représenté par d'autres sources contemporaines crédibles (Luz de Maria de Bonilla, Pedro Regis...)

Il existe des preuves dans plusieurs vidéos de phénomènes solaires en présence de plusieurs témoins pendant la prière sur le site des apparitions, similaires aux phénomènes du «Soleil dansant» à Fatima en 1917 ou attestés par le Pape Pie XII dans les jardins du Vatican juste avant la proclamation du dogme de l'Assomption en 1950.

La familiarité avec l'histoire des apparitions mariales suggère que ces miracles devraient être considérés comme des confirmations de l'authenticité des communications célestes.

ANNÉE 2016

Le tout début... Trevignano Romano - 21 avril 2016

(Gisella) 15h30. Alors que j'étais avec mon mari allongée sur le lit à regarder la télévision, j'ai entendu une voix qui m'appelait. J'ai demandé à mon mari de baisser le volume de la télévision et, en me tournant vers la statuette posée sur la commode, j'ai vu la Madone enveloppée d'un voile blanc et d'une cape de couleur bleu céleste. En larmes, j'ai dit à mon mari : « La Madone ! La Madone ! » et instinctivement, nous nous sommes agenouillés tous les deux au pied du lit.

Elle a souri et m'a dit :« Ma fille, je suis la Sainte Vierge, n'aie pas peur, je t'ai choisie parce que tu es pleine d'amour et d'espérance et c'est sur cela que la vie doit être fondée. Je vous enverrai beaucoup de personnes qui ont besoin d'être converties, ne fermez pas les portes mais ouvrez-les afin que tous puissent voir et apprendre à aimer mon Fils Jésus.

Je reviendrai bientôt et eux aussi (en faisant référence aux membres de ma famille) sentiront ma présence avec un signe de ma part.

Je vous bénis au Nom du Père, du Fils et du Saint-Esprit, Amen.

À la fin de l'apparition, tous les membres de ma famille présents dans la maison ont entendu un tintement de cloches.

Trevignano Romano - 28 avril 2016

Ma fille, mon cœur souffre de l'injustice, du manque de confiance dans les signes que Dieu vous envoie du ciel. La foi se manifeste également en acceptant le Seigneur avec humilité et confiance. Écoutez ce que Dieu vous dit et ne résistez pas à son appel. Méditez !

Cette mère veut déverser son amour pour vous afin de préparer vos cœurs à son Fils. Acceptez ma bénédiction et ma protection. Je vous bénis au Nom du Père, du Fils et du Saint-Esprit, Amen.

Trevignano Romano - 30 avril 2016

Ma fille, ne désespère pas, je te suivrai. Aidez les autres à prier, à se rapprocher de Dieu le Créateur. Mon cœur saigne parce que le temps s'approche maintenant et parce que l'Église est très confuse et obscurcie. N'oubliez pas que ce n'est qu'avec la prière que vous aurez l'éternité.
Je vous bénis au Nom du Père, du Fils et du Saint-Esprit.

Trevignano Romano - 02 mai 2016

Mon enfant, les trois jours d'obscurité arrivent. La nuit sera très froide. N'ayez pas peur, car quiconque croit en mon Fils sera sauvé. J'insiste pour vous demander de prier le Rosaire et celui qui l'enseignera aux autres aura la tête ceinte de perles de miséricorde et de gloire pour toutes les âmes qu'il aura sauvées. Je vous bénis au Nom du Père, du Fils et du Saint-Esprit, Amen.

Trevignano Romano - 14 mai 2016

Ma fille dit à l'évêque de ne pas cesser de se battre. Il doit prier pour le monde, car Satan n'arrêtera pas de prendre toutes les âmes, même celles qui sont proches de lui.
Rassurez-vous, votre famille a ma bénédiction, mais vous aussi devrez vous battre pour les prières que je vous demande et surtout pour les conversions, je serai toujours à vos côtés.
Je pleure pour les mauvaises décisions que prennent les gouvernants et pour l'Église, qui est en grande difficulté, surtout le Pape, priez pour eux afin que les choix qu'ils font ne soient

décidés que par le cœur. Je vous bénis au Nom du Père, du Fils et du Saint-Esprit, Amen.

Trevignano Romano - 25 mai 2016
Chers enfants, je reconnais vos peines, priez et je serai proche de vous. Priez Jésus et vous serez victorieux.
Priez pour ceux qui ne croient pas.
Ne cessez pas, il y a tant de personnes qui ont besoin d'être rachetées et toutes vos souffrances ne seront pas perdues.
Ne cessez pas de prier. Je vous bénis au Nom du Père, du Fils et du Saint-Esprit, Amen.

À cette occasion, la Vierge a prié en araméen sur toutes les personnes présentes pendant la récitation du Saint Rosaire.

Trevignano Romano - 29 mai 2016
Chers enfants, je vous remercie et je suis très heureuse parce que vous êtes réunis ici aujourd'hui aussi. Vous êtes mes apôtres. Ne vous laissez pas tenter par Satan car il est fort, mais avec la prière vous le vaincrez. Jésus vous donne sa bénédiction, ainsi que moi, votre Mère.
Je vous bénis au Nom du Père, du Fils et du Saint-Esprit.

Pendant la récitation du Saint Rosaire, la Vierge tenait le petit Jésus dans ses bras et à la fin, ouvrant ses bras, elle nous a tous enveloppés dans son manteau céleste et a donné sa bénédiction au Nom du Père, du Fils et du Saint-Esprit, Amen.

Trevignano Romano - 1er juin 2016
Ma fille, je suis heureuse d'être ici. Il faut qu'il y ait des conversions parce que Dieu est pressé. Vos noms sont gravés dans mon Cœur Immaculé et chacun aura sa propre récom-

pense pour avoir favorisé mes plans. N'ayez pas peur. Je vous bénis au Nom du Père, du Fils et du Saint-Esprit, Amen.

Trevignano Romano - 11 juin 2016
Mes enfants, merci d'être là, toujours plus nombreux. Je vous toucherai un par un afin que vous puissiez apporter ma bénédiction aux nécessiteux et à vos familles. Aimez mon Fils car c'est Lui qui m'envoie toucher la terre. Agenouillez-vous et soyez humbles. Je vous bénis au Nom du Père, du Fils et du Saint-Esprit, Amen.

Trevignano Romano - 14 juin 2016
Mes enfants, je vous remercie encore une fois d'être ici avec moi. Merci de m'avoir cherchée. Merci de m'accueillir dans vos cœurs. Aimez mon Fils car il est l'unique vérité. Vous êtes sur le bon chemin, je vous donnerai beaucoup de grâces pour vous donner un signe de ma présence. Merci, mes apôtres.
Avec le cœur de votre mère, vous recevrez ma bénédiction au Nom du Père, du Fils et du Saint-Esprit, Amen.

Trevignano Romano - 18 juin 2016
Chers enfants, je suis très heureuse aujourd'hui encore parce que vous avez répondu dans vos cœurs à mon appel.
Je vous en prie, il n'y a plus de temps, convertissez-vous et récitez le Rosaire. Ne résistez pas à mon appel, priez pour les prêtres qui se perdent, ils sont aveugles et sourds. Dites-leur d'aller dans les foyers et dans les rues pour le salut d'autant d'âmes que possible. Je vous aime et si seulement tout le monde savait à quel point mon amour pour vous est grand !
Jésus vous pardonne vos péchés et moi, toujours avec mon Fils, je vous bénis au Nom du Père, du Fils et du Saint-Esprit, Amen.

Puis elle ajoute : Après la France, ce sera le tour de Rome où il y aura un grand tremblement de terre. Le Vatican va souffrir d'une grande douleur. En son sein, en ce moment, il y a des cardinaux et des évêques qui seront contraints de choisir la voie du mal, en se détournant de la seule vérité qui mène au Père.
Écoutez les vents de la guerre.
La Russie se prépare.
La pestilence, la misère et la variole s'abattront sur Rome, apportant la mort et le désespoir.

À la fin de ce message, la Sainte Vierge montre le soleil, et je remarque qu'il a tourné sur lui-même plusieurs fois.

Trevignano Romano - 21 juin 2016
Chers enfants, merci d'être là et merci aux personnes qui ont accepté mon appel aujourd'hui. N'oubliez pas que seule la vérité vous rendra libres.
Récitez avec moi trois fois le Notre Père.
Priez pour les prêtres, pour le Pape, pour les évêques et les cardinaux, afin que ma lumière puisse toucher leur cœur.
Je donnerai des signes de ma présence à ceux qui ne croient pas. Merci mes apôtres, je vous bénis au Nom du Père, du Fils et du Saint-Esprit, Amen.

À cette occasion, la Vierge a ajouté : Priez pour le pape, car son pontificat sera court. Pendant les trois jours d'obscurité, prenez des bougies bénies ; ceux qui les gardent allumées ne seront pas touchés par les démons.
Ma fille, aide-moi pour la conversion de mes enfants ; Toi et ton mari êtes ceux que je veux à mes côtés pour mes demandes et je sais que vous accomplirez la tâche que je vous ai confiée.

Merci mes enfants, votre Mère.

Trevignano Romano - 25 juin 2016

Mes enfants, merci d'être encore là aujourd'hui.

Permettez aux rayons lumineux de mon Fils d'entrer dans vos cœurs. Je dis et je continue à répéter : Soyez humbles, pas seulement pendant la prière, mais tous les jours.

Lorsque vous priez, il n'est pas nécessaire de nommer une à une les personnes qui vous tiennent à cœur, car je connais vos besoins, un à un et les noms des personnes qui vous sont chères. Je vous remercie et, avec Jésus, je vous bénis au Nom du Père, du Fils et du Saint-Esprit, Amen.

Trevignano Romano - 28 juin 2016

Chers enfants, chers enfants… merci d'être encore là, si nombreux même aujourd'hui. Je suis très heureuse.

Quelqu'un demande pourquoi mes apparitions ont lieu pendant le Rosaire.

La réponse est simple, parce que je suis la Reine du Rosaire.

Ma fille, toi et ton mari devez être l'exemple pour tous les couples, c'est pourquoi je vous ai choisis, pour le grand amour et la grande paix que vous avez dans vos cœurs, parce que malheureusement le diable s'est infiltré dans les familles et les a détruites. La force du Rosaire est l'arme gagnante et puissante. Mes enfants, priez pour le Pape, car il est obligé de prendre des décisions qui ne viennent pas de son cœur.

S'il vous plaît, intensifiez les chapelets car les délais sont très courts. Il n'y a plus de temps. Merci mes apôtres.

Je vous bénis au Nom du Père, du Fils et du Saint-Esprit, Amen.

À cette occasion, l'image de la Miséricorde Divine a suinté abondamment devant toutes les personnes présentes, suscitant l'étonnement et la dévotion. Un témoignage très fort à l'attention de toutes les personnes présentes.

Trevignano Romano - 2 juillet 2016
Chers enfants, merci d'avoir répondu à l'appel de votre Mère.
Je suis ici parce que Jésus m'a envoyée.
N'ayez pas peur, mes messages ne sont pas défaitistes.
Je veux que vous croyiez en un Dieu unique et que vous embrassiez la croix de mon Fils. Je vous bénis au Nom du Père, du Fils et du Saint-Esprit, Amen.

Trevignano Romano - 05 juillet 2016
Merci mes enfants d'avoir répondu à mon appel dans vos cœurs. Aujourd'hui, il y a beaucoup de nouvelles personnes.
Je sécherai vos larmes et ne permettrai pas à Satan de vous attaquer. Priez le Saint Rosaire. Je vous bénis au Nom du Père, du Fils et du Saint-Esprit, Amen.

Trevignano Romano, 09 juillet 2016
Merci mes enfants, aujourd'hui les jeunes sont ici dans cette maison bénie. Je vous aime tous. Je vous bénis au Nom du Père, du Fils et du Saint-Esprit, Amen.

A cette occasion, pendant l'apparition, la Madone a demandé à Gisella de donner sa caresse à tous ceux qui étaient présents.

Trevignano Romano - 12 juillet 2016
Chers enfants, je suis très heureuse parce que vous êtes si nombreux aujourd'hui encore, mais aujourd'hui je suis aussi un peu triste, parce que certains d'entre vous ont le cœur dur, je vous ai donné tant de grâces mais vous continuez à ne pas

comprendre ma présence.
Je vous prends par la main, mais vous continuez à errer, ne vous laissez pas piéger. Prenez l'Eucharistie parce que mon Fils y est. Puis, priant sur toutes les personnes présentes, elle a dit : Portez ma Bénédiction à vos familles. Je vous bénis au Nom du Père, du Fils du Saint-Esprit, Amen.

Trevignano Romano - 16 juillet 2016
Chers enfants, merci d'avoir répondu à mon appel dans vos cœurs. Merci pour la présence des jeunes, aujourd'hui je vous demande la paix et l'amour pour vos frères et sœurs et pour ceux qui sont dans le besoin.
Je vous demande de vous aimer vous-mêmes, comme mon Fils l'a fait avec ses frères.
Mon Fils est tout proche et vous le verrez descendre d'un grand nuage blanc. Je vous en prie, mes enfants, accrochez-vous au Rosaire qui est la seule arme pour se défendre du mal. Pour chaque « Ave Maria » dit avec le cœur, je donnerai une grâce ! Je vous bénis au Nom du Père, du Fils et du Saint-Esprit, Amen.

À cette occasion, la Reine du Rosaire a demandé que les messages reçus jusqu'à présent soient diffusés afin que tous les peuples puissent les méditer.

Trevignano Romano - 23 juillet 2016
Chers enfants, je vous remercie encore pour les nouvelles personnes, pour l'appel que vous avez entendu dans vos cœurs.
Merci de vous être réunis ici aujourd'hui, le Seigneur vous donne la Grâce, le don de la sagesse, de l'espérance, de la connaissance, mais vous devez écouter le message de Jésus, vous devez ouvrir vos cœurs.

Je pleure pour les moments difficiles qui vous attendent, ayez du courage, je suis près de vous et je le serai toujours pour vous protéger de tout mal.
Ne vous éloignez pas de moi, car je vous aime et mon plus grand désir est de vous faire entrer dans mon Royaume, dans mon nouveau monde sur cette terre. Je vous bénis au Nom du Père, du Fils et du Saint-Esprit, Amen.

Trevignano Romano - 26 juillet 2016

Chers enfants, je vous remercie d'avoir encore une fois accepté mon appel dans vos cœurs. Elle s'adresse surtout aux nouvelles personnes qui ont fait un grand effort pour rejoindre la maison de Gisella ; certaines ne voulaient même pas être là, mais elle a encore une fois insisté en soufflant dans leurs cœurs. La Vierge nous a demandé de nous accrocher encore une fois au Saint Rosaire et à la prière, car c'est la seule arme puissante et solide pour vaincre Satan qui est constamment à la chasse aux âmes et aux ajouts.
Jésus prie son Père pour qu'Il nous délivre au plus vite, que rien ne se passe et que la Terre soit purifiée uniquement par la prière et l'amour. Mais même cela devient difficile parce que Dieu est fatigué… Dieu est fatigué !
La Vierge a également ajouté qu'une grande guerre mondiale se prépare et que nous devons rester calmes et prier beaucoup car elle est là pour nous protéger et non pour nous effrayer.
Ceux qui aiment son Fils et qui prient le Rosaire seront sauvés. Elle nous a demandé de ne jamais nous arrêter, et finalement elle a béni tous les chapelets des personnes présentes.
Elle nous a tous bénis, au Nom du Père, du Fils et du Saint-Esprit.

Trevignano Romano - 30 juillet 2016

Chers enfants, merci d'avoir répondu à mon appel dans vos cœurs et d'être réunis ici, dans cette maison bénie. Ouvrez vos cœurs afin que l'Esprit-Saint puisse vous insuffler la Paix.

Priez toujours afin que, par vos prières, vous puissiez alléger vos peines et celles des autres fidèles pour les jours de tribulation qui vous attendent.

La Terre est sur le point de trembler, le Brésil va bientôt boire le calice amer. Je serai à vos côtés et je vous prendrai par la main, un par un, continuez à réciter le chapelet car c'est l'arme la plus forte et la plus puissante.

Dans cette apparition, sous les pieds de la Vierge, on pouvait voir le monde, enveloppé de sang et tant de personnes criant au Seigneur pour obtenir de l'aide ; mais la Reine du Rosaire dit : « Pour ceux qui n'ont pas eu la foi, il sera inutile, au dernier moment, d'invoquer le Seigneur, car ils ne seront pas sauvés ! ».

A la fin de cette apparition, les rayons de lumière autour du visage de Marie ont touché tous les malades présents et elle a béni tout le monde au Nom du Père, du Fils du Saint-Esprit.

Trevignano Romano - 2 août 2016

Chers enfants, merci d'être ici, merci de répondre à mon appel dans votre cœur.

Les anges attendent mon ordre pour descendre et vous prendre sans que vous vous en rendiez compte. Vous vous retrouverez sur une nouvelle terre et verrez de grandes merveilles.

J'insiste pour vous demander de prier le Rosaire ; je descendrai moi-même avec les anges pour vous tenir la main.

La Sainte Vierge était remplie de rayons de lumière, elle a répandu la bénédiction sur toutes les personnes présentes comme une pluie de confettis brillants et colorés, puis elle a béni tout le monde au Nom du Père, du Fils et du Saint-Esprit.

Aujourd'hui, la Madone était également très heureuse de la présence de l'évêque et des nouveaux jeunes qui venaient pour la première fois et elle a dit : les chemins que je trace pour vous ne peuvent être détournés. J'ai soufflé dans le cœur de nombreuses personnes et je vous remercie d'avoir écouté mon appel dans vos cœurs.
Je vous demande de prier pour le Chili et l'Amérique.
Aujourd'hui, enfin, j'ai mon Fils parmi nous.
Les scientifiques sont bâillonnés par les puissants.
Elle nous demande d'aller de l'avant et de prier le Saint Rosaire. Puis elle a prié un « Ave Maria » avec nous et nous a bénis au Nom du Père, du Fils et du Saint-Esprit, Amen.

Trevignano Romano - 13 août 2016
La Vierge aujourd'hui était vêtue de blanc avec une couronne d'étoiles et a dit :
Chers apôtres, je vous remercie d'être réunis ici et d'entendre mon appel dans votre cœur. Je connais vos peines et vos inquiétudes, mais si vous êtes fidèles à mon Fils, il les transformera en véritable joie. Beaucoup d'entre vous viennent chercher la foi, mais ouvrez vos cœurs et vous y trouverez les réponses. Aujourd'hui, mon Fils est au milieu de vous. Puis il a ouvert ses bras et étendu son manteau comme pour nous protéger et a béni toutes les personnes présentes au Nom du Père, du Fils et du Saint-Esprit, Amen.

Trevignano Romano - 15 août 2016
J'ai été invité avec ma famille chez des amis. Nous étions arrivés à l'heure du dîner pour célébrer Ferragosto et pendant que nous parlions à table, j'ai senti la présence de la Sainte Mère et, levant les yeux au ciel, elle est apparue vêtue de blanc avec une couronne lumineuse et un manteau bleu avec un cœur rouge dans sa main. Elle rayonnait d'une grande lumière.
Notre Dame a dit : Chers enfants, je prie pour la réconciliation de vos familles et je demande des grâces devant la Très Sainte Trinité. Je vous bénis au Nom du Père, du Fils et du Saint-Esprit, Amen.

Trevignano Romano - 16 août 2016
Chers enfants, je suis très heureuse parce que vous êtes nombreux et parce que vous avez répondu à l'appel dans votre cœur.
Mon Fils va bientôt révéler le troisième sceau (dans la vision que la Vierge m'a représentée, j'ai vu un chevalier vêtu de noir avec une épée et un cheval noir semant la famine, la mort et le désespoir). La seule arme dont vous disposerez sera la prière et le Saint Rosaire, faites des provisions de conserves et d'eau potable car les démons essaieront de tout vous prendre. Mon Fils marque ses disciples afin que personne ne puisse être approché par des démons.
Ayez confiance en lui et je vous protégerai toujours.
Je vous bénis au Nom du Père, du Fils et du Saint-Esprit.

Pendant l'apparition, la Vierge a caressé chacune des personnes présentes.

Caltanissetta (CT) - 20 août 2016
Dans la maison de ma mère en Sicile.
Chers fils, mes apôtres, merci de vous être réunis aujourd'hui pour prier le Saint Rosaire.
Je vous demande de faire confiance, je vous envoie ces messages pour le salut de vos âmes et parfois vous n'écoutez pas. Faites confiance à mon Fils qui est la seule Vérité, combien d'enfants sont perdus ! Les volcans commenceront à entrer en éruption, la terre tremblera et des animaux à visage humain sortiront de la mer, c'est de là que les démons sortiront de la mer. Écoutez mes enfants et priez ; Je vous bénis au Nom du Père, du Fils et du Saint-Esprit et apportez ma bénédiction à vos familles. Amen.

Trevignano Romano - 23 août 2016
Aujourd'hui encore, la Vierge est parmi nous et a dit :
Chers enfants, je vous remercie d'avoir écouté le souffle de mon appel dans vos cœurs, je vous remercie d'être ici de plus en plus nombreux, je sais que vos frères sont ici pour demander des grâces et pour demander des conversions, j'espère que le feu de l'Esprit-Saint pourra envahir votre corps et votre cœur, je vous aime comme une Mère, je vous aime comme votre Mère, parce que je suis votre Mère, donc je vous prie d'aimer mon Fils comme Il vous aime, Il demande le pardon, Il demande de pardonner et de savoir demander pardon aux autres comme Dieu a pardonné à tant d'entre vous.

La Sainte Vierge dit ensuite : Priez pour la France car elle va connaître une autre grande douleur, priez pour l'Italie, en particulier pour Rome, car les prévisions ne sont pas bonnes ; priez pour le Chili, la terre va à nouveau trembler et les volcans vont commencer à entrer en éruption les uns après les

autres dans toutes les parties du monde. J'insiste pour vous demander de prier, de vous convertir avant qu'il ne soit trop tard. Je remercie celui qui, consacré à Dieu, a finalement ouvert son cœur et c'est ce que je voulais. Malheureusement, il n'y a pas beaucoup de temps pour chacun d'entre nous et c'est pourquoi je vous demande vraiment d'ouvrir vos cœurs à Jésus, rapprochez-vous de mon Fils, aimez-le et donnez-lui toutes vos souffrances, embrassez votre croix et Il la transformera en joie, n'attendez pas le dernier moment pour le faire.
Soyez mes Apôtres, n'allez pas à la recherche de signes mais de prières avec un cœur ouvert et je vous écouterai, tout comme j'intercède également chaque jour devant mon Fils.
Je vous bénis au Nom du Père, du Fils et du Saint-Esprit, Amen.

Trevignano Romano - 30 août 2016
Première récitation du Saint Rosaire à la chapelle du Sacré-Cœur par Mgr Romano Rossi.

Chers enfants, merci d'être réunis ici dans la maison du Père. Vous êtes sur le point de vivre quelque chose de très grand, la fin des temps a commencé. Écoutez les tremblements de terre du monde, c'est l'ébranlement de vos consciences.
Mon Fils vous demande un oui sincère, ne soyez pas hypocrites, je suis ici une fois de plus pour vous demander de vous rapprocher de Lui. Celui qui croit au Dieu unique sera sanctifié, mais celui qui se détourne sera maudit.
Merci, mes enfants bien-aimés. Je vous bénis au Nom du Père, du Fils et du Saint-Esprit.

Trevignano Romano - 3 septembre 2016
Chère fille, c'est l'heure de ta tribulation et chaque fois que

j'apparaîtrai, je donnerai de grandes grâces. Laissez l'Esprit-Saint de mon Fils vous infuser afin que la haine, l'angoisse et la peur ne vous touchent pas lorsque Satan vous fait souffrir simplement parce que vous priez tous mon Fils. Je vous aime et Il vous donnera une belle grâce, ne soyez pas aveugles. S'il vous plaît, mes enfants, laissez-le vous marquer afin que vous puissiez être tous ensemble dans la nouvelle terre qu'il a préparée pour vous. Je vous bénis au Nom du Père, du Fils et du Saint-Esprit, Amen.

Trevignano Romano - 6 septembre 2016

Chers enfants, merci d'entendre mon appel dans vos cœurs. Merci d'être réunis ici et combien de foi je ressens dans mes enfants aujourd'hui. Aujourd'hui je vous laisse avec une mission, priez pour les âmes qui doivent se convertir afin qu'elles soient dignes de la Nouvelle Terre de mon Fils.

Ma fille, récite un Ave Maria et aujourd'hui encore, de nombreuses grâces descendront.

Je vous bénis au Nom du Père, du Fils et du Saint-Esprit.

Trevignano Romano - 10 septembre 2016

Chers enfants, merci d'avoir accepté mon appel dans votre cœur, pliez vos genoux en prière et soyez humbles, je vous remercie pour votre témoignage. Vous êtes mes petits enfants et je vous aime, souvenez-vous que je suis la Reine de l'Église, de cette Église qui se perd, priez pour les prêtres afin qu'ils ne se perdent pas dans l'hypocrisie de la prière. Mes enfants, ouvrez vos cœurs et convertissez-vous ; Je serai toujours à vos côtés pour vous protéger. Je vous bénis au Nom du Père, du Fils et du Saint-Esprit, Amen.

Trevignano Romano - 16 septembre 2016

Chers enfants, merci d'être toujours rassemblés ici avec moi, les secrets de Fatima sont dans tous les esprits, et pourtant il y a une indifférence totale envers mes messages.

Aidez les gens à se convertir, il ne reste pas beaucoup de temps, et pourtant les guerres qui sont dans le monde devraient tout clarifier et au lieu de cela, beaucoup croient que tout va s'arranger et continuent comme si de rien n'était.

Écoutez la pluie de la colère du Père qui approche.

Ne pensez pas qu'ils font de bonnes choses pour l'humanité au Vatican, tout est faux. Beaucoup d'hommes d'Église sont faux, les quelques saints prêtres seront persécutés ainsi que le peuple de Dieu. Mon enfant, ne fais pas confiance et ne suis que ce que je te demande dans le détail.

Merci mes enfants pour votre oui quotidien, je serai à vos côtés pour vous consoler et vous protéger.

Je vous aime parce que vous êtes Mes enfants et pour cela je vous ai choisis, votre mission ne doit pas être entravée, je serai avec vous dans la lutte et la tribulation. Je vous bénis au Nom du Père, du Fils et du Saint-Esprit, Amen.

Trevignano Romano - 17 septembre 2016

Chers enfants, merci d'être réunis ici, dans cette maison bénie. Mon enfant pourquoi te détournes-tu de moi parce que tu ne renouvelles pas ton oui au Seigneur, ne te laisse pas tenter, la foi est courage et ce n'est qu'avec la sérénité que tu pourras purifier ton esprit et ne pas détourner Jésus et moi de ta vie, tu as ma protection et tu as une mission que tu dois accomplir avec amour. Merci, ma fille. Je vous bénis au Nom du Père, du Fils et du Saint-Esprit, Amen.

Trevignano Romano - 19 septembre 2016
Chers enfants, merci d'avoir répondu à mon appel dans votre cœur, je suis très heureuse de vous voir réunis, vous êtes mes petits et je vous aime tous, je bénis cette petite partie de l'Église. Mes enfants, embrassez Jésus dans votre cœur ainsi que sa croix, si vous saviez combien mon amour pour vous est grand. Priez pour qu'il y ait des conversions, il n'y a plus de temps, les tempêtes solaires ont commencé et un astéroïde s'approche rapidement de la terre pour un grand impact, mais n'ayez pas peur, vous recevrez une effusion du Saint-Esprit ainsi que le peuple de Dieu. Priez pour le Japon et le Chili où la terre va bientôt trembler. Portez ma bénédiction à vos familles. Je vous bénis au Nom du Père, du Fils et du Saint-Esprit, Amen.

Trevignano Romano - 22 septembre 2016
Chers enfants, merci d'être venus ici, dans cette maison bénie. Vous êtes une petite portion de l'Église, Mes enfants nous sommes maintenant ici, les jours d'avertissement sont arrivés. Bientôt vous verrez mon Fils venir du ciel sur un nuage et un grand rugissement secouera la terre. Il viendra réunir tous les enfants de Dieu et vous pardonnera tous vos péchés. Un grand signe sera une croix visible dans le monde entier, n'ayez pas peur, je serai avec vous et je vous prendrai par la main, mais vous devez embrasser le cœur de Jésus et sa croix.
La Vierge nous demande de réciter le Notre Père avec elle.
La Vierge ajoute : ne cachez pas les signes que Jésus vous laisse, faites voir à tous l'amour de la Passion de mon Fils.
Chers enfants, celui qui parlera en mon nom et au nom de Jésus aura ma bénédiction. Je vous bénis au Nom du Père, du Fils et du Saint-Esprit, Amen.

Trevignano Romano - 26 septembre 2016
Chers enfants, merci d'avoir accepté mon appel dans votre cœur, je suis heureuse de vous voir réunis ici.
Je vous protège et vous prends par la main. Souvenez-vous que l'envie, la jalousie et l'orgueil sont des sentiments qui appartiennent au mal, aimez-vous les uns les autres, unissez-vous dans la prière et soyez charitables les uns envers les autres. Mes enfants, priez pour le Mexique où le volcan s'est réveillé, priez pour l'Italie car la terre va trembler et priez car une guerre mondiale est imminente.
Chers enfants, je vous donne ma bénédiction et je la donne aussi à vos familles au Nom du Père, du Fils et du Saint-Esprit, Amen.

Trevignano Romano - 27 septembre 2016
Récitation du Saint Rosaire à la chapelle du Sacré-Cœur par le curé de la paroisse Don Gabriele.

Chers enfants, combien d'hypocrisie et de froideur je ressens dans la prière, c'est l'heure où le malin prend possession de l'Église de mon Fils. Je t'ordonne, ma fille, de m'aider à répandre la prière et à sauver autant d'âmes que possible.
Le moment du choix qui changera le monde est arrivé, il n'y a plus de temps. Dites une prière pour les prêtres qui se perdent et pour ceux qui sont loin de Dieu. Merci, ma fille très aimée. Je vous bénis au Nom du Père, du Fils et du Saint-Esprit, Amen.

Trevignano Romano - 29 septembre 2016
Chers enfants, merci d'être réunis ici et merci de répondre à mon appel. Priez pour les prêtres qui sont dans une grande confusion, ce qui les mènera à la perdition.

La nouvelle terre est prête, pleine de lys et de fleurs et elle vous attend. Restez proches de mon Fils et aimez-le ; lui seul est la vérité, l'amour et le salut.
Enfants bien-aimés, l'Église va bientôt annoncer une grande nouvelle, priez pour l'Italie où il y aura un fort tremblement de terre, priez pour la Colombie où les forces du mal se réveillent. Je vous bénis au Nom du Père, du Fils et du Saint-Esprit, Amen.

Trevignano Romano - 1er octobre 2016

Chers enfants, quel bonheur dans mon cœur de vous voir tous réunis ici en prière. Merci pour vos témoignages de foi, avancez avec courage, je suis et serai toujours avec vous, préparez vos cœurs pour mon Fils Jésus.
Puis elle a ajouté : en raison des fortes éruptions d'un volcan, la terre tremblera à nouveau. Méfiez-vous des accords qui seront signés par l'Église, ils ne viennent pas de Dieu.
Enfants bien-aimés, je vous bénis au Nom du Père, du Fils et du Saint-Esprit, Amen.
Transmettez ma bénédiction à vos familles.

Trevignano Romano - 4 octobre 2016

Chers enfants, merci d'être réunis ici dans la prière.
Beaucoup demandent comment tout cela est possible et je vous réponds que si vous raisonnez avec votre mental de l'esprit et non avec celui de la tête, vous seriez capable de voir au-delà et vous vous rendriez compte que même l'inexplicable serait possible. Mes enfants, ouvrez vos cœurs et laissez-vous transporter par l'amour de mon Fils. Que ma bénédiction descende sur vous et vos familles. Priez pour le Canada où les forces du mal se préparent et priez pour l'Amérique centrale où il y aura un fort tremblement de terre.

Trevignano Romano - 8 octobre 2016
Chers enfants, merci d'avoir écouté mon appel, en particulier les nouvelles personnes qui sont venues ici. Mes enfants, regardez le feu du Saint-Esprit se présenter devant vos yeux, priez, priez. Le malin est sur le point de prendre le trône dans l'Église à la place de mon Fils et bientôt l'Eucharistie disparaîtra. Jésus reviendra et tous le verront.
Priez pour le Chili où la terre tremble avec vigueur et priez pour le Japon et l'Amérique où le fléau continue pour la purification. Mes enfants, je vous bénis au Nom du Père, du Fils et du Saint-Esprit.

Trevignano Romano, 10 octobre 2016
Chers enfants, merci d'avoir écouté mon appel dans vos cœurs, je suis très heureuse que de nouvelles personnes se soient jointes ici pour prier mon Saint Rosaire.
Mes enfants, ne vous laissez pas tenter par Satan, il est toujours à l'affût, surtout si vous êtes faibles, alors priez, priez toujours et soyez prêts lorsque mon Fils vous appellera un par un. Ouvrez vos coeurs à son amour infini, nourrissez-vous du corps de mon Fils. Priez pour qu'une maladie incurable soit éradiquée. Au nom de la Très Sainte Trinité, mes enfants, je vous bénis au Nom du Père, du Fils et du Saint-Esprit.

Trevignano Romano - 11 octobre 2016
Aujourd'hui, seul Jésus est apparu vêtu d'une tunique blanche et d'un manteau de couleur bordeaux. D'une voix douce et chaleureuse, il s'est tourné vers nous, vers moi et mon mari et a dit : Chère sœur et cher frère, vous savez que je suis la seule Vérité, je vous fais confiance. Je vous demande d'obéir uniquement à moi et à mon Père. Je vous envoie ma mère pour vous réconforter, pour vous donner la force et le courage d'al-

ler de l'avant… écoutez ses messages.
Puis Il se tourna vers toutes les personnes présentes et dit : Mes frères, je vais passer au milieu de vous et vous toucher un par un. Le Saint-Esprit et ma sainte bénédiction descendront sur vous au Nom du Père, du Fils et du Saint-Esprit, Amen.

Trevignano Romano - 15 octobre 2016

Enfants bien-aimés, le mal de l'ennemi de Jésus est en train de dévorer tous ceux qui se sont détournés ; convertissez-vous, maintenant nous sommes à la fin.
Mes enfants, je vous protégerai et je vous serrerai contre mon cœur immaculé, vous serez mis en état de sommeil et vous serez catapultés dans la vraie vie où vous trouverez le vrai amour. La croix que vous choisirez sera bénie du ciel ; j'apparaîtrai tous les 3 du mois à 15 h, pour que la foule des pèlerins se convertisse.
Priez pour le Japon et l'Italie où il y aura un fort tremblement de terre. Je vous aime, mes enfants, et je vous bénis au Nom du Père, du Fils et du Saint-Esprit, Amen.

Caltanissetta - 19 octobre 2016

Chers enfants, merci d'être réunis ici dans la prière.
Enfants bien-aimés, regardez le ciel et écoutez la terre qui s'ouvre, les pertes humaines sont un grand signe de purification de la terre.
Les anges et les archanges se battent contre les démons sur une sphère plus élevée que le ciel ; maintenant le Septième sceau a été ouvert et vous verrez bientôt mon Fils.
Mes enfants, bientôt un astéroïde va frapper la terre.
Priez pour l'Italie, l'Angleterre et la Chine où la terre tremble, je suis proche de vous, je vous aime et je vous bénis au Nom du Père, du Fils et du Saint-Esprit, Amen.

Trevignano Romano - 25 octobre 2016
Chers enfants, merci d'être réunis ici. L'homme qui a le péché en lui, a peur de réciter le chapelet et fuit devant son pouvoir. Mes enfants, soyez humbles et vivez ces temps avec l'esprit, ne vous attachez pas aux choses matérielles, nourrissez-vous de l'Eucharistie et de la miséricorde. Ma fille, je t'enverrai des prêtres justes qui sauront lire les événements et mes messages, ne t'inquiète pas, je te suivrai. Priez pour le Mexique et le Chili où la terre, la mer et les volcans vont trembler. Je vous bénis au Nom du Père, du Fils et du Saint-Esprit, Amen.

Aujourd'hui, 7 croix sont apparues sur mon bras gauche.

Trevignano Romano - 29 octobre 2016
Chers enfants bien-aimés, merci d'avoir répondu à mon appel. Ce soir il y aura beaucoup de conversions, grâce à l'effusion de l'Esprit-Saint de mon Fils. Ayez confiance en lui et il transformera vos souffrances en joie, ayez confiance en son immense amour et ne désespérez pas dans les difficultés.
Chers enfants, bientôt Rome va s'effondrer, il y aura un fort tremblement de terre et l'autel de la patrie sera le premier à être détruit, unissez-vous dans la prière pour l'Église car elle est entre les mains du diable.
Je vous protège et je vous embrasse, n'ayez pas peur, je suis avec vous avec tout mon amour maternel, priez pour l'Australie. Je vous bénis au Nom du Père, du Fils et du Saint-Esprit, Amen.

Aujourd'hui, à 18h30, avant la récitation du saint rosaire, une inscription est apparue sur mon bras gauche : « JE SUIS QUI JE SUIS ».

Trevignano Romano - 30 octobre 2016
Chers enfants, l'ange de l'amour vous regarde avec tendresse, vous êtes très aimés du ciel, ne vous attachez pas à l'ego et aux choses matérielles, la chose la plus importante en ce moment est l'esprit et c'est la seule chose qui compte.
Jésus est apparu avec notre Mère en disant : « Chers frères, Je suis avec vous, en vous et pour vous, je vous bénis au Nom du Père, du Fils et du Saint-Esprit, Amen.

Trevignano Romano - 1 novembre 2016
Chers enfants, les tribulations et les obstacles à l'approche de la première apparition publique se font sentir, mais je suis avec vous, alors avancez avec courage et avec ma protection.
Chers enfants, témoignez de la foi, témoignez avec courage, merci. Que ma bénédiction descende sur vous au Nom du Père, du Fils et du Saint-Esprit.

Aujourd'hui, à 17 h 30, la lettre « M » est apparue sur le poignet de mon bras gauche.

Trevignano Romano - 3 novembre 2016
Chers enfants, je vous remercie d'être réunis ici, dans le lieu que j'ai choisi. Je vous appelle à la prière et à la conversion, je vous supplie d'ouvrir votre cœur, c'est seulement ainsi que vous pourrez recevoir les grâces que vous demandez.
Enfants bien-aimés, nourrissez-vous du corps de mon Fils et confessez-vous, choisissez le bon prêtre et confessez-vous.
Mes enfants, vos témoignages sont importants pour les autres, alors témoignez, témoignez, témoignez avec courage de votre foi. Un astéroïde va frapper la terre, supprimant l'emprise de la technologie. En vous donnant la technologie, Dieu a voulu vous aider, mais elle conduit les familles à la perdition parce

qu'elle est mal utilisée. Priez pour l'Italie, où la terre va encore trembler, mais que celui qui a la foi ne craigne pas, car je serai avec lui. Priez pour les États-Unis où il y aura une très forte désunion. Au nom de la Trinité, que la bénédiction descende sur vous et vos familles, au Nom du Père, du Fils et du Saint-Esprit, Amen.

Trevignano Romano - 8 novembre 2016
Sœur bien-aimée, j'envoie ma mère afin que ses messages servent au salut de nombreuses âmes. Malheureusement, le nom de ma Mère ne sera bientôt plus mentionné car l'antéchrist ne le permettra pas, mais soyez-moi fidèles et vous serez sauvés. Votre Jésus.

Trevignano Romano - 12 novembre 2016
Mes enfants, aujourd'hui je suis heureux de vous voir tous réunis ici et je suis heureuse pour les nouvelles personnes qui ont entendu mon appel dans leur cœur. Aujourd'hui, je serai avec vous tout au long de la récitation du saint rosaire.
Enfants bien-aimés, il n'y a plus de temps pour les choses matérielles, détachez-vous, malheureusement tous ne croient pas à mes appels et cela les conduira à ne pas pouvoir se préparer au moment où mon Fils les appellera un par un, faites votre choix et convertissez-vous, vous n'avez plus de temps.
Mes enfants consacrés et justes, aimés par Jésus, seront peu à peu persécutés par leurs propres frères, mais je les exhorte et désire qu'ils continuent à lire et à enseigner uniquement l'Évangile. Malheureusement, l'Antéchrist est sur le point de faire son entrée triomphale.
Enfants bien-aimés, priez pour l'Italie car une région risque d'être submergée par les eaux. Je serai toujours avec vous et je vous protégerai ; soyez purs de cœur et d'esprit.

Allez de l'avant avec force et courage, je vous aime tous. Je vous bénis au Nom du Père, du Fils et du Saint-Esprit, Amen.

Trevignano Romano - 15 novembre 2016

Chers enfants, priez, priez, priez sans cesse en ce temps de grand avertissement, non seulement mes enfants ne croient pas les messages que je leur laisse avec amour, mais ils ne reconnaissent même pas mon Fils.
Le mal s'attaque violemment à vous ; je vous invite à ouvrir les yeux. Priez pour le Pérou car les volcans se réveillent, priez pour le monde car la terre ne cessera pas de trembler et les catastrophes approchent, mais je serai toujours avec vous pour vous protéger ; n'ignorez pas mes paroles.
Je vous aime tous et j'envoie ma sainte bénédiction au Nom du Père, du Fils et du Saint-Esprit, Amen.

Trevignano Romano - 19 novembre 2016

Chers enfants, en ce moment l'enfer est vide, les démons sont tous sur terre car ils savent qu'ils n'ont pas beaucoup de temps. Mes enfants, en ce moment, le grand schisme de l'Église sera ressenti de manière forte, à tel point que mes enfants consacrés ne se feront pas confiance.
Mes enfants, même la nature commence à se rebeller ; mes bien-aimés, je désire que les justes ne s'enfuient pas devant la persécution mais l'affrontent avec l'amour de Dieu ; vous serez protégés, faites confiance à mon Fils parce qu'Il est la seule vérité et la seule vie. Ce sera un temps où il y aura beaucoup de grâces, acceptez-les car c'est la dernière possibilité que vous aurez pour vous approcher de la prière. Maintenant, tous verront les prophéties se réaliser.
Je vous aime, mes apôtres, et avancez avec force et courage.

Merci mes petits, je vous bénis au Nom du Père, du Fils et du Saint-Esprit, Amen.

Trevignano Romano - 22 novembre 2016

Chers enfants, aujourd'hui je suis heureuse pour les nouveaux arrivants qui ont entendu mon appel dans leur cœur.

Mes enfants, malheureusement vous n'avez plus de temps.

Ce temps, dont disposent tous ceux qui ont eu le temps de choisir, touche à sa fin.

Commencez à regarder les signes du ciel.

N'écoutez pas ceux qui vous donnent des dates ; soyez toujours prêts, aujourd'hui plus qu'avant.

Mon Fils a anticipé Sa venue une fois de plus, Il est très fatigué du comportement de l'homme, vous vivez comme Sodome et Gomorrhe.

Mes petits, ne suivez que les Écritures sacrées car la confusion de l'Église vous déstabilise, la franc-maçonnerie avance rapidement et même Dieu accélère ces temps.

Enfants très aimés, serrez-vous contre mon cœur immaculé et je vous protégerai toujours ; je suis ici parmi vous et je vous bénis un par un au Nom du Père, du Fils et du Saint-Esprit.

Trevignano Romano - 26 novembre 2016

Aujourd'hui, Jésus était présent.

Frères bien-aimés, soyez pleins de ma miséricorde, n'écoutez pas ceux qui vous disent qu'ils m'ont vu en Orient ou en Occident, je viendrai bientôt, il y aura beaucoup de faux prophètes, ouvrez vos yeux. La fausse paix entre les nations sera d'actualité, rappelez-vous que vos prières peuvent changer le cours des événements même si ce qui doit arriver est écrit.

Aimez-moi comme je vous aime et ne suivez que mes paroles et les instructions que ma Mère bien-aimée vous donnera ; je vous protégerai toujours. Je vous dis qu'aujourd'hui vos péchés ont été pardonnés, mais continuez à vous confesser et à vous nourrir de moi. Mes bien-aimés, le lieu où arriveront des millions de pèlerins et la Sainte Croix ont été bénis par Dieu le Père. Maintenant, je vous bénis au Nom du Père, du Fils et du Saint-Esprit.

Trevignano Romano - 29 novembre 2016
Chers enfants, aujourd'hui je suis très heureux de vous voir ici avec un cœur ouvert. Mes enfants sont vraiment à l'écoute de mon appel et je les remercie avec ferveur.
Enfants bien-aimés, mon Fils souffre parce que l'Église est à la dérive mais je suis ici pour vaincre le serpent qui habite en vous, mon cœur immaculé est déjà en triomphe, préparez-vous en ce temps de l'Avent et de la grâce, à Noël confessez tous vos péchés surtout les mortels avec le plus sincère repentir. Bientôt, vous vivrez dans la joie et la paix. Priez, priez, priez surtout pour l'Italie et le Japon, mes apôtres. Je vous bénis au Nom du Père, du Fils et du Saint-Esprit, Amen.

Trevignano Romano - 3 décembre 2016
Chers enfants, merci d'avoir répondu à mon appel dans vos cœurs.
Je vous laisse aujourd'hui un message d'avertissement adressé à mes enfants consacrés et à mes apôtres. Dieu lèvera son bras juste pour ceux qui cautionnent à la légère l'avortement, une pratique qui souligne un péché mortel égal à celui qui tue son frère. Priez avec moi un Notre Père pour que Dieu entre dans vos cœurs. Aimez mon Fils et repentez-vous avec le cœur afin qu'il anticipe encore sa venue, rappelez-vous que Dieu est miséricordieux, mais aussi juste. Priez pour l'Église, bientôt son annonce sera retentissante et contraire aux lois divines.

Je ne suis pas ici pour annoncer des catastrophes, mais pour vous protéger du mal qui s'est installé sur la terre.
Une autre guerre se prépare. Mais toi, sois fidèle à mon Fils, aux dix commandements et récite le Rosaire avec ferveur.
Priez pour le Pérou car il y aura un fort tremblement de terre.
Enfants bien-aimés, je vous aime tous et je vous donne ma bénédiction au Nom du Père, du Fils et du Saint-Esprit.

Trevignano Romano - 6 décembre 2016
Message de Jésus
Frères bien-aimés, je suis aujourd'hui parmi vous pour insuffler l'Esprit-Saint en vous, afin que vous ayez la force et le courage d'aller de l'avant. Ma sœur, prends les mains de ton époux pour une bénédiction spéciale. Je comprends votre fatigue causée par toutes les attaques de ceux qui ne croient pas en moi, de ceux qui ont peur des messages que laisse ma Mère bien-aimée et de ceux qui ne croient pas aux prophéties. Mais je suis avec vous dans l'amour et la souffrance, pour vous aider et vous montrer le chemin. Beaucoup voudraient barrer la route qui mène à moi, mais soyez forts et déterminés, mon amour vous protégera. Chaque fois que vous parlerez de moi, ce ne sera pas vous qui parlerez, mais c'est mon Esprit qui parlera en vous. Je vous bénis tous au Nom du Père, du Fils et du Saint-Esprit, Amen.

Trevignano Romano - 8 décembre 2016
Chers enfants, merci d'être ici avec moi.
Merci aussi à ceux qui sont arrivés incrédules, mais mon appel dans votre cœur était plus fort. Apôtres bien-aimés, tout est prêt ! J'ai hâte de venir vers vous pour vous emmener avec moi et vous serrer contre mon cœur immaculé. Continuez à vous nourrir du corps de mon Fils.

Grâce à vos prières, j'arrête la longue main du Père. Je vous bénis tous au Nom du Père, du Fils et du Saint-Esprit, Amen.

Signe du jour à 14h30 : « Maria Purissima » au bras gauche.

Trevignano romano - 10 décembre 2016

Chers enfants, Je pleure pour ceux qui sont perdus et pour ceux qui seront perdus. C'est le temps des tribulations dans les familles. Vous, accrochez-vous à moi et vous serez sauvés. Enfants bien-aimés de la foi, ne reculez pas. Je vous bénis au Nom du Père, du Fils et du Saint-Esprit, Amen.

Trevignano Romano - 17 décembre 2016

Chers enfants, merci d'être réunis ici pour prier le saint chapelet, la terre continuera à trembler de plus en plus fort, revenez vous plonger dans l'amour de Dieu avant qu'il ne soit trop tard, écoutez mes messages et méditez avec votre cœur. Enfants bien-aimés, priez pour la Sicile, le plus dangereux des volcans s'est déjà réveillé. Maintenant je vous donne ma bénédiction au Nom du Père du Fils et du Saint-Esprit, Amen.

Trevignano Romano - 20 décembre 2016

Enfants bien-aimés, merci d'être réunis ici.
Je vous invite à nouveau à confesser tous vos péchés avec une vraie repentance. Enfants bien-aimés, une grande lumière sera bientôt visible sur toute la terre qui mettra à nu vos consciences, vos erreurs et votre bonté. Certains ne supporteront pas la terrible vision, au point qu'elle les conduira vers la mort. Le peuple de Dieu sera au contraire prêt à suivre mon Fils Jésus sur la nouvelle terre, prête pour vous, où les frères s'entraideront, où régneront la paix, l'amour et la joie.

Mes enfants, Satan suscite l'envie et la jalousie parmi les hommes, ne vous laissez pas tenter.
Priez pour l'Europe et en particulier pour l'Italie, où le terrorisme s'est déjà installé et ne s'arrêtera pas. Je vous bénis au Nom du Père, du Fils et du Saint-Esprit, Amen.

Trevignano Romano - 24 décembre 2016
Message de Jésus
Chers frères, Moi votre Jésus, je suis ici ce soir pour vous donner joie, paix et sérénité dans votre cœur. Soyez toujours joyeux, aimez-vous comme des frères et pardonnez.
Je vous embrasse et vous donne ma bénédiction au Nom du Père, du Fils et du Saint-Esprit, Amen.

Trevignano Romano - 27 décembre 2016
Chers enfants, merci d'être ici dans cette maison bénie.
Je vous trouve enfin réunis ici dans la paix avec Dieu, avec la béatitude et la douceur que vous avez dans vos cœurs. Je recommande aux adultes non baptisés et aux enfants non baptisés, de le faire maintenant, de peur qu'ils ne ressentent à l'arrivée de la grande lumière, une grande souffrance.
Priez pour l'Italie, pour Rome, où l'institution du Vatican sera attaquée. Priez pour l'Église, de peur qu'elle ne s'effondre sous vos yeux. Priez pour cette Europe, afin qu'elle redevienne unie. Continuez à avoir toujours la paix de mon Fils dans vos cœurs. Je vous bénis, vous et vos familles, au Nom du Père, du Fils et du Saint-Esprit, Amen.

ANNÉE 2017

Trevignano Romano - 3 janvier 2017

Chers enfants, merci d'avoir ouvert vos coeurs à mon appel. Mes enfants, vos douleurs et vos tribulations me déplaisent, mais demandez-vous, mon Fils, qu'avait-il fait de si mal ? Je sais que vous aussi serez persécutés au nom de mon Fils, mais vous m'avez moi, votre mère qui serai chaque jour à vos côtés dans l'attente de la venue de mon Fils, pour finalement vous apporter Paix et Amour sur cette terre désormais massacrée par le mal. J'enverrai en ce lieu de nombreux saints prêtres et je vous bénis, vous et eux, au Nom du Père, du Fils et du Saint-Esprit, Amen.

Le signe du jour : "JE SUIS AVEC VOUS"

Trevignano Romano - 7 janvier 2017

Chers enfants, merci d'être réunis ici, ne vous éloignez pas de la prière et ne vous laissez pas envahir par la lassitude à cause de ceux qui suivent l'éphémère et sont loin de Dieu, agenouillez-vous. Mes enfants, acceptez la miséricorde de mon Fils et éloignez l'orgueil de vous.

Enfants bien-aimés, priez pour le sud de l'Italie qui sera déchiré par la douleur, priez pour la terre qui tremblera sans cesse. Priez pour la France et l'Espagne où le terrorisme ne laissera aucun répit. Mes enfants, je vous aime et je vous protège ; ouvrez vos cœurs et vous découvrirez des merveilles.

Maintenant je vous bénis au Nom du Père, du Fils et du Saint-Esprit, Amen.

Trevignano Romano - 10 janvier 2017

Chers enfants, merci d'être ici et de répondre à mon appel dans vos coeurs. Mes enfants, vos prières ont sauvé beaucoup d'âmes, continuez donc constamment à prier et à réciter le Saint Rosaire. Ne donnez pas à Satan la chance d'entrer dans votre esprit et votre coeur, suivez mon Fils qui est la seule vérité. Ma fille dévouée, je suis heureuse de savoir que de nombreuses personnes consacrées sont ici, tu dois leur dire d'apporter mon étreinte à leurs frères et sœurs, je prie en particulier la Très Sainte Trinité pour leur conversion, car ils sont pour moi des fils bien-aimés ! Je vous donne maintenant ma bénédiction au Nom du Père, du Fils et du Saint-Esprit, Amen.

Trevignano Romano - 14 janvier 2017

Chers enfants, je vous remercie d'avoir ouvert vos cœurs à mon appel et remercie les nouvelles personnes qui se sont rapprochées de la foi.

L'heure de la venue de mon Fils est imminente.

Aujourd'hui je vous donne une bénédiction très spéciale (elle nous a unis un par un) afin que votre cœur puisse ressentir ma présence ici même, que je suis présente et que je ne vous abandonnerai jamais. Enfants bien aimés, malheureusement le temps de la tribulation a déjà commencé, mais je ne vous abandonnerai jamais ! Ouvrez vos cœurs et priez, priez, priez. Je vous demande de ne pas penser uniquement à vos carrières ou à être quelqu'un dans la vie, parce que vous êtes déjà très importants pour Dieu et c'est la seule chose qui compte vraiment. Rappelez-vous, mes petits, chacun d'entre vous est unique et spécial pour Dieu ; donc ne vous éloignez pas mais dites oui chaque jour et surtout lisez les Saintes Écritures.

Priez pour l'Italie, pour l'Europe et pour le monde, ils seront confrontés à tant de tribulations.

Préparez-vous à la grande lumière. Je vous bénis au Nom du Père, du Fils et du Saint-Esprit, Amen.

Trevignano Romano - 17 janvier 2017

Enfants bien aimés, merci d'être réunis ici à nouveau ce soir. Priez beaucoup pour l'Église et pour nos enfants consacrés. Bientôt l'Église de Pierre sera détruite par ceux qui s'en approchent. Chère fille, je souhaite que tu parles aux saints prêtres pour leur demander d'enseigner aux enfants le vrai catéchisme, d'enseigner que le démon existe et d'expliquer qui est vraiment cet ange de l'enfer plein de ruse.

Désormais le protestantisme s'incruste au sein de l'Église et beaucoup ne croient plus que dans l'Eucharistie il y a mon Fils vivant. Sous peu ils ne reconnaîtront plus que je suis la Vierge Immaculée conçue sans péché. Fille bien-aimée, beaucoup souffriront par ces péchés. Combien de prélats, cardinaux et évêques prennent le chemin de la perdition !

Aidez-les à comprendre que mon Fils et l'Évangile sont l'unique vérité et l'unique chemin. Bientôt vous serez contraints de vous remettre à prier dans vos maisons. Accrochez-vous à la récitation quotidienne du Saint Rosaire qui est le seul bouclier qui vous protégera du mal. Je serai toujours à vos côtés à chaque fois que vous invoquerez mon nom. A présent je vous bénis, au Nom du Père, du Fils et du Saint-Esprit, Amen.

Trevignano Romano - 21 janvier 2017

Chers enfants, merci d'avoir ouvert vos cœurs à mon appel. Mes petits, je pleure pour vous et pour tout ce à quoi vous assisterez, ne pleurez pas les morts, ils voient déjà la grande lumière. Vous vivez le temps de la purification.

Enfants bien-aimés, priez pour l'Église. Priez pour l'Italie où il y aura encore de forts tremblements de terre et où même les mers seront agitées, mais vous, n'ayez pas peur et suivez le Saint Évangile et priez en communion le saint rosaire. Je vous bénis au Nom du Père, du Fils et du Saint-Esprit, Amen.

Trevignano Romano - 24 janvier 2017

Enfants bien-aimés, merci d'avoir ouvert vos cœurs à mon appel, je m'adresse surtout aux nouvelles personnes qui sont réunies ici dans la prière.

Priez mes enfants, priez parce que Satan ne vous laissera aucune trêve en vous divisant, vous et l'Église ; mais vous, personnes de foi, ne tombez pas dans ce piège, soyez justes et témoignez de votre courage. Aimez-vous, comme Dieu vous aime. Chers enfants, regardez ce qui se passe autour de vous, séismes, raz de marées et avalanches, la fin des temps est arrivée donc ne perdez pas de temps, convertissez-vous.

Moi je vous aime, n'ayez pas peur, je vous protégerai toujours.

Priez pour la paix dans le monde, une guerre se prépare où seront impliqués la Russie, la Chine et les Etats Unis.

A présent je vous bénis au Nom du Père, du Fils et du Saint-Esprit, Amen.

Trevignano Romano - 26 janvier 2017

Chers enfants, merci d'être ici enfin réunis dans la prière avec joie et pureté dans vos cœurs.

Enfants bien-aimés, soyez toujours mes petits enfants !

C'est ainsi que je vous vois, ce soir tout particulièrement.

Vous verrez bientôt mon Fils, qui viendra pour vous réunir tous dans l'amour unique que Dieu connaît.

Malheureusement vous serez persécutés puis glorifiés, mais je suis avec vous comme votre mère et comme Reine des cieux.

Ne soyez pas inquiets si vous voyez des signes dans le ciel,

c'est seulement mon Fils qui prépare sa venue !
L'orgueil et la superbe sont les choses qui détruisent le monde.
A présent je vous bénis au Nom du Père, du Fils et du Saint-Esprit, Amen.

La Madone a béni les présents un par un.

Trevignano Romano - 28 janvier 2017
Ma fille bien-aimée, ta tribulation va continuer, mon Fils fut accusé d'hérésie mais il a continué à prêcher sans relâche. Tu dois aller de l'avant sans peur, tu dois toujours témoigner avec force et courage, je te protégerai.
Accueille les âmes tièdes et aide-les à aimer mon Fils et à se rapprocher de la prière. Mes enfants, désormais l'heure est proche, bientôt mon Fils Jésus sera avec vous et vous enlacera de tout son amour, il jugera chacun d'entre vous, un par un.
A présent, je vous donne ma bénédiction au Nom du Père, du Fils et du Saint-Esprit, Amen.

Trevignano Romano - 3 février 2017
Enfants bien-aimés, merci d'avoir ouvert vos cœurs à mon appel. Merci d'être venus jusqu'ici dans ce lieu béni et avec tant de foi. Déposez vos souffrances et vos larmes sous cette croix et vous recevrez des merveilles.
Mes enfants, c'est le temps de l'apostasie. Mon Fils continue d'être flagellé comme à l'époque.
Mes petits bien-aimés, convertissez-vous parce que le retour de mon Fils est imminent et je voudrais que vous soyez tous prêts pour ce moment-là.
Ayez la foi, cela vous sauvera.
Je vous aime toujours et vous bénis au Nom du Père, du Fils et du Saint-Esprit, Amen.

La Sainte Vierge demande également de prier pour le Saint-Père et pour tous les prêtres.

Trevignano Romano - 4 février 2017

Enfants bien-aimés, merci d'avoir répondu à mon appel. Priez pour l'Église, car le diable s'est déjà emparé d'elle, mais je la protégerai de mon manteau, afin que mes enfants bien-aimés soient sauvés. Convertissez-vous, priez le rosaire et pardonnez à vos ennemis. Mes chers enfants, n'ayez pas peur de mes messages, j'ai été envoyée par Dieu pour vous sauver et pour vous avertir de ce qui va arriver, mais je vous donne aussi des instructions pour ne pas tomber dans les tentations, surtout méfiez-vous de la mondanité, soyez humbles et simples et soyez miséricordieux. Bientôt le soleil donnera de grands signes. Maintenant, je vous donne ma bénédiction au Nom du Père, du Fils et du Saint-Esprit, Amen.

Trevignano Romano - 7 février 2017

Chers Frères, Je suis aujourd'hui parmi vous pour vous laisser ma paix. Acceptez ma miséricorde et ne doutez jamais car les doutes viennent de Satan, qui essaie de manœuvrer vos esprits. Sachez que vos prières sont nécessaires à de nombreuses âmes et que de nombreuses âmes seront sauvées grâce à vous. Maintenant, je passe parmi vous pour vous donner ma bénédiction. Votre Jésus

Trevignano Romano - 11 février 2017

Chère fille, je sais que les tribulations ne sont pas peu nombreuses, mais souviens-toi que je suis avec toi. Mes enfants préférés (les prêtres) disent qu'en me priant, on fait de l'ombre à Jésus, ainsi petit à petit, ils veulent me faire disparaître du cœur de mes enfants.

L'Église a aujourd'hui plus que jamais besoin de prêtres humbles et courageux, et ma grande douleur est de les voir adhérer au camp de Satan à travers l'orgueil et le pouvoir. Malheureusement, ceci sera la cause de la perdition de nombreuses âmes. La guerre à coup d'armes chimiques fait son chemin, les tremblements de terre se poursuivront sans répit, mais ne craignez rien, enfants bien-aimés, je vous protégerai toujours. A présent je vous bénis au Nom du Père, du Fils et du Saint-Esprit, Amen.

Trevignano Romano - 14 février 2017

Enfants bien-aimés, merci d'être réunis ici en prière.
Je suis très triste parce que je sais ce qui vous attend.
Priez, priez, priez surtout pour l'Église qui sera impliquée dans l'une des plus grandes batailles entre le bien et le mal jamais vues. Bientôt, du ciel, vous verrez du soleil émaner des boules de feu, le feu de la purification.
Chers enfants, témoignez de votre foi avec courage et ne reculez jamais. Fille dévouée, offre ta souffrance pour cette humanité malade, offre ton oui pour tous les pécheurs. Maintenant, que ma sainte bénédiction descende sur vous et sur les objets sacrés, au Nom du Père, du Fils et du Saint-Esprit.

Trevignano Romano - 18 février 2017

Enfants bien-aimés, bien que mon cœur soit triste, je suis heureuse ce soir de vous voir ici réunis en prière, merci d'avoir ouvert vos cœurs à mon appel. Mes bien-aimés, ma tristesse est causée par l'expression pécheresse de l'Église, ce grand tourment que vous ressentez, je le ressens, le schisme est de plus en plus grand. Je désire voir les prêtres, les évêques et les cardinaux unis dans la seule vérité, les enseignements de mon Fils Jésus et être les bergers de ce troupeau qui se perd et ne pensez pas à une carrière car cela ne vous aidera pas lorsque vous vous présenterez devant Dieu. Mes enfants, vous serez persécutés mais accrochez-vous à mon rosaire et vous serez sauvés. Priez pour l'Espagne, elle aura de grandes peines. Maintenant, je vous bénis au Nom du Père, du Fils et du Saint-Esprit, Amen.

Trevignano Romano - 21 février 2017

Ma fille bien-aimée, tes souffrances sont accueillies avec joie parce que l'amour de Dieu est un grand témoignage pour les incrédules et les sceptiques. Chère fille, embrasse la Sainte Église qui mène à la lumière, alors que la fausse église mène aux ténèbres, sois prudente.
Que me Sainte bénédiction descende sur toi, ta famille et tes amis au Nom du Père, du Fils et du Saint-Esprit, Amen.

Trevignano Romano - 25 février 2017

Chers enfants, merci d'être réunis ici et d'avoir ouvert vos cœurs à mon appel.
Je vous demande à nouveau de changer votre vie, soyez humbles et courageux, ne vous retrouvez pas non préparés quand mon Fils arrivera car Il ne viendra pas seulement pour vous libérer du mal et pour vous enlacer, mais également pour vous juger, un par un.
Moi, votre mère, je suis en route et j'essuierai toutes vos larmes car vous êtes mes enfants et je veux vous voir joyeux ; priez, priez, priez et laissez-vous remplir de grâce.
L'antéchrist a déjà fait son entrée dans le grand palais. Priez pour l'Europe et pour les Etats-Unis car les armes nucléaires sont prêtes pour la grande guerre.
A présent je vous bénis au Nom du Père, du Fils et du Saint-Esprit, Amen.

Trevignano Romano - 28 février 2017
Enfants bien-aimés et dévoués, tout est prêt pour l'arrivée de mon Fils et je désire que tous soient également prêts à le recevoir. Ouvrez vos cœurs à la miséricorde et approchez-vous souvent de la Sainte Eucharistie, car c'est seulement ainsi que vous pourrez ressentir ce feu d'amour dont mon Fils vous enveloppe. Gardez toujours le Saint Rosaire dans vos mains comme une arme puissante pour repousser le mal.
La fausse église ne s'arrêtera pas, elle fera des nouvelles sensationnelles, atteignant le sommet de la confusion spirituelle.
Le Saint-Esprit vous enseignera le discernement entre le mal et le bien, entre le bien et le mal.
Soyez prudents, justes et courageux.
Enfants bien-aimés, priez pour la Russie et la France où la terre tremble, priez pour les Etats-Unis.
Je suis attristée par le fait que la Russie n'ait pas été consacrée à mon Cœur Immaculé, comme je l'ai demandé à Fatima, ce qui entraînera de graves tribulations.
Enfants bien-aimés, je vous aime de tout mon cœur, que la sainte bénédiction descende sur vous au Nom du Père, du Fils et du Saint-Esprit, Amen.

Signes dans le ciel de Trevignano Romano
Au-dessus du soleil, il y a l'image de la Sainte Vierge
et en zoomant sur la photo, on peut la voir clairement

Trevignano Romano - 03 mars 2017
Mes enfants bien-aimés, vous qui êtes réunis ici, vous ne pouvez pas imaginer combien vous me rendez heureuse. Vos prières réconfortent mon cœur. Merci d'avoir répondu à mon appel. Enfants bien-aimés, soyez toujours unis dans la prière, y compris dans vos familles, ayez toujours le courage de

témoigner de la foi et des grâces qui vous viennent du ciel.
C'est un temps de tribulation où le mal pense avoir gagné, mais mon cœur immaculé triomphera très bientôt.
Priez pour l'Église de mon Fils.
Bientôt un homme envoyé par le Père viendra vous délivrer de cette abomination. Vous, continuez à prier pour tous les enfants choisis par le Saint-Esprit. Je vous bénis au Nom du Père, du Fils et du Saint-Esprit, Amen.

Trevignano Romano - 04 mars 2017
Enfants bien-aimés, je vous remercie d'être réunis ici.
Ne vous inquiétez pas et ne soyez pas agités lors de grands changements. Réjouissez-vous, vous embrasserez bientôt mon Fils. Je vous bénis au Nom du Père, du Fils et du Saint-Esprit, Amen.

Trevignano Romano - 07 mars 2017
Enfants bien-aimés, ma tristesse est causée par ce qu'ils font à mon Fils. Ils continuent à le flageller, à l'humilier, et surtout, les consacrés choisis un par un par Jésus, ont décidé de remplacer tout ce qui est loi divine. Chers enfants, priez, priez !
Bientôt les cieux vont tonner avec l'arrivée de mon fils.
Les anges sonneront les dernières trompettes et tout sera prêt.
Soyez dans la paix et l'amour, je suis là pour vous sauver.
Mes messages continueront à être les instructions pour votre salut, n'ayez pas peur de ce que je vous dis. Depuis trop longtemps, je vous demande une véritable conversion, mais parfois vous vous détournez, ne croyant pas à mes paroles. Mes enfants bien-aimés, renforcez votre groupe de prière.
Jésus vous envoie sa bénédiction au Nom du Père, du Fils et du Saint-Esprit, Amen.

Trevignano Romano - 11 mars 2017
Fille aimée, combien de souffrances sont causées par ceux qui sont loin de Dieu et qui font profession d'être prophètes, malheureusement Satan met en place les doutes, les jalousies et les pires méchancetés pour que nous nous détournions de Dieu; toi, continue sur ton chemin qui mène à la vérité et à la paix, je t'accompagnerai sur ce chemin... Fais-moi confiance.
Enfants bien-aimés, fermez vos oreilles lorsque vous écoutez les théologiens chrétiens qui interprètent les Écritures sacrées à leur manière ; soyez toujours en communion avec Celui qui est le chemin, la vérité et la vie.
Aimez-vous les uns les autres et soyez charitables envers vos frères et sœurs. Priez pour l'Espagne et pour la Pologne, je vous bénis maintenant au Nom du Père, du Fils et du Saint-Esprit.

A cette occasion, la Vierge nous demande de prier le saint rosaire à l'endroit choisi par Elle le Jeudi Saint (13 avril 2017).

Trevignano Romano - 14 mars 2017
Enfants bien-aimés, merci d'être réunis ici, je ressens avec une telle tristesse dans mon cœur combien faussement et avec quelle hypocrisie le saint rosaire est prié. La prière n'est pas un chant distrait, mais une douce musique qui naît du cœur.
Chers enfants, arrêtez-vous et réfléchissez à ce qui se passe dans le monde, car vous persistez à ne pas croire les messages que je vous laisse, alors que l'Avertissement est sous vos yeux. Bientôt, vous verrez une grande croix qui sera visible dans le monde entier et ce sera la dernière chance que vous aurez pour faire votre choix, convertissez-vous, vous n'avez plus de temps.

Maintenant, je vous donne ma bénédiction au Nom du Père, du Fils et du Saint-Esprit, Amen.

Trevignano Romano - 18 mars 2017

Mes enfants bien-aimés, je vous remercie d'être ici en communion avec moi et je remercie les nouveaux venus qui ont répondu à mon appel. Je désire que vous vous nourrissiez continuellement du corps de mon Fils, en vous plongeant dans sa coupe. Unissez-vous dans la prière, suivez mes messages, Dieu me permet d'être encore ici avec vous pour vous donner sa paix et son amour. Mes apôtres, ayez confiance en Jésus, donnez-vous entièrement à Dieu. Il est la lumière, l'espoir et l'amour. Demandez à Dieu et Il vous répondra, parlez à Jésus, portez sa croix avec amour. Bientôt, très bientôt, la terre sera purifiée, mais mes bien-aimés n'auront pas à avoir peur.
Ayez confiance et vous serez sauvés.
Préparez les bougies bénies et tenez-les prêtes.
Chers enfants, sachez que l'amour de Dieu pour vous est immense ! Mais combien votre amour pour Lui est limité !
Quand Il frappe à vos cœurs, que faites-vous ?
Ne soyez pas aveugle et ne soyez pas sourd. Réfléchissez, suivez l'Évangile et gardez toujours le chapelet dans vos mains.
Priez, priez, priez ! Je répandrai beaucoup de grâces pour vous, acceptez-les et témoignez-en avec foi. Sachez que je vous aime. Que ma sainte bénédiction descende sur vous et en particulier sur les enfants présents, au Nom du Père, du Fils et du Saint-Esprit, Amen.

Trevignano Romano - 21 mars 2017

Enfants bien-aimés, priez beaucoup pour soutenir la croix de mon Fils, qui est très lourde.
Il souffre encore beaucoup des erreurs de l'humanité.

Pardonnez et ne vous découragez pas, ne vous mettez pas en colère car vous deviendriez plus faibles et dans votre faiblesse, Satan s'insinuera. Ne reculez pas, soyez fidèles à mon Fils et à sa croix, marchez dans la vérité et la paix.
Mes chers enfants, rappelez-vous que Dieu est amour, Il a choisi la voie étroite et s'est laissé crucifier par amour pour vous ; vous, par contre, vous cherchez toujours la voie large parce que vous ne lui faites pas toujours confiance. Priez pour le Japon et la Syrie, la terre tremblera partout de plus en plus fort. Je vous laisse avec tout mon amour maternel et vous bénis au Nom du Père, du Fils et du Saint-Esprit, Amen.

Trevignano Romano - 25 mars 2017
Ma bien-aimée, mon amour pour toi est grand et c'est pourquoi je te demande de partager ma douleur. Je remercie tout le monde pour le travail qu'ils font dans ma vigne, en particulier votre conjoint. Je vous remercie de vous voir rassemblés avec ferveur dans la prière, mais attention, ne vous laissez pas tenter par mon plus grand ennemi qui est Satan.
Aujourd'hui cette église moderniste continue de me faire souffrir, Je souhaite que les prêtres continuent à porter la soutane, qu'ils ne remettent pas mon corps entre des mains profanées et qu'ils continuent à suivre le vrai magistère de l'Église.
Méfiez-vous des Judas consacrés et des Judas catholiques, car ils accompagnent les âmes en enfer. Quand vous entendrez le ciel tonner et la terre trembler, je viendrai embrasser tous mes disciples pour les emmener vers de nouvelles terres et de nouveaux cieux, j'anticipe encore ma venue car cette terre est trop contaminée. Chers frères, je sèche vos larmes et vous donne ma sainte bénédiction au Nom du Père du Fils et du Saint-Esprit, Amen.
Votre Jésus

Trevignano Romano - 28 mars 2017

Enfants bien-aimés, merci d'avoir répondu à mon appel dans votre cœur. Ce qui est écrit arrivera, la terre sera purifiée.

Les tremblements de terre et les inondations seront là pour tout le monde, beaucoup fuiront mais ceux qui sont fidèles à mon Fils n'auront pas à craindre. Mes fils, priez, priez, priez, le jour de la venue de mon Fils est déjà fixé, nous sommes à la fin des temps et les anges sont prêts pour ce combat contre le mal. Le ciel vous aime et je vous aime.

Ce sont des moments où les tribulations seront de plus en plus fortes mais vous aurez ma protection. Maintenant, je vous donne ma bénédiction au Nom du Père, du Fils et du Saint-Esprit, Amen.

Trevignano Romano - 1 avril 2017

Enfants bien-aimés, merci d'avoir répondu à mon appel dans votre cœur. Mes enfants, continuez à vous agenouiller dans la prière et s'il vous plaît, ne vous affaiblissez pas.

Satan prend tellement de mes enfants.

Quand vous souffrez, ne pensez pas à tout résoudre par vous-même, c'est une grosse erreur ! Rappelez-vous, lorsque vous êtes dans l'épreuve et tombez, relevez-vous, démontrant la confiance que vous avez en Jésus.

En cette période de Carême, soyez en paix, n'ayez pas une foi tiède et ne priez pas par inertie.

Méfiez-vous de la science, méfiez-vous des vaccins, ils essaieront de manipuler tout le monde dès la naissance.

Méfiez-vous des fausses démocraties car vous vous retrouverez bientôt plongés dans la dictature.

Mes chers enfants, combien je vous aime et combien je veux vous protéger. Écoutez mes messages ! J'aimerais beaucoup vous porter tous sains et saufs dans les bras de mon Fils.

Bientôt une météorite arrivera sur terre. Regardez souvent le ciel et ses signes. Maintenant, je vous donne ma sainte bénédiction au Nom du Père, du Fils et du Saint-Esprit, Amen.

Trevignano Romano - 3 avril 2017
Message de la Vierge à Gisella sur la montagne.
Enfants bien-aimés, merci d'avoir répondu à mon appel.
Je suis heureuse de voir dans ce lieu béni tant de mes enfants bien-aimés et surtout tant de personnes de foi qui écoutent mes messages et suivent mes conseils.
Enfants bien-aimés, ouvrez vos cœurs à mon Fils, aimez comme Il vous aime, l'amour est la plus grande arme pour combattre le mal. Ne vous découragez jamais devant votre croix, comme j'ai embrassé celle de mon Fils qui est mort par amour et a vaincu la mort.
Prions ensemble pour l'Église et pour les prêtres qui suivent l'Évangile et les Saintes Écritures et qui ont parfois besoin d'être dans le recueillement pour entendre ce que Jésus attend d'eux. Malheureusement, beaucoup d'entre eux sont confus, mais je leur demande d'aller de l'avant avec courage.
Je vous aime, mes enfants, si vous saviez combien mon amour pour vous est grand ! Laissez sécher vos larmes par votre mère céleste. Priez pour la Russie. Maintenant, je vous bénis au Nom du Père, du Fils et du Saint-Esprit, Amen.

La Vierge a ouvert ses bras comme pour nous embrasser et nous protéger sous son manteau.

Trevignano Romano - 4 avril 2017
Enfants bien-aimés, les cieux et la terre trembleront mais vousserez sauvés par votre foi. J'insiste pour demander la conversion de beaucoup, convertissez-vous et aimez !

C'est le temps de la réconciliation et de l'amour. Pardonnez à vos frères, ne vivez pas comme les pharisiens, Jésus vous jugera sur l'amour que vous avez donné. Priez pour le Chili où la souffrance abondera. Maintenant, je vous donne ma sainte bénédiction au Nom du Père, du Fils et du Saint-Esprit.

Trevignano Romano - 8 avril 2017

Chers enfants, merci d'avoir répondu à mon appel dans votre cœur. Moi, votre mère, je suis ici ce soir pour vous appeler un à un comme apôtres et rassembler tout mon peuple pour vous dire que tout s'accomplit.

Regardez autour de vous, vous serez pris dans les bras de mon Fils pendant votre sommeil et amenés sur la nouvelle terre où vous pourrez vous rassasier des merveilles que je vous ai préparées. Annoncez son arrivée à tous, soyez purs et joyeux.

Confessez-vous et nourrissez-vous autant que vous le pouvez du corps de mon Fils. Ne tardez pas à vous convertir, il n'y a plus de temps. Priez pour l'Espagne, la terre tremblera fortement. Priez pour Rome. Mes bien-aimés, je vous laisse avec la bénédiction de la Très Sainte Trinité, au Nom du Père, du Fils et du Saint-Esprit, Amen.

Trevignano Romano - 11 avril 2017

Enfants bien-aimés, Je pleure pour un Fils qui, encore aujourd'hui comme avant, continue d'être insulté, mortifié et crucifié. Soyez-lui fidèles, et rappelez-vous qu'Il est mort par grand amour pour l'humanité, mais quand Il reviendra, ceux qui croient en lui auront la vie éternelle. Je pleure pour ce qui vous attend. La prière eucharistique et le jeûne devront être votre nourriture ces jours-ci.

Priez priez priez, je vous bénis au Nom du Père, du Fils et du Saint-Esprit, Amen.

Trevignano Romano - 13 avril 2017

Chers enfants, vous me réjouissez de vous voir réunis ici comme je vous l'ai demandé. Enfants bien-aimés, réjouissez-vous en cette Pâque car Jésus mon Fils est mort pour la rémission des péchés de l'humanité passée et celle de ces temps, vous donnant ainsi la vie éternelle, qui n'est pas seulement de l'esprit, mais aussi de l'âme et du corps.

Chers enfants, après la crucifixion, mon Fils a passé cinq heures sur la croix avant de mourir.

Il a fait la volonté du Père pour vous tous, même s'ils lui crachaient et l'insultaient, mais c'était le plus grand geste d'amour qu'Il pouvait faire pour nous.

Alors s'il vous plaît, puisque son plus grand don est d'être vivant dans l'Eucharistie, nourrissez-vous toujours de lui, repentez-vous et préparez-vous. Son arrivée est proche !

Maintenant, je vous bénis au Nom du Père, du Fils et du Saint Saint.

Notre-Dame était vêtue de blanc et à côté d'elle était Jésus.

Notre-Dame nous a tous embrassés.

Ce chapelet, récité sur la montagne le Jeudi Saint, a été expressément demandé par Notre-Dame, pour célébrer l'institution de l'Eucharistie et du Sacerdoce.

Lubriano - 16 avril 2017

Frères bien-aimés, me voici, je suis ici dans ma résurrection et aussi dans la vôtre. Prenez le chemin du salut et de la sanctification, Je suis là pour vous tendre la main.

Je vous aime et annonce ma résurrection à tous.

Je vous bénis au Nom du Père, du fils et du Saint-Esprit, Amen.

Votre Jésus.

Trevignano Romano - 18 avril 2017

Enfants bien-aimés, merci d'avoir répondu à mon appel, ce soir je vous demande de vous réjouir car mon Fils est ressuscité et alors, je voudrais que vous aussi, vous ressuscitiez avec lui. Sortez de vos tombeaux, de celui de l'égoïsme, de la calomnie, de la méchanceté, du blasphème, de la douleur causée par vous-mêmes, ressuscitez de tout cela et vous serez sauvés. Mes petits, souvenez-vous toujours de vous aimer comme des frères pour toujours prêcher l'amour et la paix.
En ces temps, vous devrez beaucoup prier pour tout ce que vous allez rencontrer. Faites des cénacles de prière, je serai toujours avec vous pour vous protéger.
Priez pour la France.
Maintenant, je vous donne ma bénédiction au Nom du Père, du Fils et du Saint-Esprit, Amen.

Trevignano Romano - 21 avril 2017

Oh ! mes enfants bien-aimés, merci d'être ici, dans cette maison bénie, merci d'être si nombreux à ouvrir vos cœurs à mon Fils et pourtant vous êtes si nombreux dans le monde, n'ayez pas peur de ce qui se passe autour de vous, je suis et serai toujours à vos côtés. Ma grande joie est de voir un de mes enfants bien-aimés que j'appelle toujours avec humilité, uni à vous.
Obéissez à l'Église tant que tout est fidèle à l'Évangile et aux Saintes Écritures. Prêchez l'amour et priez pour Rome.
Je vous aime et avec un amour maternel, je vous bénis au Nom du Père, du Fils et du Saint-Esprit, Amen.

Trevignano Romano - 22 avril 2017

Enfants bien-aimés, merci pour ceux qui ont écouté mon appel. Chers enfants, le temps disponible est terminé, parfois vous êtes tellement habitués au mal que vous ne voyez pas les

démons qui vous entourent, vous ne pouvez pas voir l'antéchrist qui est déjà parmi vous. Rappelez-vous que le bien engendre le bien et le mal engendre le mal.
Embrassez votre croix et portez-la avec joie et amour et vous serez victorieux, tout comme Jésus a vaincu la mort.
Mes bien-aimés, soyez mes apôtres et témoignez toujours de votre foi avec courage afin que de nombreuses âmes puissent être sauvées. Priez pour la Russie et pour le Pape ; beaucoup de choses dépendent de lui. Maintenant, je vous bénis au Nom du Père, du Fils et du Saint-Esprit, Amen.

Trevignano Romano - 25 avril 2017
Fille bien-aimée, la nature se rebelle, les hommes se dirigent vers l'autodestruction. Chère fille, diffusez ce message aux prêtres, aux évêques et aux cardinaux. Je vous demande de confesser les péchés d'hérésie et les péchés sexuels car ils sont très graves ! Confessez-vous avant qu'il ne soit trop tard, confiez-vous à la miséricorde de Jésus. Enfants bien-aimés, j'intercède pour vous, mais vivez mes messages et soyez toujours humbles, comme je vous l'ai appris.
Priez pour les États-Unis. Je vous aime et vous bénis au Nom du Père, du Fils et du Saint-Esprit, Amen.

Trevignano Romano - 29 avril 2017
Mes enfants bien-aimés, merci d'avoir écouté mon appel dans votre cœur, je sais combien vous souffrez pour tout ce qui vous entoure, pour les guerres qui commencent, pour toutes les victimes et pour tant de souffrance dans le monde.
Je souffre aussi avec vous, mais s'ils avaient écouté mes paroles tout cela aurait été évité, j'avais demandé de consacrer quelques nations à mon cœur immaculé, mais ils ne m'ont pas écoutée.

Mes bien-aimés, vous qui faites l'expérience de ma grâce, de mon grand amour et de l'immense miséricorde de Jésus, témoignez sans crainte et avec courage et, surtout, continuez à vivre mes messages ; ma présence parmi vous sert à sauver les âmes et à intercéder toujours pour vous.
Je vous aime immensément, malheur à ceux qui, avec leur orgueil, conduisent les âmes vers la perdition et la confusion, car ils subiront la justice de Dieu.
Maintenant, je vous bénis ainsi que les objets sacrés que vous portez, au Nom du Père, du Fils et du Saint-Esprit, Amen.

Bastia Umbra (PG) - 30 avril 2017
Relais Madonna di Campagna – Italie - Réunion de prière
Chers enfants, merci de m'accueillir, merci pour la grande foi qui est dans votre cœur. Enfants bien-aimés, soyez mes apôtres, soyez mes petits et ne lâchez jamais la main que Jésus tend avec toute sa miséricorde, ne cherchez qu'en lui le salut, la vérité et le chemin. Priez pour la France et le Chili.
Je vous aime et vous bénis au Nom du Père, du Fils et du Saint-Esprit, Amen.

Trevignano Romano - 2 mai 2017
Mes enfants bien-aimés, maintenant le temps de retourner prier dans les maisons est sur le point de commencer. Mon cœur s'attriste quand je vois les puissants du monde, les consacrés et beaucoup de mes enfants entre les mains de Satan, mais vous serez bientôt au temps de l'Avertissement et du choix que vous devrez faire. Je vous demande de choisir l'amour pour mon Fils, sauvez-vous et convertissez-vous, je serai toujours à vos côtés avec tout l'amour maternel.
Maintenant, je vous bénis au Nom du Père, du Fils et du Saint-Esprit, Amen.

Trevignano Romano - 3 mai 2017
Saint Rosaire récité sur la montagne
Enfants bien-aimés, merci d'avoir écouté mon appel dans votre cœur. Je connais vos souffrances et vos tribulations, mais je suis là pour sécher vos larmes et être toujours près de vous. Malheureusement, Satan prend autant d'âmes que possible en ce moment. Si l'homme avait davantage écouté mes paroles et les messages de Fatima, vous n'en seriez pas à ce stade. Je vous prie tous de vivre l'humilité et le silence, c'est mon héritage. Je vous aime, mes apôtres.
Agenouillez-vous toujours en prière. Maintenant, je vous bénis au Nom du Père, du Fils et du Saint-Esprit.

Aujourd'hui, Notre-Dame était vêtue de blanc et avait un manteau céleste. Elle a étendu ses bras en signe de protection pour tous ceux qui étaient présents et pour tous ceux pour qui nous avons prié. Elle pense à tout le monde.

Trevignano Romano - 6 mai 2017
Enfants bien-aimés, merci d'être ici.
Que dois-je encore faire pour faire aimer mon Fils Jésus ?
Demandez des grâces, mais vous ne priez pas avec un ceour ouvert. Aimez-vous comme des frères.
Méfiez-vous des personnes consacrées qui ne suivent pas l'Évangile, dont la direction mène à l'abîme, celui qui les suit rencontrera les ténèbres.
Je vous aime tellement, mes enfants, et je vous mets en garde pour votre salut.
Maintenant, je vous bénis au Nom du Père, et du Fils et du Saint-Esprit.

Lubriano - 07 mai 2017
Enfants bien-aimés, vous m'avez rendu heureuse aujourd'hui d'avoir écouté ma demande de consécration à mon Cœur Immaculé et à mon Fils Jésus.
Maintenant, vous serez plus reconnus aux yeux du Père.
Aujourd'hui, il y aura beaucoup de grâces.
Avec tout mon amour maternel, je vous bénis au Nom du Père, et du Fils et du Saint-Esprit, Amen.

Trevignano Romano - 13 mai 2017
Chers enfants, merci pour tous ceux qui ont entendu mon appel dans leur cœur pour cette apparition spéciale.
Aujourd'hui, cela fait 100 ans que j'apparais et que je donne des messages. Mes bien-aimés, la consécration à mon cœur immaculé est une immense protection contre les maladies qui surviendront bientôt et contre les attaques des démons.
Après tant d'apparitions, beaucoup ne croient toujours pas à mes messages, mais ce sont les moments où tout sera vu avec vos yeux. Aimez et défendez la Sainte Trinité, proclamez l'amour dans le monde et vous verrez des grâces et des merveilles descendre sur vous.
Merci mes petits, je vous aime, maintenant je vous bénis au Nom du Père, du Fils et du Saint-Esprit, Amen.

Trevignano Romano - 16 mai 2017
Chère fille, mon cœur souffre pour les hommes blasphémateurs et faux qui prêchent l'amour, mais ne le mettent pas en pratique, à cause de leur orgueil et de leur arrogance.
Bien-aimés du ciel, gardez mon peuple uni et vous profiterez bientôt des merveilles prêtes pour vous.
Vous êtes bénis par la Sainte Trinité au Nom du Père, du fils et du Saint-Esprit, Amen.

Trevignano Romano - 20 mai 2017
Enfants bien-aimés, merci d'être rassemblés ici dans ce lieu béni. Peuple de Dieu aimé de moi et de la Très Sainte Trinité, vous réunir est ce que je souhaite pour toute l'humanité.
Je vous ai choisis pour être un exemple aujourd'hui et toujours, tout comme je vous ai rassemblés aujourd'hui, je vous rassemblerai à nouveau pour vous sauver ainsi que toutes les âmes qui ne trouvent toujours pas la paix, la vérité et le chemin. Aimez-vous comme des frères.
Les grâces demandées par vous et ma bénédiction descendront sur vous, au Nom du Père, du Fils et du Saint-Esprit, Amen.

Trevignano Romano - 23 mai 2017
Chers enfants, le bras de Dieu ne peut plus être arrêté.
Le feu de la purification arrivera bientôt sur la terre souillée par le mal. Le temps est venu. La corruption des hommes est hors du temps. Ma bien-aimée, convertissez-vous et priez, priez beaucoup, bientôt l'Église ne sera plus la maison de mon Fils. Aujourd'hui la plupart de mes enfants consacrés ne se comportent plus comme des pasteurs et c'est ma plus grande douleur. Je vous demande d'aimer mon Jésus et de garder les Saintes Écritures. Maintenant, je vous bénis au Nom du Père, du Fils et du Saint-Esprit. Ma sainte bénédiction descend sur vos familles et sur les objets sacrés que vous portez avec vous. Priez pour la France. A partir du moment où l'Eucharistie sera retirée de l'Église, Jésus n'y habitera plus sacramentellement.

Trevignano Romano - 27 mai 2017 - Message de Jésus
Chers frères, je me rapproche toujours plus de vous en ce temps de grâce, chaque jour vous verrez et sentirez ma présence pour vous donner un avant-goût de mon amour pour vous.

Je vous aime tellement que je suis mort pour votre salut. Ma bien-aimée, vous apprécierez bientôt les délices que je vous ai préparés. Écoutez ce que ma Mère bien-aimée vous dit. Merci frères d'être réunis ici. Maintenant, je vous bénis au Nom du Père, du Fils et du Saint-Esprit, Amen.

Trevignano Romano - 29 mai 2017

Enfants bien-aimés, merci d'être réunis ici.
Je vous demande d'orner un petit autel dans vos maisons, je vous demande de prier le saint rosaire chaque jour en allumant un cierge béni. Préparez-vous parce que c'est le moment.
Mes enfants bien-aimés et précieux, combien de grâces tomberont sur vos cœurs ! Aimez toujours mon Fils, comme je vous aime. Tout ce qui a été prédit arrivera, même si cela a été atténué par la prière. Je suis là avec vous.
Maintenant, je vous bénis au Nom du Père, du Fils et du Saint-Esprit, Amen.

Trevignano Romano - 30 mai 2017

Mes délicieux joyaux, merci d'avoir accepté mon appel, ne vous inquiétez pas de ce qui se passe autour de vous, bientôt croyants et non-croyants verront le grand miracle, une grande lumière apparaîtra sur toute la terre, les cieux tonneront, personne ne pourra rien dire si ce n'est louer Dieu pour sa puissance et sa grandeur. Maintenant, je vous bénis au Nom du Père, du Fils et du Saint-Esprit, Amen.

Trévignano Romano - 03 juin 2017

Message de Notre-Dame pendant le saint rosaire récité sur la montagne.

Enfants bien-aimés, merci d'avoir écouté mon appel dans votre cœur. Je suis ici parmi vous parce que je ressens fortement la grâce de votre prière. Mes enfants, votre Jésus sera bientôt parmi vous, Il est déjà sur vos têtes pour vous insuffler l'Esprit-Saint, la paix dans vos cœurs et l'union entre vous, frères. J'aime tant mon Fils. Malheureusement, Satan travaille dans vos esprits en mettant des doutes et des peurs. Priez pour les prêtres, les évêques et les cardinaux qui sont en ce moment les uns contre les autres et ne sont pas toujours conduits par l'Esprit-Saint. Priez pour l'Église, elle sera bientôt délivrée de cette confusion. Je vous aime et je vous protège toujours, appelez-moi et je serai toujours là avec vous. Maintenant, je vous bénis au Nom du Père, du Fils et du Saint-Esprit, Amen.

Trévignano Romano - 08 juin 2017

Fille bien-aimée, Satan met ses tentacules dans les groupes de prière et dans tout ce qui est saint pour créer des malentendus, des discordes, des fausses doctrines, des doutes et de l'amertume. Je vous aide à comprendre combien grand est l'amour miséricordieux et juste de Jésus. La charité, l'amour et l'union font le peuple de Dieu. Mon enfant, des temps plus difficiles viendront, mais soyez jalousement attachés à la vérité et aux Écritures sacrées du passé. Écoutez et répandez cet appel, je me tiendrai aux côtés de chacun d'entre vous afin que vous soyez dignes de la nouvelle terre. Je vous bénis d'un amour maternel au Nom du Père, du Fils et du Saint-Esprit, Amen.

Trévignano Romano - 10 juin 2017

Fille très chère et bien-aimée de la Très Sainte Trinité, ne charge pas ton cœur des choses du monde, car tu es dans le monde mais tu n'es pas du monde. Aimez tout le monde comme Je vous aime. Bientôt, une grande lumière apparaîtra dans le ciel, afin que les croyants et les non-croyants aient une dernière chance de choisir entre s'abandonner à mon amour et être

enveloppés par moi et croire en mon retour, ou les ténèbres. Ma Mère très aimée touche la terre non pas pour vous effrayer, mais pour votre profonde conversion. Bien-aimés, convertissez-vous, repentez-vous et priez pour le monde car il est en grand danger. Je vous donne ma Sainte Bénédiction au Nom du Père, du Fils et du Saint-Esprit, Amen.
Votre Jésus.

Trévignano Romano - 13 juin 2017
Mes précieux enfants, merci d'avoir écouté mon appel dans vos cœurs. Enfants bien-aimés, je vous demande de privilégier l'amour, c'est le seul sentiment qui doit faire bouger le monde, aimez de tout votre être, car Dieu est amour et c'est la seule chose qui compte vraiment. Suivez et diffusez toujours mes messages et ne vous écartez jamais de ce que Jésus vous demande, la paix, l'amour et la charité.
Méfiez-vous des fausses doctrines, le Saint-Esprit descendra sur vous pour ouvrir vos yeux et vous faire comprendre quelle est la voie sainte et quelle est la voie des ténèbres.
Chers enfants, repentez-vous et convertissez-vous en ces derniers moments avant que Jésus ne vienne vous prendre pour vous serrer dans ses bras. Avec un amour maternel, je vous bénis au Nom du Père, du Fils et du Saint-Esprit, Amen.

Trévignano Romano - 17 juin 2017
Chers enfants bien-aimés, merci d'avoir répondu à mon appel. Approchez-vous de plus en plus de mon Fils, l'Avertissement est proche, alors finalement tout le monde : croyants, athées, autres religieux et pécheurs impénitents, seront devant leur conscience et tous sentiront vraiment le poids de leurs péchés. Je viens pour vous sauver et pour vous préparer à la seconde venue de mon Fils Jésus.

Mes enfants bien-aimés, nourrissez-vous toujours de l'Eucharistie tant que vous en avez le temps, car à cause du Corps de mon Fils, ils se préparent à renier Jésus vivant.
Vous aurez beaucoup à combattre : les persécutions de mes enfants surtout seront terribles ; même mes consacrés seront excommuniés s'ils ne suivent pas la foi des hommes.
Prenez la force de Jésus, je vous bénis maintenant au Nom du Père, du Fils et du Saint-Esprit, Amen.

Trévignano Romano - 20 juin 2017
Chers enfants, merci d'être réunis ici dans la prière.
Malheur à ceux qui se moquent de mes enfants, surtout ceux qui portent ma parole dans le monde. Vous êtes mes enfants et je suis votre mère et je veux vous protéger. Je désire que les murs de l'orgueil et de la discorde soient abattus ; soyez en paix dans l'amour et la vérité. Unissez vos prières à celles de mon Fils, afin que tous croient en ce qu'Il vous a laissé, son corps vivant dans l'Eucharistie. Le modernisme éloigne beaucoup de gens de cette vérité et de la foi.
Vous serez persécutés, mais je vous donnerai la force et le courage de ne pas être tentés par le mal. Priez pour l'Argentine.
Je vous bénis un par un et j'apporte la paix dans vos foyers au Nom du Père, du Fils et du Saint-Esprit.

Trevignano Romano - 24 juin 2017
Mes bien-aimés, merci d'avoir répondu à mon appel dans vos cœurs. Enfants bien-aimés, je pleure pour vous et pour les temps à venir, ils seront très durs, mais celui qui a la foi supportera les temps sombres.
Le diable a détourné les puissants du monde pour vous envoyer à la ruine, je vous en prie les enfants, priez, priez beaucoup, la terre commence sa transformation.

Aujourd'hui, l'humanité a dépassé Sodome et Gomorrhe, beaucoup n'aiment plus la vie, car le diable les a liés à ses chaînes. Mes bien-aimés, je serai là, où l'on m'invoquera pour vous aider et vous protéger, soyez toujours des flammes brûlantes de l'amour de Dieu. Priez pour la Russie, à cause du terrorisme. Un astéroïde se rapproche de plus en plus de la terre. Je vous bénis au Nom du Père, du Fils et du Saint-Esprit, Amen.

Trevignano Romano - 27 juin 2017

Enfants bien-aimés, merci de vous être réunis en ce lieu béni. Merci, pour votre prière avec le cœur. Mes enfants, levez vos yeux vers le ciel et louez votre Jésus. Même les anges chanteront avec vous. Jésus vous aime et vous laisse sa paix, ma bénédiction et la bénédiction du Père descendent sur vous au Nom du Père, du Fils et du Saint-Esprit, Amen.

Trevignano Romano - 1 juillet 2017

Mes amours, merci d'être là, votre prière console mon cœur et celui de Jésus. Mes bien-aimés, priez pour cette église moderniste, il semble que tout soit pareil, mais tout est transformé.
Petit à petit, ils enlèveront mon Fils de l'autel, ils vous feront croire que cette nouvelle religion sera ce dont le monde a besoin, afin que les frères s'unissent en un seul Dieu, ce sera faux et ce sera la tromperie de Satan.
Jésus vous donnera des dons, en particulier le don du discernement, afin que le vrai peuple de Dieu se reconnaisse et s'unisse, n'ayez pas peur et témoignez avec courage.
Je vous aime et je prie toujours la Très Sainte Trinité.
Je vous bénis au Nom du Père, du Fils et du Saint-Esprit, Amen.

Trevignano Romano - 03 juillet 2017

Message de Notre-Dame

Enfants bien-aimés, je suis ici parce que le Père me permet de toucher à nouveau la terre. Mon Fils veut votre salut comme je le veux. Aujourd'hui je viens avec tout l'amour maternel pour vous diriger vers la vraie foi. Les Écritures saintes sont importantes et resteront votre ancre. Vous êtes mes merveilleux enfants.

Gisella, aujourd'hui tu auras un grand signe, mais sois calme car je serai avec toi. Enfants bien-aimés, écoutez et suivez mes messages car l'homme ne vit pas seulement de pain, mais aussi de paroles saintes, faites toujours la volonté de Dieu, maintenant et toujours.

Que ma bénédiction, sur les malades et les personnes présentes et surtout sur ceux qui sont dans ce lieu saint, reste avec vous maintenant et toujours. Amen.

Message de Dieu le Père

Enfants bien-aimés, je suis votre Père ! Soyez toujours dans ma miséricorde. C'est moi qui permets à Jésus de toucher la terre. Pour les personnes consacrées, ouvrez votre cœur et j'entrerai avec mon amour en vous avec une grande lumière qui vous permettra d'être mes enfants et mes amis. Joignez-vous à l'amour de Marie et de Jésus pour que vous, grâce au libre arbitre, soyez à moi ! Je vous bénis en mon nom, au nom du Fils et du Saint-Esprit, Amen.

Trevignano Romano - 08 juillet 2017

Mes chers enfants, je connais vos souffrances et vos angoisses, mais je suis là, je suis à côté de vous, chaque jour, pour vous donner de la force, confiez-moi tout, je vous supplie de ne pas laisser vos difficultés devenir des tristesses qui ne

viennent pas de Dieu, mais mon Fils les transformera en joie et ayez la foi, ayez la foi, ayez la foi.
Priez pour l'Allemagne. Maintenant, je vous bénis au Nom du Père, du Fils et du Saint-Esprit, Amen.

Trevignano Romano - 11 juillet 2017
Frères, je suis ici avec vous pour vous combler de tant de grâces. Mon peuple bien-aimé, je suis et serai toujours avec vous pour que nous puissions gagner ensemble ; bientôt les cieux s'ouvriront et je reviendrai vous embrasser.
Que ma Sainte Bénédiction descende sur vous au Nom du Père, du Fils et du Saint-Esprit, Amen.
Votre Jésus

Trevignano Romano - 15 juillet 2017
Mes enfants bien-aimés, Jésus vous a donné le don du discernement et vous devez l'utiliser. En ce moment, vous vous sentez tous nerveux, tristes, agités et ce sont tous des sentiments que le diable vous donne pour vous faire tomber dans la tentation ; c'est le moment du Choix. Chers enfants, il y aura père contre fils, sœur contre sœur, mari contre femme, et tout cela fera tomber dans le désespoir. Je vous supplie de faire le bon choix et de vous aimer très fort.
Je suis avec vous pour vous réconforter.
Maintenant, je vous donne ma bénédiction au Nom du Père, du Fils et du Saint-Esprit, Amen.

Thialjina (Bosnie-Herzégovine) - 18 juillet 2017
Fille bien-aimée de lumière, merci d'être là pour ramener les brebis perdues du troupeau, merci d'accueillir et de mener à bien la mission que je vous ai confiée.
Moi, en tant que reine de lumière, je vous éclaire du Saint-

Esprit avec mon Fils Jésus qui est ici parmi vous.
Restez près de lui car Il souffre tant, je vous aime et vous bénis au Nom du Père, du Fils et du Saint-Esprit, Amen.

Medugorje (Bosnie-Herzégovine) - 19 juillet 2017
Mes bien-aimés, ouvrez vos cœurs, priez, priez, priez.
N'oubliez jamais que Jésus est mort pour votre salut.
Croyez toujours au vrai Magistère de l'Église.
Jésus est la seule vérité, tant que je toucherai la terre, le bras de la justice sera immobile. Je veux vous sauver et vous rendre purs comme des agneaux. Maintenant, je vous bénis au Nom du Père, du Fils et du Saint-Esprit, Amen.

Trevignano Romano - 22 juillet 2017
Bien-aimés enfants bénis, merci d'être réunis ici et d'avoir répondu à mon appel dans votre cœur.
Chers enfants, je suis là pour vous réconforter, bientôt il y aura la présentation de l'antéchrist, attention, ne vous en tenez qu'à l'Évangile et aux Saintes Écritures. Bientôt la Sainte Messe sera changée. Le temps est venu pour que tout s'accomplisse, le feu de la purification viendra du ciel, mais les armées angéliques viendront vous protéger. Priez pour la Russie et les États-Unis. Maintenant, je vous donne ma bénédiction maternelle au Nom du Père, du Fils et du Saint-Esprit, Amen.

Trevignano Romano - 25 juillet 2017
Enfants bien-aimés, merci d'être réunis ici aujourd'hui.
Mes trésors, la vie sur cette terre est une grande épreuve, ne pensez pas que ce que vous avez construit matériellement est la plus haute aspiration, pensez plutôt à l'esprit, surtout en ces temps où tout va changer sans que vous vous en rendiez compte. Préparez-vous en vous purifiant et en vous nourrissant de

l'Eucharistie. Enfants bien-aimés, j'ai prédit que la grande confusion serait le signe qui précède les derniers temps, maintenant tout est dans l'instant, je vous prie d'ouvrir vos cœurs et de penser à l'endroit qui vous attend plein de joie et de paix. Priez pour l'Islande. Je vous donne maintenant ma bénédiction au Nom du Père, du Fils et du Saint-Esprit, Amen.

Trevignano Romano - 27 juillet 2017

Enfants bien-aimés, bénis par moi et par la Très Sainte Trinité, aujourd'hui je vous ai voulu dans cette maison bénie, car je voudrais vous parler et parler à vos cœurs, vous êtes mes petites flammes d'amour et mes joyaux sur cette terre, je vous demande de rester unis, réconfortez-vous, ne vous laissez pas tenter par le trompeur qui peut tout faire quand les doutes et les incertitudes lui laissent de la place.

Aimez mon Fils qui est la seule vérité.

Je suis ici parmi vous pour vous laisser paix, gloire et joie. Je vous bénis au Nom du Père, du Fils et du Saint-Esprit, Amen.

Trevignano Romano - 1 août 2017

Mon peuple, je suis ici parmi vous, mon retour est imminent, soyez prêts, travaillez pour moi, annoncez-le au monde.

Ma mère a touché la terre pendant tant d'années en demandant la conversion et l'amour, maintenant il n'est plus temps de convaincre quiconque de la véracité des messages.

Vous avez été marqués par moi, mais c'est aussi le temps de Satan qui fera tout pour obtenir le plus d'âmes possible.

Frères, voici le temps de la tribulation et de la persécution à cause de mon nom, mais fermez vos bouches et soyez sourds, avancez avec amour et prière, n'écoutez pas ceux qui vous disent que tout va bien, soyez sensibles à ce qui se passe autour de vous y compris le soleil, je vous aime et je vous

bénis au nom de la Sainte Trinité. Amen.
Votre Jésus

Trevignano Romano - 03 août 2017
Perles de mon cœur, merci de vous joindre à nous. Mes enfants, écoutez et observez les signes. Après tant d'instructions encore aujourd'hui, je vous demande une conversion et un amour urgents. S'il vous plaît chers enfants, bientôt il y aura l'Avertissement, les étoiles fusionneront pour former une grande croix rouge qui sera visible dans le monde entier et alors vos consciences seront imprégnées d'une grande lumière et ce sera la dernière chance de salut. N'ayez pas peur, je suis et serai avec vous mais préparez-vous ! Priez pour que la Russie n'entre pas en guerre. Avec amour maternel je vous donne ma paix et ma bénédiction au Nom du Père, du Fils et du Saint-Esprit, Amen.

Trevignano Romano - 5 août 2017
Enfants bien-aimés, merci de répondre à mon appel dans vos cœurs. Chers enfants, ouvrez vos cœurs et gardez ferme votre foi. Mon Fils continue d'être crucifié et ses mains continuent de saigner à cause des clous enfoncés.
Mes enfants, regardez les signes autour de vous, comme la chaleur du soleil, rappelez-vous ce que Jésus a dit "quand vous comprendrez les signes, ma venue sera proche", une fois de plus anticipez sa venue, alors s'il vous plaît ne dormez pas, mais soyez éveillés dans l'amour, la foi, le pardon et le sacrifice. Maintenant, je vous bénis avec un amour maternel au Nom du Père, du Fils et du Saint-Esprit, Amen.

Trevignano Romano - 8 août 2017
Enfants bien-aimés, merci d'être réunis ici dans la prière.

Chers enfants, votre mission a été attaquée ; soyez prêts pour l'abomination et la ruse de Satan.
C'est le signe de ma présence dans ce lieu béni où, avec beaucoup d'amour et de dévouement, vous vous êtes occupés de tout pour l'accueil des pèlerins, mais ne soyez pas tristes, je vous protégerai et je serai à vos côtés au moment de la lutte.
Priez pour les prophètes et pour ceux qui sont ma voix et ma parole. Mes enfants, soyez muets et sourds, surtout lorsque vous êtes mis au défi. Maintenant, je vous bénis au Nom du Père, du Fils et du Saint-Esprit, Amen.
Voici que je répands la paix dans vos cœurs.

Trevignano Romano - 12 août 2017

Enfants bien-aimés, merci d'être ici pour la récitation du saint rosaire, s'il vous plaît, soyez forts dans la foi et en mon Fils Jésus, il est le seul chemin, la vérité et la vie.
Mes petits bien-aimés, soyez toujours purs de cœur, bienheureux les purs car ils seront exaltés aux yeux du Père.
La justice sera grande pour ceux qui seront persécutés et offensés, car ils sont porteurs de ma parole, en mon nom et au nom de mon Fils. Chacun de vous aura la croix que vous pourrez porter, mais je vous protégerai.
Jésus vous donnera la force de continuer ce chemin qui mène à la lumière, je sais que c'est le chemin le plus étroit en cette période de grande épreuve et de choix, mais n'oubliez pas que je serai avec vous. Maintenant, je vous bénis au Nom du Père, du Fils et du Saint-Esprit, Amen.

Trevignano Romano - 15 août 2017

Mes enfants, merci d'être réunis ici en ce jour très spécial pour moi. Enfants bien-aimés, je sens vos cœurs battre fort et à chaque battement il y a ma présence.

Chers enfants, chaque fois que vous récitez le chapelet de tout votre cœur, de nombreuses âmes sont sauvées et de nombreuses grâces descendent.
Mes enfants, Dieu vous donne l'occasion de ressentir son amour et je vous demande de poursuivre le chemin qui mène à la sainteté, Dieu vous aime immensément. Merci enfants bien-aimés, par vos prières vous consolez mon cœur.
Maintenant, je vous donne ma bénédiction maternelle au Nom du Père et du Fils et du Saint-Esprit, Amen.

Trevignano Romano - 19 août 2017
Enfants bien-aimés, merci d'avoir écouté mon appel dans votre cœur. Merci, mes disciples, aujourd'hui l'apostasie est maintenant dans mon Église. L'antéchrist veut la détruire avec mes enfants consacrés, créant une grande confusion et les opposant les uns aux autres. Soyez prêts pour le moment de l'Avertissement car il est très proche. Tout s'effondre, en avant avec la prière. Peuple de Dieu et mon peuple, soyez unis d'une seule voix. Maintenant, je vous bénis au Nom du Père, du Fils et du Saint-Esprit, Amen.

Trevignano Romano - 22 août 2017
Enfants bien-aimés, n'ayez pas peur, je suis avec vous pour vous protéger, le mal sévit dans tous les coins de la terre, ici la justice et le châtiment approchent.
Mes chers enfants, je suis votre mère et je ne permettrai jamais à Satan de s'approcher de vos familles. Priez, priez, priez.
Ayez foi en mon fils Jésus qui est avec vous et en vous.
L'égoïsme et l'envie égarent ; la paix, l'amour et la charité sont les trois choses qui mènent à Dieu. Priez pour la France et l'Italie car elles ressentiront tant de douleur.
Je suis avec vous et je ne vous quitterai pas.

Maintenant, je vous bénis au Nom du Père, et du Fils et du Saint-Esprit, Amen.

Trevignano Romano - 25 août 2017
Mes bien-aimés, merci d'être réunis ici, vous avec votre amour et vos prières réconfortez mon cœur. Mes bien-aimés, je suis ici présente avec vous, avec mon Fils. Je pleure pour ce qu'ils font encore à mon Fils Jésus, regardez les signes de la purification, elle a déjà commencé et beaucoup ne le réalisent pas encore. Je désire que mes messages soient diffusés le plus rapidement possible afin que certaines âmes puissent prendre le chemin de la conversion. Soyez mes soldats et protégez mes enfants. Priez pour le Brésil et pour l'Espagne.
Je vous aime et au nom de la Très Sainte Trinité je vous bénis. Amen.

Bagnoregio - 26 août 2017
Chers enfants, vous consolez mon cœur et vous êtes dans chacune des plaies de mon Fils, confiez-lui vos souffrances. Je suis ici avec vous, chaque jour, avec Jésus.
Chères filles, bientôt les cieux s'ouvriront et vous serez dans les bras de mon Fils. Mes anges vous protégeront.
Maintenant, je vous bénis au Nom du Père, du Fils et du Saint-Esprit, Amen.

Trevignano Romano - 29 août 2017
Frères bien-aimés, mon cœur se réjouit de vous voir réunis en prière. Je demande la conversion de tous rapidement, car il n'y a plus de temps, ne prenez pas les messages de ma Mère bien-aimée à la légère, suivez ses suggestions et ses désirs, car Satan sera toujours plus fort, car il sait que bientôt il sera enchaîné en enfer.

Mon cœur saigne pour les blasphèmes et pour tout ce qu'ils continuent à me faire. Les nations sont les unes contre les autres, la terre continuera à trembler et les mers à être troublées. Croyez en moi, faites-moi confiance et je vous protégerai avec ma Mère, je vous prendrai et vous serez plein de lumière comme des étoiles brillantes.
Vous êtes aimés par la Très Sainte Trinité. Je vous bénis un par un au Nom du Père, du Fils et du Saint-Esprit, Amen.
Jésus

Trevignano Romano - 2 septembre 2017
Mes enfants bien-aimés, merci d'être réunis ici en prière, mais quelle distraction je ressens dans votre esprit !
Reprenez la croix avec toutes ses souffrances et son amertume, comme Jésus l'a fait et avancez.
Pauvres sont ceux qui n'écoutent pas mes enseignements.
Maintenant, je vous donne ma bénédiction au Nom du Père, du Fils et du Saint-Esprit, Amen.

Trevignano Romano - 3 septembre 2017
Mes enfants, merci, cela me réconforte aujourd'hui de vous voir si nombreux réunis en ce lieu béni.
Mes bien-aimés, quand ils se moquent de vous, quand ils vous traitent de menteurs, de fous, rappelez-vous qu'ils ne le disent pas à vous, mais à mon Fils, c'est Lui qu'ils renient et offensent chaque fois.
Mes bien-aimés, je suis ici pour vous donner le courage de la foi, ne revenez jamais en arrière lorsque vous vous êtes engagés sur le chemin de la vérité. Soyez courageux, et je vous invite à témoigner.
(Aujourd'hui, la Vierge a dit que de nombreuses personnes recevraient de nombreuses grâces).

Regardez la justice et la purification se dérouler autour de vous. Priez, mes enfants, priez.
Je serai avec vous ; priez pour l'Italie et surtout pour Rome. Priez pour l'Espagne. Maintenant, je vous bénis au Nom du Père, du Fils et du Saint-Esprit, Amen.

Trevignano Romano - 5 septembre 2017
Mes bien-aimés, précieux joyaux de mon cœur, merci d'être en prière. Je suis toujours à côté de vous quand vous m'invoquez. Je connais vos souffrances et je pleure pour ce qui vous attend, je désire votre oui sincère et avec amour. Enfants bien-aimés, pardonnez et ne soyez pas fiers, donnez toujours la priorité à l'amour.
Maintenant, je vous bénis au Nom du Père, du Fils et du Saint-Esprit, Amen.

Trevignano Romano - 9 septembre 2017
Mes enfants bien-aimés, merci pour vos prières, pour votre entière confiance et pour votre oui chaque jour. Mes trésors, priez, priez, priez beaucoup, ils essaient de vous retirer le pain de vie, la nourriture précieuse pour votre esprit et donc l'Eucharistie. Bientôt, la Corée sera attaquée, priez pour les États-Unis, il y aura beaucoup de souffrances.
Maintenant, je vous laisse la paix dans vos cœurs et je vous donne ma bénédiction maternelle au Nom du Père et du Fils et du Saint-Esprit, Amen.

Trevignano Romano - 12 septembre 2017
Mes enfants bien-aimés, merci de consoler mon cœur. Je désire des prières et des chapelets pour cette humanité qui est en désarroi ; même mes enfants consacrés ne savent plus ce qui est bien ou ce qui est mal, mais s'ils écoutaient mes messages,

ils sortiraient de cette confusion. Je suis là pour vous montrer le chemin à suivre, mais vous persistez à ne pas vouloir croire à mes apparitions et à ne pas croire que j'ai été envoyée par le Père pour vous conseiller et vous instruire. Je suis votre Mère et je pleure sur tout ce qui se passe, je vous en supplie mes enfants, revenez à la lumière, le temps est révolu, convertissez-vous, confessez vos péchés les plus graves et ne vous laissez pas prendre au dépourvu et donnez une véritable importance à l'Eucharistie. Priez pour la Colombie, elle va bientôt boire le calice amer. Maintenant, je vous bénis au Nom du Père, du Fils et du Saint-Esprit, Amen.

Trevignano Romano - 16 septembre 2017
Frères et sœurs bien-aimés, que de souffrances dans vos cœurs, mais n'oubliez jamais que je vous connais et que je suis en chacun de vous, surtout lorsque vous prenez l'Eucharistie. Mes frères, je pleure pour tout le mal, je souffre et je ressens de plus en plus de douleur pour ce qu'ils me font encore aujourd'hui. Regardez le monde, c'est vrai, il y a des inondations et des tremblements de terre partout, mais êtes-vous capable de surmonter tout cela ? Écoutez, seuls ceux qui m'ont dans leur cœur et dans leur vie pourront naviguer dans ces eaux troubles. Mon Père a déjà établi le jour et l'heure de l'Avertissement que moi seul connais, alors n'écoutez pas celui qui vous donne des dates et des mois.
Maintenant, je vous bénis au nom de la Très Sainte Trinité et que la paix entre en vous et dans vos maisons.
Votre Jésus

Trevignano Romano - 19 septembre 2017
Mes enfants bien-aimés, merci pour vos souffrances offertes pour la croix de mon Fils.

Souvenez-vous de ce que mon Fils a dit : « Heureux ceux qui seront persécutés à cause de mon nom ». Maintenant, il n'y a plus de temps pour regarder les choses du monde, écouter en silence vos cœurs, exalter votre esprit et sauver votre âme.
Je vous bénis et je suis avec vous chaque jour pour vous aimer et vous consoler. Maintenant, je vous donne ma bénédiction au Nom du Père, du Fils et du Saint-Esprit, Amen.

Trevignano Romano - 23 septembre 2017
Mes enfants bien-aimés, merci d'être réunis dans la prière, car en suivant mes instructions, vous l'avez renforcée.
Mes chers enfants, je vous demande de ne jamais éteindre cette flamme brûlante de la foi ; je sais combien de difficultés et combien de pièges il y a dans vos maisons, mais l'Esprit-Saint, s'il est invoqué, entrera en vous pour vous conduire sur le bon chemin. Rappelez-vous que Dieu seul est le chemin, la vérité et la vie. Je vous demande d'offrir des sacrifices et des jeûnes en ce temps de grande tribulation. Bien-aimés, n'ayez pas peur, je suis avec vous, préparez-vous pour la seconde venue de mon Fils. Priez pour le Mexique et les États-Unis.
Maintenant, je vous bénis au nom de la Très Sainte Trinité, Père, Fils et Saint-Esprit, Amen.

Trevignano Romano - 26 septembre 2017
Mes enfants bien-aimés, merci d'écouter mon appel dans vos cœurs. Enfants bien-aimés, rappelez-vous que Dieu est amour, mais n'oubliez pas que Dieu est aussi juste, je voudrais que vous croyiez fermement que le mal existe, que la tromperie existe, que le péché existe et que Satan existe, il y a le Paradis, mais il y a aussi l'enfer, ne l'oubliez jamais ! Ne laissez pas vos esprits être forgés par ceux qui appartiennent à la fausse église, de peur que vous ne croyiez au roi de l'enfer.

Confessez-vous, mes enfants, croyez à l'Eucharistie, où mon Fils est vivant, convertissez-vous et ouvrez vos cœurs, afin que Jésus soit un avec vous, qu'il vous aime et vous réconforte. Mes enfants, les temps sont arrivés à leur fin, mais je vous protégerai toujours parce que je vous aime et je serai là chaque fois que vous demanderez mon aide. Maintenant, je vous bénis, au Nom du Père, du Fils et du Saint-Esprit, Amen.

Trevignano Romano - 28 septembre 2017

Enfants bien-aimés, merci d'être réunis ici dans cette maison bénie, combien de joie vous me donnez en vous voyant ici en prière ! Ô vous qui, si vous restiez en silence, sentiriez les anges vous envelopper pour vous protéger, je les envoie parce qu'en ces temps vous aurez besoin de réconfort et je voudrais tant que vous perceviez ces présences angéliques afin que vous ne vous sentiez pas seuls.
Maintenant, je vous donne ma bénédiction maternelle au Nom du Père, du Fils et du Saint-Esprit, Amen.

Trevignano Romano - 30 septembre 2017

Enfants bien-aimés, merci d'être ici, dans la prière du Saint Rosaire. Mes bien-aimés, combien d'amertume vous avez dans votre cœur, dans vos familles et dans vos foyers, vous êtes souvent très attentifs aux maux qui vous entourent, mais vous ne faites pas attention aux grâces qui vous arrivent.
Mon Fils permet tout cela, spécialement aux enfants bien-aimés, afin que vous soyez mis à l'épreuve, combien peu de foi je ressens en mes petits. Je veux que vous vous confiiez davantage, ouvrez vos cœurs ; quand vous allez à l'église le dimanche, ne le faites pas par habitude, mais avec foi, sinon vous offensez mon Fils. Priez pour l'Italie et soyez prêts pour l'étreinte de mon Fils Jésus.

Maintenant, je vous bénis au Nom du Père, du Fils et du Saint-Esprit, Amen.

Trevignano Romano - 3 octobre 2017

Enfants bien-aimés, mes joyaux, merci d'avoir écouté et répondu à mon appel dans vos cœurs. Mes petits, combien de souffrance je sens dans vos cœurs, mais je vous supplie d'avoir la foi et d'ouvrir vos cœurs pour que mes rayons d'amour puissent entrer en vous. Mes bien-aimés, ce que j'ai prédit est en train de se produire, regardez avec vos yeux, le jour de la grande apostasie dans l'Église, c'est aujourd'hui ; bientôt ils enlèveront l'Eucharistie et les crucifix des églises pour laisser place au modernisme et à l'hérésie. Je vous en prie, tenez le saint rosaire dans vos mains et récitez-le tous les jours, priez pour les prêtres et pour l'humanité, afin qu'ils choisissent le chemin de la vérité, qui est mon Fils Jésus. La fausse église ainsi que les démons prennent la place de votre Jésus.
C'est le jour de la tribulation, sortez et annoncez le retour de mon Fils. Soyez mes apôtres, je vous aime et je vous bénis au nom de la Très Sainte Trinité, Père, Fils et Saint-Esprit, Amen.

Trevignano Romano - 7 octobre 2017

Mes frères, je suis ici aujourd'hui avec vous et je resterai pour toute la prière, merci d'être réunis ici.
Je vous prépare comme mes soldats de la lumière, car la guerre avec les anges des ténèbres est chaque jour plus forte, c'est pourquoi je vous demande constamment à travers ma Mère de prier beaucoup et toujours.
Jamais au monde il n'y a eu une bataille aussi importante et aussi grande pour l'humanité, ce qui se passe autour de vous c'est le mal causé par l'homme, qui offense mon Père.
Tous attendent mon retour.

N'attendez pas les signes qui viendront vous convertir, mais faites-le maintenant. Je suis avec vous et je resterai avec vous jusqu'à la fin, quand je pourrai enfin vous embrasser et vous faire profiter des plus beaux délices préparés pour vous.
Je vous bénis au nom de la Sainte Trinité, Père, Fils et Saint-Esprit. Jésus.
À la fin du message, Jésus a étendu ses bras et a prié pour nous tous.

Trevignano Romano - 10 octobre 2017
Mes enfants bien-aimés, flammes d'amour allumées sur cette terre, enfants de mon cœur, merci, merci d'être ici en prière. Mes bien-aimés, le moment de l'Avertissement est très proche, ne perdez pas de temps pour les choses du monde, mais pensez à celles du ciel. Mes amours, ils trahissent mon Fils, surtout mes bien-aimés, bientôt tout sera plus clair à vos yeux. En Italie, il y aura bientôt un grand événement, mais malgré tout, beaucoup n'y croiront pas.
Priez pour le Japon. Maintenant, je vous bénis au Nom du Père, du Fils et du Saint-Esprit, Amen.

Trevignano Romano - 13 octobre 2017
Mes enfants bien-aimés, je vous remercie d'avoir écouté mon appel. Je suis venu aujourd'hui en ce jour spécial et je vous ai appelés ici pour vous rassembler dans la prière et vous dire que tout ce qui arrive à l'humanité est aussi causé par la non-consécration de la Russie, que j'avais demandée à Fatima, afin que les guerres ne démarrent pas, qui sont maintenant imminentes. Mes petits bien-aimés, souvenez-vous bien de ce mot «commémoration», ce sera bientôt le mot qui sera présent dans les Églises à la place de l'Eucharistie.
«Commémoration». J'ai tant prié mon Jésus pour que vous

ayez beaucoup de grâces, et ici, je suis descendue sur vous en abondance. Qu'attendez-vous pour aimer mon Fils de tout votre cœur. Maintenant, je vous bénis d'un amour maternel, au Nom du Père, du Fils et du Saint-Esprit, Amen.

Après l'apparition de Notre-Dame, Gisella est entrée en extase et Jésus par sa voix a dit : Mes enfants, écoutez ma mère, je suis avec vous en ces temps sombres et difficiles, aimez-moi comme je vous aime. Je vous bénis !

Aujourd'hui la Vierge était vêtue de blanc et avait sur sa main gauche un chapelet aussi transparent que du cristal, elle était accompagnée de nombreux anges et émanait une merveilleuse lumière.

Caltanissetta - 17 octobre 2017

Enfants bien-aimés, merci d'avoir répondu à mon appel, aujourd'hui vous êtes ici en prière et je veux que vous continuiez sur cette voie. Mes bien-aimés, une nouvelle sensationnelle sera bientôt donnée par le Vatican. Priez pour le Pape Benoît. Priez pour la Russie. Maintenant, je vous bénis au Nom du Père, du Fils et du Saint-Esprit, Amen.

Trevignano Romano - 22 octobre 2017

Perles de mon cœur, merci d'être ici dans la prière, vous vivez des moments de grande confusion, mon Fils est toujours à côté de vous en vous prenant par la main, il vous suffit de Le suivre. Mes amours, les temps sont durs et je pleure car je sais ce à quoi vous allez être confrontés. Il y a quelque temps, mon Fils vous a demandé d'être ses soldats, aujourd'hui je vous demande de combattre et de rester unis, comme une seule âme et de continuer à rester fermes dans la vraie foi et dans la vraie

Église, aujourd'hui j'ai besoin de vous sur terre, plus que jamais. Priez pour l'Amérique. Maintenant, je vous bénis au Nom du Père, du Fils et du Saint-Esprit, Amen.

Trevignano Romano - 24 octobre 2017

Chers enfants, merci d'avoir écouté mon appel dans votre cœur. Je suis votre mère et je suis à vos côtés, je vous prends par la main. Mes bien-aimés, n'ayez pas peur, offrez vos souffrances, vos tribulations et vos blessures à mon Fils, mais faites-le avec foi et confiance totale, et Il transformera votre vie. Vous êtes et serez soumis à des épreuves, parfois terribles, mais je suis là pour vous consoler et vous soutenir, je ne vous laisserai jamais seuls. Jésus en ces temps donne beaucoup de grâces pour montrer sa présence, accélérant toutes choses.
Je demande votre conversion et soyez la vraie portion de l'Église. Maintenant, je vous bénis avec un amour maternel au Nom du Père, du Fils et du Saint-Esprit, Amen.

Trevignano Romano - 28 octobre 2017

Chers enfants, merci d'avoir écouté mon appel dans votre cœur. Je souffre pour les temps qui vous attendent, j'avais déjà prédit les tremblements de terre, les inondations et l'apostasie, tout cela est passé sous vos yeux, maintenant c'est le temps de la guerre imminente qui se prépare dans le monde. S'il vous plaît les enfants, n'abandonnez pas Jésus, lui seul est votre salut. Je suis ici pour vous instruire en ce temps, ne vous laissez pas distraire, écoutez mes paroles afin que vous puissiez être sauvés. Mes bien-aimés, écoutez le silence, priez le Saint Rosaire, et pardonnez à vos frères, purifiez-vous et nourrissez-vous de mon Fils, non seulement par l'Eucharistie, mais aussi par la Parole. Maintenant tout change, il n'y a plus de temps. Les ténèbres seront vaincues par la lumière et enfin la paix, la joie et l'amour régneront. Je vous aime et vous protégerai toujours. Maintenant, je vous bénis au nom de la Très Sainte Trinité. Amen.

Trevignano Romano - 31 octobre 2017

Mes enfants, ne désespérez pas !

Mes bien-aimés, ce soir les démons danseront et célébreront l'ennemi de Dieu. Mes enfants, Jésus avait prévu la nouvelle Jérusalem pour Rome, alors il fit construire Son église, mais qu'ont-ils fait à l'intérieur ?

Ils ont continué à comploter contre lui, et aujourd'hui encore, ils Le crucifient et continuent de dire que la miséricorde est grande, mais bientôt la justice triomphera parce que l'Église de Dieu triomphera. Vous êtes mes flammes brûlantes, allez de l'avant et intensifiez votre prière, car des choses terribles vont arriver. Je vous protégerai maintenant et toujours, le Père vous attend dans ses bras. Maintenant, je vous bénis au Nom du Père, du Fils et du Saint-Esprit, Amen.

Trevignano Romano - 3 novembre 2017

Enfants bien-aimés, merci d'être rassemblés ici dans ce lieu béni. Mon cœur bat de joie de vous voir réunis ici dans la prière, cette prière qui ne vient pas des mots, mais du fond de votre cœur. Je sais combien vous êtes affligés, surtout pour l'Église, cette Église qu'il ne faut jamais laisser seule. Soyez calmes, car mon fils la protégera jusqu'à la fin, la ressuscitant, comme lui, d'entre les morts.

Je demande et je veux que les prêtres ne se laissent pas abuser par de fausses idéologies et qu'ils continuent avec l'Évangile en main à professer la Parole de Jésus. Enfants bien-aimés, tout s'accomplira, mais Jésus sera à vos côtés pour vous suivre, donc n'affligez pas vos cœurs, car après les souffrances, Il ouvrira les portes de l'amour dans vos cœurs et la paix reviendra. Maintenant, je vous bénis au Nom du Père, du Fils et du Saint-Esprit, Amen.

Lors de l'apparition, Gisella a vu la Mère céleste ouvrir ses bras et de son manteau bleu, elle a couvert toutes les personnes présentes en signe de protection.

Trevignano romano - 4 novembre 2017

Chers enfants, merci d'avoir écouté mon appel dans vos cœurs. Vous êtes mes pupilles, les yeux de la pureté et de la foi. Souvent vous vous demandez ce qui est vrai et ce qui est faux, mais vous avez Jésus qui vous guidera en vous faisant comprendre, mais vous êtes toujours sur vos gardes car maintenant les démons sont partout sur la terre, mettant en danger votre foi et surtout les groupes de prière.
Bientôt, l'Antéchrist sera montré publiquement.
Agenouillez-vous toujours en prière, même les bergers s'agenouillaient devant Jésus, pourquoi ne le faites-vous pas ?
Je continue à prier mon Fils pour que tout s'atténue.
Maintenant, je vous embrasse avec un amour maternel et je vous bénis au Nom du Père, du Fils et du Saint-Esprit.

Trevignano Romano - 7 novembre 2017

Ma bien-aimée, combien de fois m'as-tu demandé dans la prière si je pouvais arrêter tout ce mal, mais je ne le peux pas, car souviens-toi que tous les démons sont sur la terre et que tout ce mal ne peut être annihilé que par la purification du feu et de l'eau. Puisque vous me demandez continuellement quand sera mon retour, je vous dis que ma descente sur la terre sera prochaine, mais en plus des étreintes, il y aura aussi beaucoup de douleur.

Frères, vous devez croire seulement en Moi et en Mon nom, et les anges de la paix vous protégeront.
Priez la Sainte Trinité. Convertissez-vous pendant qu'il est encore temps, tout est bientôt terminé. Maintenant, je vous bénis au Nom du Père, en Mon nom et au nom du Saint-Esprit, Amen. Votre Jésus

Trevignano Romano - 11 novembre 2017
Enfants bien-aimés, merci d'avoir répondu à mon appel dans votre cœur. Enfants, continuez sans vous arrêter dans la prière, dans la récitation du Saint Rosaire.
Mes petits, priez de tout cœur pour vos âmes, pour les jours à venir, mais n'ayez pas peur malgré tout. Moi votre Mère je ne vous abandonnerai jamais. Bientôt, la terre tremblera, annonçant le retour du Christ et l'écho de sa voix puissante, comme une trompette, se fera entendre dans le monde entier.
Maintenant, je vous bénis au nom de la Sainte Trinité, Père, Fils et Saint-Esprit, Amen.

Trevignano Romano - 14 novembre 2017
Enfants bien-aimés, merci d'avoir écouté mon appel dans votre cœur. Je suis votre Mère douloureuse qui pleure les enfants qui marchent dans les ténèbres et non dans la grâce. Priez, priez, priez, l'eau et le feu tomberont du ciel et le grand volcan est prêt pour son réveil. Enfants très aimés, je vous aime, ouvrez vos cœurs et convertissez-vous. Malheur à ceux qui ne croient pas à mes messages, car ils ne seront pas prêts. Priez pour le Japon. Maintenant, je vous bénis au Nom du Père, du Fils et du Saint-Esprit, Amen.

Trevignano Romano - 18 novembre 2017
Chers enfants, merci d'avancer dans la mission que je vous ai

confiée. Mes bien-aimés, ayez le courage de la foi, avancez la tête haute sans vous retourner, des temps très durs vous attendent, priez, priez beaucoup et surtout, priez mon Fils. Je serai près de vous. Priez pour le Pape qui, malgré toutes les difficultés, maintient la vraie foi ensemble. Priez pour le Vatican car il y aura bientôt un tremblement de terre à sa porte.
Maintenant, je vous bénis au Nom du Père, du Fils et du Saint-Esprit, Amen.

Trevignano Romano - 21 novembre 2017
Enfants bien-aimés, merci d'avoir accepté mon appel dans votre cœur. Chers enfants, trésors de mon cœur, moi en tant que mère et co-rédemptrice, je continue d'être là pour votre salut. Mon Fils Jésus souffre plus que lors de sa crucifixion, car l'humanité a échangé la vérité avec le mensonge, l'amour avec la haine, l'humilité avec l'orgueil, la foi avec l'hérésie.
Bientôt mon Fils arrivera comme il est parti et je vous prie de rassembler le plus d'âmes possible et de les amener à la conversion. Mon Fils souffle dans vos cœurs, apportant l'Esprit-Saint, accueillez-le et laissez-vous transformer.
Je suis ici avec vous, maintenant je vous donne ma bénédiction maternelle et apporte la paix à vos familles au Nom du Père, du Fils et du Saint-Esprit, Amen.

Trevignano Romano - 25 novembre 2017
Enfants bien-aimés, merci d'avoir écouté mon appel dans votre cœur, merci aussi à ceux qui sont curieux et en quête de vérité, qui s'approchent de la prière.
Fille bien-aimée, à ceux qui demandent pourquoi Dieu punit, répondez, car beaucoup suivent librement Satan, qui est entré dans l'Église de Dieu afin que tout puisse être détruit. (Notre-Dame, en tant qu'Église, signifie aussi la famille, donc

l'Église domestique). Je vous demande d'être constants dans la prière et dans les sacrements, soyez prêts. Satan s'installe subtilement dans l'esprit de nombreuses personnes, créant des doutes sur les apparitions et mes messages.
Une inondation soudaine viendra bientôt.
Priez pour le Portugal. Je suis proche de vous, surtout dans vos tribulations, en particulier je reste proche des vrais bergers qui seront guidés par mon Fils Jésus. Maintenant, je vous bénis au nom de la Sainte Trinité, Père, Fils et Saint-Esprit, Amen.

Trevignano Romano - 28 novembre 2017
Enfants bien-aimés, je n'ai plus de larmes, à partir d'aujourd'hui ce sont les seules qui restent. Je pleure pour tout ce qui va arriver dans le monde, les guerres, les tremblements de terre, les inondations et parce que les méchants se préparent à entrer dans l'Église de Dieu. Mes enfants, aujourd'hui je vous demande de prier, de prier sans cesse et malgré ces temps vous allez de l'avant en suivant les 10 commandements avec la joie d'avoir Jésus dans vos cœurs et d'obtenir la vie éternelle. Aimez-vous les uns les autres et restez unis. Mon Fils va détruire le mal sur la terre en ramenant la paix, la joie et l'amour, mais vous devez choisir maintenant de quel côté vous êtes. Le diable est en train de tout détruire, priez spécialement pour les prêtres, beaucoup d'entre eux ont choisi la voie du mal, soyez vigilants mes enfants ! la persécution a lieu. Moi, en tant que Mère, je vous protégerai avec mon manteau, confiez-vous à moi et ensemble nous serons témoins du triomphe de mon Cœur Immaculé. Maintenant, je vous bénis au Nom du Père, du Fils et du Saint-Esprit, Amen.

Trevignano Romano - 3 décembre 2017
Enfants bien-aimés, merci de répondre à mon appel dans vos

cœurs. Enfants bien-aimés, dans le monde il y a beaucoup de cœurs durs qui ne sont pas capables de voir et de comprendre les signes et les grâces que je leur envoie. Mes enfants, vous serez jugés non pas sur le nombre de prières que vous récitez, mais sur la quantité d'amour et de charité que vous êtes capables de donner. Pensez à tout l'amour que Dieu ressent pour vous et à tout ce qu'Il demande pour vous et pour toutes les créatures qui sont loin des sacrements et qui ne suivent pas l'Évangile. Acceptez cet immense amour et infusez-le vers vos frères. Joyaux de mon cœur, je vous protège et je suis toujours à vos côtés, afin que le mal ne vous mine pas, je vous aime et vous, priez mon Fils Jésus.
Maintenant, je vous donne ma sainte bénédiction au Nom du Père, du Fils et du Saint-Esprit, Amen.

Trevignano Romano - 5 décembre 2017
Enfants bien-aimés, merci d'être réunis ici en prière, je connais toutes vos souffrances, mais c'est le moment de la grande Grâce. Mes enfants, bientôt vous verrez le grand signe apparaître dans le ciel, ce sera une croix rouge, rouge comme le sang versé par Jésus pour vous, sachez qu'à gauche de Dieu il y a l'avertissement et à droite le miracle. La terre continuera à trembler, bientôt tout s'accomplira. Rappelez-vous que Dieu est bon et accorde le pardon à tous ceux qui se repentiront sincèrement avec humiliation. Priez pour la France et la Russie. Maintenant, je vous bénis au Nom du Père, du Fils et du Saint-Esprit, Amen.

Trevignano Romano - 8 décembre 2017
Mes enfants bien-aimés, merci d'avoir répondu à mon appel dans votre cœur. Mes enfants, c'est le temps de la parole, écoutez et lisez chaque jour des petites perles de l'Évangile,

afin que vous puissiez entendre ce que Jésus vous a dit.
Mes perles, je vous demande aujourd'hui de prier beaucoup plus pour le monde et son Église, car ils profanent mon image et celle de Jésus. Jésus viendra bientôt avec moi et tous les anges. Chers enfants, dans les moments difficiles, récitez un Credo et un Salve Regina. Il viendra pour le jugement, afin que ceux qui ne voient pas voient et que ceux qui voient deviennent aveugles. (Jean 9:39). Repentez-vous en marchant sur le chemin de la sainteté. Priez pour la France.
Maintenant je vous bénis au Nom du Père, du Fils et du Saint-Esprit, Amen.

Trevignano Romano - 9 décembre 2017
Enfants bien-aimés, merci d'être ici et d'avoir écouté mon appel dans votre cœur. Vous êtes proches d'une grande guerre, le monde entier est en guerre, priez pour le monde et pour la conversion de leurs dirigeants. Tout ce qui a été prédit s'accomplira. Mes enfants, tout ce qui vous attend sera lourd, mais n'oubliez pas l'immense protection que vous aurez du ciel, si vous êtes fidèles à mon Jésus. Soyez droits et unis dans la joie, l'amour et la charité, souvenez-vous que vous aurez besoin les uns des autres. Maintenant, je vous bénis au Nom du Père, du Fils et du Saint-Esprit, Amen.

Lucques - 14 décembre 2017
Fille bien-aimée, regarde le monde dans la tourmente, même la naissance de mon Fils n'est pas respectée, le monde est maintenant sans la présence de Dieu. Je suis une mère en deuil qui regarde ce monde tombé dans la confusion causée par Satan. Ma fille, maintenant mes flammes les plus brûlantes à l'intérieur des églises ont une faible lumière, seul mon peuple qui marche dans la vérité et l'espérance est capable d'illumi-

ner mes églises de la flamme de l'amour pour Dieu. Merci et avancez avec courage. Maintenant, je vous bénis au Nom du Père, du Fils et du Saint-Esprit, Amen.

Lucques - 16 décembre 2017

Ma fille, je suis une mère en deuil, aujourd'hui comme hier je frappe aux portes, mais personne n'ouvre, alors que le Fils de Dieu allait naître, personne n'y croyait. Ce Noël, ne pensez pas à des célébrations hypocrites avec des cadeaux, mais ouvrez les portes, afin que mon Fils ait un lieu pour naître, un lieu plein d'amour, de paix et d'espérance.

Je vous aime les enfants, suivez le chemin de la foi et préparez-vous à sa venue. Je suis ici pour vous avertir et vous protéger et vous demander d'aimer mon Fils. Maintenant, je vous bénis au Nom du Père, du Fils et du Saint-Esprit, Amen.

Trevignano Romano - 23 décembre 2017

Mes doux enfants de mon cœur, seules vos prières soulagent ma douleur et l'agonie de mon Fils. Enfants bien-aimés, priez, priez pour que les prêtres puissent faire vivre ce Noël avec l'attente et l'humilité et non celle du faste des cadeaux, vous n'avez toujours pas appris à vivre la messe, mais vous y assistez sans en comprendre le vrai sens.

La guerre a déjà commencé, souvent aussi dans les familles, au moins vous avez la paix que mon Fils donne avec sa naissance. Mes amours, Jésus en venant dans le monde a laissé ses commandements à suivre, ne vous perdez pas à entendre des orateurs sans foi. Priez pour l'Italie, la France et la Russie, elles seront impliquées dans une grande guerre.

Vivez dans la joie et l'attente.

Je vous bénis au Nom du Père, du Fils et du Saint-Esprit, Amen.

Trevignano Romano - 24 décembre 2017
Message de Jésus

Je suis né dans une humble famille pleine d'amour afin de racheter tous les enfants de l'homme. Je souhaite que dans toutes les familles il y ait aussi de l'amour et de l'unité, comme dans ma famille ils étaient humbles, il y avait tant d'amour.

Aimez-vous les uns les autres, soyez unis, je demande cela à toutes les familles, tout part de la famille, la première église, soyez unis mes frères, je vois le mal qui existe dans les foyers et je viens. Soyez unis dans les familles, laissez-moi naître là où il y a l'amour, le véritable amour.

Je vous bénis tous au nom de la Sainte Trinité et au nom de mon Père, en mon nom et du Saint-Esprit, Amen.

Mes enfants, merci de m'avoir reçu.

Trevignano Romano - 26 décembre 2017

Mes enfants bien-aimés, merci d'avoir répondu à mon appel dans vos cœurs et merci d'être réunis ici, vous consolez mon cœur par vos prières. Enfants bien-aimés, lorsque mon Fils Jésus est né, nous avons été obligés de fuir, parce que personne ne croyait et ceux qui nous connaissaient nous évitaient.

Aujourd'hui comme hier, ceux qui sont fidèles à Jésus seront rejetés et calomniés, parce que dans leurs maisons et dans leurs cœurs il n'y a pas d'amour.

En ce moment, Satan prend possession de mes meilleurs enfants, surtout dans l'Église fondée sur Pierre.

Témoignez de votre foi avec courage, rappelez-vous que la repentance et la confession sont urgentes.

Je vous aime mes enfants. Priez pour l'Italie et surtout pour Rome, où la douleur sera toujours plus forte et plus aiguë.

Maintenant, je vous bénis au Nom du Père, du Fils et du Saint-Esprit, Amen.

Trevignano Romano - 30 décembre 2017

Mes frères et mon peuple, je vous demande, combien grand est votre amour pour moi et combien grande est votre foi qui ne doit pas être conditionnée par les grâces reçues.

Votre amour, je le désire inconditionnel et absolu.

J'entends très souvent "Seigneur, si tu m'aimes, pourquoi m'enlèves-tu les choses que j'aime le plus". Alors je vous regarde avec compassion et en vérité je vous dis que c'est un temps d'amour et de grandes épreuves et que votre amour ne doit pas augmenter ou diminuer selon ce que vous avez ou n'avez pas. Bientôt, vous serez jugés pour votre amour et votre foi. Priez à genoux et avec humilité.

Je vous bénis maintenant au nom de la Sainte Trinité. Amen.

ANNÉE 2018

Trevignano Romano - 2 janvier 2018
Enfants bien-aimés, merci d'être ici réunis pour la prière du Saint Rosaire. Enfants bien-aimés, l'amour est Dieu, mais parfois je vois si peu d'amour et de foi dans le cœur des hommes, priez pour la conversion, les temps où tout doit s'accomplir sont venus. Je vous bénis au Nom du Père, du Fils et du Saint-Esprit, Amen.

Trevignano Romano - 3 janvier 2018
Enfants bien aimés, aujourd'hui de nombreuses bénédictions descendront sur vous car vous êtes ici rassemblés dans la prière. Mes enfants, je vous supplie d'écouter le cri d'amour de mon Fils qui n'abandonne pas et qui ne veut pas perdre ses enfants. Je suis une mère et la douleur m'empêche désormais de protéger ceux qui se tournent vers Satan. Bientôt, je viendrai à vous avec mon Fils Jésus et je vous prendrai dans mes bras. Enfants bien-aimés, restez toujours sur la route de la foi et soyez mes soldats et mes vrais apôtres.
Cette année sera une année de changements. A présent je vous bénis en déposant la paix dans vos cœurs au nom de la Très Sainte Trinité, du Père, du Fils et du St Esprit, Amen.

Trevignano Romano - 4 janvier 2018
Enfants bien-aimés, Je viens, Je suis prêt, la grâce est avec vous. Ma fille, tu dois dire à tout le monde et le plus tôt possible qu'ils doivent prier pour ma venue.
Vous serez glorifiés par mon amour, vous avez une énorme grâce et vous ne la comprenez pas. Mes enfants, donnez-vous la paix entre vous, vous devez être ensemble et prêts, bientôt vous pourrez profiter des choses que mon Père a préparées

pour vous, aimez-vous les uns les autres, aimez tout le monde. Ayez la foi, ayez tous la foi. Aimez-vous vous-mêmes plus que vos propres enfants, le diable ne gagnera pas, mais vous, avec votre foi, vous aurez gagné l'éternité pour la vie. Ne soyez pas en colère, ne soyez pas nerveux, Je vous laisse en paix, tout le reste vient de Satan qui essaie de s'insinuer dans vos vies, ne le permettez pas, votre salut viendra bientôt avec moi glorieux, souriez et réjouissez-vous. Ne raisonnez pas trop, le raisonnement vient de Satan, ne raisonnez pas pour les choses de votre vie, confiez-moi tout, qui suis votre Sauveur Jésus-Christ. Mon Père m'envoie pour le salut des hommes, ne raisonnez pas trop, vous ne comprendrez jamais les plans de mon Père. Merci de m'accepter.
Votre Jésus. Amen.

Trevignano Romano - 6 janvier 2018

Chers enfants, merci d'avoir écouté mon appel dans vos cœurs. La paix soit avec vous. Enfants bien-aimés, rappelez-vous toujours la Parole, rappelez-vous toujours la Messe et l'Eucharistie, ce sont les principes de la foi, n'écoutez pas la fausse paix que l'on voit dans le monde.
Les puissants ont déjà mis en œuvre le plan de l'Antéchrist. Vous verrez bientôt des signes du ciel. Jérusalem sera à nouveau détruite, comme il y a deux mille ans. Ceux qui ne croient pas à ces messages doivent se souvenir de ce qui s'est passé au temps de Noé, avec le déluge universel, maintenant l'histoire va se répéter de manière plus importante. Soyez toujours prêts. Je suis là pour vous protéger. Maintenant, je vous bénis au Nom du Père, du Fils et du Saint-Esprit, Amen.

Trevignano Romano - 13 janvier 2018
1/ Message de Jésus

Frères, je suis à côté de vous … Mes prêtres ont courbé l'échine devant Satan et ce faisant, voici ce qu'ils me font subir (Jésus montre son torse lacéré), enlassez et aimez ma croix. Merci de m'avoir consolé. Je vous bénis tous en mon nom, au nom de mon Père et du Saint-Esprit, Amen.

2/ Message de Jésus à 22h

Frères, vous entendrez mon appel, fort et puissant, soyez toujours unis, combattez Satan, je suis avec vous, je suis au milieu de vous, ayez pitié de la croix, ne vous abandonnez pas les uns les autres, soyez toujours unis en mon Nom, ma mère arrivera avec moi pour vous accueillir dans le nouveau paradis, tout commencera ce soir, je souhaite seulement vous aimer, mon cri d'amour ne s'arrêtera pas à cela, j'irai encore au-delà de l'amour, aimez-vous comme moi Je vous aime. Mes frères, je suis toujours présent, auprès de vous, je veillerai sur vos esprits, sur votre cœur, je veux seulement que vous me le permettiez. Je vous aime, je vous bénis, vous tous présents, vos familles seront bénies chaque jour, faites-moi entrer dans vos cœurs. Amen.

Trevignano Romano - 16 janvier 2018

Chers enfants, merci d'avoir écouté mon appel dans votre cœur. Mes bien-aimés, priez, priez, soyez toujours prêts en esprit, l'avertissement approche. Moi, votre Mère, je suis présente sur terre pour vous implorer de vous racheter de toute urgence, les sacrements, la Sainte Messe et la Très Sainte Trinité doivent être vos plus grands amours. Je pleure sur ce qui vous attend et je ressens une grande tristesse en écoutant le cœur de mes enfants qui ne ressentent aucun amour pour mon Fils ou pour leur frère. Grand est l'amour du Père pour ses enfants, acceptez cet amour et réjouissez-vous.

Maintenant, avec la Très Sainte Trinité, je vous bénis au Nom du Père, du Fils et du Saint-Esprit. La Vierge a béni tous les objets sacrés, y compris ceux qui sont portés.

Trevignano Romano - 18 janvier 2018

Enfants bien-aimés, merci d'être ici, voici, mon halètement d'amour a été accepté dans vos cœurs. C'est ce que je désire maintenant, vous avez compris que vous devez être unis dans des groupes de prière, intensifiez le rosaire, cette année aura vraiment besoin de prières, vu ce que je vois. Vous devez dire aux prêtres de continuer à administrer les sacrements, beaucoup d'entre eux obéissent plus à ce qui ne vient pas de Dieu, soyez sur le qui-vive et utilisez le discernement de ce qui vient du ciel et de ce qui n'en vient pas. Vous m'avez consolée et vous avez réjoui mon cœur. Merci mes bijoux. Je vous bénis maintenant au Nom du Père, du Fils et du Saint-Esprit, Amen.

Trevignano Romano - 20 janvier 2018

Mes messagers, je vous remercie d'avoir sacrifié vos vies pour moi, de vous soumettre à la critique quotidienne, vous savez que vous serez les premiers que mon Fils Jésus et moi relèverons et embrasserons. Enfants bien aimés, merci d'être ici réunis dans la prière. Mes enfants, souvenez-vous que notre Seigneur est Amour, celui qui sème le mal ne vient pas de Dieu. Dieu est amour envers le frère, amour envers le plus faible, l'amour est le seul chemin vers la lumière, ne vous comportez pas comme les pharisiens. Mes enfants bien-aimés, mes messagers, merci de sacrifier vos vies pour moi, d'être prêts à être critiqués chaque jour, sachez que vous serez les premiers à être élevés et embrassés par moi et mon Fils Jésus. Priez pour l'Europe. Maintenant, je vous bénis au Nom du Père, du Fils et du Saint-Esprit, Amen.

Trevignano Romano - 23 janvier 2018
Enfants bien-aimés, merci d'avoir écouté mon appel dans vos cœurs. Mes bien-aimés, l'Antéchrist qui sera présenté prendra le monde dans ses mains et sera soutenu par les puissants, il fera son chemin dans l'Église et dans la vie des gens. Attention mes amours, n'acclamez que votre Jésus, qui est "Amour et Vie". Je vous bénis un par un, afin que vous apportiez la Paix dans vos foyers. Je vous bénis, au Nom du Père, du Fils et du Saint-Esprit, Amen.

Trevignano Romano - 25 janvier 2018
Enfants bien-aimés, merci d'écouter l'appel dans vos cœurs. Enfants bien-aimés, le diable veut prendre vos cœurs, soyez toujours proches de l'Eucharistie et de la confession, sachez reconnaître le bien du mal. Je vous soutiendrai dans toutes les épreuves que vous aurez à endurer au cours de cette année. Je serai proche de vous, car l'humanité est face à l'abîme. Ce soir, des grâces vont descendre sur vous. Maintenant, je vous bénis au Nom du Père, du Fils et du Saint-Esprit, Amen.

Trevignano Romano - 27 janvier 2018
Enfants bien-aimés, merci d'être réunis ici, priez les enfants, priez beaucoup, comme je l'ai prédit, maintenant dans certaines églises mon Fils a disparu, l'Eucharistie n'a plus aucune valeur, cette modernité se répand, ne suivez pas ces fausses extravagances, elles ne viennent pas de Dieu. L'arrivée de Jésus est imminente, tout comme seront imminents les signes du ciel. Aimez-vous les uns les autres et soyez toujours dans la grâce.
Maintenant, je vous bénis au Nom du Père, du Fils et du Saint-Esprit, Amen.

Trevignano Romano - 28 janvier 2018
Message de Jésus : Frères, prenez garde car l'iniquité court dans le monde. Ils vous feront croire ce qui n'existe pas afin que je ne sois plus présent dans ce monde. Je ne vous force pas à m'aimer, je ne vous force pas à me faire confiance... mais pourquoi ne me faites-vous pas confiance pour tout !
Quand vous êtes en moi, vous devez vous rassurer, ne croyez pas les hommes injustes. Mon Père va bientôt éliminer ses ennemis, les nombreux ennemis de Dieu. La guerre froide a commencé et avant qu'il ne soit trop tard, repentez-vous pendant qu'il est encore temps. Le diable vous attaque, il vous attaque chaque jour, mais je serai là avec vous. Restez dans la grâce, je ne vous laisserai jamais seuls, confiez-moi tout.
Je vous bénis au nom de la Très Sainte Trinité, au Nom du Père, du Fils et du Saint-Esprit, Amen.

Trevignano Romano - 30 janvier 2018
Mes chers enfants, merci d'être ici réunis. Mais où sont donc mes enfants bien-aimés ? Mes bien-aimés vous devez demeurer unis dans la prière, la guerre est la prochaine étape et l'Amérique s'est complètement détournée de Dieu, et elle en pâtira énormément. Même l'Europe sera attaquée, de toutes parts. Je vous demande d'être attentifs aux signes qui viendront du ciel, signes qui vous feront comprendre beaucoup de choses. Tout ce qui appartient au démon sera détruit.
Dis aux prêtres de rester fidèles au vrai magistère de l'Église car le démon tentera de leur faire un lavage de cerveau en les faisant se rapprocher de rituels qui sont entièrement et uniquement sataniques. Mes enfants priez, priez, priez encore, je serai à vos côtés à chaque fois que vous invoquerez mon nom. A présent je vous bénis au Nom du Père, du Fils et du Saint-Esprit, Amen.

Trevignano Romano - 1er février 2018
Enfants bien-aimés, merci d'avoir ouvert vos cœurs à mon appel. Enfants bien-aimés, les temps de mise à l'épreuve de votre courage sont venus, confiez-vous entièrement à mon Jésus. Le parcours sera difficile, vous serez ridiculisés et nombreux s'éloigneront de vous, les anges des enfers sont sur la terre et usent de toutes les astuces pour prendre possession de vous, prenez garde. Vous allez donc bénéficier des nombreux dons promis par le Seigneur, surtout celui du discernement, demeurez en paix, je serai à vos côtés, je vous prendrai par la main, unissez-vous dans la prière quotidienne du Saint Rosaire afin de rendre les démons impuissants.
Je vous bénis au Nom du Père, du Fils et du Saint-Esprit, Amen.

Trevignano Romano - 3 février 2018
Chers enfants, merci d'avoir répondu à mon appel dans vos cœurs. Mes enfants bien-aimés, comme est difficile le chemin qui mène à la lumière et à la sanctification, mais je vous donne la force d'aller de l'avant. Ne vous arrêtez pas devant les obstacles qu'il y aura sur ce chemin qui mène à Jésus.
Je dis aux prêtres de suivre leur cœur et de se méfier des pièges où qu'ils se trouvent. Mes chers enfants, bientôt la croix apparaîtra dans le ciel et ce sera avant l'avertissement. Ayez la paix dans vos cœurs et apportez-la dans vos foyers.
Je vous bénis maintenant au Nom du Père, du Fils et de la Sainte Trinité. Amen.

La Vierge a ensuite dit : "Aujourd'hui, de nombreuses grâces vont descendre sur mes enfants. "Pendant l'apparition, j'ai vu la croix bleue devenir rougeoyante".

Trevignano Romano - 3 février 2018
Message de Jésus à 23h05 : Mes frères, priez, priez beaucoup, je suis en route vers vous, ayez pitié de moi, mon corps est profané par ceux qui disent m'aimer et n'écoutent pas leurs voix, c'est une agitation constante au sein des églises. Ceux qui disent m'aimer, parlent en mon nom et profanent l'Eucharistie brûleront dans le feu de l'enfer.
Attention mes enfants, attention ! La nouvelle Église va se lever, vous faites partie de mon peuple, je vous aime, soyez toujours unis dans la prière. Maintenant, je vous bénis au nom de mon Père, en mon nom et au nom du Saint-Esprit. Soyez patients avec tout le monde, ce sera la grande vertu. Amen.

Trevignano Romano - 13 février 2018
Mes enfants bien-aimés, merci d'écouter mon appel dans vos cœurs. Aujourd'hui, je suis de nouveau parmi vous pour vous crier mon amour et vous demander de suivre mon Fils Jésus, je vous supplie de ne pas oublier la raison de sa mort, de toutes ses souffrances, pour votre salut et pour la rédemption de l'humanité. Le malin se déchaîne dans vos familles, mais prenez le chapelet dans vos mains, c'est la seule ancre de salut que vous ayez. Cet appel de ma part est urgent, bientôt vous entendrez le son de la dernière trompette avant la venue de Jésus, rappelez-vous les enfants, qu'Il ne vient pas pour unir mais pour séparer. Mes bien-aimés, priez pour cette Italie pécheresse et pour le Japon, où la terre va bientôt trembler.
Maintenant, je vous bénis au Nom du Père, du Fils et du Saint-Esprit, Amen.

Trevignano Romano - 17 février 2018
Enfants bien-aimés, merci d'avoir écouté mon appel dans vos cœurs. Enfants bénis, une partie de l'humanité a le cœur pétri-

fié parce qu'elle n'a pas la vraie foi, n'écoute pas la parole et ne prie pas avec le cœur, mais seulement par hypocrisie. En ce début de Carême, rappelez-vous pourquoi Jésus est mort, contemplez sa croix, pensez au pardon, ce doit être votre Pâque. Écoutez mes appels, convertissez-vous, aimez Celui qui est mort pour votre salut. Les pires moments viendront et lorsque les tremblements de terre les plus terribles éclateront, rappelez-vous que ce sera un signe de la venue de Jésus, cet événement sera anticipé par les trois jours de ténèbres. Maintenant, je vous bénis au Nom du Père, du Fils et du Saint-Esprit.

(Pendant l'apparition de la Vierge, j'ai vu Jésus bénir toutes les personnes présentes)

Trevignano Romano - 24 février 2018

Enfants bien-aimés, merci d'avoir ouvert vos cœurs à mon appel. Mes enfants, mon cœur est brisé car je sais ce que vous allez devoir affronter. Les temps difficiles arriveront, mais je vous avertis que vous devrez porter ces croix avec vos cœurs emplis d'amour pour mon Fils. Les ennemis de Dieu organisent leur entrée au Vatican, et ce sera très douloureux.
C'est seulement avec la prière que vous parviendrez à atténuer ce qui doit arriver. Priez, priez, priez encore. Dieu est très offensé, surtout par l'Italie, la nation qui l'a trahi en pensant à tout sauf à Dieu, et ce malgré le fait qu'elle soit le siège choisi par Pierre pour son Église !
Scrutez le ciel, car c'est du ciel qu'arriveront tous les signes annonçant la grande tribulation. A présent je vous bénis au Nom du Père, du Fils et du Saint-Esprit, Amen.

Ce soir les grâces seront répandues sur vous en grand nombre.

Trevignano Romano - 27 février 2018

Message de Jésus : Chers frères, ô combien vos prières me remplissent de joie, elles parviennent à soulager mes blessures qui me brûlent et saignent encore aujourd'hui.

Ouvrez vos cœurs, immergez-vous dans la prière et je vous prendrai par la main pour vous aider à surmonter tous les obstacles. Je vous aime et vous conjure de ne pas perdre la foi et de ne pas vous perdre, elle est proche l'heure où vos yeux verront plus clair et où vous ressentirez enfin une sérénité que vous ne pouvez imaginer.

A présent je vous bénis au nom de la Très Sainte Trinité.

Trevignano Romano - 3 mars 2018

Enfants bien-aimés, merci de vous être réunis aujourd'hui encore. Comme elle est grande la foi que je sens dans vos cœurs et dans vos prières. N'ayez jamais peur, allez aux réunions de prières, témoignez partout de votre foi, évangélisez le monde en commençant par vos familles. Mes colombes, merci pour vos constantes réponses à mes demandes et à mes suggestions, aujourd'hui Jésus est ici avec moi et malgré ses souffrances, Il vous aime et est prêt à vous pardonner tous vos péchés parce qu'il est miséricordieux, mais je vous en supplie mes enfants, confessez-vous sincèrement, surtout vos péchés mortels, n'attendez pas davantage.

Enfants bien-aimés, vous êtes aujourd'hui sur la route qui vous mènera directement à la gloire. Priez pour le Japon.

A présent je vous bénis au Nom du Père, du Fils et du Saint-Esprit, Amen.

Trevignano Romano - 8 mars 2018

Enfants bien-aimés, cœurs enflammés, merci de vous être réunis dans cette église. Mes bien-aimés, je sens enfin vos

cœurs palpiter pour la grande Foi. Les temps difficiles sont sous vos yeux, je vous en supplie, continuez à prier, encore et encore. Je désire que ces groupes de prières se tiennent plus souvent dans vos maisons où je suis et serai toujours présente. Mes bien-aimés, tenez-vous prêts et purifiez-vous pour nous accueillir. Allez de par le monde pour évangéliser, ne restez pas immobiles à regarder, il n'y a plus de temps pour cela.
La grâce et les bénédictions de mon Fils descendront sur vous aujourd'hui. Priez pour l'Italie, l'Espagne, la France et l'Angleterre. A présent je vous donne la paix.
Je vous bénis au Nom du Père, du Fils et de la Très Sainte Trinité, Amen.

Trevignano Romano - 8 mars 2018
Message de Jésus : 22 h 55 : Frères, merci d'être réunis ici dans cette maison bénie, je suis ici parmi vous pour vous laisser la paix. Aujourd'hui je suis très triste, tellement triste, je prie mon Père pour que sa justice ne soit pas pire que le déluge ou pire que ce qui s'est passé à l'époque de Noé.
Mon père ne veut plus m'écouter, vous avez fait trop de mal. Frères, comme je vous aime !
Je voudrais votre salut, pour cela je vous donnerai mon amour, aimez-moi comme je vous aime, vous ne m'avez pas accueilli la première fois quand Je suis né et vous ne voulez pas m'accueillir encore aujourd'hui pour ma deuxième venue.
Oh ! mes enfants, restez avec moi, n'ayez pas peur, répandez ma parole, restez proches de l'Évangile et de l'Eucharistie. Restez unis, s'il vous plaît, restez unis.
Au nom de la Très Sainte Trinité, Je vous bénis en mon nom, celui de mon Père et du Saint-Esprit, Amen.

Trevignano Romano - 10 mars 2018
Enfants bien-aimés, merci d'avoir ouvert vos cœurs à mon appel. Chers enfants, je suis venue aujourd'hui non pas pour vous faire peur, mais pour vous aider et aider votre âme.
Après tant d'années d'apparitions, vous ne croyez toujours pas à mes messages, seule une fraction se rend compte de la grande Grâce que mon Père vous a fait.
Mes bien-aimés, les démons sont tous sur la terre et vous ne pouvez pas vous imaginer la place énorme qui est prête en enfer pour toutes les âmes qui y seront précipitées pour leurs péchés, c'est un gouffre immense. Je vous en prie, ouvrez les yeux et n'écoutez pas les fausses paroles de paix, car les puissants préparent une grande guerre. Priez, priez, priez.
A présent je vous donne ma bénédiction maternelle au Nom du Père, du Fils et du Saint-Esprit, Amen.

Trevignano Romano - 13 mars 2018
Enfants bien-aimés, merci d'avoir répondu à mon appel dans vos cœurs. Chers enfants, rappelez-vous que mon Fils, lorsqu'il a rassemblé ses apôtres, n'a pas appelé les docteurs de l'Église, mais des personnes simples et justes de cœur.
Assez de la prétention de mettre des doutes dans la tête de vos frères, le diable joue avec vos esprits et vos cœurs.
Rappelez-vous, les enfants, vous vous retrouverez tous devant la justice de Dieu. Priez, priez, priez beaucoup, écoutez les vents de la guerre. Maintenant, je vous bénis au Nom du Père, du Fils et du Saint-Esprit, Amen.

Trevignano Romano - 17 mars 2018
Saint Rosaire, récité à l'église Sainte-Catherine.
Chers enfants bien-aimés, merci d'être réunis ici dans la prière. Je viens pour la paix et pour l'amour ; tous mes enseigne-

ments et mes conseils sont pour que vous ne marchiez pas dans l'obscurité des ténèbres. Mes enfants bien-aimés, vos prières sont des bombes d'amour pour le monde, mais pour ceux qui sont encore dans le péché, je vous demande de vous confesser et de vous convertir, vous n'avez pas beaucoup de temps, tout ce qui a été prédit va arriver, c'est le moment.
Ma fille, récite un Notre Père avec moi. Maintenant, je vous bénis au Nom du Père, du Fils et du Saint-Esprit, Amen.

Trevignano Romano - 20 mars 2018
Chers enfants, merci d'être réunis ici dans la prière. Mes bien-aimés aiment la croix, mon Fils quand Il viendra veut que tout le monde soit purifié. Ce sera une Pâque spéciale. Mes chers fils prêtres, oh ! combien vous devrez souffrir, vous serez obligés d'obéir, mais n'oubliez pas, soyez un exemple en prêchant et en parlant de Jésus, ne soyez pas comme des livres et des règles, mais ayez le cœur, l'amour, l'espérance et la charité.
Ne vous laissez pas troubler. Maintenant, je vous bénis au Nom du Père, du Fils et du Saint-Esprit, Amen.
"Je souhaite qu'il y ait une chaîne de prière pour la Russie, car c'est à partir de là que l'étincelle sera allumée."

Trevignano Romano - 22 mars 2018
Chers enfants bien-aimés, je vous remercie d'être ici en prière, dans cette maison consacrée par mon Fils. Mes enfants, vos prières et votre foi sèchent mes larmes et soulagent les souffrances de mon Fils Jésus. Combien de tristesse je ressens dans mon cœur pour ce que l'humanité traverse. Je vous le demande, enfants bien-aimés, lorsque la parole de l'Évangile est déformée, à ce moment-là on blasphème contre Dieu, réveillez-vous et écoutez. Mes bénédictions descendront sur vous et vos familles ce soir. Je vous aime et je prie pour vous

protéger aujourd'hui et toujours. Maintenant, je vous bénis au Nom du Père, du Fils et du Saint-Esprit, Amen.

Trevignano Romano - 24 mars 2018
Mes enfants bien-aimés, merci d'avoir ouvert vos cœurs à mon appel. Chers enfants, je ressens intensément la grande foi qui anime vos cœurs, tout comme que je ressens aussi la froideur des cœurs de ceux qui refusent de bien se comporter devant moi. Arrogance et orgueil ne proviennent pas de Dieu. Cette période vous fera ressentir la paix, mais bientôt tout se précipitera. Cette Pâque comportera de nombreux signes qui annoncent la fin des temps. Je veux vous élever vers moi, c'est pour cela que je vous demande de beaucoup prier.
Je suis votre Mère, et à présent je vous bénis au Nom du Père, du Fils et du Saint-Esprit.

Trevignano Romano - 27 mars 2018
Message de Jésus : Mes enfants, ne soyez pas cruels avec moi, Je vous aime, restez unis dans la paix, dans la Parole et dans l'Évangile. Assez, continuez à m'aimer, abandonnez-vous à votre Roi, Je suis tout, l'amour, le début et la fin. Pourquoi voulez-vous m'abandonner ? Aimez mes blessures, ma croix. Maintenant je vous bénis au Nom du Père, du Fils et du Saint-Esprit, merci de m'avoir accepté, merci mes enfants.

Trevignano Romano - 31 mars 2018
Bien-aimés enfants de mon cœur, le temps imparti touche à sa fin. Je m'adresse aux prêtres, empressez-vous d'accueillir le plus d'âmes possible afin qu'elles puissent prendre le chemin de la sainteté. Cette période est une période de purification, afin que vous soyez prêts lorsque Jésus paraîtra. Mes enfants, ne craignez pas de combattre l'hérésie ; Satan qui pense avoir

gagné, festoie pour toutes les âmes qu'il a réussi à attirer à lui. Priez, priez, priez pour la paix. Je vous bénis au Nom du Père, du Fils et du Saint-Esprit, Amen.

Trevignano Romano - 3 avril 2018

Enfants bien-aimés, merci d'avoir ouvert vos cœurs à mon appel, que la paix descende sur vous.

Chers enfants, le temps de la persécution a commencé, tout comme ils ont trahi Jésus en ne le reconnaissant pas et en le persécutant, et aujourd'hui l'histoire se répète alors qu'Il vient pour la seconde fois. A l'intérieur de l'Église, tous mes enfants y compris mes préférés courbent l'échine devant Satan, je vous en supplie mes enfants, priez, priez beaucoup afin que les saints prêtres et les vrais pasteurs diffusent la Parole, celle des évangiles qui est la seule et unique vérité immuable pour les siècles des siècles. Mes bien-aimés, offrez vos souffrances, ouvrez-vous à l'amour de Dieu. Ayez confiance en son amour et dans ses grâces. A présent je vous bénis au Nom du Père, du Fils et du St Esprit, Amen.

Trevignano Romano - 7 avril 2018

Enfants bien-aimés, merci d'être ici rassemblés dans la prière. Chers enfants, il y a tant de souffrance dans vos cœurs, mais c'est la route qui conduit à Jésus. Il garde toujours votre main dans la sienne, surtout lorsqu'il voit vos souffrances.

Mon Fils et moi souffrons et ressentons votre douleur, ne craignez rien mes enfants, vous n'êtes pas seuls, je vous demande simplement de vous en remettre entièrement à nous, souvenez-vous que vous êtes dans le monde, mais que vous ne lui appartenez pas. A présent je vous bénis au Nom du Père, du Fils et du Saint-Esprit, Amen.

Trevignano Romano - 14 avril 2018
Enfants bien-aimés, merci d'avoir écouté mon appel dans vos cœurs. Enfants bien-aimés, quelle douleur cela me cause, surtout celle de vos familles. Or, la guerre qui vient de commencer, aura des conséquences dans le monde entier, mais pourquoi l'homme persiste-t-il dans l'indifférence et ne comprend-il pas encore que le seul salut est celui de la prière !
Mes enfants, soyez toujours prêts la nuit, ce qui a été prédit arrive, l'enlèvement aura bientôt lieu. Maintenant, nous avons besoin des meilleures âmes pour qu'elles puissent rejoindre l'armée du salut. Je vous aime mes enfants, maintenant je vous laisse avec ma bénédiction maternelle, au Nom du Père, du Fils et du Saint-Esprit, Amen.

Trevignano Romano - 17 avril 2018
Enfants bien-aimés, merci d'être réunis ici dans la prière. Vos âmes adoucissent mes souffrances et votre foi allège les peines de mon Fils. Enfants bien-aimés, l'Église restera comme elle a toujours été ; le diable sera chassé, lui qui pense pouvoir être le maître parce que les âmes se sont laissées prendre par l'orgueil et l'arrogance. Rien ne peut être changé, car la vérité est une, avant, maintenant et toujours. Soyez forts dans la foi et attachés à l'unique vérité que mon Fils vous a laissée.
Celui qui pense tout changer blasphème contre Dieu.
Maintenant, je vous bénis, ainsi que tous les objets sacrés, au Nom du Père, du Fils et du Saint-Esprit, Amen.

Trevignano Romano - 21 avril 2018
Enfants bien-aimés, merci d'être ici rassemblés dans cette maison bénie. C'est aujourd'hui l'anniversaire de ma première apparition à ma fille choisie pour que mes messages soient entendus par le plus grand nombre possible.

Je savais par avance que le cœur de ma fille et de son tendre époux feraient tomber tous les obstacles pour divulguer mes messages d'amour et de paix, car leurs cœurs sont emplis d'amour et d'espoir. Continuez à prier pour tous ceux qui ne croient pas et qui sont éloignés de Dieu afin de les protéger, et que j'intercède auprès de mon Fils Jésus afin qu'ils soient sauvés. Vous ne réussirez jamais à concevoir combien est grand mon amour pour vous. Je vous bénis, au Nom du Père, du Fils et du Saint-Esprit, Amen.

Trevignano Romano - 21 avril 2018
Message de Jésus : Frères, je serai toujours avec vous, ma Grâce descendra sur vous, gardez la foi et ne m'abandonnez jamais. Aimez-moi autant que Je vous aime, priez pour que j'anticipe mon retour. Je vous en supplie mes enfants, demeurez unis, à présent je vous donne ma bénédiction au Nom du Père, en mon nom et au nom de l'Esprit-Saint. Amen.

Trevignano Romano - 24 avril 2018
Enfants bien-aimés, merci d'avoir ouvert vos cœurs à mon appel. Mes enfants, changez vos vies et convertissez-vous, pas seulement quand vous souffrez, mais ouvrez véritablement vos cœurs à l'amour de Dieu.
Chers enfants, les justes seront persécutés et provoqués sans arrêt, mais moi je connais leurs cœurs, c'est pour cela qu'ils seront protégés de tout mal. Je vous donnerai toute ma force, mais vous, rapprochez-vous souvent de l'Eucharistie, soyez fidèles aux lois du Seigneur. Priez pour le Vatican, bientôt quelque chose de grave surviendra. Recevez mes bénédictions au Nom du Père, du Fils et du Saint-Esprit, Amen.

Trevignano Romano - 1er mai 2018
Enfants bien aimés, merci d'être ici en prière.
Mes enfants, l'Église restera toujours intacte, même si elle est dirigée par des aveugles qui guident d'autres aveugles personne ne pourra jamais la toucher car elle est protégée par l'Esprit-Saint. Aujourd'hui comme jamais, les grâces descendront sur vous afin que vous puissiez tous voir avec des yeux d'enfant combien Dieu est bon et miséricordieux.
Chers enfants, invoquez toujours la miséricorde.
A présent je vous donne ma sainte bénédiction, au Nom du Père, du Fils et du Saint-Esprit, Amen.

Trevignano Romano - 3 mai 2018
Enfants bien-aimés de mon cœur, merci d'écouter mon appel dans vos cœurs. Chers enfants, commencez ce mois-ci à vous consacrer à mon cœur immaculé, vous y trouverez la paix et ma protection.
Mes bien-aimés, suivez mon Fils Jésus, car Il est amour, pur amour, Il ne vient pas seulement pour vous juger, mais pour faire de nouveaux cieux et une nouvelle terre, cette terre maintenant envahie par le péché de la guerre et par le "moi" qui n'est pas Dieu. Mes enfants, je suis encore là pour vous guider et vous protéger, récitez le chapelet, l'arme qui arrête le mal, celui qui sévit dans le monde. Satan ne gagnera pas, et je triompherai avec mes anges. Mes bien-aimés, soyez fidèles aux lois de Dieu et soyez toujours cohérents.
Parlez à Dieu, comme à un père ou à un meilleur ami, n'ayez pas peur, Il entend tous ceux qui l'invoquent. Priez pour Rome, le terrorisme ne tardera pas à se manifester.
Maintenant, je vous donne ma sainte bénédiction, au Nom du Père, du Fils et du Saint-Esprit, Amen.

Trevignano Romano - 5 mai 2018

Enfants bien-aimés, merci pour vos prières pour vous et pour tous ceux qui feront des cénacles de prière et pour les chapelets récités dans les familles, je serai là et je vous bénirai un par un et j'intercéderai auprès de mon Fils pour toutes les grâces que vous me demanderez à ce moment-là. Chers enfants, préparez-vous toujours avant de prendre l'Eucharistie, seulement après avoir tout pardonné dans votre coeur.

Priez pour le Chili. Maintenant, je vous bénis au Nom du Père, du Fils et du Saint-Esprit.

Trevignano Romano - 8 mai 2018

Enfants bien-aimés de mon Cœur Immaculé, merci d'avoir écouté mon appel dans vos cœurs. Ma fille, je désire que vous disiez aux prêtres de ne pas avoir peur, les heures de persécution sont arrivées, mais accrochez-vous à mon Fils Jésus et continuez toujours à évangéliser avec la vérité. Chers enfants, le ciel et la terre s'uniront bientôt, le chagrin disparaîtra, vous goûterez au Paradis. Je vous aime, car vous êtes mes chers enfants et mes lampes allumées, allez-y et témoignez toujours de votre foi. N'oubliez pas que là où il y a Dieu, il y a l'amour et là où il y a l'amour, il y a la charité. Maintenant, je vous bénis au nom de la Sainte Trinité, Père, Fils et Saint-Esprit, que le feu du Saint-Esprit descende sur vous. Amen.

Trevignano Romano - 12 mai 2018

Mes chers enfants, merci d'être ici réunis dans la prière.

Mes bien-aimés, vos esprits et vos cœurs sont si confus, c'est ce que le démon sème, la destruction et la confusion, moi, au contraire, je désire que vous vous accrochiez à la récitation du Saint Rosaire, que vous vous rapprochiez de la prière, de l'Eucharistie et que vous vous confessiez avec tout votre

amour envers mon Fils Jésus.
Je suis à vos côtés et je vous accompagnerai toujours, je vous prendrai par la main. Laissez-vous accompagner !
Bientôt tout changera et vous pourrez être dans la lumière et voir le vrai Paradis. A présent je vous bénis, au Nom du Père, du Fils et du Saint-Esprit, Amen.

Trevignano Romano - 19 mai 2018
Enfants bien-aimés, merci d'avoir écouté mon appel dans vos cœurs. Combien de tristesse je vois dans vos cœurs, mais depuis si longtemps je vous rappelle que c'est un temps de purification, vous aurez sûrement beaucoup de peines, mais demandez-vous combien Jésus a souffert pour vous !
Mes enfants, ne soyez pas inquiets, bientôt vous pourrez goûter au nouveau paradis, ce qui est écrit doit arriver avant le retour de Jésus. Maintenant je vous laisse avec ma bénédiction maternelle, au Nom du Père, du Fils et du Saint-Esprit, Amen.

Trevignano Romano 22 mai 2018
Mes enfants bien-aimés, merci d'être réunis ici dans la prière. Je sais, combien de tristesse il y a dans vos cœurs, je vous connais un par un et je connais vos angoisses et vos faiblesses. Voici que je suis ici pour vous consoler, pour vous guider et pour vous aimer, avec un si grand amour maternel que je ne souhaite que vous voir sourire, en ayant mon Fils Jésus dans vos cœurs.
Mes bien-aimés, le retour de Jésus est proche, accueillez-le, soyez prêts et soyez sur le chemin de la sainteté. Le diable est en train de créer le plus grand schisme que l'Église ait jamais connu, mais ne perdez pas espoir, je serai avec vous, ne faites pas marche arrière dans la foi, mais continuez votre chemin, aujourd'hui plus forts qu'avant. Je vous aime et vous bénis, au Nom du Père, du Fils et du Saint-Esprit, Amen.

Trevignano Romano 26 mai 2018
Enfants bien-aimés, merci d'avoir écouté mon appel dans votre cœur. Ma fille bien-aimée, parfois le silence et la méditation sont nécessaires, je suis toujours avec toi. Ma fille, un jour viendra où tout être humain aimera mon Fils en s'écriant: "Tu es notre Roi !", mais si cela n'arrive pas bientôt, rien ne sera accordé, car les faux pénitents ne ressentiront que la justice divine. Ouvrez vos cœurs à l'amour de mon Fils, car tout s'accélère, soyez prêts.
Chers enfants, bientôt vous serez emmenés, protégés par mon manteau béni, qui est déjà sur la terre. Maintenant, je vous bénis au Nom du Père, du Fils et du Saint-Esprit, Amen.

Trevignano Romano 29 mai 2018
Message de Jésus : Mes frères, merci d'avoir écouté l'appel à la prière du Saint Rosaire. Je vous invite à réfléchir.
Quand ma Mère vous demande d'être prêts pour ma seconde venue, vous pensez souvent : "mais je prie !".
Faites un examen de conscience. Combien de fois m'apportez-vous vos joies et vos peines, combien de fois me remerciez-vous pour les belles choses que je vous donne ? Vous demandez-vous si vous avez jugé vos frères injustement ? Combien de bonnes œuvres avez-vous faites dans votre vie et combien d'œuvres de charité ? Combien d'âmes m'avez-vous apportées en les arrachant au diable ?
Frères et sœurs, voici les raisons pour lesquelles vous serez jugés, sachez que ceux qui blasphèment ne verront jamais ma face. Soyez unis et priez pour l'Italie, car sa souffrance sera grande, même la nature se rebellera contre l'homme.
Maintenant je vous bénis au nom de la Sainte Trinité, Père, Fils et Saint-Esprit, Amen.

Trevignano Romano - 2 juin 2018
Enfants bien-aimés, merci d'être ici, réunis en prière.
Chers enfants, moi, votre mère, je vous demande de ne pas être confus, l'Esprit-Saint descendra sur vous pour le discernement, surtout dans l'Église. Ah ! mes enfants bien-aimés, combien de persécutions et combien de douleurs ils créent dans mon cœur. Attention mes enfants, ils utiliseront aussi mon image, en m'élevant devant les fidèles pour leur faire croire que tout continue, mais parfois ils vous trompent car leur comportement en dehors de l'Église est loin de la parole de Dieu. Mes bien-aimés, je pleure pour ce qui vous attend, mon Fils, s'il revenait dans la chair, serait crucifié une fois de plus, mais seuls quelques-uns verront sa Sainte Face. Maintenant, je vous bénis, au Nom du Père, du Fils et du Saint-Esprit, Amen.

Trevignano Romano - 3 juin 2018
Enfants bien-aimés, merci d'avoir répondu à mon appel dans vos cœurs. Certains d'entre vous ont eu besoin de temps, mais maintenant vous êtes ici sous mon manteau béni.
Chers enfants bien-aimés, aujourd'hui est un jour très spécial et je vous demande de rester devant mon Fils et son Corps, approchez-vous souvent de l'Eucharistie, vous verrez les grâces descendre sur vous, Il parlera à votre cœur en vous suivant, jour après jour, de sorte que vous ne pourrez plus vous passer de Lui, en écoutant la paix qu'Il laissera dans vos cœurs. Mes chers enfants, ne désespérez pas, les anges sont unis aux saints et à ceux qui sont montés au ciel dans la sainteté pour mener cette guerre contre le diable.
Mes enfants, il n'y a plus de temps, convertissez-vous et ouvrez vos cœurs à l'amour. Maintenant, je vous bénis au Nom du Père, du Fils et du Saint-Esprit, Amen.

Trevignano Romano - 5 juin 2018
Chère fille, merci, mon cœur de mère désire que mes enfants enflamment leur esprit au lieu du mental, s'unissent au nom de Jésus et fassent des cénacles de prière, je vous aime tous, car vous êtes tous mes enfants. Mon enfant, n'aie pas peur des purifications, car elles servent à t'amener là où il n'y a que paix et harmonie, sois toujours fidèle à l'Évangile et aime tes frères comme toi-même. Maintenant, je te donne ma bénédiction maternelle, au Nom du Père, du Fils et du Saint-Esprit, Amen.

Trevignano Romano - 9 juin 2018
Enfants bien-aimés, merci d'avoir ouvert vos cœurs à mon appel. Mes bien-aimés, les cieux s'ouvrent désormais pour s'unir avec la terre. L'attente sera brève et vous verrez bientôt la gloire de Dieu. C'est pour cela que je vous demande d'implorer le pardon de Dieu. Si votre Oui est sincère, alors vous serez assurément pardonnés et toute la miséricorde de Dieu descendra sur vous. Pardonnez et vous serez pardonnés. Préparez-vous à regarder les signes du ciel, ne vous comportez pas en aveugles restant les bras croisés à ne rien faire.
A présent je vous bénis au Nom du Père, du Fils et du Saint-Esprit, Amen.

Marina di Grosseto - 10 juin 2018 - A « Villa Isabella »
Enfants bien-aimés, merci d'avoir ouvert vos cœurs à mon appel. Jésus et moi-même sommes là pour vous bénir et je vous demande d'être toujours fidèles à mon Fils.
N'oubliez pas ce qu'Il a fait pour vous et pour vos péchés, ne vous laissez pas éloigner par les modernismes, vous entendrez bientôt retentir le son des trompettes dans les cieux et tous l'entendront. Mes enfants, nous sommes ici pour vous demander de prier pour la paix.

A présent je vous bénis au Nom du Père, du Fils et du Saint-Esprit, Amen.

Trevignano Romano - 12 juin 2018

Chers enfants, merci d'être rassemblés ici dans la prière.
Mes bien-aimés, le diable est très rusé, il vous attache aux choses terrestres, aux plaisirs de toutes sortes.
Mes enfants, prenez garde, surtout aux jalousies et aux envies, car il vous tente pour vous opposer les uns aux autres et provoquer la division.
Mes enfants, méfiez-vous de la fausse paix, des tremblements de terre s'ensuivront et la nature, en particulier la mer, se rebellera. Priez pour la Russie. Maintenant, je vous bénis au nom du Père, du Fils et du Saint-Esprit.

Trevignano Romano - 16 juin 2018

Chers enfants, merci d'être rassemblés ici dans la prière. Enfants de mon cœur, priez pour les conversions, en particulier pour mes enfants consacrés, du premier au dernier. Chers enfants, bientôt sera le temps de l'avertissement, malheureusement, ils cherchent toujours des explications scientifiques aux signes du ciel, mais celui qui ouvre son cœur avec les yeux de l'esprit comprendra. Moi, votre Mère, je suis encore ici, parce que le Père qui est aux cieux veut que tous soient sauvés et aime tous les croyants et les non-croyants, même s'ils ne l'aiment pas beaucoup. Maintenant, je vous bénis au nom de la Sainte Trinité, Père, Fils et Saint-Esprit. Amen.

Trevignano Romano - 19 juin 2018

Chers enfants, merci pour vos prières et pour votre foi.
Mes bien-aimés, ne vous fâchez pas, ne soyez pas déçus lorsqu'ils parleront mal de vous, lorsque vous serez ridiculisés,

tout ceci au nom de Jésus. Je ne suis pas ici pour faire peur à mes enfants mais pour les mettre en garde des dangers qui les attendent. La foi et les prières affaiblissent et ralentissent ce qui va arriver, rassemblez le plus grand nombre d'âmes possible et amenez-les à se convertir. Priez pour l'Espagne et pour tous ceux qui ne croient pas. A présent je vous bénis au Nom du Père, du Fils et du Saint-Esprit, Amen.

Trevignano Romano - 23 juin 2018

Chapelle du Sacré Cœur : Mes frères, merci pour vos prières et la récitation du Saint Rosaire, une arme qui chasse le mal. Mes chers frères, malgré la présence continue de ma Sainte Mère, malgré les signes que je vous donne, les grâces que vous recevez et malgré tout, pourquoi beaucoup n'ouvrent-ils toujours pas leur cœur à mon amour, à ma Grâce et à ma Miséricorde ? Je veux emmener tout le monde dans mon Paradis, c'est pourquoi je vous demande maintenant de confesser tous vos péchés, surtout les plus graves et de ne jamais recommencer, afin que je puisse vous pardonner.

Moi, votre Jésus, je vous donne toute ma Miséricorde, soyez vivants dans la foi et témoignez. Aimez ma croix, repentez-vous et venez à moi, je n'attends que votre Oui et je serai toujours à vos côtés dans votre vie. Soyez prêts pour la nouvelle Pentecôte. Maintenant, je vous bénis au Nom du Père, en mon Nom et au Nom du Saint-Esprit, Amen.

Trevignano Romano - 26 juin 2018

Enfants bien-aimés, merci d'avoir ouvert vos cœurs à mon appel. Ma chère fille, malheureusement le temps de la tribulation et de la réelle persécution pour toi et tes frères n'est pas encore vraiment venu.

Il est en train de vous ôter tout ce à quoi vous tenez, mais

réjouissez-vous, ne vous enchaînez pas à la douleur.
Bientôt votre Sauveur arrivera parmi vous pour vous sauver de la malice de Satan. Mes enfants, soyez attentifs aux signes, bientôt même la lune ne brillera plus. Priez, priez, priez, n'ayez pas peur, invoquez mon nom et moi je vous protégerai toujours. Lisez l'Évangile et annoncez l'arrivée de Jésus.
A présent je vous donne ma bénédiction maternelle, au Nom du Père, du Fils et du Saint-Esprit, Amen.

Trevignano Romano - 30 juin 2018
Message de Jésus : Chers frères, merci de vous être réunis dans la prière. Je suis ici, je suis parmi vous, je vous le demande, prenez ma main et suivez-moi sans demander beaucoup, sans poser de questions, souvenez-vous que c'est la vraie foi. Je suis la vérité, le chemin et la vie. Aimez-moi comme je vous aime. Croyants et non-croyants, Je suis ici pour un appel au salut, "Sauvez-vous" revenez tant qu'il est temps, le jour viendra où vous serez avec moi, et moi, j'attends votre cœur, ouvrez-le, combien d'amour Je souhaite donner !! N'oubliez jamais de suivre l'Évangile, soyez forts de mes paroles et surtout, criez la vérité sans crainte, je serai toujours avec vous. Maintenant, je vous bénis, au Nom du Père, en mon nom et au nom du Saint-Esprit, Amen.

Trevignano Romano - 3 juillet 2018
Message de la Madone : Enfants bien-aimés, merci d'avoir ouvert vos cœurs à mon appel.
Mes enfants chéris, merci d'être l'Église, je sais combien vous priez et ce à quoi vous renoncez pour le Seigneur, mais parfois tout ceci n'est pas suffisant.
Jeûnez, nourrissez-vous du corps de mon Fils, rapprochez-vous de la confession.

Tout ceci dans le but de sauver vos âmes.
Chers enfants, Jésus souffre encore parce que le mal s'est propagé dans le monde, cependant Sa miséricorde est grande, immense, mais vous et le monde entier devez vous convertir de toute urgence. L'Église du Christ triomphera.
A présent je vous bénis au Nom du Père, du Fils et du Saint-Esprit, Amen.

Trevignano Romano - 7 juillet 2018
Enfants bien-aimés, merci d'avoir écouté mon appel dans vos cœurs. Je connais vos noms un par un, je connais vos demandes et vos peines, priez mon Fils Jésus et Il interviendra pour vos besoins. Je suis ici pour vous donner la paix, pour vous apporter la clarté et pour vous aimer. Bien-aimés enfants consacrés, je connais votre confusion, mais ne fuyez pas devant les difficultés que Satan place devant vous, mais allez de l'avant, souvenez-vous de votre épouse et souvenez-vous d'être toujours des bergers qui rassemblent les brebis perdues, mettez de l'ordre dans votre cœur et ne vous embrouillez pas. Invoquez-moi et le nom de mon Fils et nous serons là pour vous protéger. Priez pour l'Amérique, qu'elle revienne à l'amour de Jésus. Maintenant, je vous donne ma sainte bénédiction, au Nom du Père, du Fils et du Saint-Esprit, Amen.

Trevignano Romano - 10 juillet 2018
Chère fille, merci d'être encore là à attendre mon message de salut, merci pour ceux qui ont répondu à mon appel dans leur cœur. Bien-aimés, bientôt vous verrez l'obscurité s'abattre sur vous, n'ayez pas peur, mais priez et allumez les bougies bénies. Le Saint-Esprit descendra sur vous et vous parlerez par sa bouche. Rappelez-vous que les croix et les souffrances serviront à sauver les âmes. Détachez l'ego qui vous tient captif,

mais soyez humbles et écoutez les paroles de mes Apôtres. Personne n'a le droit de juger et de condamner, mais seul Dieu a le droit de tout faire. Priez pour la Russie et pour l'Italie, où un fort tremblement de terre va bientôt secouer la terre.
Maintenant, je vous bénis au Nom du Père, du Fils et du Saint-Esprit, Amen.

Trevignano Romano - 14 juillet 2018
Chers enfants, merci de répondre à mon appel dans votre cœur. Mes bien-aimés, chaque fois que votre cœur battra plus vite et que vous sentirez mon parfum, à cet instant, vous comprendrez que je suis au milieu de vous. Mes bien-aimés, combien vous êtes aimés par mon Père ! Il veut que vous soyez tous sauvés, même les non-croyants, quand ils me rencontreront, ils comprendront quelle sera leur place. Mes enfants, le diable est fort, mais vous avez une grande force qui est la foi, la prière et le saint rosaire. Priez, priez, priez !
Maintenant, je te donne ma bénédiction maternelle au Nom du Père, du Fils et du Saint-Esprit, Amen.

Réflexion : *Notre très douce Mère nous exhorte une fois de plus à avoir la foi et à prier. Pas une foi enfantine, émotionnelle et occasionnelle, mais une foi adulte et consciente. Elle demande sans cesse la confiance, la prière aimante et l'abandon à un Père aimant qui nous considère aussi précieux que la pupille de ses yeux et nous garde dans son amour. Prions pour la conversion des cœurs car Il veut que Ses enfants soient sauvés ! Marie nous met en garde contre l'action puissante du malin et nous donne la clé pour comprendre la force que nous avons et qui peut abattre l'ennemi : la foi et la prière, si nous avons les deux, elle se fera sentir de manière tangible !*
Alleluia !

Trevignano Romano - 17 juillet 2018
Chers enfants, merci d'être ici dans la prière. Mes enfants chéris, combien d'amour je ressens dans vos cœurs ! Soyez toujours purs comme des enfants, mais avec une forte foi de soldat. La persécution, il y en aura dans ce monde, soyez forts et n'ayez pas peur. Mes chers enfants, bientôt vos consciences seront mises en lumière et ceux qui ont cru se réjouiront, mais ceux qui ont rejeté l'amour de Dieu dans leur cœur ressentiront une grande tristesse. Je vous aime, priez, priez, car le moment est venu et bientôt tout sera accompli. Maintenant je vous bénis au Nom du Père, du Fils et du Saint-Esprit, Amen.

Réflexion : *Notre Mère la plus douce se réjouit de l'amour qu'elle ressent dans le cœur de ses enfants et nous prépare à avoir la force et le courage pour les épreuves et les luttes que les enfants de Dieu doivent affronter.*
Bientôt, tout sera manifesté, tout remontera à la surface et à la lumière : notre foi et nos consciences, mais aussi la persécution se manifesteront de plus en plus clairement.
Nous sommes des enfants bien-aimés, mais il y a ceux qui rejettent ce Père aimant et ces enfants connaîtront dans leur cœur toute la douleur du rejet de cet Amour infini !
Marie invoque nos prières pour le temps qui est maintenant proche, mais elle nous rassure et nous fortifie par son amour maternel et sa bénédiction. Alleluia !

Trevignano Romano - 21 juillet 2018
Enfants bien-aimés, merci d'avoir écouté mon appel dans vos cœurs. Chers enfants, vous êtes mes flammes brûlantes, n'éteignez jamais le feu de la foi parce que j'ai besoin de vous, j'ai besoin de soldats sur la terre, d'adultes qui s'émerveillent encore comme des enfants quand ils sentent ma présence et

celle de mon Fils. Combien de fois je m'entends demander, combien de temps avons-nous encore ? Mes enfants, je vous le demande, soyez prêts, comme Jésus l'a dit, Je viendrai comme un voleur dans la nuit, alors soyez toujours prêts, les moments qui approchent sont courts et ils s'accélèrent.
Priez pour l'Église et pour le Japon. Maintenant, je vous bénis au Nom du Père, du Fils et du Saint-Esprit, Amen.

Trevignano Romano - 24 juillet 2018
Chers enfants, merci d'avoir répondu à mon appel dans vos cœurs, n'abandonnez pas la prière, soyez toujours fidèles à Jésus. Combien de douleur je sens dans vos cœurs, offrez tout et déposez vos problèmes au pied de la croix.
Mes trésors, la bataille entre le bien et le mal est en cours, le diable est rusé, fort et il exultera sur chaque âme qu'il réussira à arracher à Dieu. Je vous en prie mes enfants, ne déposez pas vos armes de prière et d'amour par lassitude, vous aurez la plus grande récompense, la vie éternelle, n'ayez pas peur, l'Avertissement est imminent et il sera terrible pour ceux qui ont rejeté Dieu et joyeux pour ceux qui l'ont reconnu. Moi votre mère je vous aime, je vous prends par la main, laissez-moi vous accompagner. Maintenant, je vous bénis au Nom du Père, du Fils et du Saint-Esprit, Amen.

Trevignano Romano - 28 juillet 2018
Chers enfants, merci d'avoir répondu à mon appel dans vos cœurs. Enfants bien-aimés, mon cœur est si triste pour ce qui est à venir. Combien de fois vous ai-je demandé de regarder les signes dans le ciel ; tout ce qui est admiré par le monde est un grand signe. Le rouge de la lune est le Sang que Jésus a versé pour vous. Voici, les enfants, c'est le temps des grands tremblements de terre, la mer et la terre se révolteront.

Mes enfants, libérez-vous du Moi et venez à moi, ce n'est qu'avec Jésus que le chemin sera juste et vrai.
Priez pour l'Italie car la terre va trembler très fortement.
Mes bien-aimés, je vous bénis maintenant au Nom du Père, du Fils et du Saint-Esprit, Amen.

Trevignano Romano - 31 juillet 2018
Ma fille, tout ceci n'est qu'une toute petite partie de ce qui va arriver, soyez des soldats de lumière, priez pour les évêques, les prêtres consacrés et surtout pour les théologiens qui changent la parole, donnant une explication différente de ce que Jésus a dit. Prenez l'Eucharistie pendant qu'il est encore temps, tout sera contrecarré. Combien de sang devra couler dans le monde, Jésus viendra dans le monde portant sa croix de salut pour l'humanité. Mes enfants, Il vous protégera avec son Précieux Sang. Maintenant, je vous bénis au Nom du Père, du Fils et du Saint-Esprit, Amen.

Trevignano Romano - 3 août 2018
Mes enfants, merci d'écouter mon appel dans vos cœurs.
Mes bien-aimés, quelle douleur j'entends dans vos prières, vos cœurs sont contrits et affligés par tout le mal qui balaie le monde. Mes amours, ils voudraient vous faire croire que l'enfer n'existe pas, mais c'est faux, il n'y aurait pas de pardon s'il n'y avait pas de péché.
Alors, s'il vous plaît, mes enfants, lisez l'Évangile et tenez-vous fermement dans la parole. Paix et tranquillité dans vos cœurs, invoquez mon Fils dans les moments difficiles, Il vous écoutera et vous protégera, confiez-lui vos peines et vos déceptions, Il transformera votre vie en merveille.
Maintenant, je vous bénis au Nom du Père, du Fils et du Saint-Esprit, Amen.

Trevignano Romano - 4 août 2018
Frères bien-aimés, merci d'être ici en prière, je vous demande de ne pas vous laisser conduire par le mal, il profite de vos moments de faiblesse pour vous amener là où les flammes brûlent. Je vous demande l'amour et la paix avec vos frères, pardonnez et vous serez pardonnés, je jugerai qui est avec moi et qui est contre moi. Méfiez-vous des signes du ciel, moi seul suis le Chemin, la Vérité et la Vie, mon Père détruira bientôt toute méchanceté, soyez prêts à être attaqués, moqués et persécutés en mon nom, Je vous protégerai toujours avec ma Mère bien-aimée. Croyez toujours au Dieu trinitaire.
Maintenant, au nom de la Très Sainte Trinité, je vous donne ma sainte bénédiction, au Nom du Père, en mon Nom et au Nom du Saint-Esprit, Amen.
Votre Jésus.

Trevignano Romano - 7 août 2018
Chers enfants, merci d'être ici dans la prière. Mes enfants, les cieux se réjouissent, vous aussi, maintenant, peu de temps nous sépare, gardez toujours la lampe bénie allumée et le chapelet dans vos mains. Bientôt, très bientôt, mon Fils sera parmi vous, Il viendra avec toute sa gloire. Mes joyaux, ne voyez-vous pas les signes du ciel ?
La chaleur étouffante et tout ce qui se passera seront pour votre purification et seront nécessaires pour que vous puissiez vous agenouiller lorsque Jésus arrivera et que tous le reconnaîtront comme le Roi du ciel et de la terre.
Ne pensez pas aux choses terrestres, mais enrichissez-vous dans l'esprit, le reste n'est plus nécessaire. Maintenant, je vous bénis au Nom du Père, du Fils et du Saint-Esprit, Amen.

Trevignano Romano - 11 août 2018

Enfants bien-aimés, merci de répondre à mon appel dans vos cœurs. Mes enfants, je sécherai vos larmes et vous, avec votre Saint Rosaire, vous sécherez une partie des miennes, c'est pourquoi je continue à vous demander des cénacles de prière dans tant d'endroits. Mes bien-aimés, la justice de mon Fils est déjà sur vous, observez ce qui se passe dans le monde et dans mon Église. Toutes les guerres, la violence, les tremblements de terre, devraient vous faire comprendre que la justice de Dieu a commencé. Mes bien-aimés, continuez à vous nourrir du corps de mon Fils, car tout s'écroule avec le Tabernacle.
Je suis encore là, et je le serai encore un peu, pour vous enseigner le chemin qui mène à Jésus. Écoutez mes messages et ne tournez pas le dos à ceux qui parlent par ma bouche. Maintenant, je vous bénis au Nom du Père, du Fils et du Saint-Esprit, Amen.

Trevignano Romano - 15 août 2018

Enfants bien-aimés, merci d'avoir écouté mon appel dans vos cœurs. Enfants bien-aimés, venez à moi, afin que je vous conduise à mon Fils Jésus. Je voudrais vous voir tous sauvés et c'est pourquoi chaque fois que je suis ici et chaque fois que vous m'invoquez, je suis à vos côtés. Tout ce qui se passe est pour la grande purification de la terre et après vous renaîtrez à une nouvelle vie avec moi et mon Jésus. Maintenant, je vous bénis au Nom du Père, du Fils et du Saint-Esprit, Amen.

Trevignano Romano - 18 août 2018

Chers enfants, merci de répondre à mon appel dans vos cœurs. Jésus est déjà en route pour sa seconde venue, combien de souffrance Il ressent encore, ils le crucifient comme ils l'ont fait autrefois. Assez ! Trop de péchés, trop de blasphèmes, combien d'erreurs ! Tout ce qui se passe n'est qu'une toute petite partie de ce qui arrivera, je vous dis ces mots pour qu'il y ait une vraie conversion dans vos cœurs et surtout je dis ceci à mes enfants consacrés, arrêtez de crucifier Jésus, la justice sera grande sur vous. Mes bien-aimés, venez à moi, le septième sceau sera bientôt ouvert et vous entendrez les trompettes des Anges retentir, soyez prêts dans la prière, spécialement dans la récitation du Saint Rosaire et avec des jeûnes. Une fois de plus, je vous exhorte à aimer mon Fils Jésus, afin que la paix et la transformation de vos cœurs soient immédiates. Maintenant, je vous laisse avec ma bénédiction maternelle au Nom du Père, du Fils et du Saint-Esprit, Amen.

Trevignano Romano - 21 août 2018

Mes enfants, merci pour vos prières, merci d'être fidèles à l'Évangile et de suivre mes instructions. Ce que font les disciples, c'est porter leur croix, Jésus a dit : celui qui ne porte pas sa croix ne peut être mon disciple. Tout ce qui va se passer sera sous les yeux de tous et chacun reconnaîtra la véracité de ces messages. Vous, enfants fidèles, vous boirez la coupe amère et vos souffrances seront grandes, mais pensez à la récompense avec moi et mon Jésus. Priez pour l'Italie, car un fort tremblement de terre va la secouer. Soyez humbles dans la souffrance, mais soyez forts dans la foi. C'est le moment où les épreuves seront nombreuses, même celles pour mettre fin à votre mission. Maintenant, je vous bénis au Nom du Père, du Fils et du Saint-Esprit, Amen.

Trevignano Romano - 25 août 2018

Chers enfants, merci d'avoir ouvert vos cœurs à mon appel.
Priez, priez, priez beaucoup, le document au sujet de l'Eucharistie a été signé. On ne croira plus à la transsubstan-

tiation, et on acceptera que tout ne soit que commémoration.
Enfants bien-aimés, tout a changé et tout changera encore rapidement, préparez-vous, ce n'est que dans l'Eucharistie et dans la Parole que vous trouverez la force d'aller contre ces changements. Le siège de Pierre sera bientôt détruit.
Priez pour l'Église, où les ténèbres ont remplacé la lumière, confiez-vous à mon Fils Jésus qui est amour. A présent je vous bénis au Nom du Père, du Fils et du Saint-Esprit, Amen.

Trevignano Romano - 28 août 2018
Oh ! Frères, merci d'être ici en prière, je suis ici parmi vous, mais tous ne reconnaissent pas ma présence. Combien j'ai prié pour vous mon Père, mais l'humanité n'a plus rien à voir avec la foi, je ne peux plus arrêter cette purification qui a lieu maintenant, vous êtes en moi et ma mère bien-aimée et nous vous protégerons. Combien de douleurs dans mon Église, nombreux sont mes bourreaux, les docteurs de l'Église l'ont fait autrefois et aujourd'hui ils le font encore avec force, mais rappelez-vous, frères, mon Église ne sera jamais vaincue par le mal, mais renaîtra victorieuse. Immergez-vous dans mon amour, le compte à rebours a commencé.
Maintenant je vous donne ma bénédiction, au nom de la Sainte Trinité, Père, Fils et Saint-Esprit, Amen.

Trevignano Romano - 1er septembre 2018
Chers enfants, merci d'avoir répondu à mon appel dans vos cœurs. Mes bien-aimés, soyez toujours unis dans l'amour de Jésus pour défendre les âmes du diable et les conduire vers la lumière. Enfants bien-aimés, agenouillez-vous devant le Crucifix avec une grande humilité et demandez le pardon de vos péchés. Revenez à Dieu, plus de légèreté de cœur, mais affermissez-vous dans la foi. C'est le moment où vous verrez

tout ce que j'ai révélé. Priez beaucoup pour l'Italie bien-aimée, maintenant elle a besoin de beaucoup de prières pour éviter le pire, malheureusement elle s'est détournée de Dieu.
Maintenant, je vous donne ma bénédiction au Nom du Père, du Fils et du Saint-Esprit, Amen.

Trevignano Romano - 3 septembre 2018
Enfants bien-aimés, quelle joie pour mon cœur de vous voir ici répondre à mon appel dans vos cœurs. Enfants bien-aimés, dites à mes consacrés de ne pas marcher sur les chemins du monde, mais sur le chemin qui mène à mon Fils Jésus, en aidant les âmes perdues tentées par Satan. Mes amours, priez, comme je prie mon Père, pour que je sois encore là avec vous pour vous guider jusqu'au bout. Écoutez mes messages et mes indications pour la vie éternelle. À présent, les heures de Satan sont comptées, mais il est beaucoup plus agressif car il sait que la seconde venue de Jésus est imminente.
Priez, mes enfants, pour que la purification du monde serve à retrouver le paradis. Maintenant, je vous place tous sous mon manteau de grâce et je vous bénis au Nom du Père, du Fils et du Saint-Esprit, Amen.

Trevignano Romano - 8 septembre 2018
Mes bien-aimés, merci d'être ici dans la prière. Mes petits enfants, donnez-moi vos mains et je vous donnerai beaucoup de bénédictions. Je vous conduirai là où tout sera plein d'amour, sans méchanceté, sans injustice, je suis votre Mère, c'est pourquoi je vous demande les mêmes choses depuis des années, je veux que vous soyez tous sauvés et aujourd'hui vous verrez un signe qui ôtera tout doute de ma présence.
Je vous bénis, mes enfants, au Nom du Père, du Fils et du Saint-Esprit, Amen.

Le soleil tournait sur lui-même et devenait visible à l'œil nu avec mille couleurs merveilleuses. Merci Sainte Marie pour ce don de votre part !

Trevignano Romano - 11 septembre 2018
Chers enfants, merci d'avoir répondu à mon appel dans vos cœurs. Enfants bien-aimés, pour les moments difficiles qui viendront, je vous demande de ne pas vous décourager, d'avoir confiance en Jésus, Il vous protégera et moi, avec les anges, je ne permettrai jamais au mal de vous toucher.
Défendez courageusement la foi et la vérité, revêtez-vous de l'amour de Dieu et combattez. Priez pour l'Amérique car elle s'est détournée de Dieu et le châtiment sera sévère.
Mes enfants, revenez à Dieu et ouvrez vos cœurs. Maintenant, je vous donne ma bénédiction maternelle au Nom du Père, du Fils et du Saint-Esprit, Amen.

Trevignano Romano - 15 septembre 2018
Chers enfants bien-aimés, merci d'avoir répondu à mon appel dans vos cœurs. Enfants bien-aimés, combien il y a de douleurs dans mon cœur pour tout ce qui se passe dans la maison de Dieu, mais Satan ne gagnera pas parce qu'il aura peu de temps à sa disposition et l'Église renaîtra sainte. Je vous demande, mes amours, de rester unis, d'être remplis de l'Esprit-Saint et de demander le don du discernement. Attention aux tromperies, c'est le moment où de nombreux loups déguisés en agneaux se glisseront dans les groupes de prière pour les détruire. N'écoutez pas les paroles de ceux qui changent la Messe et les mauvaises interprétations qu'ils donneront à ce qui est écrit dans l'Évangile, rappelez-vous les enfants, la parole de Jésus était et sera toujours une et unique. Mes enfants, luttez pour la vérité et je serai toujours avec

vous, avec mes anges et archanges. Aimez la Très Sainte Trinité. Maintenant, je vous bénis au Nom du Père, du Fils et du Saint-Esprit, Amen.

Trevignano Romano - 18 septembre 2018
Enfants bien-aimés, merci de répondre à mon appel dans vos cœurs. Mes chers enfants, tout change et tout se transforme, surtout dans vos consciences. Demandez toujours l'aide du Saint-Esprit qui, lorsqu'Il est invoqué, vous envahira de sa paix et seules les paroles de Jésus sortiront de votre bouche. Mes enfants, ouvrez vos cœurs, car bientôt le retour de mon Fils aura lieu et quand Il viendra, quelle foi trouvera-t-Il ? Demandez-vous à quel point vous êtes courageux et déterminés à parler au nom de Jésus et à quel prix vous défendez la vérité. Ne vous cachez pas et ne soyez pas des catholiques tièdes, mais de vrais chrétiens. Maintenant, je vous bénis au Nom du Père, du Fils et du Saint-Esprit, Amen.

Trevignano Romano - 22 septembre 2018
Chers frères, quelle joie dans mon cœur de vous voir unis dans la prière. Frères, amis, enfants, regardez bien dans vos cœurs, c'est la seule chose dont j'ai besoin pour entrer, alors ouvrez-les largement pour que mon grand amour y entre.
Frères, Je comprends les tentations, moi aussi j'ai été tenté par Satan, Je comprends vos faiblesses car moi aussi j'ai été un homme, moi aussi j'ai été rejeté, abusé, mortifié et finalement crucifié, Je comprends votre humanité, mais vous devez être forts. Chassez le diable par la prière du Saint Rosaire et prenez souvent l'Eucharistie. Aimez vos frères et surtout ceux qui vous persécutent à cause de mon nom, j'ai pardonné à ceux qui m'ont crucifié. Soyez toujours prêts, Je viens, souvenez-vous que je vous regarde chaque jour dans vos prières et vos tra-

vaux. Je vous aime tous et vous bénis au Nom de la Très Sainte Trinité. Je vous laisse la paix !
Votre Jésus

Trevignano Romano - 25 septembre 2018

Chers enfants, merci de répondre à mon appel dans vos cœurs. Enfants bien-aimés, vous verrez bientôt de grands signes venant du ciel. Qu'est-ce que vous attendez encore ? Tout ce qui se passe n'est-il pas suffisant pour que Dieu vous rappelle à Lui ? Certes, tout ce qui va arriver va vous effrayer, mais avant qu'il ne soit trop tard, je voudrais vous accompagner sur ce chemin qui mène à la Lumière. En ce moment, il n'y a que de l'aridité sur la terre, ainsi que dans le cœur de l'humanité. La terre va se rebeller de plus en plus, regardez ces événements avec le cœur et tout deviendra plus clair pour vous.
Le diable s'insinue avec force comme jamais auparavant. Jésus anticipe encore les temps de sa venue. Priez pour l'Amérique. Maintenant, je vous bénis au Nom du Père, du Fils et du Saint-Esprit, Amen.

Trevignano Romano - 29 septembre 2018

Enfants bien-aimés, merci d'être ici et d'écouter mon appel dans vos cœurs. Chers enfants, vous voyez mes larmes de sang et poursuivez votre vie avec indifférence, mais ne comprenez-vous pas combien ma douleur est grande lorsque je vois que beaucoup de mes enfants sont perdus, surtout les jeunes, les familles et mon Église ? Au lieu de réfléchir, vous tournez le dos sans véritable conversion ou tristesse. Mes enfants, ceux qui sont déjà montés au ciel se préparent à livrer la grande bataille finale, tandis que je prépare mon armée sur terre. Soyez forts, ne vous laissez pas tromper ou abattre, car vous devez vous battre pour la vérité.

Maintenant, je vous bénis au Nom du Père, du Fils et du Saint-Esprit, Amen.

Trevignano Romano - 3 octobre 2018

Chers enfants, merci d'avoir répondu à mon appel dans vos cœurs. Fille bien-aimée du ciel, tu dois maintenant dire parfaitement ce que je te dis : cardinaux et évêques, cessez de marcher la tête haute, alors que l'Église tombe en ruine, théologiens qui me sont chers, ne vous aventurez pas à changer ce que Jésus a laissé écrit, Ses paroles vivront éternellement parce qu'Il est le chemin, la vérité et la vie, pasteurs ne restez pas ancrés dans l'obéissance, mais combattez ceux qui veulent ajouter l'amour pour Satan, ne vous engagez pas avec la franc-maçonnerie, mais soyez au service des âmes des fidèles.
Mes bien-aimés, bientôt mon Fils reviendra une fois de plus, pour vous libérer de vos péchés. Qu'attendez-vous pour vous convertir, voulez-vous encore des signes ? Au lieu de cela, je vous demande la conversion et la prière, avant que le feu ne descende du ciel.
Priez pour l'Italie, pour l'Amérique et pour la Sicile. Je vous aime parce que vous êtes mes enfants. Aujourd'hui, des grâces et des bénédictions vont descendre sur vous. Maintenant, je vous bénis au Nom du Père, du Fils et du Saint-Esprit, Amen.

Trevignano Romano - 6 octobre 2018

Enfants bien-aimés, merci d'avoir répondu à mon appel dans vos cœurs, quelle joie de vous voir ici, en si grand nombre, réunis dans la prière ! Je suis heureuse, car ceux qui ont ouvert leur cœur à mon Fils ont vu les merveilles de Dieu.
Enfants bien-aimés, ne craignez rien, les enfants de Dieu sont déjà marqués et aucun ne sera touché en ce temps de persécution. Annoncez la bonne nouvelle, car ce monde reviendra

bientôt dans la paix grâce à l'Amour que seul Jésus le Sauveur peut apporter. Soyez sereins, je vous protégerai toujours, mais soyez prêts avec des lampes allumées, car tout sombre. Convertissez-vous, chers enfants, le temps est révolu. Maintenant, apportez ma bénédiction et ma paix dans vos foyers, je vous bénis au Nom du Père, du Fils et du Saint-Esprit, Amen.

Trevignano Romano - 9 octobre 2018

Enfants bien-aimés, merci d'être ici dans la prière et d'avoir ouvert vos cœurs à mon appel.
Chers enfants, demandez toujours, ne cessez jamais même un instant de demander le don de la vraie foi, invoquez le Saint-Esprit afin qu'il puisse vous façonner comme le souhaite Jésus. Témoignez de votre Foi, soyez courageux. Ce temps est un temps où les Grâces, que seule une maman peut donner, seront distribuées très largement et avec amour.
Vous êtes mes soldats de Lumière sur la terre, les choses terribles qui vous attendent ne devront jamais vous faire peur car nous serons toujours à vos côtés. A présent je vous bénis, au Nom du Père, du Fils et du Saint-Esprit, Amen.

Trevignano Romano - 13 octobre 2018

Chers frères, merci d'être ici dans la prière.
Vous êtes mon peuple béni, je vous rappelle que le moment où vous devrez aider mes enfants persécutés est venu, la persécution est plus forte aujourd'hui que jamais. Mes chers frères, n'ayez pas peur de divulguer les messages qui viennent du ciel, ils ont pour but de vous préparer à tout ce qui doit survenir prochainement. Je ne serai plus présent dans l'Église, préparez-vous à vous réunir dans vos maisons pour prier, ainsi que vous l'avait prédit ma mère.

Le protestantisme a commencé et ma mère n'est plus la bienvenue au sein du peuple de l'Église, mais vous mes frères qui l'aimez, qui recueillez ses larmes et qui croyez en sa grande douleur, laissez-vous prendre par la main pour être guidés vers la sainteté. Aimez toujours la Très Sainte Trinité et je vous bénis, chacun d'entre vous, au Nom du Père, du Fils et du Saint-Esprit, Amen. Votre Jésus.

Trevignano Romano - 16 octobre 2018
Mes enfants, merci pour vos prières.
Je demande à mes enfants bien-aimés de ne pas avoir peur des jours qui arrivent.
Mes bien-aimés, les cieux se sont ouverts, je désire que tous mes enfants soient en paix parce que mon Église ne mourra jamais. A présent tout sera désacralisé mais vous, restez sur le chemin de la véritable Église. Je serai toujours à vos côtés.
Mes enfants, n'ayez aucune crainte, moi votre Mère je vous aime. A présent je vous donne ma sainte bénédiction au Nom du Père, du Fils et du Saint-Esprit, Amen.

Trevignano Romano - 23 octobre 2018
Enfants bien-aimés, merci d'avoir écouté mon appel dans vos cœurs. Mes bien-aimés, je désire que vous soyez toujours unis car bientôt il y aura un temps où vous aurez besoin les uns des autres. Mes enfants, bientôt ce que j'ai toujours dit arrivera, observez les signes du ciel, la terre va bouger de plus en plus fortement, les mers vont s'agiter de plus en plus et les volcans sont prêts pour des éruptions plus fortes. Quand vous serez pris, tous les démons seront sur la terre, mais n'ayez pas peur, aimez-vous comme des frères, la nuit glaciale arrive.
Mes enfants, je vous demande la paix, la paix est ce qui vous rendra de plus en plus uniques. Je vous aime tant, le monde et

l'Église subiront une grande épreuve, mais le mal ne prévaudra pas. Maintenant, je vous bénis au Nom du Père, du Fils et du Saint-Esprit, Amen.

Trevignano Romano - 27 octobre 2018

Chers enfants, merci de répondre à mon appel dans vos cœurs. Mes enfants, je vous demande de toujours discerner, de comprendre ceux qui disent parler en mon nom, il y en a beaucoup qui vont s'avancer en disant qu'ils sont envoyés par le Père, mais ce ne seront pas des êtres de lumière, mais des êtres de ténèbres. Mes enfants, priez pour ma sainte Église, car bientôt vous entendrez, précisément de la part de ceux qui l'ont nié jusqu'à présent, que l'Apostasie est en cours.
Mes enfants, priez, priez pour que vous ne souffriez pas pendant l'Avertissement. Paix Mes enfants, la paix va descendre sur vous et sur vos familles, les grâces vont descendre aujourd'hui. Et maintenant, je vous bénis au Nom du Père, du Fils et du Saint-Esprit, Amen.

Trevignano Romano - 30 octobre 2018

Chers enfants bien-aimés, merci de répondre à mon appel dans vos cœurs. Mes enfants, je vous implore d'ouvrir vos cœurs, convertissez-vous vite, il n'y a plus de temps.
Priez pour les évêques, les cardinaux et les prêtres, certains d'entre eux ont dit oui aux ténèbres et, de ce fait, ils mettront en danger les enfants et les jeunes. Je vous en prie les enfants, soyez prêts avec des lampes allumées, n'ayez jamais peur.
Je vous demande de vous consacrer, vous et vos familles, à mon Coeur Immaculé et au Coeur de Jésus, cela sera votre protection et laissez-vous oindre de son Précieux Sang. Maintenant, je vous donne ma bénédiction maternelle, au Nom du Père, du Fils et du Saint-Esprit, Amen.

Trevignano Romano - 3 novembre 2018
Mes enfants bien-aimés, merci d'écouter mon appel dans vos cœurs. Enfants bien-aimés, je vous exhorte à vivre l'Église, à être toujours proches du Tabernacle, où Jésus est vivant et présent, à vous nourrir souvent de l'Eucharistie, à vivre chaque jour mes messages et le Saint Rosaire.
Les temps à venir seront très tristes, mais je vous demande de ne jamais avoir peur. Le salut de vos âmes n'est que l'amour de Dieu et de ses commandements, écoutez la parole de Dieu tous les jours et rappelez-vous mes enfants que toutes les religions ensemble ne mènent à aucun salut, mais seulement à une grande confusion et hérésie, la parole de Dieu est Une et le sera toujours. Maintenant, je vous bénis au Nom du Père, du Fils et du Saint-Esprit, Amen.

Trevignano Romano - 6 novembre 2018
Chère fille, tu dois dire à tout le monde de regarder ce qui se passe dans le monde, tout est maintenant en ruines, inondations, glissements de terrain, pluies torrentielles, tempêtes de grêle, ce que j'ai dit se produit.
Bien-aimés, lorsque je demande une conversion rapide, je veux dire maintenant, l'humanité ne peut pas se permettre de perdre plus de temps sur des choses futiles alors que la véritable purification a lieu, même les économies des différents pays seront fortement détruites.
Mon enfant, sois forte, n'aie pas peur de dire la vérité, alors seulement beaucoup comprendront. Le temps qui vous sépare du Sauveur est court, à présent le ciel et la terre se sont unis, ce n'est qu'en retournant à Dieu qu'il peut y avoir le salut.
Ma bénédiction descend sur vous et sur votre maison, au Nom du Père, du Fils et du Saint-Esprit, Amen.

Trevignano Romano - 10 Novembre 2018
Enfants bien-aimés, merci de répondre à mon appel dans vos cœurs. Mes enfants, vous vous demandez souvent ce qui va se passer pendant l'Avertissement, maintenant je vais vous dire ce qui va se passer ; tout va s'arrêter et vous serez tous mis dans un état d'extase, pendant tout cela vous verrez les péchés commis dans la vie passée, cela servira à vous faire prendre conscience de la souffrance et vous chercherez et trouverez Dieu. Mes bien-aimés, priez pour l'Amérique car bientôt quelque chose de grand va arriver à cette nation qui m'est chère et cela impliquera le monde entier, alors je vous demande de ne pas perdre de temps, la conversion est importante pour vous préparer à la rencontre avec Jésus, faites-le maintenant car vous n'avez connu que l'amour et la miséricorde de Dieu, mais vous espérez ne jamais voir sa justice.
Chers enfants, n'ayez pas peur, quoi qu'il arrive, souvenez-vous que je serai toujours à vos côtés. Je vous donne maintenant ma bénédiction maternelle au Nom du Père, du Fils et du Saint-Esprit, Amen.

Trevignano Romano - 13 novembre 2018
Enfants bien-aimés, merci de répondre à mon appel dans vos cœurs. Mes bien-aimés, durant ce temps, beaucoup feront un examen de conscience car l'Esprit-Saint entrera dans beaucoup de mes enfants. Ce que vous ressentirez sera une grande force, la paix, l'union entre frères et le courage.
Mes petits, je suis à vos côtés et je le serai toujours, vous me chercherez comme une mère, comme des enfants qui ont besoin de leur mère, vous sentirez le désir d'être suivis par moi. Ne vous détournez jamais de l'amour de Dieu et de sa parole, ouvrez vos cœurs et Il entrera comme une tempête d'amour et vous comprendrez que rien n'est sans Dieu, vous

devrez tout faire pour amener vos frères à Lui et avoir la certitude de la vie éternelle. Maintenant je vous bénis, les malades présents et les objets sacrés que vous portez, au Nom du Père, du Fils et du Saint-Esprit, Amen.

Trevignano Romano - 17 novembre 2018
Chers enfants, merci de répondre à mon appel dans vos cœurs. Mes enfants, priez pour ma Sainte Église, ils veulent moderniser ce que Dieu a laissé écrit. Mes enfants, la volonté des hommes en ce moment n'est pas la volonté de Dieu. Mes chers petits, vous êtes mon armée, soyez la lumière pour tous les frères, afin qu'ils ouvrent leur coeur. Maintenant, je vous demande de vous agenouiller en prière afin que vous puissiez louer Dieu et jouir de sa gloire. Aimez la Très Sainte Trinité. Bientôt, un fort tremblement de terre frappera l'Italie, les catastrophes naturelles suivront, l'obstination des puissants de ce monde causent tant de morts innocentes. Priez, priez, je vous demande d'allumer bientôt les cierges bénis, priez pour la Russie et pour l'Amérique. Maintenant, je vous bénis au Nom du Père, du Fils et du Saint-Esprit, Amen.

Trevignano Romano - 22 novembre 2018
Mes chers enfants, merci d'être ici en prière, c'est ce que je voudrais voir dans les familles, combien de joie vous donnez à mon coeur ! Mes bien-aimés, soyez toujours unis, vous aurez besoin les uns des autres, confessez si vous avez des sentiments négatifs envers d'autres frères, purifiez-vous car le temps est proche et alors vous serez prêts.
L'Église sera attaquée, les tempêtes solaires augmentent, menaçant la technologie, alors priez, priez, soyez toujours en présence de mon Fils. Les bénédictions descendent sur vous, au Nom du Père, du Fils et du Saint-Esprit, Amen.

Trevignano Romano - 24 novembre 2018
Enfants bien-aimés, merci d'avoir écouté l'appel de votre cœur. Mes enfants, je connais vos difficultés, vos angoisses et vos vies, acceptez les grâces qui vont tomber sur vous en ce moment. Mes enfants, nourrissez-vous de la Parole de mon Fils, soyez bons et honnêtes avec votre prochain.
Mes chers enfants, en tant que Mère, je souffre de voir comment beaucoup prient et se comportent ensuite avec fierté et arrogance, apprenez de ce que Jésus a dit. Mes enfants, mon Fils a besoin de vos prières, mais vous aurez toujours plus besoin de Lui. Maintenant, je vous bénis au Nom du Père, du Fils et du Saint-Esprit, Amen.

Trevignano Romano - 27 novembre 2018
Mes enfants bien-aimés, merci d'être ici à genoux dans la prière. Mes chers enfants, tout le monde demande souvent quel sera le jour de l'arrivée de mon Fils, mais pourquoi demander si vous ne reconnaissez même pas les signes des temps ?
Mes enfants, lorsque vous priez le Rosaire, méditez toujours, la prière du Rosaire sans méditation et à la hâte n'est pas valide. Mes enfants, comme mon coeur immaculé saigne quand je vois les pasteurs de l'Église dans le péché !
Priez pour mes prêtres. Priez pour la Russie.
Maintenant, je vous donne ma bénédiction maternelle, au Nom du Père, du Fils et du Saint-Esprit, Amen.

Trevignano Romano - 1er décembre 2018
Chers enfants, je vous remercie d'avoir répondu à mon appel dans votre cœur. Priez, priez, priez beaucoup, malheureusement des choses inexplicables vont se produire surtout en Italie, arrêtez-vous et continuez à amener des âmes à mon Fils Jésus, Il est Amour, Chemin, Vérité et Vie, pourquoi ne com-

prenez-vous pas ? Le temps est venu, convertissez-vous, n'attendez pas les derniers instants, croyez ce que dit cette fille parce que tout est Vérité, ne soyez pas indifférents à tout ce qui se passe autour de vous. Priez pour Naples. Maintenant, je vous bénis au Nom du Père, du Fils et du Saint-Esprit, Amen.

Trevignano Romano - 3 décembre 2018

Chers enfants, merci d'être ici et de répondre à mon appel dans votre cœur. Mes chers enfants, nourrissez-vous toujours de la Parole et de ce que Jésus a laissé, celui qui a la prétention de la changer offense Dieu, sa Parole est immuable et le sera pour toujours. Mes enfants, je m'adresse à mes prêtres, je désire qu'ils comprennent et réalisent ce que Dieu a fait pour eux, en les rendant semblables à Jésus, en leur donnant la possibilité de pardonner les péchés en Son Nom, de prendre le pain et le vin dans leurs mains et au moment de la consécration, de les transformer en véritable Corps et Sang de mon Fils, alors mes enfants, ne souillez pas vos mains de péchés, évitez l'orgueil et l'arrogance, mais soyez humbles. Je vous demande de prier pour cette Église qui est dans le plus grand des péchés.
Priez pour l'Italie centrale. Je vous laisse maintenant avec ma bénédiction maternelle, au Nom du Père, du Fils et du Saint-Esprit, Amen.

Trevignano Romano - 4 décembre 2018

Mes frères, merci d'être ici en prière, votre Foi soulage ma grande douleur. Mes bien-aimés, Je viendrai avec toute ma Gloire et ma Puissance, là où ma Très Sainte Mère apparaîtra, vous verrez les signes du Ciel !
Pendant que vous priez, j'ouvre les cœurs les plus durs et avec vos prières vous consolez le Cœur Immaculé de ma Mère, laissez-vous toujours guider par Elle, elle est un guide sûr, fort

et juste pour tous ceux qui ne connaissent pas la vraie foi. Je vous aime et je vous bénis au Nom du Père, en mon Nom et au Nom du Saint-Esprit, Amen.
Votre Jésus

Trevignano Romano - 9 décembre 2018
Message de Jésus – 20h20 : Frères bien-aimés, vous avez, par vos prières, anticipé ma venue, mon retour est sur le point d'avoir lieu, observez les changements dans le monde qui vous entoure, le changement de votre Esprit. Ceux qui s'approchent le seront pour toujours, mais ceux qui se détournent n'auront pas d'échappatoire à la justice de mon Père.
Mes frères bien-aimés, restez unis dans mon amour et dans celui de Dieu et de ma Très Sainte Mère.
Ne regardez pas vos frères avec des yeux impurs, mais ayez de la sagesse. Détournez ce qui vous semble mauvais et je vous donnerai à tous mon Esprit de discernement.
Que la bénédiction de mon Père descende toujours sur vous et vos familles. Chers amis, comme je vous aime ! Votre frère Jésus. Je suis toujours là avec vous, je vous bénis au Nom de la Très Sainte Trinité, Père, Fils et Saint-Esprit, Amen.

Trevignano Romano - 11 décembre 2018
Mes petits chéris, merci d'avoir répondu à mon appel dans vos cœurs, mais où sont les autres de mes enfants ! C'est le temps où vous attendez la naissance de mon Fils, je vous demande de ne pas vivre cette attente comme les païens, avec des cadeaux et des arbres colorés et un cœur fermé, mais accueillez-le dans la sérénité et la paix et surtout dans votre cœur.
Priez pour l'Italie, pour qu'elle revienne à Dieu, sinon il y aura de grandes souffrances, priez pour la Russie, priez pour mon Église, où dans une partie d'entre elle, on ne prie plus mon Fils

Jésus, on essaie d'abolir les dogmes qui m'appartiennent, l'Apostasie est sur vous. Maintenant, je vous bénis au Nom du Père, du Fils et du Saint-Esprit, Amen.

Trevignano Romano - 14 décembre 2018

Chers enfants bénis, mon petit troupeau, merci d'être ici en prière, vos intentions seront entendues aujourd'hui.

Mes enfants, n'ayez pas peur de ce qui va se passer, car la protection sur vous est assurée, allumez les bougies bénies.

Pendant les mauvais moments, n'ayez pas peur, car celui qui a eu la foi surmontera tout avec beaucoup de paix dans son cœur. Maintenant, je vous bénis au Nom du Père, du Fils et du Saint-Esprit, Amen.

Trevignano Romano - 18 décembre 2018

Chers enfants, je vous remercie d'avoir répondu à mon appel dans vos cœurs. Mes enfants, n'attendez plus, témoignez de la vérité et de votre foi, c'est un temps de grâce. Je désire que mes enfants comprennent combien mon amour pour eux est grand, c'est pourquoi j'ai besoin de vos témoignages pour que les cœurs des plus lointains s'ouvrent et soient éclairés.

Mes bien-aimés, de très mauvais moments vont arriver, surtout en cette nouvelle année qui s'annonce. Attendez le Créateur avec amour, paix, humilité. Maintenant, je vous bénis Nom du Père, du Fils et du Saint-Esprit, Amen.

Trevignano Romano - 25 décembre 2018

Message de Jésus à 16:42 : Chers frères, accueillez-moi dans vos cœurs, bientôt je viendrai parmi vous, nul ne sait le jour ni l'heure. Prenez garde, aujourd'hui, aux nombreux faux visionnaires qui vous entourent. Je souhaite que vous n'écoutiez que les paroles de mes vrais messagers.

Le grand tonnerre arrive parmi vous et Je descendrai, comme Je suis monté au ciel, pour séparer les méchants des justes. Cette année sera une année spéciale, où vous aurez tous vos signes bénis.
Ouvrez vos cœurs et aidez mes frères à apporter la vérité.
Mes frères, restez toujours unis dans la Paix et l'Amour, car je vous aime.
Maintenant, je vous donne la Sainte Bénédiction au Nom de la Très Sainte Trinité, Père, Fils et Saint-Esprit, Amen.

Trevignano Romano - 29 décembre 2018
Chers enfants, je vous remercie d'avoir répondu à mon appel dans vos cœurs. Mes enfants, je vous demande de prier beaucoup en cette période de lutte entre le bien et le mal.
Mes enfants bien-aimés, je vous invite à prier pour le monde entier, combien de catastrophes il y aura, les mers seront agitées, les villes dévastées, les volcans continueront à entrer en éruption de façon catastrophique.
Mes enfants, comment se fait-il que malgré tous les avertissements, beaucoup n'écoutent pas, croyant qu'ils peuvent imiter Dieu dans leur vie, et ils ont tort ! Je suis ici pour vous demander à nouveau : « Retournez au Père » !
Mes enfants, combien de conversions il y a eu ! Mais combien doivent encore retourner à Dieu ! Aidez vos frères dans leurs témoignages, n'ayez pas peur.
Mes enfants, grâce à la Foi, le chemin que vous emprunterez sera celui que je vous montrerai pour atteindre la lumière et ce n'est que de cette façon que vous pourrez avoir la paix et ressentir l'amour.
Maintenant, je vous donne ma Sainte Bénédiction au Nom du Père, du Fils et du Saint-Esprit, Amen.

Trevignano Romano - 31 décembre 2018
Message de Dieu le Père, 23:25 : Moi, votre Père, je vous demande de lire le livre de Jean, tout ce qui va arriver y est écrit, ne prétendez pas que vous ne savez pas lire, gardez tout de côté. L'Apocalypse est le livre que vous devez lire pour ces temps nouveaux qui vont venir.
N'ayez pas peur, vous êtes Mon Peuple, écoutez toujours votre Mère bien-aimée qui vient pour vous enseigner, vous catéchiser et vous garder.
N'ayez pas peur, soyez prêts pour la bataille, mes soldats. Les cieux vous protégeront toujours.
Je vous bénis mes enfants, au Nom de la Très Sainte Trinité, Père, Fils et Saint-Esprit, Amen.

ANNÉE 2019

Trevignano Romano - 3 janvier 2019

Chers enfants, merci d'avoir répondu à mon appel dans vos cœurs. Chers enfants, combien de péchés sont accumulés jour après jour par tous, Église, fidèles et non fidèles.

Mes enfants, pourquoi vous laissez-vous tenter chaque jour par le mal ? Pourquoi ne comprenez-vous toujours pas que ce sont les temps où la vérité doit être proclamée, le Nom de Jésus est le chemin, la vérité et la vie, ne perdez plus de temps, vous avez tant perdu, maintenant je vous invite à confesser tous vos péchés, ceux que vous n'avez pas pu confesser jusqu'à aujourd'hui, soyez propres et prêts car le temps est proche. Maintenant, je vous remercie de m'avoir accueilli une fois de plus et je vous bénis avec l'amour maternel, au Nom du Père, du Fils et du Saint-Esprit, Amen.

Trevignano Romano - 5 janvier 2019

Chers enfants, merci d'être unis ici dans la prière. Mes chers enfants, priez, priez, les fléaux arrivent et les épidémies se propagent, tout commencera à Rome, où se trouve l'Église malade de Pierre.

Priez sans cesse mes enfants, les temps que j'ai annoncés ont commencé, mais ne craignez rien car je serai toujours à vos côtés. Mes amours, les temps à venir seront des temps de récolte, donc semez bien et celui qui ne l'a pas encore fait, je lui demande de se convertir. Merci mes enfants, maintenant je vous bénis au Nom du Père, du Fils et du Saint-Esprit, Amen.

Trevignano Romano - 8 janvier 2019

Chers frères bien-aimés, merci d'être réunis ici dans cette maison bénie. Frères bien-aimés, proclamez avec joie ma venue,

soyez joyeux dans vos cœurs, car votre Roi sera parmi vous. N'ayez pas peur de l'avenir, vous aurez notre protection, tout comme vous m'avez accueilli dans vos cœurs, de même je vous accueillerai dans le nouveau Paradis, des délices sont prêts pour vous, avec la paix, la joie et un amour infini.
Je vais maintenant passer près de chacun de vous pour vous donner ma Sainte Bénédiction, au Nom du Père en mon Nom et du Saint-Esprit, Amen. Votre Jésus

Trevignano Romano - 12 janvier 2019
Chers enfants, merci d'être ici en prière.
Mes enfants bien-aimés, comme la famille est importante pour Dieu, c'est le début de la petite église, alors je vous demande d'avoir des cénacles de prière à l'intérieur des maisons, d'enseigner à vos enfants les prières et leur importance.
Vous, les adultes, prenez des forces avec l'Eucharistie pour mieux affronter ce qui va venir. Je vous aime, et c'est avec un amour maternel que je vous bénis, au Nom du Père, du Fils et du Saint-Esprit, Amen.

Trevignano Romano - 15 janvier 2019
Message de Jésus 22:15 : Mes bien-aimés, combien de souffrances et combien de tribulations vous aurez à affronter, mais avec tout l'amour que je vous porte, je vous dis que je suis avec vous et que je serai toujours avec vous. Frères, je suis souvent avec vous et avec toute l'humanité, je parle souvent dans les cœurs, mais ils ne m'écoutent pas, presque personne ne s'arrête pour me demander quelque chose de sérieux, pourtant comme je désire écouter et aider tout le monde !
Confiez-vous entièrement à moi, et je vous conduirai vers la paix, je vous conseillerai et j'accorderai les grâces que vous demandez. Je suis là, je vous le demande et je souhaite que

vous me reconnaissiez. Ouvrez vos cœurs et revenez à moi, tout sera plus facile. Je vous laisse sous la protection de ma Sainte Mère, je vous aime. Votre cher Jésus.

Trevignano Romano - 19 janvier 2019

Enfants bien-aimés, merci d'avoir répondu à mon appel dans vos cœurs. Mes enfants, combien d'amour je ressens dans vos cœurs, soyez des apôtres et des frères, témoignez de la foi partout. Mes très chers enfants, les prières ont atténué ce qui va venir, mais continuez à prier, ne vous lassez jamais, car vous verrez se produire des choses inimaginables que, rationnellement, vous ne pourrez pas comprendre. Enfants, conduisez vos frères sur le chemin de l'amour pour mon Fils Jésus. Maintenant, je vous bénis au Nom du Père et du Fils et du Saint-Esprit, Amen.

Ma fille bien-aimée, je resterai pour prier avec toi.

Trevignano Romano - 22 janvier 2019

Mes bien-aimés, merci d'être ici en prière. Tout au long de cette période, j'ai été avec vous pour vous protéger des démons, en vous montrant le bon chemin pour venir à mon Fils Jésus. Je vous ai demandé d'approcher les sacrements, de vous préparer à cette fin des temps. Mes enfants, ne soyez pas tentés ! Combien je souffre quand je vois mes enfants se perdre, je vous supplie de continuer à prier sans cesse, je suis votre mère et je suis ici avec vous et pour vous. Maintenant, je vous laisse en paix et dans ma Sainte Bénédiction au Nom du Père, du Fils et du Saint-Esprit, Amen.

Trevignano Romano - 26 janvier 2019

Mes enfants bien-aimés, je vous remercie d'avoir écouté mon appel dans vos cœurs. Enfants bien-aimés, je vous demande et

j'insiste pour la conversion de vos cœurs, aimez mon Fils Jésus, fortifiez-vous avec l'Eucharistie. Je suis triste pour les temps difficiles que vous allez vivre, il n'y a pas de paix, tout le monde est contre les autres parce qu'il n'y a plus Dieu dans les cœurs. Restez toujours unis, prenez soin des plus faibles et vos récompenses seront grandes.
Mes bien-aimés, apportez ma paix dans vos maisons, où je souhaite qu'il y ait des cénacles de prière.
Priez pour la Russie.
De nombreuses grâces vont descendre ce soir.
Maintenant, je vous bénis au Nom du Père et du Fils et du Saint-Esprit, Amen.

Trevignano Romano - 29 janvier 2019
Mes enfants, merci de répondre à mon appel dans vos cœurs. Pourquoi est-ce que je ne vois pas beaucoup de mes enfants ? Par quoi sont-ils distraits ?
Mes enfants bien-aimés, vous vous étonnez quand je dis que des choses incompréhensibles vont se produire, rappelez-vous que tout ce que j'ai prédit se produira en ce temps, par conséquent, je vous demande de vous préparer aux événements qui viendront, préparez-vous par la prière et par des sacrifices, n'ayez pas peur, car les anges qui sont sur terre vous protégeront, ils sont nombreux à être envoyés du ciel. Soyez des témoins.
Mes enfants, n'ayez pas peur, priez pour l'Église divisée et presque désintégrée. Aimez-vous toujours les uns les autres, répandez la paix et non la discorde. Je vous appelle à nouveau à la conversion, je vous protégerai toujours comme une Mère. N'oubliez pas que vous êtes dans le monde, mais que vous n'êtes pas du monde. Maintenant, je vous bénis au Nom du Père et du Fils et du Saint-Esprit, Amen.

Trevignano Romano - 2 février 2019

Enfants bien-aimés, merci de répondre à mon appel dans vos cœurs. Mes bien-aimés, combien d'humilité et combien d'amour pour Dieu, je vois dans beaucoup de ces enfants ce soir, mais je vois aussi tant de confusion dans vos esprits et dans vos cœurs. Je vous demande de ne pas écouter ceux qui veulent changer la Parole, ce qui vous a été laissé n'est pas à interpréter, mais seulement à mettre en pratique, soyez toujours fidèles à l'Évangile, toute la vérité y est écrite.

Je vous aime, mes enfants, soyez toujours des témoins de la foi. Maintenant, je vous bénis au Nom du Père et du Fils et du Saint-Esprit, Amen.

Trevignano Romano - 3 février 2019

Chers enfants, merci d'avoir répondu à mon appel dans vos cœurs. Mes amours, quelle joie je ressens en vous voyant réunis en prière dans ce lieu béni, vos prières seront élevées au ciel, merci mes enfants, mon cœur est triste pour tout ce qui va arriver et surtout pour toutes les âmes qui fuient devant l'amour de Dieu. Mes enfants, je demande aux familles d'enseigner à leurs enfants l'amour, la paix et la charité, ces jeunes grandissent sans Dieu, pourquoi ne décidez-vous pas de Le laisser entrer dans les familles ? Tout serait toujours et uniquement amour. C'est le temps où il y aura des apôtres de Dieu et des apôtres de Satan, surtout au sein de l'Église il y aura des évêques contre des évêques, des prêtres contre des prêtres, des parents contre des enfants, des maris contre des femmes et ainsi de suite, c'est le temps de la persécution, bientôt tout sera clarifié. L'avertissement est sur vous, je vous aime et faites appel à moi et je serai avec vous.

Maintenant, je vous donne ma bénédiction au Nom du Père et du Fils et du Saint-Esprit, Amen.

Trevignano Romano - 12 février 2019

Enfants bien-aimés, je vous remercie d'être réunis ici en prière. Lorsque je vous regarde, alors que vous vous entraidez comme des frères, mon Cœur Immaculé se remplit de joie.

Mes enfants, mes apparitions ne sont pas acceptées, ni par une partie de l'Église, ni par beaucoup de mes enfants bien-aimés, qui ne croient pas sérieusement que la Trinité a donné à l'humanité une grande opportunité, me permettant à moi, Corédemptrice, d'avertir ses enfants de revenir à Dieu. Dieu est bon et miséricordieux, mais ne perdez pas de temps, si vous demandez pardon à Jésus avec le cœur, Il vous prendra par la main, convertissez vos enfants et soyez prêts pour l'Avertissement, ce sera un événement spirituel important pour chacun de vous. Cherchez la force dans le Rosaire, l'Eucharistie et la Confession, soyez prêts et vivez chaque jour comme si c'était le dernier. Maintenant, je vous bénis, vos familles et vos cœurs au Nom du Père et du Fils et du Saint-Esprit, Amen.

Trevignano Romano - 16 février 2019

Chers enfants, je vous remercie d'avoir écouté mon appel dans vos cœurs. Mes bien-aimés, ce qui était prédit est en train de se produire, l'Église est maintenant dans la division la plus totale, les disciples de Jésus contre les disciples de Satan.

Mes enfants, des temps terribles arrivent, la terre va trembler comme jamais auparavant. Ayez foi en Dieu, car ce n'est que de cette façon que vous irez là où tout sera paix et amour infini, alors que sur terre la mort des pécheurs sera infinie.

Vous appartenez tous au Seigneur, ne craignez pas ; malheur à l'homme orgueilleux et arrogant, car il ressentira tout le châtiment de Dieu.

Priez pour l'Italie et pour l'Europe. Maintenant, je vous bénis au Nom du Père et du Fils et du Saint-Esprit, Amen.

Trevignano Romano - 19 février 2019

Message de Dieu le Père à 19h00 : Salut, amour et paix dans cette maison. Moi, Dieu le Père tout-puissant, créateur du ciel et de la terre, je suis ici au milieu de vous. Je vous le demande, mes enfants, pourquoi ne m'aimez-vous pas, je suis votre Père, le seul vrai Père, je vous aime d'un amour démesuré. Mes enfants, combien de joie j'ai eu à tout créer, pourquoi m'évitez-vous ? Pour vous faire comprendre à quel point l'amour que je ressens pour mes enfants est grand, j'ai envoyé mon Fils unique pour vous, pour vous donner le caractère concret de ma présence ici avec vous. Pour vous racheter de vos péchés, il est monté sur la croix et est mort pour vous, comment j'aurais pu le faire si je n'avais pas été un Père bon et miséricordieux ? N'ayez pas peur de moi. Je dis aux familles, apprenez à vos enfants à me voir comme le bon Père qui descend parmi vous pour vous aimer. Faites-moi vos confidences, je n'ai jamais repoussé personne, je ne suis pas mauvais, je ne suis pas ce vieil homme que l'on peint, je ne suis ni vieux, ni jeune, je suis le Père Eternel, bon et miséricordieux.

Oh les enfants ! Quelle Grâce d'être ici avec vous, j'ai voulu vous réunir ici, dans cette maison qui m'appartient maintenant, comme dans toutes les maisons où règne la prière. Mes enfants, je vous le rappelle encore une fois, n'ayez pas peur de moi. Je dis aux prêtres : je vous en supplie, enseignez les Commandements, enseignez ce que je vous ai laissé, faites que les gens n'aient pas peur de moi, je suis le Père bon, miséricordieux et vivant. La Croix et l'Eucharistie sont ce que vous devez voir, la Croix est la rémission de vos péchés et c'est la seule chose qui vous rassemble pour venir à moi, l'Eucharistie, demandée et fondée par mon Fils, est le don d'une grâce merveilleuse, dont vous pouvez tous profiter.

Moi, le Père Tout-Puissant Créateur de tout, je demande à mes créatures de m'aimer, je n'ai jamais rien demandé, seulement l'Amour, et là où il y a l'Amour je suis là, vous êtes ma famille et je veux que tous ensemble vous proclamiez d'une seule voix une chose, l'Amour, l'Amour de Dieu, l'Amour qui vient de moi, qui passe par mon Fils, l'Amour pour mon élue Marie la Vierge Immaculée. Maintenant, je vous bénis au Nom de la Très Sainte Trinité, Père, Fils et Saint-Esprit, Amen.

Trevignano Romano - 22 février 2019

Enfants bien-aimés, merci d'avoir répondu à mon appel dans vos cœurs. Mes enfants, je vous remercie d'être réunis ici dans la prière comme de véritables apôtres. Mes enfants, je vous ai réunis ici pour que vous puissiez voir et prier pour adoucir mes larmes et mon coeur déchiré par la douleur. Bientôt, le châtiment va s'abattre sur l'Église, un châtiment qui ne peut être reporté, afin que le péché soit détruit, trop d'orgueil et d'arrogance ont ruiné mes enfants bien-aimés. Le Seigneur ne veut pas de théologiens, mais des pasteurs qui reçoivent les âmes avec amour et tendresse, les aimant et les guidant vers la lumière et ne les laissant pas descendre dans les ténèbres avec eux. Mes enfants, priez beaucoup pour que le châtiment soit atténué. Priez pour l'Amérique. Maintenant, je vous bénis au Nom du Père, du Fils et du Saint-Esprit, Amen.

Trevignano Romano - 23 février 2019

Chers enfants, je vous remercie d'avoir écouté mon appel dans vos cœurs. Mes enfants, gardez toujours la flamme de la foi allumée et je vous en prie, priez, priez, priez, car les temps sont mûrs. Priez le chapelet dans vos maisons et faites des cénacles partout ; ce n'est que de cette façon que vous serez protégés du mal qui vous entoure. Soyez prêts, soyez éveillés! Ne vous endormez pas comme les apôtres l'ont fait.

Je suis là pour vous guider. Je vous aime et vous bénis au Nom du Père, du Fils et du Saint-Esprit, Amen.

Trevignano Romano - 26 février 2019

Chers enfants, je vous remercie d'avoir répondu à mon appel dans vos cœurs. Servante du Seigneur, répandez ce que je vous dis : la véritable Église fidèle à Jésus-Christ est sous les décombres de l'Église elle-même, si mes enfants ne se munissent pas de la prière et de l'humilité, bientôt la souffrance tombera sur beaucoup de mes enfants bien-aimés. Ils sont en train de changer le Saint Évangile et de changer les prières, ce n'est pas de l'amour pour Jésus, mais ils croient qu'ils peuvent créer leur propre doctrine, en se mettant à la place de Dieu. Mes chers enfants, vous n'aurez rien à craindre, car avant la purification, qui est sur le point de venir sur la terre, vous serez protégés et emmenés dans des lieux sûrs, où le malin ne pourra pas vous toucher. Priez, priez, priez. Maintenant, je vous bénis au Nom du Père, du Fils et du Saint-Esprit, Amen.

Trevignano Romano - 2 mars 2019

Mes chers enfants, je vous remercie d'avoir répondu à mon appel dans vos cœurs. Enfants bien-aimés, je touche encore la terre avec l'espoir qu'il y aura encore beaucoup de conversions, écoutez mes messages qui ne sont donnés que pour l'amour de l'humanité. L'Église est en grand danger, je désire dire à mes enfants bien-aimés, ayez du courage, nourrissez-vous du Saint Évangile, rappelez-vous que là où il y a de l'orgueil il n'y a pas de Dieu et là où il y a de l'orgueil il n'y a pas de foi, ayez de l'amour pour vos frères et soyez toujours unis dans l'amour de Jésus. Demain, je serai encore avec vous, mes Apôtres. Maintenant je vous bénis au Nom du Père, du Fils et du Saint-Esprit, Amen.

Trevignano Romano - 3 mars 2019
Enfants bien-aimés, merci d'être ici en prière et de répondre à mon appel dans vos cœurs. Mes enfants, quel réconfort pour mon cœur blessé à cause de l'abomination de ce monde. Douces créatures, je vous demande de laisser vos cœurs être maniés comme un pot d'argile afin qu'ils puissent être modelés au grand amour de Jésus. Chers enfants, soyez des apôtres de lumière, soyez sereins pour ceux qui ne croient pas en ma présence réelle, en ce lieu béni par le Père, car ma présence et mes instructions, pour votre salut, tonneront d'un bout à l'autre du monde, afin que mon peuple se rassemble pour aimer Jésus et soit prêt pour les jours à venir. Soyez mes apôtres, soyez des murs solides et des forteresses pour les âmes tièdes. Maintenant, je vous laisse avec ma sainte bénédiction, au Nom du Père, du Fils et du Saint-Esprit, Amen.

Trevignano Romano - 5 mars 2019
Chers enfants, merci d'avoir écouté mon appel dans vos cœurs. Mes chers enfants, beaucoup demandent les signes de la venue de mon Fils Jésus, vous ne croirez plus au péché lorsque la protestantisation aura lieu dans l'Église, ce seront les signes qui indiqueront sa venue.
Mes enfants, c'est le temps où les démons s'animent plus qu'avant sur la terre, le plan du diable est à son plus haut accomplissement, ne vous laissez pas attirer par les paillettes du monde, je suis là pour vous protéger, je vous aime de tout mon cœur. Maintenant, je vous laisse avec ma bénédiction maternelle, au Nom du Père, du Fils et du Saint-Esprit, Amen.

Trevignano Romano - 12 mars 2019
Enfants bien-aimés, merci d'avoir répondu à mon appel dans vos cœurs. Mes enfants, n'ayez pas peur de ce qui va se pas-

ser, continuez à prier, à faire pénitence et à vous sacrifier en ce temps de Pâques. Mes bien-aimés, le Seigneur Jésus-Christ comme mon doux Fils continue à être persécuté, surtout par les hommes d'Église, malheur, malheur dix fois, pour ceux qui sont au sommet de l'Église, je parle aux évêques et aux cardinaux qui profitent de la sainte obéissance pour persécuter les saints prêtres qui sont fidèles à l'Évangile et qui luttent pour la Vérité et la Parole de Dieu, pour cela, la justice de Dieu sera dix fois pire. Ce qui a été écrit se réalisera, aimez-vous comme des frères. Priez pour la Russie et pour la France.
Maintenant, je vous laisse ma sainte bénédiction, au Nom du Père, du Fils et du Saint-Esprit, Amen.

Trevignano Romano - 16 mars 2019
Enfants bien-aimés, merci d'avoir répondu à mon appel dans vos cœurs. Mes enfants, combien je suis réconfortée dans mon coeur de vous voir ici en prière, c'est mon Église, je connais toutes vos afflictions, mais je vous demande de vous confier à mon Jésus, afin qu'Il vous accorde à tous beaucoup de grâces, aujourd'hui il y aura des guérisons.
Chers enfants, restez proches de Dieu de tout votre cœur, les temps qui viendront seront difficiles. Pourquoi tant de mes enfants décident-ils d'être du côté du mal ? Celui qui a la foi et observe les lois de Dieu ne doit rien craindre.
Mes trésors, ayez pitié de ceux qui se trompent, aimez-les. Soyez proches de l'Évangile et de la Parole, aimez avant tout comme Dieu vous aime et pardonnez comme il pardonne, afin que le royaume des cieux s'ouvre pour vous permettre de profiter de ce qui est prêt pour vous.
Maintenant, je vous laisse avec ma bénédiction maternelle, au Nom du Père, du Fils et du Saint-Esprit, Amen.

Trevignano romano - 19 mars 2019

Message de Jésus 21h15 : Mes enfants, moi, le Fils du Père, je vous demande en ce temps de carême, de faire des sacrifices pour moi. Oh ! combien de fois suis-je allé vers mes oints pour demander, où sont les âmes que vous m'amenez, et pourtant il n'y en a pas, à combien d'enfants choisis suis-je allé demander la même chose, et combien d'âmes ai-je trouvées qui se sont approchées de mon coeur et de celui de ma Mère ?

C'est pourquoi je choisis en fonction des cœurs ouverts qui ont un cœur d'enfant et des âmes tournées vers le ciel et non ceux qui boivent la coupe de la mondanité et celle des plaisirs terrestres. Frères, je désire que vous soyez une seule âme avec la mienne. Ma fille et sœur élue, merci pour ta paix, malgré tout, je connais ta souffrance, mais je sais que tu m'offres tout, c'est pourquoi je t'aime, combien d'amour je sens dans ton cœur pour moi, mais dis-moi combien tu m'aimes ? Combien veux-tu souffrir pour moi ? Voilà ce que je veux.

Vos frères et votre époux bien-aimé sont pour moi lumière et miel pour ma souffrance. Je vous aime tous et j'aimerais vous montrer combien vous êtes spéciaux pour le ciel.

Je vous bénis, votre Cher Jésus

Trevignano Romano - 23 mars 2019

Chers enfants, je vous remercie d'avoir répondu à mon appel dans vos cœurs. Chers enfants, en ce temps de Pâques, continuez les pénitences et les sacrifices. Mes enfants, demandez à recevoir le don de l'Esprit-Saint avec les sept dons, invoquez-le et il descendra sur vous. Mes enfants, les temps qui viennent seront très durs à affronter, renforcez votre foi et faites un examen de conscience, lorsque vous allez à l'église pour assister à la Sainte Messe, vous pensez avoir lavé votre conscience, mais ce n'est pas la façon d'être en paix avec Dieu, vous devez la vivre intensément et pas seulement y assister, la confession et la communion sont aussi nécessaires. Organisez des cercles de prière. La terre va encore trembler, le Vatican sera secoué, priez pour l'Amérique, qui sera malmenée par la nature. Je vous bénis, au Nom du Père, du Fils et du Saint-Esprit, Amen.

Trevignano Romano - 26 mars 2019

Chers enfants bénis, merci d'être réunis ici en prière, adoucissant les douleurs de mon Fils Jésus.

Mes bien-aimés, la conversion est ce que je demande continuellement dans les lieux où je suis apparue et où je continue d'apparaître, ce n'est qu'ainsi que vous pourrez entrer dans le royaume des cieux.

Mon Fils veut que vous soyez tous sauvés, pécheurs et non-pécheurs, rappelez-vous que Dieu aime tout le monde de la même manière, il attend ses enfants avec amour, patience et miséricorde. Maintenant, je vous laisse avec ma bénédiction maternelle, au Nom du Père, du Fils et du Saint-Esprit, Amen.

Trevignano Romano - 30 mars 2019

Chers enfants, je vous remercie d'être réunis ici dans la prière, en répondant à mon appel dans vos cœurs. Enfants bien-aimés, mon petit troupeau, soyez remplis de l'Esprit-Saint, je prie pour chacun de vous devant Dieu, afin que le feu de l'Esprit-Saint enflamme votre âme, votre esprit.

Mes bien-aimés, je vous exhorte à être forts dans la foi et surtout à la vraie et seule doctrine chrétienne, en ce moment beaucoup de choses vous seront refusées par mes enfants bien-aimés, mais ne vous prosternez pas devant les changements et les louanges modernistes, car ils ne viennent pas de Dieu.

Maintenant, je vous bénis au Nom du Père, du Fils et du Saint-Esprit, Amen.

Trevignano Romano - 2 avril 2019
Chers enfants bien-aimés, merci d'avoir répondu à mon appel dans vos cœurs. Mes bien-aimés, la guerre est proche, priez beaucoup avec le Saint Rosaire dans vos mains, seule la vraie foi peut changer quelque chose. Mes enfants, pourquoi continuez-vous à mortifier mon Fils Jésus, il est mort pour vous racheter de vos péchés, ne faites pas un dieu de vous-mêmes, rappelez-vous que les voies faciles viennent de Satan, mais que celles de Dieu ne sont atteintes que par la souffrance. Mes enfants, ne vous laissez pas éblouir par les fausses lumières, aimez mon Fils et la croix, c'est seulement ainsi que vous pourrez être dignes de son Amour et de sa Paix. Maintenant, je vous bénis au Nom du Père, du Fils et du Saint-Esprit, Amen.

Trevignano Romano - 3 avril 2019
Chers enfants, merci d'être ici en prière et merci de répondre à mon appel dans vos cœurs. Enfants bien-aimés, je suis de nouveau ici aujourd'hui pour vous rappeler d'ouvrir vos cœurs et de commencer une véritable conversion.
Mes enfants, donnez-moi toutes vos tribulations et je vous relèverai, invoquez mon Fils et il sera près de vous pour vous protéger surtout en temps de tribulation, je vous demande de m'aimer et d'être unis pour les jours de difficulté qui viendront, Dieu ne veut que de l'amour, laissez-vous câliner par lui comme des enfants. Mes enfants, faites des cercles de prière dans vos maisons, apprenez surtout à vos enfants l'amour pour votre Père et l'amour du Père pour eux. Mes bien-aimés, n'ayez pas peur, tant que je suis avec vous, vous n'avez rien à craindre, renforcez vous dans la foi, c'est seulement ainsi que vous n'affronterez pas les dangers. Maintenant, je vous laisse avec ma bénédiction maternelle et apporte la paix dans vos foyers, au Nom du Père, du Fils et du Saint-Esprit, Amen.

Trevignano Romano - 6 avril 2019
Mes bien-aimés, je suis l'Immaculée Conception, je vous remercie d'avoir répondu à mon appel dans votre coeur, vous êtes ici en prière dans ce lieu béni, j'écoute vos supplications et vos demandes, car je sais combien votre coeur est contrit, priez toujours le Saint Rosaire si vous voulez conjurer la guerre qui est toujours plus imminente. Votre foi vous donnera la paix et la joie ; priez pour les jeunes qui sont entraînés par Satan vers les ténèbres. Aujourd'hui, je vais accorder quelques grâces. Priez, priez, priez avec amour et j'enverrai la lumière dans vos cœurs, en les ouvrant à la Grâce. Maintenant, je vous bénis au Nom du Père et du Fils et du Saint-Esprit, Amen.

Trevignano Romano - 9 avril 2019
Chers enfants, je vous remercie d'avoir répondu à mon appel dans vos cœurs. Mes enfants, soyez prêts car le signe frappant que vous attendez est sur le point d'arriver. Enfants bien-aimés, soyez prêts pour le moment où le feu du Saint-Esprit envahira vos cœurs, malheur à ceux qui ne le sont pas, car ils seront saisis d'une grande souffrance. Chers enfants, nous sommes maintenant dans le temps où les cieux s'ouvriront et où vous entendrez les trompettes des anges sonner, la purification sera plus forte qu'auparavant. Mes enfants bien-aimés, bientôt l'Eucharistie sera retirée de l'Église.
Priez, priez, priez pour les dirigeants de l'Amérique, afin qu'ils ne prennent pas de mauvaises décisions. Maintenant, je vous bénis au Nom du Père, du Fils et du Saint-Esprit, Amen.

Trevignano Romano - 13 avril 2019
Enfants bien-aimés, merci de répondre à mon appel dans vos cœurs. Mes enfants, combien de peines j'entends, je suis là pour vous conduire vers la lumière du Seigneur.

Chers enfants, je suis venue pour toucher la terre, mais peu écoutent mes messages, sachez que bientôt la terre va trembler, mais vous, restez dans la joie et l'amour de Dieu, ne vous perdez pas, votre source doit être l'Évangile.
Enfants bien-aimés, en cette semaine de Pâques, aimez la Croix et remerciez le Seigneur, vous ne pourrez pas toujours comprendre tout ce qui est le plan de Dieu et c'est souvent humainement incompréhensible, seul le ciel et la prière pourront répondre à vos questions si vous avez ouvert votre cœur. Ne changez pas vos prières et ne changez rien aux dogmes de la foi car ce serait un blasphème, Satan est rusé, il prend les âmes sans que vous vous en rendiez compte. Je vous aime, je suis votre Mère, je vous protège et vous place tous sous mon manteau. Maintenant, je vous laisse avec ma bénédiction maternelle, au Nom du Père, du Fils et du Saint-Esprit, Amen.

Trevignano Romano - 16 avril 2019
Message de Jésus à 20:15 : Frères, recevez l'onction de mon Esprit-Saint en cette Pâque, car tout vous sera pardonné, même le pire des pécheurs. J'ai créé cette famille pour que vous soyez unis devant mon corps mystique, ne m'abandonnez pas, regardez les signes des temps et n'ayez pas peur, je suis avec vous et je serai avec vous. Dites même aux blasphémateurs, aux pécheurs les plus endurcis de demander mon pardon et le pardon leur sera accordé. Enfants bien-aimés, si vous saviez combien je vous aime ! En tant qu'enfants et en tant que frères, je vous demande de ne pas me laisser seul en ce temps de souffrance, j'ai été dépouillé, moqué et humilié, et il en sera de même pour vous en mon nom, vous serez humiliés et dépouillés, mais combien grand sera le Royaume des Cieux que je vous ai promis ! Je vous aime mes frères et je vous bénis un par un, votre frère Jésus.

Merci de m'accueillir une fois de plus dans cette maison.

Trevignano Romano - 21 avril 2019

Chers enfants, merci d'avoir répondu à mon appel dans vos cœurs. Chers enfants, aujourd'hui c'est la troisième année que je me manifeste à vous avec amour dans cette maison bénie, où j'ai été accueillie dans l'amour de la famille.

Enfants bien-aimés, aujourd'hui vous célébrez cette Pâque avec une grande joie, mon Fils qui est mort est ressuscité pour vous et vous demande de ressusciter avec lui dans vos vies, sortez de vos tombeaux, croyez en mon Fils ressuscité et soyez-en témoins. Mes enfants bien-aimés, portez et aimez votre Croix et comme le Cyrénéen a accompagné Jésus, vous devez aider vos frères. Mes enfants, les morts vont rejoindre les vivants pour cette grande fête et votre travail à partir d'aujourd'hui sera de travailler sur cette terre pour la vie éternelle. Je vous aime et en tant que Mère je vous bénis au Nom du Père, du Fils et du Saint-Esprit, Amen.

Trevignano Romano – 28 avril 2019
Cénacle à Caltanissetta

Chers enfants, merci d'être ici en prière.

Chers enfants, vos prières consolent mon coeur et soulagent les souffrances de Jésus, qui souffre beaucoup pour toutes les injustices et la laideur de ce monde, qui semble maintenant dominé par Satan. Bientôt, Jésus viendra vous libérer de tout ce mal. Il y aura plus de souffrance et de destruction.

Enfants bien-aimés, la justice est sur vous ; ouvrez les yeux et soyez toujours avec le chapelet à la main.

Maintenant, je vous bénis au Nom du Père, du Fils et du Saint-Esprit, Amen.

Trevignano Romano - 30 avril 2019

Chers enfants, je vous remercie d'avoir répondu à mon appel dans vos cœurs. Enfants bien-aimés, les temps sont durs à affronter et ce n'est pas le pire, car le pire est encore à venir. Le temps semble vous arriver très vite, mon Jésus est pressé, maintenant l'apostasie est dans l'Église et il est si clair que la confusion continuera à vous aveugler, je demande aux familles de former des cercles de prière dans les maisons, d'apprendre à vos enfants à prier le Saint Rosaire, les mères se sanctifient, en m'imitant. Maintenant, le diable entre dans les familles, mais si vous suivez mes instructions, il ne pourra pas entrer. Je vous laisse avec ma bénédiction maternelle au Nom du Père, du Fils et du Saint-Esprit, Amen.

Trevignano romano - 3 mai 2019

Chers enfants, merci d'avoir répondu à mon appel dans vos cœurs. Mes enfants, quelle joie pour moi de vous voir unis, le peuple de Dieu uni comme des frères dans l'amour et la louange de Dieu.

Mes enfants, les temps sont venus, l'Église rejette la prière et la vraie doctrine de la foi, Satan croit avoir atteint son but, en détruisant ce qui a été créé avec tant d'amour, mais sachez que bientôt mon Coeur Immaculé triomphera, et je veux que vous participiez à ce Triomphe, convertissez-vous en vous purifiant par une belle confession, soyez des missionnaires de la paix, de la sérénité et du courage dans la foi.

Mes enfants, je suis toujours là pour vous aimer et je vous place tous sous mon manteau béni. Aimez Jésus, soyez-lui fidèle et les grâces seront abondantes.

Maintenant, je vous bénis au Nom du Père, du Fils et du Saint-Esprit, Amen.

Trevignano Romano - 4 mai 2019

Message de Jésus : Chers frères, merci d'être avec moi en ces temps de torture, je suis ici aujourd'hui pour vous dire que c'est le temps du oui - oui, non - non, soit avec moi, soit contre moi. Je ne cesse de me demander quelle foi je trouverai encore sur terre, moi qui ai fait de mes enfants bien-aimés mon image, leur donnant l'Esprit-Saint pour transformer l'hostie en mon corps vivant et le vin en mon sang, et ils me trahissent. Non ! Je ne veux plus entendre parler de cette abomination. Frères et fils bien-aimés, préparez-vous, car bientôt je viendrai vous chercher là où tout est prêt pour votre protection.
Je vous embrasserai tous avec un immense amour.

Maintenant je vous le demande, ne m'abandonnez pas et n'abandonnez pas votre foi en moi. Maintenant, je vous touche un par un pour recevoir ma sainte bénédiction, Père, Fils et Saint-Esprit, Amen.

Trevignano Romano - 7 mai 2019

Enfants bien-aimés, merci de répondre à mon appel dans vos cœurs. Mes bien-aimés, regardez autour de vous, le diable veut prendre le dessus, alors je vous demande de beaucoup prier et d'intensifier vos cénacles de prière. Mes enfants, soyez et vivez comme les apôtres dans l'amour de Dieu avec courage, prenez les armes sans peur que sont la foi, la tolérance, la patience, l'amour, la fraternité et soyez lumière pour tous. Chers enfants, dites au monde de se convertir rapidement, car le temps passe inexorablement.
Baptisez les enfants et évitez leur damnation, bientôt tout ce que j'ai prédit arrivera dans un temps très court, soyez prêts. Le feu descendra du ciel. Vous serez remplis du Saint-Esprit. Maintenant, je vous laisse avec la bénédiction de la Très Sainte Trinité, Père, Fils et Saint-Esprit, Amen.

Trevignano Romano - 11 mai 2019

Mes enfants bien-aimés, merci d'avoir répondu à mon appel dans vos cœurs. Mes enfants bien-aimés, merci de m'avoir accueillie avec foi dans vos cœurs.

Mes chers enfants, je suis toujours avec vous pour que vous ne vous trompiez pas. Votre chemin est tracé, mais parfois vous êtes confus et n'allez pas à la rencontre de Jésus, mais ne vous laissez pas confondre. Je vous le demande, mon peuple, écoutez mes paroles, lisez l'Évangile et la parole de Dieu, c'est le seul moyen que vous aurez, pour vous engager sur le chemin de la sainteté. Mes enfants, c'est à vous que je demande de m'aider à sauver l'Église et c'est encore à vous que je demande d'être des guerriers de la lumière, aujourd'hui l'Église sème la confusion et tout est entre vos mains, allez semer la parole de Dieu, les démons créent tant de confusion.

Rassemblez-vous en cercles de prière dans vos familles. Ecoutez les vents de guerre qui ne sont pas seulement les bombes atomiques, mais la guerre du monde a déjà commencé. Maintenant, je vous laisse avec ma bénédiction maternelle au Nom du Père, du Fils et du Saint-Esprit, Amen.

Trevignano Romano - 14 mai 2019

Chers enfants, merci d'être ici dans la prière.

Ma fille, la vérité est déviée surtout par mes personnes consacrées, je leur demande de faire un examen de conscience et de rester dans la vérité de l'Évangile. Récitez le Saint Rosaire avec les fidèles, ne laissez pas le troupeau seul, mais soyez de vrais bergers. Les villes seront inondées.

Vivez avec le regard tourné vers le ciel.

Maintenant, je vous bénis au Nom du Père, du Fils et du Saint-Esprit, Amen.

Trevignano Romano - 18 mai 2019

Mes enfants, merci d'avoir répondu à mon appel dans vos cœurs. Mes bien-aimés, bientôt le ciel s'ouvrira et vous verrez le royaume de Dieu avec tout ce qui a été préparé pour vous. Soyez fidèles à Jésus, je vous appelle à nouveau à une conversion urgente. Mes bien-aimés, vous n'avez plus de temps, bientôt vous verrez le retour de mon Fils Jésus, sa seconde venue ne sera pas retardée, mais vous verrez d'abord de grands signes venant du ciel. Voici que la justice de Dieu est sur vous, ne vous attachez pas aux choses terrestres, tout sera balayé, demandez-vous pourquoi ces inondations, ces vents forts, ces ouragans, ils doivent venir et ils arrivent précisément pour vous faire comprendre que Dieu est la seule chose importante, maintenant et toujours, Il vous aime, mais beaucoup d'entre vous ont perdu la foi à cause des démons qui savent souffler fort dans vos esprits en détruisant vos pensées. Il y aura un fort tremblement de terre, priez, priez pour l'Amérique, car elle va boire la coupe amère à cause des grands péchés. oyez forts les enfants, pour ce qui vous attend.

Maintenant, je vous laisse et vous bénis au Nom du Père, du Fils et du Saint-Esprit, Amen.

Trevignano Romano - 21 mai 2019

Chers enfants, je vous remercie d'avoir répondu à mon appel dans vos cœurs.

Chers enfants, je vous exhorte à vivre les messages que je vous laisse et à commenter souvent l'Évangile. Chers enfants, je vous exhorte encore une fois à une conversion urgente, ne comprenez-vous pas que vous n'avez plus de temps ?Ne perdez pas de temps, parce que c'est fini, regardez autour de vous, ils veulent détruire mon Église, même de l'intérieur. Il y aura des attaques terroristes du monde.

Mes enfants, priez pour que tous parlent avec l'effusion de l'Esprit-Saint.
Défendez la vraie foi chrétienne et ne la déformez pas.
Maintenant, je vous laisse avec ma bénédiction maternelle au Nom du Père, du Fils et du Saint-Esprit, Amen.

Trevignano Romano - 25 mai 2019
Le Cénacle à Rimini : Chers enfants, merci d'être ici dans la prière. Combien de foi je sens dans vos coeurs ! Amour et courage pour la foi, pour mon Jésus et pour mon Église que le diable veut détruire, soyez de vrais apôtres.
Mes enfants, le diable veut vous tromper et maintenant il trouvera tous les moyens de se faufiler, ne le laissez pas faire, priez, il est toujours à l'affût, car il sait que son temps est terminé. Je pleure pour tout ce qui va arriver, convertissez-vous et soyez toujours fidèles à la véritable Église.
Maintenant, je vous bénis au Nom du Père, du Fils et du Saint-Esprit, Amen.

Trevignano Romano - 28 mai 2019
Chers enfants, merci d'être ici en prière. Mes enfants, chers à mon cœur béni, combien de fois vous ai-je dit de prier pour ces moments, maintenant ils sont arrivés, mais combien d'entre vous se sentent prêts à affronter ces derniers temps !
Mes chers enfants, je suis ici pour vous protéger, bientôt vous n'aurez plus rien, regardez la confusion qui règne sur la terre et autour de vous, ce sont des signes visibles par tous, où courez-vous les enfants, que cherchez-vous si ce n'est Dieu ?
Le diable touchera des endroits et des personnes que vous n'imagineriez jamais. Mes enfants, priez, priez.
Maintenant, je place mon manteau béni sur vous et vous bénis au Nom du Père, du Fils et du Saint-Esprit, Amen.

Trevignano Romano - 1er juin 2019
Chers enfants, merci d'être ici en prière.
Mes enfants, quel merveilleux cadeau vous a été donné par le Père, tant à vous qu'à tous ceux qui ont appris à connaître mon Fils Jésus. Vous qui êtes des instruments, soyez toujours des phares de lumière, n'éteignez jamais vos lampes, mais apportez la lumière dans le monde, qui est amour et paix. Mes chers petits, l'humilité de votre cœur est grande !
Je vous protégerai de toute attaque du malin, vous, avec votre Oui, avez allumé un phare sur le monde et je serai toujours avec vous avec mon Jésus. Mes enfants, soyez témoins et faites en sorte que tous écoutent mes messages. Les temps seront durs, mais vous ne serez pas seuls, mes anges ne permettront pas que vous soyez touchés par ceux qui sont sous l'emprise du mal. Maintenant, je vous laisse avec ma sainte bénédiction au Nom du Père, du Fils et de l'Esprit, Amen.

Trevignano Romano - 3 juin 2019
Chers enfants, merci d'avoir écouté mon appel dans votre cœur. Chers enfants, aimez mon Fils Jésus, changez la haine par l'amour, la colère par le pardon, l'égoïsme par le désintéressement, l'orgueil par l'humilité et ayez la rationalité de l'esprit, ce sont les choses que je vous demande, vous n'avez pas beaucoup de temps pour vous convertir. S'il vous plaît, mes enfants, ne me faites plus pleurer et ne faites plus souffrir le cœur de Jésus, n'a-t-il pas déjà assez souffert pour vous ? L'humanité n'a-t-elle pas déjà fait trop de mal à Dieu, qui vous aime, vous protège et est à vos côtés depuis le sein maternel ? Pourtant, comment les hommes ont-ils remercié Jésus ? En blasphémant et en entrant dans la damnation éternelle. Pourquoi aimez-vous la vie confortable, exigeant des grâces ? Ouvrez vos cœurs à la joie de l'amour de Jésus et tout sera plus

facile. Mes enfants, je suis mère et je ne vous abandonne pas. Maintenant, je vous bénis au Nom du Père, du Fils et du Saint-Esprit, Amen. Je reste avec vous dans la prière.

Trevignano Romano - 8 juin 2019
Chers enfants, je vous remercie d'avoir écouté mon appel dans votre cœur. Enfants bien-aimés, merci pour votre foi. Mes enfants, vous aurez la mission de faire connaître mon Fils partout où vous irez. Bientôt, ceux qui ont la foi recevront le don du Saint-Esprit et cela se produira soudainement, vous vous sentirez joyeux et prêts à apporter la Parole à ceux qui ne la connaissent pas. Mes amours, je vous demande d'être liés à l'Évangile et à la seule et unique doctrine de la foi. Mes enfants, je pleure parce que je sais ce que vous allez rencontrer, alors s'il vous plaît, soyez toujours prêts.
L'Église va connaître un grand renouveau, en supprimant ce qui est mauvais et tout va retrouver sa place, cette tâche vous est désormais confiée, à vous les laïcs. Maintenant, je vous bénis au Nom du Père, du Fils et du Saint-Esprit, Amen.

Trevignano Romano - 11 juin 2019
Mes enfants bien-aimés, merci d'être ici en prière, consolez mon coeur et celui de Jésus par vos présences et vos prières. Mes enfants, rappelez-vous que bientôt la justice de Dieu éclatera davantage, mais n'ayez pas peur, craignez plutôt quand vous ne sentirez plus Dieu avec vous, alors, oui, vous devrez avoir peur. Les tremblements de terre se succéderont, bientôt l'Eucharistie disparaîtra, mais soyez fidèles et battez-vous comme des soldats, beaucoup souffriront, mais ceux qui auront cru seront sauvés.
Maintenant, je vous laisse ma paix et je vous bénis au Nom du Père, du Fils et du Saint-Esprit, Amen.

Trevignano Romano - 15 juin 2019

Chers enfants, je vous remercie d'avoir répondu à mon appel dans vos cœurs. Mes enfants bien-aimés, vous souffrez beaucoup, souvenez-vous qu'il n'y a pas de croix qui ne mène à Dieu, aimez-la et portez-la avec amour et avec la certitude que Jésus est à vos côtés.

Mes amours, combien de mots ont été prononcés au cours de ces années, et pourtant, malgré les signes significatifs, tous les cœurs ne sont pas encore convertis. J'ai pleuré devant vous en vous montrant ma douleur et vous ne comprenez toujours pas, voici que le temps de la grâce est terminé, le temps de la justice est sur vous. Je ne demande que de l'amour, de l'amour même pour vous, au lieu de cela je continue à voir mes enfants aller vers la route qui mène à l'enfer. Votre vie éternelle est d'une grande valeur pour Dieu, travaillez pour la vie éternelle. Priez pour l'Église, où le tremblement de terre sera fort et aura de graves conséquences. Maintenant, je vous bénis au Nom du Père, du Fils et du Saint-Esprit, Amen.

Trevignano Romano - 18 juin 2019

Message de Jésus : Mes chers frères, merci d'être ici en prière. Moi, votre Jésus, je suis ici avec vous et je vois vos coeurs. Frères, vous avez beaucoup de craintes, mais telle est la mesure de votre Foi. Bientôt, je viendrai vous embrasser et vous emmener dans des lieux sûrs. Voir beaucoup de mes enfants consacrés et de mes frères rejeter ma Mère me donne une grande douleur et ce sera l'une des principales raisons des forts tremblements de terre qui se produiront dans l'Église. Agenouillez-vous et priez ma Sainte Mère, afin qu'elle intercède pour votre souffrance. Frères, il y aura encore beaucoup de bruits qui secoueront la terre. Ce que j'ai confié à l'humanité, vous l'avez réduit à un monde putride. Repentez-vous par une sainte confession. Maintenant, je vous bénis au Nom de la Sainte Trinité, Amen. Votre Jésus

Trevignano Romano - 22 juin 2019

Cénacle à Vérone : Chers enfants, merci d'avoir répondu à mon appel dans vos cœurs, certains d'entre vous sortiront de cette rencontre très changés et le cœur ouvert. Enfants bien-aimés, pourquoi faites-vous encore souffrir mon Fils Jésus ? (La Vierge m'a montré un cœur qu'elle tenait dans ses mains et qui saignait). Regardez ! Le cœur de mon Fils saigne des souffrances de chaque jour et malgré tout, Il continue à envoyer la miséricorde pour mes enfants bien-aimés.

Mes enfants, tout va bientôt changer. L'Église, l'Humanité, le monde, ne sont malheureusement plus en phase avec Dieu le Père. Il y aura beaucoup d'événements qui apporteront des changements, mais vous priez, priez beaucoup mes enfants, car tout peut être atténué. Je vous remercie de m'avoir accepté avec l'amour du cœur. Maintenant, je vous bénis au Nom du Père, du Fils et du Saint-Esprit, Amen.

Trevignano Romano - 25 juin 2019

Chers enfants, je vous remercie d'avoir répondu à mon appel dans vos cœurs. Mes enfants, je vous demande une conversion urgente, il n'y a plus de temps, après tous les signes qui viennent du ciel pourquoi ne croyez-vous toujours pas ? Posez-vous des questions, convertissez-vous, car le pire est encore à venir et vous n'êtes pas prêts. Mes enfants bien-aimés, lorsque l'Eucharistie ne sera plus là, l'église ne sera plus appelée la maison de Dieu, mais simplement un lieu de prière, ne soyez pas infidèles, luttez pour la Vérité. Mes enfants, souvenez-vous que Dieu est Amour, Vie et Vérité et qu'Il est votre seule certitude, ne soyez pas liés aux choses matérielles, car elles vont bientôt disparaître. Vous, les enfants, comprenez que la seule certitude est en Dieu et non dans ce que vous construisez. La terre continuera à trembler. Priez pour le Pape. Maintenant, je vous laisse avec ma Sainte Bénédiction au Nom du Père, du Fils et du Saint-Esprit, Amen.

Trevignano Romano - 29 juin 2019

Cénacle de prière à Pérouse : Chers enfants, merci d'être réunis ici en prière et merci pour tout l'amour que je ressens dans vos cœurs.

Mes enfants bien-aimés, n'ayez pas peur, je suis ici avec vous et le serai toujours. Offrez votre angoisse à mon Fils et Il la transformera en joie ; vos mauvaises pensées et Il les transformera en pensées d'amour.

Mes enfants, vous aurez bientôt des nouvelles frappantes et une grande fausseté venant du siège de Pierre.

Priez et pardonnez. Maintenant, je vous bénis au Nom du Père, du Fils et du Saint-Esprit, Amen.

Trevignano Romano - 2 juillet 2019

Enfants bien-aimés, merci d'être réunis ici dans la prière et merci de répondre à mon appel dans vos cœurs.

Mes enfants, pourquoi n'êtes-vous pas encore pleinement convertis ! Vous devez dire, surtout mes fils bien-aimés (prêtres), d'enseigner la parole de Dieu et de parler de l'Évangile, je ne veux pas voir mes enfants tomber dans l'abîme. Maintenant, mes enfants, mon Jésus est miséricordieux, mais n'attendez pas plus longtemps, le temps est venu. La terre va continuer à trembler de plus en plus.

Maintenant, je vous laisse ma paix et portez-la dans vos maisons, je vous bénis au Nom du Père, du Fils et du Saint-Esprit, Amen. Mes enfants, demain je serai encore avec vous.

Trevignano Romano - 3 juillet 2019
Enfants bien-aimés, merci d'avoir répondu à mon appel dans vos cœurs. Mes enfants, je vous demande la paix, la paix entre les hommes, la paix dans les familles, la paix entre les nations et les puissants du monde.
Mes enfants, la paix entre les hommes doit dépasser chaque nation, chaque religion, chaque race. La paix signifie aussi le respect des différentes croyances, mais vous, aimez-vous comme des frères dans l'amour d'un seul Dieu, Jésus s'est fait homme et est mort pour vous sur la croix pour votre salut et pour vos péchés, qui a laissé Sa Parole qui est une, pour tous et pour toujours. Toutes les religions ne peuvent pas se tenir en une seule prière dans la Maison de Dieu, mon Église sera sauvée par votre Foi. Maintenant, je vous bénis, au Nom du Père, du Fils et du Saint-Esprit, Amen. Aujourd'hui, de nombreuses grâces descendront sur vous.

Trevignano Romano - 9 juillet 2019
Chers enfants bien-aimés, merci d'avoir répondu à mon appel dans vos cœurs. Mes enfants, les laideurs de ce monde sont nombreuses et tout cela fait souffrir mon coeur et celui de mon Fils. Mes enfants, priez pour que mon Fils Jésus puisse anticiper le moment de sa venue. Le Tout-Puissant fait de grandes choses pour ceux qui ont la foi. Priez pour le monde, en particulier pour l'Amérique. Maintenant je vous bénis, au Nom du Père, du Fils et du Saint-Esprit, Amen.

Trevignano Romano - 13 juillet 2019
Chers enfants, je vous remercie d'avoir répondu à mon appel dans vos cœurs. Enfants bien-aimés, tout ce qui se passe a été annoncé, beaucoup demandent des signes avant la venue de Jésus, mais après tout ce qui se passe, les tremblements de

terre, les eaux qui descendent du ciel avec puissance et qui entrent dans les villes en étant le maître, vous ne comprenez toujours pas, malgré tout.
Mes enfants, n'attendez pas, vous n'avez plus le temps parce que votre péché est trop grand. Priez les enfants, n'attendez pas la nuit froide, priez pour l'Italie qui refuse la grâce et priez pour l'Amérique, qui a laissé Satan entrer dans leur nation, convertissez-vous. Maintenant, je vous bénis, au Nom du Père, du Fils et du Saint-Esprit, Amen.

Trevignano Romano - 16 juillet 2019
Mes enfants bien-aimés, merci d'avoir répondu à mon appel, que la paix descende dans vos cœurs. Mes enfants, priez pour l'Église, priez pour les prêtres, les évêques et les cardinaux afin qu'ils ouvrent leur cœur à la grâce sans banaliser les sacrements, en particulier l'Eucharistie. Mes enfants, je vous en prie, prenez mes mains pour que je puisse vous conduire à mon Fils Jésus. Mes chers enfants, je vous demande de faire des cénacles dans les foyers et les familles afin que vous soyez mieux protégés ; le rosaire est la puissante prière contre le mal, ne l'oubliez jamais. Je vous laisse maintenant avec ma Sainte bénédiction, Nom du Père, du Fils et du Saint-Esprit, Amen.

Trevignano Romano - 20 juillet 2019
Message de Jésus : Chers frères, merci d'être réunis ici en prière. Mes frères, vous demandez beaucoup de grâces, mais vous êtes-vous demandé si votre foi est grande ? J'espère vous embrasser bientôt et je pourrai enfin vous rassasier des délices que j'ai préparés pour vous. Frères bien-aimés, aimez Dieu dans toute sa plénitude, convertissez-vous, le temps est fini, la justice est déjà sur vous, vous verrez des boules de feu venir du ciel, la terre ne cessera de trembler, les maladies anciennes

et enterrées reviendront et de nouvelles apparaîtront. Priez pour mes apôtres et pour ceux qui ont épousé Dieu, l'Église de Pierre sera bientôt habitée par la révolution, priez pour les puissants de ce monde, afin que la paix règne. Mes frères, pourquoi vous détournez-vous, en prétendant que le monde a toujours été ainsi, ne voulez-vous pas changer d'attitude devant l'immense amour de Dieu, ne voulez-vous pas comprendre, que tout ce qui fait partie de ce monde n'existera bientôt plus, car il est envahi par Satan, et que faites-vous ?
Au lieu de suivre la voie du juste, vous prenez la voie facile, avec les choses les plus faciles, qui est la voie du diable et ensuite vous mourrez éternellement. Combattez pour la vie éternelle et ne tombez pas dans les flammes de l'enfer qui, comme de longues langues de feu, cherchent vos âmes.
Frères, je ne dis pas tout cela pour vous effrayer, mais seulement pour secouer vos consciences et vous faire comprendre ce qui vous attend, prenez le chemin de Dieu, oui, peut-être plus difficile, mais sûr et avec Mon aide et celle de Ma Mère, vous serez en sécurité et tout sera plus facile.
Maintenant je vous donne ma sainte bénédiction, au Nom du Père, du Fils et du Saint-Esprit, Amen.

Trevignano Romano - 23 juillet 2019

Enfants bien-aimés, merci d'avoir répondu à mon appel dans vos cœurs. Mes bien-aimés, réjouissez-vous, car bientôt mon Fils Jésus sera parmi vous pour renouveler la terre. L'Église ne sera renouvelée que lorsque, de cette vieille église, avec ceux qui adorent Satan, il ne restera plus que de la poussière.
Priez les enfants, priez pour que les cœurs s'ouvrent à l'amour de Dieu, car pourquoi ne pouvez-vous pas aimer comme Lui vous aime d'un immense amour ? Pourtant, Il vous a créés et vous a choyés ! Priez pour le pape, qui sera bientôt attaqué.

Chers enfants, bientôt la lumière viendra dans le ciel et vous comprendrez que Dieu est là pour vous et alors vous demanderez pardon avec le coeur et Il vous acceptera dans Son infinie Miséricorde, mais n'attendez pas jusque-là. Maintenant, je vous bénis au Nom du Père, du Fils et du Saint-Esprit, Amen.

Trevignano Romano - 25 juillet 2019

Mes chers enfants, merci d'être ici dans cette maison bénie, j'ai voulu que ce chapelet soit ici aujourd'hui pour qu'une fois encore, vous puissiez voir le miracle de mes larmes.
Mes enfants, je ressens tant d'amour, mais en même temps vous avez un cœur contrit. Chers enfants, combien de maladies et combien de choses vont arriver sur cette terre, tout cela a été écrit et il en sera ainsi, mais n'ayez pas peur, vous aurez notre protection, n'ayez pas peur. Aimez mon Fils Jésus et priez, je vous en supplie, priez beaucoup pour la Paix. Maintenant, je vous bénis au nom du Père, du Fils et du Saint-Esprit, Amen. La Vierge a posé ses mains sur chacun de nous, nous accordant sa sainte bénédiction.

Trevignano Romano - 27 juillet 2019

Cénacle à Montelupo Fiorentino : Chers enfants, je vous remercie d'avoir répondu à mon appel dans vos cœurs et d'être ici en prière. Enfants bien-aimés, priez, priez, priez pour l'Église, faites confiance à mon Père, ne jugez pas afin que la Foi ne soit pas lésée par des jugements, mais n'aimez que Dieu, comme on vous l'a enseigné, suivez les commandements et soyez toujours attachés à l'Évangile. Mes chers petits, souvenez-vous que la Paix entre les hommes et entre vous est ce que je vous demande, car seule la Paix peut tout atténuer et seule la Paix dans votre vie vous conduit à l'amour. Maintenant, je vous bénis au Nom du Père, du Fils et du Saint-Esprit, Amen.

Trevignano Romano - 30 juillet 2019

Chers enfants, merci d'être ici en prière. Je regarde et ne vois pas mes enfants, combien de fois dois-je vous dire de laisser les choses du monde et de penser à l'esprit ! Mes bien-aimés, moi qui viens par la grâce du Père, je descends sur vous pour vous protéger et vous instruire pour le bien de votre âme, mais souvent je ne suis pas entendue, je n'ai plus de larmes.

Mes enfants, vous devez prier, prier, faire des jeûnes et des pénitences, surtout pour l'Église, pour les évêques et les cardinaux, vous ne savez pas ce qui vous attend, tout est prêt pour la guerre, priez, priez, priez beaucoup. Heureux ceux qui auront la Foi. Maintenant, je vous bénis au Nom du Père, du Fils et du Saint-Esprit, Amen.

Trevignano Romano - 3 août 2019

Chers enfants bien-aimés, merci d'avoir répondu à mon appel dans vos cœurs. Mes enfants, combien de foi et combien de douleur il y a dans vos cœurs, mais donnez tout à mon Fils et il donnera la lumière à vos ténèbres.

Enfants bien-aimés, n'ayez pas peur des messages du ciel, ainsi ils s'accompliront. Je suis ici pour vous sauver tous. Ils ont tué mon Fils sur la croix, une mort terrible pour le Fils de Dieu, mais cela a permis une nouvelle alliance. J

e vous aime, maintenant le ciel s'est uni à la terre et au moment où les anges descendent pour vous protéger, le diable prend le pouvoir à cause du libertinage de ce monde.

Apprenez qui déteste Dieu et qui l'aime.

Apprenez les Saintes Ecritures et réfléchissez.

Mes amours, convertissez-vous. Il est temps.

Priez pour l'Amérique car sa douleur sera grande.

Maintenant je vous bénis au Nom du Père, du Fils et du Saint-Esprit, Amen.

Trevignano Romano - 6 août 2019
Mes enfants, merci d'être ici dans la prière. Où allez-vous ? Pourquoi n'écoutez-vous pas mes paroles de salut ?
Mes enfants bien-aimés, je n'ai plus de larmes à verser pour ces enfants qui se perdent, grand sera le châtiment pour ceux qui ont déformé la vérité, ces enfants bien-aimés qui brouillent la parole de Dieu. Mes enfants, à présent la justice a commencé son cours, je ne peux plus tenir la main de la justice. Enfants, soyez toujours fidèles à Dieu, le coeur de mon Fils saigne à cause de trop de péchés. Convertissez-vous, avant que vos cœurs ne soient blessés.
Maintenant je vous laisse avec ma sainte bénédiction au Nom du Père, du Fils et du Saint-Esprit, Amen.

Trevignano Romano - 10 août 2019
Ma chère fille, regarde ce qui se passe dans le monde, le fracas de la guerre est proche, la terre continuera à trembler comme jamais auparavant, tout est en grand mouvement pour arriver au Triomphe de mon Coeur Immaculé. Tout cela était prévu et le plan de Dieu ne peut être changé. Ma fille, Jésus est toujours plus proche et beaucoup percevront sa présence glorieuse. Ne vous détournez pas de la vérité, mais soyez toujours plus proches dans la prière. Mes bien-aimés, priez pour l'Église en ruines et pour la France. Ma fille, je suis proche de toi, car je connais les difficultés de la mission, mais avec mon Fils, je te donnerai la force d'aller de l'avant en prêchant la parole de Dieu et en témoignant de son amour. Maintenant je vous bénis au Nom du Père, du Fils et du Saint-Esprit, Amen.

Trevignano Romano - 13 août 2019
Mes enfants, merci d'être ici en prière. Mes enfants, grand est votre coeur, car vos renoncements vous ont donné la paix dans

vos coeurs, vous êtes dignes de l'attention de votre Père qui est à vos côtés lorsque vous l'invoquez. Je demande à tous mes enfants d'être justes, de garder et de vivre les dix commandements et la Sainte Messe, où Jésus est toujours présent.
Mes enfants, tout le monde voit les choses qui se passent dans le monde, mais souvent beaucoup de cœurs ne s'approchent toujours pas de Dieu, qui, au contraire, est toujours plus proche de la terre.
Mes enfants, je vous laisse maintenant avec ma bénédiction maternelle, au Nom du Père, du Fils et du Saint-Esprit, Amen.

Trevignano Romano - 15 août 2019
Mes enfants bien-aimés, merci pour vos prières et pour ceux qui prient sur la terre bénie. Mes enfants, je suis la Mère Consolatrice, la Reine des Anges, celle qui écrase la tête du serpent et c'est ce que je reviendrai faire et finalement avec vous, mon Coeur Immaculé triomphera. Enfants bien-aimés, je veux des saints et je veux des familles saintes. Priez chaque jour le Saint Rosaire et demandez ma protection, je vous la donnerai. Maintenant je vous bénis, au Nom du Père, du Fils et du Saint-Esprit, avec les groupes de prière, Amen.

Trevignano Romano - 20 août 2019
Enfants bien-aimés, merci d'avoir écouté mon appel dans vos cœurs. Mes enfants, l'engagement quotidien est de suivre Jésus, n'ayez aucun scrupule pour ceux qui ne croient pas, pour ceux qui n'aiment pas et pour ceux qui ne pardonnent pas, la justice de Dieu se fera sentir car lui seul est le vrai juge.
Mes enfants bien-aimés, soyez tournés avec votre regard vers le ciel car c'est de là que viendront tous les signes.
Attention mes enfants, le diable se déchaîne plus que jamais, car il sait que son jeu est terminé. Mes enfants, pour ceux qui

ont suivi Jésus, pour ceux qui ont tout abandonné, choisissant Dieu et non les choses du monde, c'est alors que les grâces seront multipliées au centuple, une terre magnifique vous attend, ne reculez pas. Mes enfants, priez car les volcans vont entrer en éruption et provoquer des catastrophes, priez pour la Russie et priez pour les puissants de ce monde.
Maintenant je vous laisse ma bénédiction, au Nom du Père, du Fils et du Saint-Esprit, Amen.

Trevignano Romano - 22 août 2019
Mes chers enfants, merci d'être ici en prière. Mes enfants, je suis heureuse d'entendre vos cœurs s'ouvrir et avec une grande foi, prier, mais malheureusement beaucoup de mes enfants ont donné leurs âmes à Satan à cause de tous les démons sur la terre qui sont pressés. Mes enfants chers à mon cœur, c'est le temps du choix, choisissez bien en réfléchissant, car votre choix sera le miroir de votre avenir, mes anges qui vous protègent sont nombreux, je suis avec vous et je resterai avec vous par votre prière. Récitez avec moi le Notre Père.
Et maintenant je vous bénis au Nom du Père, du Fils et du Saint-Esprit, Amen.

Trevignano Romano - 24 août 2019
Mes enfants, merci d'avoir répondu à mon appel dans vos cœurs. Mes enfants, prenez garde aux mensonges et aux faussetés, sachez reconnaître la vérité par la prière. Ce monde est plein d'arrogance, de méchanceté, de mensonge et d'horreur, et pourquoi êtes-vous si surpris ? Tout prend une tournure différente et tout s'écroule ; vous avez attiré le mal par vos péchés incommensurables. Mes enfants, je vous protégerai toujours jusqu'à la fin, je pleure sur ce qui va arriver et je souhaite que vous soyez prêts, mais souvent, aujourd'hui encore, vous ne

m'écoutez pas, mais je veux et je dois vous sauver, car vous êtes mes enfants et quelle mère aime voir ses enfants en danger ? Maintenant je vous laisse avec ma sainte bénédiction, au Nom du Père, du Fils et du Saint-Esprit, Amen.

Trevignano Romano - 27 août 2019

Mes enfants, merci d'être ici en prière. Mes bien-aimés, parfois je vois des craintes et des tourments dans vos cœurs, mais je suis ici près de vous pour vous encourager à aller de l'avant et à supprimer ces craintes, car mes plans se réaliseront, comme le veut le ciel, des millions de personnes viendront glorifier le Seigneur. Mes enfants, vous êtes au milieu des temps prédits par moi dans tant d'apparitions et vous serez témoins du Triomphe de mon Coeur Immaculé. Ceux qui ont choisi le roi des Enfers souffriront terriblement, mais ceux qui ont choisi Dieu ressentiront la paix dans leur coeur et sauront que le mal ne peut les atteindre. Maintenant je vous donne ma bénédiction maternelle, au Nom du Père, du Fils et du Saint-Esprit, Amen.

Trevignano Romano - 31 août 2019
Cénacle de prière à Casoli - Contrada Vicenne (CH)

Mes enfants, merci d'avoir répondu à mon appel dans vos cœurs. Mes enfants, combien de cœurs sont fermés ! Combien croient qu'ils vont assister à des événements spectaculaires, mais cela ne pourrait se produire que dans vos cœurs, en sentant les battements du cœur s'accélérer, mais tous ne sont pas capables d'ouvrir leur cœur à la Grâce. Enfants bien-aimés, convertissez-vous, car ceux qui ne seront pas prêts souffriront beaucoup pendant l'Avertissement. Mes enfants, faites des cénacles de prière dans vos maisons, en les transformant en petites églises, récitez le rosaire tous les jours. Maintenant je vous bénis, au Nom du Père, du Fils et du Saint-Esprit, Amen.

Trevignano Romano - 3 septembre 2019
Chers enfants, merci de répondre à mon appel dans vos cœurs. Enfants bien-aimés, ouvrez vos cœurs à l'amour de Dieu et demandez une protection incessante car vous en aurez besoin. Croyez les messages que je vous apporte afin de vous protéger, comme une mère, du tourbillon dans lequel vous serez progressivement enveloppés. Mes petits enfants, vous parlez de discernement ! Et aujourd'hui je veux vous dire, à vous, à l'Église et surtout à mes enfants bien-aimés, ce que vous devez faire... regardez les enfants que j'envoie parmi vous et voyez s'ils rayonnent de lumière. Ce n'est que la lumière qui vous fera comprendre qu'ils sont mes véritables messagers.
Priez pour les puissants de la terre et regardez toujours les signes du ciel afin de comprendre que vous êtes à la fin des temps. Maintenant je vous laisse avec ma sainte bénédiction, au Nom du Père, du Fils et du Saint-Esprit, Amen.

Trevignano Romano - 7 septembre 2019
Enfants bien-aimés, merci de répondre à mon appel dans vos cœurs. Mes bien-aimés, soyez de vrais chrétiens, cela signifie tout confier à Jésus, enlever et mettre de côté votre humanité et exalter l'Esprit, être des combattants et courageux pour témoigner de la foi. Mes enfants, je vous aime et demain aussi je serai avec vous. Je vous bénis au Nom du Père, du Fils et du Saint-Esprit, Amen.

Trevignano Romano - 8 septembre 2019
Mes chers enfants, merci d'ouvrir vos cœurs avec tant de joie. Priez avec foi. Mes enfants, comme je souhaite voir tous mes enfants et surtout les prêtres très aimants envers mon Fils Jésus. Chers enfants, merci de toucher le ciel, l'Esprit-Saint soufflera sur vous. Je vous bénis au Nom du Père, du Fils et

du Saint-Esprit. Priez mon Coeur Immaculé et là où je suis, beaucoup de grâces descendront. Amen.

Notre Dame est venue aujourd'hui, entourée de nombreux anges chantant des louanges. Notre Dame a dit que si nous nous agenouillons devant sa statue et prions son Cœur Immaculé, elle nous donnera de nombreuses grâces.

Trevignano Romano - 10 septembre 2019

Mes enfants, je vous remercie d'avoir répondu à mon appel dans vos cœurs. Cherchez la paix, la paix dans vos cœurs, vous ne la trouverez que si vous suivez mon Fils Jésus, ce sont les dernières heures de votre choix. Mes enfants, ici vous pouvez faire partie du Triomphe de mon Coeur Immaculé. Mes amours, soyez forts dans la foi car le plan de Satan est d'amener de nombreuses âmes en enfer, donc, fortifiez-vous et ouvrez vos cœurs et surtout, rendez-les humbles.

Priez, car la peste et d'autres nouvelles maladies arrivent.

Je vous aime, mes enfants, et ne craignez rien, je vous protégerai. Maintenant, je vous bénis au Nom du Père, du Fils et du Saint-Esprit, Amen.

Trevignano Romano - 14 septembre 2019

Mes chers enfants, merci d'être ici en prière. Mes enfants, ces temps, je les ai prédits depuis longtemps, et maintenant vous êtes au milieu de la pire période que l'humanité puisse connaître. Je suis venu pour vous avertir et vous instruire, mais malgré tout, l'humanité n'est toujours pas prête pour tout ce qui va venir. Je vous demande, mes enfants, une fois de plus, de vous fortifier par la prière chaque jour, de ne pas écouter ceux qui disent du mal de vous, mais de tout confier à mon Fils, de ne pas en vouloir à vos frères, mais de pardonner, les démons choisissent les âmes qui sont faibles dans la foi. Mes enfants, priez pour cette terre et pour cette humanité qui choisit les choses terrestres et n'élève pas l'esprit, elle mourra. Regardez vers les cieux, car bientôt mon Jésus sera avec vous et vous verrez de nouveaux cieux et une nouvelle terre. Maintenant je vous bénis au Nom du Père, du Fils et du Saint-Esprit, Amen.

Trevignano Romano - 17 septembre 2019

Enfants bien-aimés, merci de répondre à mon appel dans vos cœurs. Mes enfants, libérez-vous de vos souffrances, donnez tout à mon Fils Jésus, qui dans la mort vous a sauvés et a embrassé sa croix avec amour.

Mes enfants, préparez des refuges car un temps viendra où vous ne pourrez plus faire confiance même à mes fils de prédilection. Ce temps d'apostasie vous conduira à une grande confusion et à des tribulations, mais vous, mes enfants, soyez toujours attachés à la parole de Dieu, ne vous laissez pas entraîner par les modernismes ! Rappelez-vous mes enfants, le monde appartient à Dieu et Il est le seul Maître de l'Univers, pas l'homme. Attention les enfants, attention ! Je vous bénis au Nom du Père, du Fils et du Saint-Esprit, Amen.

Trevignano Romano - 21 septembre 2019

Chers enfants bien-aimés, je vous remercie d'avoir répondu à mon appel dans vos cœurs. La foi que je ressens en beaucoup d'entre vous, mais aussi tant de luttes spirituelles, avec mon Fils Jésus à vos côtés et le Saint-Esprit, vous aurez des possibilités de voir la Vérité. Chers enfants, c'est le moment où celui qui emprunte le chemin étroit sera persécuté et où vos proches se dresseront contre vous avec des insultes et du mépris, mais souvenez-vous que le mal ne vous touchera pas car je vous protégerai toujours. Invoquez mon Coeur Immaculé et je serai là. Maintenant, je vous bénis, au Nom du Père, du Fils et du Saint-Esprit, Amen.

Trevignano Romano - 24 septembre 2019

Message de Jésus : Chers frères, merci d'être ici en prière. Mes bien-aimés, l'Église va bientôt subir un grand changement. Mon Père, a envoyé ma Très Sainte Mère pour vous aider à comprendre à quoi sert la prière, pour vous instruire et vous accompagner en ces temps. Mais l'humanité se détourne, ne croit pas et méprise même cette grâce. Pourtant, c'est ma mère et la votre qui s'occupe de ses enfants et pleure l'humanité perdue. Ne méprisez pas la Grâce, restez dans le silence et la prière. Je suis avec vous, aimez-moi et je vous conduirai là où tout est prêt. Maintenant, je vous bénis au Nom du Père, en mon Nom et dans l'Esprit-Saint, Amen.

Trevignano Romano - 28 septembre 2019

Mes enfants bien-aimés, merci d'avoir écouté mon appel dans vos cœurs. Priez, priez, priez pour la paix et pour ce qui vous attend. Priez pour la Chine parce que de nouvelles maladies vont venir de là-bas, tout est déjà prêt pour affecter l'air de bactéries inconnues.

Priez pour la Russie car la guerre arrive.

Priez pour l'Amérique, elle est maintenant en grand déclin. Priez pour l'Église, car les combattants arrivent et l'attaque sera désastreuse, ne vous laissez pas tromper par des loups déguisés en brebis, tout va bientôt prendre un grand tournant. Regardez le ciel, vous verrez les signes de la fin des temps.

Je serai avec vous jusqu'à la fin de la prière. Maintenant je vous bénis au Nom du Père, du Fils et du Saint-Esprit, Amen.

Trevignano Romano - 28 septembre 2019

Message de Dieu le Père à 20:40 : Moi, Père tout-puissant : mais ne voyez-vous pas les guerres ? Pourquoi ne comprenez-vous pas ? Priez mes enfants, mon Fils vous aime ! Je l'ai envoyé pour votre salut et vous vous en détournez, aimez mon Fils, il est votre seul salut comme il l'a été autrefois et le sera encore aujourd'hui. Oh ! ma bien-aimée Marie, née sans le péché originel, s'est mise au travail pour vous, et vous, oh ! vous, humanité perdue dans le péché.

L'humanisme est entré dans l'Église, faisant croire que l'homme est le maître du monde, mon monde est devenu le monde de Satan, tout est dans la confusion. Que faites-vous à vos enfants ? Qu'est-ce que vous laissez à vos enfants, sans respect, sans sacré, sans foi, enseignez l'Amour et grande sera la récompense dans le Royaume des Cieux. Je vous aime, mes enfants, je vous aime ! Je vous protégerai toujours, soyez fermes dans la foi et je vous protégerai. Moi, votre Père miséricordieux, Je vous demande d'avoir pitié de mon Fils, de ne pas tomber dans le péché. Je vous aime, je vous bénis tous et je serai avec vous à chaque minute de votre vie.

Trevignano Romano - 1er octobre 2019

Mes chers enfants, je vous remercie d'avoir répondu à mon appel dans vos cœurs. Enfants bien-aimés, je voudrais vous instruire sur ce qu'il faut demander et comment prier le Seigneur Jésus-Christ ; Mes enfants, ouvrez vos cœurs dans la prière. Demandez à Dieu de vous baigner dans sa lumière, afin que vous puissiez témoigner avec courage et parler de Jésus sans crainte : demandez le don de la connaissance, de l'humilité et de la fraternité. Quand tout cela arrivera, votre Oui sera sincère : vous aurez tout ce dont vous avez besoin, les grâces descendront sur vous et vous sentirez la joie et la paix dans

vos cœurs. Allez à la messe car Il vous attend. Criez au monde entier que mon Fils sera bientôt avec vous.
Que la bénédiction du Père, du Fils et du Saint-Esprit descende sur vous et vos familles, Amen.

Trevignano Romano - 3 octobre 2019
Mes enfants bien-aimés, merci d'avoir répondu à mon appel dans vos cœurs. Aujourd'hui, je veux apporter la paix dans vos cœurs afin qu'ils s'ouvrent à la grâce. Mes enfants, les temps sont très durs, mais je suis là et je ne vous laisse pas seuls, mais seulement si vous le voulez vraiment. Mes enfants, priez pour l'Église, le monde est perdu dans les griffes de Satan, mais notre prière et le Rosaire seront une grande protection pour vous et vos familles. Pasteurs, évangélisez, portez la parole de Dieu dans les foyers, enseignez l'amour aux jeunes, c'est l'Église, la famille, la première petite église, n'ayez pas peur d'être jugés, mais allez de l'avant avec la bénédiction de Dieu. Maintenant je vous bénis au Nom du Père, du Fils et du Saint-Esprit, je serai avec vous jusqu'à la fin de la prière pour vous bénir ainsi que les objets sacrés que vous portez aujourd'hui, mes enfants, beaucoup de grâces vont descendre, Amen.

Trevignano Romano - 5 octobre 2019
Cénacle de prière à Rimini : Chers enfants, merci d'être ici en prière et de répondre à mon appel dans vos cœurs.
Mes bien-aimés, priez, priez, priez beaucoup, afin que la foi revienne dans ce monde amer. Mes enfants, certains hommes d'Église ont perdu leur foi. Priez beaucoup, maintenant je vous bénis au Nom du Père, du Fils et du Saint-Esprit, Amen.

Trevignano Romano - 7 octobre 2019
Mes enfants bien-aimés, merci d'être réunis ici dans la prière

avec foi. En ce moment, seule la prière est nécessaire, où sont mes enfants ? Grande est ma souffrance, parce que mon Fils Jésus a été mis de côté, notre Dieu miséricordieux est sur le point d'être remplacé, combien de larmes j'ai versé, même de sang, pour vous faire comprendre ma douleur et mon découragement, parce qu'il y a peu de foi sur cette terre !
Mes enfants, transmettez mes messages au monde, rassemblez des âmes pour les amener à Jésus, ne soyez pas silencieux, mais des guerriers de la Lumière, dites au monde de se convertir et de n'aimer que notre Dieu Un et Trine. Maintenant, je vous laisse avec ma sainte bénédiction, au Nom du Père, du Fils et du Saint-Esprit, Amen.

Trevignano Romano - 12 octobre 2019

Mes enfants bien-aimés, merci de répondre à mon appel dans vos cœurs. Je vois mes enfants unis et mon coeur se réjouit. Mes enfants, je vous appelle à l'amour qui vous a toujours unis et à la prière, vous souvenez-vous de mes messages ? Les avez-vous vécus pleinement ? N'oubliez pas que le diable est très fort en ces temps, il vous tente et vous force à la désunion, il crée des doutes sur tout, surtout en renversant la vérité.
Je vous aime, je suis votre Mère, descendue du ciel pour vous protéger, vivez la grâce que Dieu a permis de vous envoyer et soyez toujours des témoins courageux.
Enfants, je suis là, n'ayez pas peur, avec mon Fils nous vous protégerons toujours, ne laissez pas la grande confusion générée en ces temps entrer dans vos vies, mais soyez fidèles à la Parole, à l'Évangile. Maintenant je vous bénis au Nom du Père, du Fils et du Saint-Esprit, Amen.

Trevignano Romano - 15 octobre 2019

Mes enfants bien-aimés, merci de répondre à mon appel dans

vos cœurs. Mes enfants, combien est grande la douleur et la souffrance que je ressens chaque fois que mes élus sont moqués, jugés et regardés comme des pestiférés, tout s'accomplit. Mon fils est sur le point d'être mis hors de l'Église, ceux qui font cela continuent à faire saigner encore plus les plaies de Jésus et ne croient pas que bientôt la justice viendra sur eux. Voici que la parole de Dieu va s'accomplir.
Mes enfants, rappelez-vous que la Parole et l'Évangile sont immuables. Après la grande tristesse, mon Église se relèvera avec peu de fidèles, mais des vrais. Maintenant je vous bénis au Nom du Père, du Fils et du Saint-Esprit, Amen.

Trevignano Romano - 19 octobre 2019

Message de Jésus : Mes frères, je suis ici avec vous, comme vous êtes petits, vous êtes encore des enfants, je veux que vous soyez grands dans la foi avec vos cœurs d'enfants. Oh ! mes frères, je vous demande de ne pas vaciller dans la foi, ou vous donnerez de l'espace à Satan.
Ne changez pas de maison et ne déménagez pas quoi qu'il arrive, mais soyez unis, mes anges vous protégeront, bientôt la main de Dieu sera sur le monde, combien de choses se passent sur la terre, Oh ! mon Église, mon Église m'a tourné le dos, mais je renaîtrai, je reviendrai. Ma Mère ! combien grande est sa douleur, mais vous donnez-lui de l'amour, seulement de l'amour, ce que nous demandons est seulement de l'amour. Dieu est bon et patient, il vous pardonnera tous vos péchés, si vous vous repentez sincèrement. Oh ! mes enfants, mes frères, comme je vous aime, mes anges vous protègent des attaques de la terre, soyez sereins et faites-moi confiance, je ne vous laisserai jamais seuls, je connais vos cœurs et je sais combien grand est votre amour pour moi, pour ma Mère et mon Père. Restez ancrés dans la foi, c'est votre seul salut avec la prière.

Chers frères, je vous aime et je suis avec vous aujourd'hui et pour toujours. Maintenant, je vous bénis tous, au Nom du Père, en mon Nom et du Saint-Esprit, Amen.

Trevignano Romano - 23 octobre 2019
Ma fille, merci pour tes prières, ne t'inquiète pas des choses du monde, mais continue dans la prière. Criez au monde que ceux qui seront fidèles à Dieu ressentiront bientôt de la joie, de la légèreté, de l'amour, mais ceux qui se détourneront en adorant des dieux ou autre chose, ils sentiront leur coeur s'assombrir et ils ressentiront du désespoir, de l'abattement et de la tristesse. Le retour du Fils de Dieu est proche, réjouissez-vous et annoncez la nouvelle Jérusalem. Ma fille, quelle douleur je ressens, pour ne pas avoir satisfait ma demande de consécration, rappelle à ceux qui ne veulent pas m'écouter, que la foi est aussi courage et témoignage, Dieu vomit les tièdes.
Maintenant je vous laisse avec ma bénédiction maternelle, au Nom du Père, du Fils et du Saint-Esprit, Amen.

Trevignano Romano - 26 octobre 2019
Mes chers enfants, merci de répondre à mon appel dans vos cœurs. Mes enfants, combien de paix je ressens dans vos cœurs malgré les moments tristes, mais s'il vous plaît, renforcez votre foi et votre prière, je demande des cénacles dans vos maisons. En ce moment, mes anges luttent contre les anges du mal, l'apostasie continue de planer dans l'Église, mais c'est seulement avec la prière que tout peut revenir comme Jésus l'a voulu. Mes enfants, nombreuses seront les grâces qui descendront pour ceux qui ont la foi, mon Coeur Immaculé triomphera bientôt.
Maintenant, je vous bénis au Nom du Père, du Fils et du Saint-Esprit, Amen.

Trevignano Romano - 30 octobre 2019
Message de la Très Sainte Marie - 22h30
Ma fille, merci d'être présente dans la prière, les peines qui viendront seront nombreuses, mais ne vous fatiguez pas, réfugiez-vous dans mon Cœur Immaculé et là vous trouverez le réconfort. Ma fille, la persécution des chrétiens va bientôt commencer, alors soyez tous très prudents, suivez mes conseils de Mère et ne vous détournez pas. Ayez de la patience, de l'amour et de la charité pour vos frères car il y aura des temps sombres où vous ne vous retrouverez pas. L'Amérique souffrira le plus à cause des lois contre Dieu. Soyez toujours fidèles au vrai Magistère de l'Église, Dieu est le seul à qui vous devez vous confier, éloignez-vous des fausses idéologies modernistes, sinon vous serez des aveugles guidant d'autres aveugles. Je vous aime et avec l'amour maternel je vous bénis au Nom du Père, du Fils et du Saint-Esprit, Amen.

Trevignano Romano - 31 octobre 2019
Mes enfants bien-aimés, merci d'être ici en prière, oh ! combien vous allégez ma douleur et celle de mon Fils !
Mes bien-aimés, mais que fait l'humanité, elle accepte, exalte et proclame le péché comme quelque chose qui plaît à Dieu, mais il n'en est rien, pour ceux-là les portes de l'enfer s'ouvriront. Mes enfants, venez souvent me rendre visite dans ce lieu béni par le Père. Maintenant je vous bénis au Nom du Père, du Fils et du Saint-Esprit, Amen.
Reine du Rosaire

Trevignano Romano - 3 novembre 2019
Chers enfants, merci d'avoir répondu à mon appel dans vos cœurs. Mes enfants, quelle joie je ressens en voyant tant de bergers dans ce lieu béni et combien d'enfants je vois pleins de

foi en train de prier, d'être proches de mon Fils Jésus, spécialement en ces temps, car une lance lui transperce encore le cœur. Enfants bien-aimés, Saint Joseph est aussi ici, et il est avec moi pour prier sur vous.
Mes bien-aimés, invoquez l'Esprit-Saint afin que vous soyez éclairés en esprit et en cœur. Mes enfants, n'ayez pas peur, je suis avec vous, le diable ne peut pas faire de mal à ceux qui sont fidèles à Dieu. Maintenant je vous bénis au Nom du Père, du Fils et du Saint-Esprit, Amen.

Trevignano Romano - 5 novembre 2019
Mes enfants, merci d'avoir répondu à mon appel dans vos cœurs. Ma fille, comme est grande et lourde la mission que le ciel t'a confiée, mais je t'aiderai et je serai toujours à tes côtés. La vérité est unique, l'Amour pour Dieu, qui est le centre de tout, mais tout le monde n'ouvre pas son cœur et ne se laisse pas envahir par la flamme du Saint Feu. S'il vous plaît, mes enfants, ne laissez pas la flamme s'éteindre. Combien de mes enfants sont harcelés par Satan, qui travaille dans leur esprit avec des pensées négatives contre leurs frères et sœurs, des pensées de persécution et d'inimitié, mais seule la lumière de l'Esprit pourra vous éclairer, vous donner la paix.
Bientôt une grande lumière apparaîtra dans le ciel et Dieu tonnera dans toute sa gloire. Maintenant je vous bénis, au Nom du Père, du Fils et du Saint-Esprit, Amen.

Trevignano Romano - 9 novembre 2019
Chers enfants, je vous remercie d'avoir répondu à mon appel dans vos cœurs. Mes chers enfants, priez, priez, priez beaucoup pour la paix, la paix entre frères et la paix dans le monde. Mes bien-aimés, dans la souffrance, réfugiez-vous dans mon Coeur Immaculé et dans celui de mon Fils, criez la vérité et

dites que mon Fils Jésus est amour et non douleur, Il est joie et non tristesse, Il est union et non désunion, ne tombez pas dans le piège de Satan qui veut détruire tout le bien qui a été créé. Je suis avec vous et je vous bénis au Nom du Père, du Fils et du Saint-Esprit, Amen.

Trevignano Romano - 12 novembre 2019

Enfants bien-aimés, merci d'avoir répondu à mon appel dans vos cœurs. Mes enfants, des temps difficiles vous attendent, donnez votre coeur à mon Fils, Lui seul est votre seul salut. Je vous en prie, mes enfants, nourrissez-vous du corps de mon Fils Jésus, Dieu regarde avec une grande tristesse cette humanité perdue. Mes bien-aimés, je suis à vos côtés et je vous bénis un par un, afin que le Saint-Esprit ouvre complètement vos cœurs. Voici que toute l'Église est détruite pour renaître plus forte qu'auparavant, priez, priez, priez. L
'hiver qui arrive sera dur, toutes les récoltes seront brûlées par le gel et les calamités seront de plus en plus fortes, priez beaucoup. Maintenant, je vous bénis au Nom du Père, du Fils et du Saint-Esprit, Amen.

Trevignano Romano - 16 novembre 2019
Cénacle de prière à Belluno
Centre pour la spiritualité et la culture, Pape Luciani

Enfants bien-aimés, merci d'avoir répondu à mon appel dans vos cœurs. Mes enfants, ouvrez vos coeurs à mon Fils Jésus, augmentez votre Foi, allumez la flamme de l'amour pour Dieu, bientôt Jésus sera avec vous, préparez-vous et soyez rassasiés de Son Amour. Chers enfants, priez le Saint Rosaire et organisez des cénacles de prière dans vos maisons. Priez pour l'Espagne, souvenez-vous que les guerres, les calamités et tout ce qui arrivera ouvriront les portes de l'Antéchrist.

Je vous aime, petits enfants, et je serai toujours avec vous ; aujourd'hui, de nombreuses grâces vont descendre sur les personnes présentes. Je vous donne maintenant ma bénédiction maternelle au Nom du Père et du Fils et du Saint-Esprit, Amen.

Trevignano Romano - 19 novembre 2019
Enfants bien-aimés, merci d'avoir répondu à mon appel dans vos cœurs. Mes enfants, nombreuses seront les âmes que j'emmènerai avec moi, car elles sont bonnes et avec nous elles trouveront la paix, mais je rendrai inattaquables ceux qui sont forts dans la foi et qui, en suivant l'Évangile, serviront Dieu avec leur témoignage et leur force dans la Vérité.
Mes chers enfants, lorsque Jésus a été crucifié en donnant sa vie pour vous, les grands prêtres ont demandé un signe, mais il a refusé et n'a pas été cru. Après deux mille ans, certains prêtres demandent encore aujourd'hui des signes, mais ils ne comprennent pas que le Seigneur n'agit qu'à cœur ouvert.
Priez et pardonnez. Maintenant, je vous bénis au Nom du Père, du Fils et du Saint-Esprit, Amen.

Trevignano Romano - 23 novembre 2019
Message de Jésus Mes frères, merci d'être ici en prière, je suis avec vous, ouvrez vos cœurs et laissez entrer ma lumière, afin que vous puissiez tout regarder différemment avec les yeux de l'esprit et non plus avec ceux de la raison. Trop de raisonnements vous éloignent de moi et les uns des autres, mes frères. Mes bien-aimés, soyez fidèles à Dieu à toute heure du jour, afin que lorsque je viendrai, vous puissiez entrer dans la nouvelle terre, où la joie et l'amour seront les seuls biens que vous trouverez. Mes frères, votre vie entière devrait être basée sur l'Amour. Je suis né et je suis mort par amour, mais dans

cette humanité, il semble que l'amour n'en fasse plus partie, et pourtant vous dites souvent que vous m'aimez, mais pourquoi, au lieu de cela, ne vois-je que des sentiments de fierté, d'envie et de jalousie ? Souvenez-vous que Dieu jugera de la quantité d'Amour que vous avez donné. Maintenant, je vous bénis au Nom du Père, en mon nom et dans l'Esprit-Saint, Amen.

Trevignano Romano - 26 novembre 2019

Mes chers enfants, merci de répondre à mon appel dans vos cœurs. Mes bien-aimés, à cause de la grisaille vous ne voyez pas ce qui se passe dans le monde, parce que vous ne croyez pas ce que vous touchez avec vos mains, mais je vous le dis mes enfants, la colère de Dieu est déjà sur vous pour vous faire comprendre qu'Il est aussi juste.

Enfants bien-aimés, approchez-vous de Dieu, commencez à aimer Jésus, n'ayez pas peur, avec Lui à vos côtés vous serez meilleurs. Ce sont aussi des temps de Grâce, priez avec un cœur pur et vous verrez des merveilles. Je vous bénis, au Nom du Père, du Fils et du Saint-Esprit, Amen.

Trevignano Romano - 30 novembre 2019

Message de Jésus : Mes enfants, votre Jésus est ici avec vous, sentez-vous réconfortés par mon Amour, combien de mes enfants seront haïs par les hiérarchies de l'Église, ils vous haïront en mon nom, l'injustice sera grande.

Mes enfants, combien de théologiens ! Oh ! quelle douleur je ressens dans mon coeur, c'est terrible, la théologie ferme le coeur de tous, ils n'ont pas compris mon amour pour vous et ils n'ont pas compris votre amour pour moi.

Mes enfants, mes frères, vous n'avez encore rien vu de ce qui va arriver, aimez ma croix d'amour, mais aussi l'amère, je serai à vos côtés, rien ne sera plus grand que moi dans vos vies, je

serai avec vous pour vous protéger, personne ne pourra vous toucher, pas même d'un doigt et aucun cheveu ne sera arraché à ces enfants bien-aimés. Comme je vois peu de foi chez ceux qui entrent dans les églises, disent qu'ils prient, mais ensuite, aveuglés par la haine, l'orgueil, l'égoïsme, ils s'en prennent à mes enfants bien-aimés.
Oh ! chers enfants, votre tristesse est ma tristesse, vos pleurs sont mes pleurs, mais votre victoire sera ma victoire avec vous, maintenant et toujours, Amen. En vérité je vous le dis : Réjouissez-vous, car le royaume des cieux sera à vous. Maintenant je vous bénis et je vous touche un par un, au Nom du Père, en Mon nom et du Saint-Esprit, Amen.

Trevignano Romano - 3 décembre 2019
Chers enfants, je vous remercie d'avoir répondu à mon appel dans vos cœurs. Mes chers enfants, je vous en prie, vivez ensemble avec moi votre sacerdoce avec courage, ne soyez pas orgueilleux au point de laisser les âmes aller vers les ténèbres, dans la confusion et l'ignorance.
Mes enfants, vous devez avant tout être la lumière pour l'humanité, ne changez rien à l'Évangile, à la parole de Dieu et à la Sainte Messe où mon fils Jésus est vivant, malheur à celui qui laissera les âmes vers la perdition car la responsabilité vous reviendra. Enfants bien-aimés, lorsque vous demandez à Jésus de revenir, sachez qu'il est déjà en vous, laissez-le naître dans votre cœur. Maintenant je vous bénis au Nom du Père, du Fils et du Saint-Esprit, Amen.

Trevignano Romano - 7 décembre 2019
Mes enfants bien-aimés, merci de répondre à mon appel dans vos cœurs. Mes enfants bien-aimés, mon Jésus reviendra bientôt, mais combien de foi trouvera-t-il ! Je vois, aujourd'hui

encore plus, combien d'ouvriers du Seigneur se détournent de mon Cœur Immaculé à cause des paroles des blasphémateurs, des paroles blasphématoires et hérétiques.
Mes enfants, priez pour l'Amérique car, à cause des changements, tant de nations seront en deuil. L'Église subira une forte attaque. Mes enfants, soyez fidèles à l'Évangile et à la Parole de Dieu. Maintenant, je vous touche un par un et vous bénis au Nom du Père, du Fils et du Saint-Esprit, Amen.

Trevignano Romano - 8 décembre 2019
Procession aux flambeaux jusqu'à la Croix Bleue pour la fête de l'Immaculée Conception

Chers enfants, merci pour cette fête et merci d'apporter de la joie à mon cœur tourmenté en ces temps. Mes enfants, ils veulent m'enlever du trône... Moi, Marie Immaculée, Corédemptrice, Reine des Anges, du Ciel et de la Terre, mais Satan ne prévaudra pas et votre dévotion sera toujours plus grande. Continuez la récitation du Saint Rosaire. Ce soir, des grâces vont descendre pour certains d'entre vous.
Maintenant, je vous bénis au Nom du Père, du Fils et du Saint-Esprit, Amen.

Trevignano Romano - 14 décembre 2019
Enfants, merci d'être ici en prière. Enfants bien-aimés, donnez naissance à Jésus dans vos cœurs, c'est seulement ainsi que vous pourrez faire face aux ténèbres qui s'accrochent à vous. Bientôt, la croix apparaîtra dans le ciel et ainsi chacun verra sa vie et réalisera combien Dieu est miséricordieux, si vous vous repentez de vos péchés. Ouvrez vos cœurs et prions encore plus en ce Noël pour retrouver la force de la foi.
La colère de Dieu est sur vous, préparez-vous à des temps plus

difficiles et fortifiez-vous. Mes enfants, je vous aime et en tant que Mère, je vous oins de Bénédictions, au Nom du Père, du Fils et du Saint-Esprit, Amen.

Trevignano Romano - 17 décembre 2019

Mes enfants bien-aimés, merci d'être ici en prière. Mes enfants, combien de souffrance je vois dans vos cœurs fragiles, le mal vous déstabilise, mais je vous en prie, continuez à prier sans cesse, maintenant plus que jamais.

Mes enfants, ne soyez pas fiers et arrogants et regardez au fond de votre conscience ; apprenez à demander pardon si vous avez péché, sinon vous ne verrez pas le Royaume de Dieu. Mes enfants, mon cœur immaculé est triste parce que mes enfants sont perdus. Maintenant, je vous bénis au Nom du Père, du Fils et du Saint-Esprit, Amen.

Trevignano Romano - 21 décembre 2019

La venue de mon Fils Jésus approche, soyez prêts à le recevoir dans vos cœurs, dans vos vies et dans vos foyers. Enfants bien-aimés, merci d'avoir répondu à mon appel dans vos cœurs. Enfants bien-aimés, la venue de mon Fils Jésus approche, soyez prêts à le recevoir dans vos cœurs, dans vos vies et dans vos foyers.

Mes bien-aimés, combien de lumières je vois sur les arbres de Noël et dans les rues, mais peu dans vos cœurs, souvenez-vous de mes enfants, soyez la lumière pour vos frères, des lumières brillantes et non l'obscurité la plus profonde qui règne dans vos vies en ce moment. Maintenant, je vous quitte et je vous bénis au Nom du Père, du Fils et du Saint-Esprit, Amen.

Trevignano Romano - 22 décembre 2019
Cénacle de prière à Pianello (PG)
Mes chers enfants, je vous remercie d'avoir répondu à mon appel dans vos cœurs. Mes chers petits, adoucissez ma douleur par votre prière, telle est la foi que je ressens dans vos cœurs. Mes enfants, je voudrais que vous regardiez la grotte où le Fils de Dieu est né, donnez-moi vos mains et je vous conduirai à ce pauvre petit lit, là vous apprendrez l'humilité, qui vous fera marcher sur le chemin de Dieu. Je vous aime tous et avec mon Jésus dans les bras, je passerai pour bénir chacun de vous au Nom du Père, du Fils et du Saint-Esprit, Amen.

Trevignano Romano - 25 décembre 2019
Message de Jésus à 18 heures : Mes enfants, je suis né avec vous dans vos cœurs. Mes enfants, le calice que j'ai préparé et vos souffrances, c'est ce que vous allez boire, pour vous préparer à la vie ensemble avec moi. Ma fille bien-aimée, tu as dit Oui, sans savoir ce que tu allais faire, combien de souffrances tu as eu pour moi et combien tu en auras, mais j'envoie mes anges pour te protéger chaque jour. Mes enfants, vous recevrez beaucoup de mes cadeaux chaque jour ! Vous aurez la vie éternelle, vous aurez plus que ce que vous pouvez imaginer. Oh ! mon enfant, merci pour ton Oui, merci pour ta force, j'ai compté sur toi et ton conjoint et maintenant vous êtes ici à mes côtés avec vos cœurs remplis d'amour. Je vous ai vidés de tout, de tout ce qui était matériel, mais je vous ai rendus plus spirituels et plus heureux pour la vie que vous aurez.
Mes enfants, mes sœurs, mes frères, mes anges sont là pour vous protéger à chaque instant, ne faites pas attention aux souffrances, je ne vous donnerai jamais plus que ce que vous pouvez supporter. Vos souffrances sont mon calice amer, moi aussi j'ai eu peur de boire ce calice amer et trois fois j'ai

demandé à mon Père de m'enlever ce grand fardeau, mais ce n'était pas possible, j'étais humain comme vous, mais aussi spirituel, tout comme vous le devenez. Etes-vous prêt à mourir pour moi et pour votre foi ? Même cela est un pas vers la vie éternelle, vous n'avez qu'à aimer mon Père, m'aimer comme je vous aime et ne jamais avoir peur. Je suis avec vous aujourd'hui, je renais dans vos cœurs dans cette grotte dorée que vous m'avez préparée, c'est ma grotte. Je vous recommande l'humilité mes enfants, l'humilité et la paix entre vous mes frères, j'ai créé cette famille, je vous ai unis pour être près de moi. Vos joies sont mes joies, quand vous vous réjouissez ce sont mes cadeaux et quand vous pleurez ce sont mes larmes, n'ayez pas peur, tout sera largement récompensé par mon Père. Combien coûte votre oui ! Combien il vous a coûté ! Pourtant, je suis ici avec vous pour vous aimer, pour vous donner la paix, la joie et la sérénité. Maintenant je vais vous toucher un par un pour apporter la paix dans vos foyers, dans vos familles et je vous bénis ensemble avec mon Père et ma Sainte Mère, au Nom du Père, en mon Nom et du Saint-Esprit, Amen.

Trevignano Romano - 28 décembre 2019

Chers enfants, merci d'avoir répondu à mon appel dans vos cœurs. Mes enfants, la bataille entre le bien et le mal est en cours, mon Fils est né avec l'amour dans vos cœurs, c'est pourquoi vous êtes déjà victorieux contre les ténèbres, car il vit en vous. Mes chers enfants, mes petits, mon Père a choisi des prophètes en ces temps, afin que vous puissiez être guidés. Certains des enfants bien-aimés de mon Église se substituent à Dieu et se trompent commodément. Mes enfants, soyez toujours fidèles au vrai Magistère de la foi, je vous le recommande, mes enfants, rien de la Parole de Dieu ne doit être changé. Maintenant je vous bénis au Nom du Père, du Fils et du Saint-Esprit, Amen.

ANNÉE 2020

Trevignano Romano - 3 janvier 2020
Mes enfants bien-aimés, je vous remercie d'avoir répondu à mon appel dans vos cœurs. Enfants aimés, en ce temps, le monde est dans une grande agitation, pourtant en tant que Mère je vous demande, convertissez-vous, il ne vous reste pas beaucoup de temps. Enfants bien-aimés, pourquoi croyez-vous en un Dieu créé par vous-mêmes ! Le Christ est venu pour vous et est mort pour vous. Mes enfants, priez pour la paix dans le monde et parmi vos frères, priez pour l'Église qui est en plein déclin. Soyez des guerriers courageux et protégez cette Foi dans le Dieu Trine. Maintenant je vous bénis au Nom du Père, du Fils et du Saint-Esprit, Amen.

Trevignano Romano - 4 janvier 2020
Chers enfants, je vous remercie d'avoir répondu à mon appel dans vos cœurs. Hier, j'ai été très heureuse de vous voir réunis en prière solennelle et d'entendre vos louanges et vos chants, vous avez été un grand exemple pour beaucoup.
Enfants bien-aimés, les paroles prononcées par ma fille sont des paroles de Jésus-Christ, c'est mon Fils qui met ses paroles dans sa bouche, ne soyez pas surpris, car son amour pour mon Fils est infini et courageux. Les signes, ils ont été notre pure joie. De nombreuses grâces vont descendre sur vous aujourd'hui. Priez pour les prêtres, maintenant je vous bénis au Nom du Père, du Fils et du Saint-Esprit, Amen.

Trevignano Romano - 7 janvier 2020
Message de Jésus : Mes frères bien-aimés, merci d'être ici en prière. Mes frères, avec vos souffrances, continuez à monter l'échelle de la spiritualité, donnez-moi vos fardeaux et vos

douleurs, c'est seulement ainsi que vous pourrez avoir la joie et la sérénité dans vos cœurs, ce sera moi et moi seul qui transformerai les douleurs en joie. Frères, ne pensez qu'à la vie éternelle, abandonnez-vous totalement à moi, mon retour est imminent. Maintenant, je vous bénis au Nom du Père, en mon Nom et en celui du Saint-Esprit, Amen.

Trevignano Romano - 11 janvier 2020

Chers enfants, je vous remercie d'avoir accepté mon appel et d'y avoir répondu dans vos cœurs. Mes enfants, la situation de l'humanité est difficile, je vous le demande, donnez-moi vos mains, et je vous amènerai à Jésus, soyez toujours unis, aimez-vous comme des frères, afin que ce soit une nouvelle Pentecôte. Mes enfants, mon cœur continue de saigner pour l'injustice, la terre va fortement trembler, le Vatican sera fortement attaqué, priez pour les puissances mondiales, la Chine, l'Amérique, la Russie, priez, priez beaucoup. Mes enfants, mes larmes aujourd'hui ont une explication pour ceux qui n'ont jamais voulu comprendre. Maintenant je vous laisse et je vous bénis au Nom du Père, du Fils et du Saint-Esprit, Amen. De nombreuses grâces descendront sur vous ce soir

Trevignano Romano - 14 janvier 2020

Enfants bien-aimés, merci de répondre à mon appel dans vos cœurs. Mes chers petits, combien vous avez besoin d'être guidés et combien de confusion est semée ! Pour une orientation sûre, soyez toujours fidèles à l'Évangile et à la Parole de Dieu, avec la prière les cœurs peuvent être changés, ne soyez pas des sépulcres blanchis. Enfants bien-aimés, je serai toujours à vos côtés, avec mon Fils Jésus. Priez pour le Pape.
Maintenant je vous laisse avec ma Sainte Bénédiction au Nom du Père, du Fils et du Saint-Esprit, Amen.

Trevignano Romano - 15 janvier 2020
Message en privé de Marie Très Sainte à 15h40

Ma fille, sois docile, mais claire, quels que soient les mots ou les écrits de la nouvelle doctrine, ils devront te faire douter, la vérité est claire, limpide et est unique et pour toujours, tout ce qui a été révélé à Fatima, se réalise maintenant devant les yeux incrédules de tous, mais beaucoup seront imprégnés d'un sentiment de normalité et de modernité, voici ma fille, tout cela devra être clarifié pour le bien de l'humanité qui se perd.
Je vous accompagne dans la prière avec vos frères et je vous bénis, au Nom du Père, du Fils et du Saint-Esprit, Amen.

Trevignano Romano - 18 janvier 2020

Enfants bien-aimés, merci d'avoir répondu à mon appel dans vos cœurs. Le ciel se réjouit de vos prières. Mes enfants bien-aimés, vous savez que tout ce que j'ai prédit se produira, des guerres, des tremblements de terre et des choses plus terribles encore viendront sur cette terre, afin qu'elle soit purifiée.
Mes enfants, vous ne devez jamais avoir peur, car le Seigneur et moi serons avec vous pour vous protéger. Mes enfants, ces messages doivent être diffusés dans le monde entier afin que beaucoup reviennent à Dieu et se convertissent.
Mes bien-aimés, priez pour l'Église et pour les prêtres ; la confusion règne, je pleure pour l'humanité. Maintenant, je vous bénis, au Nom du Père, du Fils et du Saint-Esprit, Amen.

Trevignano Romano - 19 janvier 2020
Cénacle de prière à Nettuno, (Rm).

Chers enfants, je vous remercie d'être ici en prière. Mes bien-aimés, soyez proches du cœur de Jésus, afin que, même au dernier moment, mon Fils entre dans vos cœurs. La terre est sur le point d'être débarrassée de la saleté que l'homme a créée, enfants, convertissez-vous, il est temps. Maintenant, je vous bénis au Nom du Père, du Fils et du Saint-Esprit, Amen.

Trevignano Romano - 25 janvier 2020

Chers enfants, merci d'avoir écouté mon appel dans vos cœurs. Enfants bien-aimés, combien de désastres sur cette terre pleine de péchés, la Foi est quelque chose de merveilleux, c'est se rapprocher toujours plus de Dieu, convertissez-vous mes enfants, la Foi n'est pas l'écologie, c'est suivre les Commandements, le Saint Évangile, les Sacrements.
Ce n'est pas la terre que vous devez adorer, mais le Fils de Dieu. Tout ce qui se passe sur la terre aujourd'hui, ne dépend pas de Dieu, mais de l'homme lui-même qui, par sa propre main, a ruiné le paradis que Dieu avait laissé.
Priez pour l'Italie, qui est entrée dans un tourbillon de paganisme, priez, priez beaucoup, afin que la lumière de Dieu entre dans le cœur endurci de nombreux prêtres, l'amour, la charité et le pardon sont les principes du christianisme. Maintenant je vous bénis au Nom du Père, du Fils et du Saint-Esprit, Amen.

Trevignano Romano - 28 janvier 2020

Mes chers enfants, merci de répondre à mon appel dans vos cœurs. Chers enfants, tout ce qui se passe provoque de la tristesse dans vos coeurs, mais mes enfants, la purification est nécessaire. Mes enfants, priez beaucoup pour l'Allemagne et la France. Le Vatican est en train de se diviser en deux.
Mes enfants, voici la grande épreuve de la Foi, je dis comme la Mère à mes fils prêtres, soyez toujours obéissants à l'Église, mais soyez prudents car lorsque la Consécration de l'Eucharistie disparaîtra, mon Fils, le Seigneur Jésus, disparaîtra aussi. Sachez que votre vraie foi sera récompensée car je vous protégerai.

Voici que les temps annoncés sont sur vos têtes, de nouvelles maladies viendront où le remède sera difficile à trouver. La terre continuera à trembler de plus en plus, repentez-vous et convertissez-vous. Je serai avec vous, aussi souvent que vous m'invoquerez. Maintenant je vous laisse avec ma bénédiction maternelle, au Nom du Père, du Fils et du Saint-Esprit, Amen.

Trevignano Romano - 31 janvier 2020

Cénacle à Rome : Mes chers enfants, je vous remercie d'être réunis ici dans ce lieu béni, je souhaite que ces cénacles de prière aient lieu deux fois par semaine.

Rassemblez-vous au nom du Seigneur, car vos humbles prières pour le ciel sont des étincelles d'or. Enfants bien-aimés, aimez l'Église et l'Eucharistie, soyez toujours fidèles à l'Évangile et à la Parole de Dieu. Maintenant, je vous bénis au Nom du Père, du Fils et du Saint-Esprit, Amen.

Trevignano Romano - 1er février 2020

Enfants bien-aimés, je vous remercie d'avoir répondu à mon appel dans votre cœur. Ma fille, aujourd'hui aussi qui est un jour spécial pour vous, vous avez parlé de mon Fils et je vous bénis aujourd'hui et toujours avec votre époux.

Mes bien-aimés, en ce temps de laideur et de tentations, beaucoup de cœurs s'ouvriront et beaucoup se convertiront, la prière sera votre seule défense. Priez pour la paix afin que les puissants n'exécutent pas le plan diabolique, priez et vous trouverez la guérison et le salut. Maintenant je vous bénis au Nom du Père, du Fils et du Saint-Esprit, Amen.

Trevignano Romano - 3 février 2020

Chers enfants, je vous remercie d'avoir répondu à mon appel dans vos cœurs. Mes bien-aimés, priez, priez beaucoup !

Aujourd'hui, l'humanité est perdue. Regardez autour de vous ce qui se passe. Regardez les familles qui sont détruites, les jeunes qui n'ont plus d'orientation.
Mes enfants, ne voyez-vous pas que le diable veut vous tenter afin de prendre le plus d'âmes possible ? Enfants bien-aimés, petits anges sur cette terre, détournez votre regard de la terre et des choses terrestres, mais regardez le ciel avec ses signes qui vous guident et vous montrent le chemin de la sainteté. Je vous laisse maintenant avec ma bénédiction maternelle, au Nom du Père, du Fils et du Saint-Esprit, Amen.

Trevignano Romano - 8 février 2020
Enfants bien-aimés, merci d'avoir répondu à mon appel dans vos cœurs. Enfants, je connais vos souffrances causées par les attaques du diable, mais confiez-vous à la justice divine et nous transformerons vos souffrances en joie et en grâce. Mes chers enfants, priez pour l'Église qui se trouve à un énorme carrefour ; tout cela ne serait pas arrivé s'ils avaient écouté ce que j'ai demandé à Fatima.
Mes enfants, plus le temps du triomphe de mon Coeur Immaculé approche, plus Satan se déchaînera contre vous, mais n'ayez pas peur, je serai toujours avec vous avec Jésus. Mes enfants, je vous laisse maintenant avec ma bénédiction maternelle au Nom du Père, du Fils et du Saint-Esprit, Amen.

P.S. : Ce soir, la Vierge pleurait et tenait dans ses mains le cœur sanglant de Jésus.

Trevignano Romano - 11 février 2020
Mes amours, merci de répondre à mon appel dans vos cœurs. Chers enfants, merci d'être ici dans ce lieu béni. Mes enfants, vous consolez mon coeur, je vous demande d'être toujours des

lumières dans ce monde, mes anges vous reconnaîtront et mon Seigneur viendra plus tôt que vous ne le pensez, je vous demande à vous laïcs et vous consacrés de continuer à être le sel pour cette terre de péché, soyez proches de vos frères, tout viendra soudainement, alors soyez prêts. Mes enfants, priez, priez beaucoup et rappelez-vous que l'Église vacillera, mais ne s'effondrera pas, tant que vous aussi ferez entendre vos cris d'amour, vous êtes bénis du ciel et de nombreuses grâces descendront pour vous ce soir. Je vous laisse maintenant avec ma bénédiction maternelle, je bénis tous ceux qui sont présents, un par un, au Nom du Père, du Fils et du Saint-Esprit, Amen.

Trevignano Romano - 15 février 2020
Message de Jésus, 18 heures
Ma fille bien-aimée, la douleur que je ressens est forte, ma sœur, mon cœur saigne de la souffrance que je ressens en regardant l'humanité se détourner de moi.
Prie pour les saints prêtres afin qu'ils te réconfortent dans ton temps de souffrance et de tribulation. Peu à peu, le sacrifice de la messe disparaîtra et que ferez-vous, frères, où irez-vous, sinon le cœur tourné vers moi. Que vos yeux et vos prières soient tournés vers Dieu, afin qu'il vous réconforte. Les dirigeants et les puissants veulent une seule religion, ils veulent protestantiser mon Église, mais vous, soyez des guerriers de la Lumière et je compterai sur vous et sur mon petit reste fidèle, plus que sur quelques consacrés distraits et modernistes. Frères, le temps approche, Dieu est fatigué, tout sera pardonné pour toute conversion vraie et sincère.
Nombreuses seront les conversions pour ceux qui ouvriront une fente dans leur cœur, je pourrai entrer et travailler en eux. Maintenant je vous laisse avec Ma Sainte Bénédiction au Nom du Père, en mon Nom et du Saint-Esprit, Amen.

Trevignano Romano - 18 février 2020

Mes chers enfants, merci de répondre à mon appel dans vos cœurs. Mes chers enfants, regardez tout ce qui se passe autour de vous, l'Église s'effondre, ainsi que beaucoup de mes consacrés, les tremblements de terre sont partout, les virus ont pris leur chemin, l'économie s'effondre, pourtant votre Foi continue d'être faible, mais ne le réalisez-vous vraiment pas ? Vous êtes au milieu d'un tourbillon et dans la bataille et si seulement vous vous en rendiez compte, alors vous augmenteriez votre Foi, vous plieriez les genoux dans la prière. Convertissez-vous, mes enfants, je serai avec vous chaque fois que vous m'invoquerez. Maintenant je vous laisse avec ma sainte bénédiction, au Nom du Père, du Fils et du Saint-Esprit, Amen.

Trevignano Romano - 22 février 2020

Chers enfants, merci d'être ici en prière. Ma fille, mon regard se pose sur cette humanité désemparée et confuse, parce qu'elle regarde les choses du monde et ne fait pas confiance à mes paroles et à celles de Jésus.

J'ai averti à de nombreuses reprises de ce que vous vivez, je demande à mes enfants du monde, à mes élus de prier beaucoup, afin que je puisse être proche de vous. Enfants bien-aimés, ne soyez pas dans la confusion, mais offrez des messes et nourrissez-vous de l'Eucharistie, je le répète encore une fois, "Convertissez-vous". J'attends le dernier dogme, celui de la Corédemptrice, pour le salut de l'humanité. Maintenant je vous laisse avec ma Sainte Bénédiction, au Nom du Père, du Fils et du Saint-Esprit, Amen.

Trevignano Romano - 23 février 2020

Ma fille, ce sont les moments sombres que j'ai annoncés, quand tout le monde se moquait de vous, aujourd'hui ils ont

peur, n'ayez pas peur les enfants, moi Corédemptrice du monde, j'enverrai mes enfants bien-aimés pour vous aider, vous réconforter et rien ne manquera, y compris Jésus vivant, corps sang et divinité.
Je connais vos difficultés concernant l'Eucharistie et pour éviter que mon Fils Jésus ne soit outragé, pour ceux qui ne pourront pas prendre la communion dans leur bouche, munissez-vous d'un mouchoir en lin et avec lui portez-la à votre bouche sans la toucher avec vos mains, gardez soigneusement le mouchoir et réutilisez-le toujours. Je vous aime, mes enfants, je serai près de vous et je vous bénis chaque jour, au Nom du Père, du Fils et du Saint-Esprit, Amen.

Trevignano Romano - 29 février 2020
Mes enfants, merci d'avoir écouté mon appel dans vos cœurs. Mes enfants, pourquoi attendez-vous des choses terribles pour vous rapprocher de Dieu, et quand tout va bien, ne connaissez-vous pas votre Sauveur ? Mes enfants, ce ne sera pas le dernier virus qui viendra de la terre, mais attendez-en d'autres, des tremblements de terre et des pestes, le monde en est plein et beaucoup, malgré tout, ont déjà donné leur âme au diable. Enfants, c'est le moment, convertissez-vous, priez et croyez en l'Évangile, je vous promets la protection. Enfants bien-aimés, beaucoup d'entre vous demandent à mon Fils de revenir bientôt et Il viendra, mais seulement quand Il verra l'abomination, le péché et le blasphème se répandre encore plus et que le mal ne vous donnera plus la force de revenir à Dieu, alors, son arrivée sera le dernier acte de miséricorde.
Mes enfants bien-aimés, priez, priez beaucoup, moi, en tant que Mère de vous tous, je vous protégerai et serai à vos côtés. Maintenant je vous laisse avec ma Sainte Bénédiction, au Nom du Père, du Fils et du Saint-Esprit, Amen.

Trevignano Romano - 3 mars 2020

Enfants bien-aimés, merci de répondre à mon appel dans vos cœurs. Mes bien-aimés, combien de douleur continue dans vos vies ! Mes enfants, en ce temps de Carême, offrez toute votre douleur au Coeur de Jésus qui souffre beaucoup avec vous, pour l'Église, pour les consacrés et pour vous, enfants fidèles à l'Évangile et à la Parole de Dieu. Le malin est en train d'enlever beaucoup d'âmes, profitant de ce moment de confusion, mais moi, en tant que Corédemptrice de l'humanité, je vous ai amenés au pied de la Croix et je demande l'aide de mes enfants bien-aimés : aidez-moi à amener beaucoup d'âmes à Dieu pour que vous aussi soyez Corédempteurs avec moi et finalement victorieux avec moi. Mes petits, n'ayez jamais peur de la vérité. Le Seigneur Jésus, rappelez-vous, est le Chemin, la Vérité et la Vie. De nombreuses grâces vont descendre sur vous aujourd'hui. Maintenant je vous donne ma bénédiction maternelle, au Nom du Père, du Fils et du Saint-Esprit, Amen. Puis la Vierge ajoute : " Vivez avec moi et avec Jésus sa Passion ". Aujourd'hui, la Vierge était un peu triste ; elle portait une belle robe blanche longue et tenait à sa gauche un chapelet de cristal ; ses pieds étaient posés sur le monde et elle m'invitait à regarder des images de guerres et de morts. La Vierge nous invite à la prière incessante.

Trevignano Romano - 6 mars 2020
Message de Marie Très Sainte Mère Corédemptrice pour le salut de l'humanité

Chers enfants, je vous remercie d'être ici en prière dans cette église domestique, c'est mon désir, prier ensemble dans la paix avec nos cœurs tournés vers Jésus. Mes enfants, soyez humbles et je vous demande de prendre le chemin étroit vers votre sainteté et non celui sans difficultés qui mène à la perdition, pensez à votre âme. Priez pour l'Allemagne. Ne jugez pas les prêtres, car beaucoup seront lourdement jugés par Dieu. Je suis ici avec vous pour vous réconforter et vous bénir au Nom du Père, du Fils et du Saint-Esprit, Amen.

Bref message de Jésus : Voici, ma sœur, le temps où je séparerai la lumière des ténèbres.

Trevignano Romano - 7 mars 2020
Mes enfants, merci d'être ici en prière, je vous demande de vous confesser et de purifier votre âme, d'avancer dans la vérité en ce temps de purification. Maintenant, je vous bénis au Nom du Père, du Fils et du Saint-Esprit, Amen.

Trevignano Romano - 8 mars 2020
Message de Jésus : Mes chers frères et enfants, merci d'avoir écouté mon appel dans vos cœurs. Merci pour votre amour, moi, votre Roi, je serai bientôt avec vous pour reprendre ce qui appartient à Dieu. Mes enfants, que me font-ils ?
Mon cœur pleure et celui de ma Sainte Mère, je vous avais déjà dit que bientôt je ne serais plus présent dans ma maison, le temps de ma crucifixion est arrivé. Une fois de plus, il est plus fort qu'avant, jamais les temps n'ont été aussi mauvais pour moi, toujours par la décision des hommes, comme cette humanité est insensée ! Ils ont oublié que je suis mort pour eux. Je vous bénis au Nom du Père, en mon Nom et en celui du Saint-Esprit, Amen.

Trevignano Romano - 10 mars 2020
Mes enfants, merci d'être ici dans la prière. Mes enfants bien-aimés, n'ayez pas peur des virus, mais plutôt d'être privés du pain de la vie éternelle. Mes bien-aimés, soyez unis, afin d'être

toujours la lumière du monde, n'éteignez jamais cette lumière. Mes enfants, tout moyen de prier ensemble est utile. Mes enfants, priez pour Rome car elle va boire le calice amer. Priez pour la Russie. Oh ! Mes chers enfants, s'ils m'avaient écouté ! Maintenant je vous laisse dans la paix et je vous bénis au Nom du Père, du Fils et du Saint-Esprit, Amen.

Trevignano Romano - 11 mars 2020

Message de Jésus : Mes bien-aimés, mon cœur saigne de vous voir si impuissants et de voir qu'au lieu de prier mon Père, vous restez dans vos maisons. Ce que vous ne pouvez pas voir est effrayant ! Pourquoi ne m'aimez-vous pas, moi qui suis proche de vous ! Ma Mère, qui avec une grande douleur vous dit ce que vous devez faire n'est pas écoutée, seule la prière peut vous sauver. Vous vous obstinez à ne pas vouloir comprendre, tant que vous ne croyez pas, l'esprit de celui qui vous conduira au salut ne peut vous éclairer. Petit troupeau, vous pouvez faire tant de choses, en priant mon Père avec un cœur ouvert, revenez pour redécouvrir la foi, l'amour envers votre frère et reconstruire la paix entre vous. Mes bien-aimés, comme cela me fait mal de vous voir si impuissants et blessés, priez avec ma Mère et elle sera avec vous dans la prière, pour élever votre cri vers mon Père, qui bien qu'il vous aime tant, ne peut plus regarder ses enfants bien-aimés qui sont perdus et n'ont pas le courage d'apporter la Sainte Eucharistie même à ceux qui souffrent, cette épreuve est forte. Je voudrais que chacun de vous embrasse sa croix avec amour. Je vous bénis au Nom du Père en mon Nom et du Saint-Esprit, Amen.

Trevignano Romano - 14 mars 2020

Mes chers enfants, merci pour vos prières, n'oubliez pas de ne pas quitter la croix, ayez toujours le regard tourné vers le ciel,

n'ayez pas peur car mon Jésus est près de vous, avec les anges et les archanges, ayez la paix et la joie dans votre coeur.
Mes enfants, aimez mon Fils Jésus, prenez mes mains et rien ne vous fera défaut, la providence ne fera pas défaut à ceux qui sont forts dans la foi. Maintenant je vous bénis au Nom du Père, du Fils et du Saint-Esprit, Amen.

Trevignano Romano - 17 mars 2020
Mes enfants, merci d'être ici en prière. Mes enfants, je sais combien de souffrances ont été infligées à l'humanité, mais je serai à vos côtés et je vous demande, dans ces moments difficiles, de réfléchir et de penser que seul Dieu peut être votre aide et votre réconfort, le temps de la bataille entre le bien et le mal est en cours. Approchez-vous de la prière, ce n'est qu'ainsi que vous pourrez vaincre le mal qui s'accroche à vous. Préparez-vous les enfants, des temps difficiles vont arriver à cause de nouvelles pandémies, de tremblements de terre et de vents de guerre. Malgré tout, beaucoup d'entre vous ressentiront une grande paix dans leur cœur ; ils savent que c'est la grâce du ciel, n'ayez pas peur, je serai avec vous. Maintenant, je vous bénis au Nom du Père, du Fils et du Saint-Esprit, Amen.

Trevignano Romano - 21 mars 2020
Chers enfants, merci d'être ici en prière.
Mes enfants bien-aimés, vous êtes effrayés par tout ce qui se passe mais j'ai touché la terre pour vous avertir et vous préparer à tout ce qui allait arriver et beaucoup, malgré mes appels incessants, n'écoutent pas. Enfants bien-aimés, donnez-moi vos mains et je vous guiderai à travers tout ce qui devra se passer avec une grande protection, restez près de moi et de mon Jésus et rien ne pourra vous arriver. Maintenant, je vous bénis au Nom du Père, du Fils et du Saint-Esprit, Amen.

Trevignano Romano - 24 mars 2020
Message de Jésus : Mes frères, vous êtes tous réunis ici dans cette grande famille, quelle joie dans mon coeur ! Tous en prière comme auparavant. Enfants bien-aimés, vous qui faites maintenant partie de mon petit troupeau, suivez ma Mère dans vos pas, je vous accompagnerai parmi les lions et les vipères, personne ne pourra vous toucher, personne ne pourra vous faire du mal. Chers frères, mon amour pour vous est grand, restez unis, car aujourd'hui est le temps où chacun a besoin de l'autre, ne laissez pas vos frères seuls, mais ayez pitié et miséricorde, comme j'en aurai pour vous, rien ne manquera.
La puissance de Dieu est si grande que mon manteau est celui de ma Mère, il vous couvrira et vous rendra invisible au mal. Mes frères, l'élite du monde veut vous asservir, vous êtes devenus comme des sujets, mais je viendrai et je vous délivrerai de tout ce mal. Mes frères, je viendrai, je vous caresserai un par un et je vous bénirai, comme un frère, comme un ami, comme un père, au Nom du Père en mon Nom et en celui du Saint-Esprit, Amen.

Ma fille, n'aie pas peur, reste avec ta main dans la mienne et je serai à tes côtés, je ne te quitterai jamais, je suivrai cette mission, sois sereine.

Trevignano Romano - 28 mars 2020
Enfants bien-aimés, mon cœur bat d'amour pour vous qui êtes unis dans la prière et qui avez répondu à mon appel dans vos cœurs. Mes bien-aimés, écoutez avec votre cœur et regardez avec vos yeux, les appels du ciel, profitez de ces jours pour revenir à Dieu, c'est le dernier appel, car bientôt l'avertissement viendra, et ne soyez pas pris au dépourvu. Mes enfants, ces périodes de Passion, utilisez-les pour des jeûnes et des

pénitences. Enfants, priez pour les puissants de ce monde qui ont planifié tout cela. Le diable ne veut pas quitter sa proie, mais vous, mes enfants, priez, priez beaucoup, pour que tout ce qui va arriver soit le moins douloureux possible.
Priez pour l'Église, où mon Fils n'est plus présent avec mes enfants bien-aimés, qui ont eu le courage de trahir Jésus une fois de plus et qui continuent à le crucifier.
Priez pour l'Église, elle connaîtra un grand deuil. Priez pour le Japon et pour l'Italie subjuguée. Maintenant, je vous bénis au Nom du Père, du Fils et du Saint-Esprit, Amen.

Trevignano Romano - 31 mars 2020

Ma fille, merci d'être unis dans la prière. Enfants bien-aimés, en ce moment réfléchissez à ce que vous aviez et à ce que vous avez maintenant, tout peut changer quand vous vous en rendez le moins compte et que vous restera-t-il sinon la foi et l'amour pour Dieu, votre seul salut ?
Enfants, repentez-vous avec vos cœurs, en ce moment votre âme est mise à nu devant votre petitesse. Mes enfants, priez pour l'Église car la douleur sera grande, priez pour les consacrés, car beaucoup ont perdu leur spiritualité et se sont abandonnés à tout ce qui est terrestre, dispersant le troupeau. Ma fille, je vous place tous sous mon manteau béni pour vous protéger car je sais ce que vous allez rencontrer.
Mes bien-aimés, vous sentirez l'Esprit-Saint descendre sur vous et vos cœurs seront remplis de joie.
Aimez-vous les uns les autres comme des frères et aidez-vous les uns les autres, car le pire moment est encore à venir et vous serez obligés de prier en secret, c'est le temps qui viendra, soyez forts et fidèles toujours.
Maintenant je vous bénis au Nom du Père, du Fils et du Saint-Esprit, Amen.

Trevignano Romano - 31 mars 2020

Message de Jésus à 22h00 : Mes enfants et mes frères, mettez la paix, l'amour et la joie dans vos cœurs, si vous faites cela aucune ombre ne vous hantera, car vous êtes suivis par ma main. Donnez-moi vos mains et je vous emmènerai à travers des eaux claires, un ciel bleu et des prairies infinies ; vous serez ivres d'amour. Votre vie va changer à jamais et vous ne pouvez pas imaginer combien de bonheur existe avec votre Dieu. Je comprends ce que vous vivez, car j'étais moi aussi un homme et, en tant qu'homme, j'ai été persécuté et crucifié, mais à ma résurrection, vous avez vu la lumière de la vie éternelle. Marchez sur mes traces et je ne vous quitterai plus ; choisissez le bonheur éternel. Votre Jésus.

Trevignano Romano - 3 avril 2020

Chers enfants, merci d'être ici en prière. Mes bien-aimés, vos unions de prière montent au ciel comme des chants d'anges. Enfants bien-aimés, combien de larmes j'ai versées pour cette humanité, souvenez-vous qu'en cette période, mon Fils, avant d'être crucifié, a été humilié, traité comme un hérétique et calomnié, tout comme les prophètes qui ont été persécutés au nom et par amour de Jésus, alors ne soyez pas surpris si tout cela arrive aussi aujourd'hui avec mes enfants, c'est l'histoire. Je vous protégerai toujours, mais souvenez-vous que tout ce qui vient sera atténué par vos prières, mais ne peut être annulé car ce qui est écrit doit être accompli. Mes bien-aimés, moi, votre Mère, je prie pour que mes fils, appelés au sacerdoce, puissent retourner à la vraie Foi et au vrai Magistère de l'Église où la purification a lieu. Mes enfants, aidez-moi dans ce cri de douleur, priez pour l'Italie où la terre tremble fortement. Priez pour l'Inde. Maintenant, je vous bénis au Nom du Père, du Fils et du Saint-Esprit, Amen.

Trevignano Romano - 8 avril 2020
Message de Jésus à 17h50 : Aujourd'hui [mercredi saint], c'est le jour où j'ai été trahi par Judas avec un baiser. En se promenant dans la ville, les pharisiens me regardaient avec fierté et arrogance, si bien qu'aujourd'hui encore, mon Église me trahit en me regardant avec superficialité ; même les grands théologiens bloquent mes Églises en dispersant mon troupeau. Ma fille, voici l'histoire du Mercredi Saint et de ces temps ; bientôt l'Avertissement sera sur vous, vous donnant le choix de M'aimer ou d'aimer Satan. Après cela, des boules de feu descendront sur la terre et ce sera la pire période pour vous, car des catastrophes de toutes sortes se produiront.
Ma Mère vous protégera en vous plaçant sous son manteau béni, n'ayez pas peur. Je vous bénis tous au Nom du Père, en mon Nom et au Nom du Saint-Esprit, Amen.

Trevignano Romano - 11 avril 2020 : Enfants bien-aimés, chers à mon coeur de Mère, je vous remercie d'être réunis ici en prière et d'écouter mon appel dans vos cœurs. Mes bien-aimés, je vous demande d'aimer et d'embrasser la croix, comme l'a fait mon Fils. Mes enfants, je vous donne la bonne nouvelle de Sa résurrection, beaucoup d'entre vous seront ressuscités de la mort sur cette terre, bientôt les cieux s'ouvriront et le Fils de Dieu, mon Seigneur, viendra et fera de nouveaux cieux et une nouvelle terre. Ouvrez vos cœurs pour Celui qui est mort pour le salut de l'humanité et mon Fils vous pardonnera tout si vous Lui demandez avec un cœur rempli d'amour. Mes enfants, de nombreuses grâces vont descendre sur vous aujourd'hui et vous serez remplis du Saint-Esprit. Priez les enfants, priez pour que les prières atteignent le ciel, déjà beaucoup d'événements ont été atténués. Je vous bénis maintenant en tant que Mère de vous tous, au Nom du Père, du Fils et du Saint-Esprit, Amen.

Trevignano Romano - 14 avril 2020
Mes enfants bien-aimés, je vous remercie d'être unis dans la prière et d'écouter mon appel dans vos cœurs. Enfants bien-aimés, je vous demande d'être unis, ne serait-ce qu'en esprit, en ce moment particulier, bientôt vous aurez besoin les uns des autres. Je demande à ceux dont le cœur est contrit de pardonner et de se réconcilier, sinon le diable gagnera en force et ne vous laissera pas en paix. Chers enfants, mes petits enfants, Satan vous a chassés des églises et vous a interdit de communier, donc, il pense avoir déjà gagné, mais sachez qu'il ne gagnera pas, le Seigneur vous donnera de l'amour dans vos cœurs pour que vous, mes enfants, ne soyez pas perdus. Maintenant, je vous bénis au Nom du Père, du Fils et du Saint-Esprit, Amen.

Trevignano Romano - 18 avril 2020
Chers enfants, merci d'être en prière et d'écouter mon appel dans votre cœur. Chers enfants, luttez pour votre liberté, vous êtes sur le point d'être asservis par de mauvais dictateurs. Méfiez-vous des vaccins et de toutes les obligations car ils ne viendront pas de Dieu, mais de Satan qui veut gouverner vos vies et vos esprits. Mes bien-aimés, des tremblements de terre se feront entendre dans toutes les parties du monde, j'ai touché la terre pour avertir mes enfants afin qu'ils soient prêts pour les temps terribles qui viendront.
Mes enfants, faites preuve de discernement, car c'est le moment où il y aura beaucoup de faux prophètes. Priez beaucoup et continuellement, n'ayez que la foi en Dieu et continuez à lire les Saintes Écritures. Enfants très aimés, seule la foi peut vous sauver, ne l'oubliez jamais. Mes Anges et Archanges seront toujours à vos côtés, ne soyez pas tièdes. Maintenant, je vous bénis au Nom de la Très Sainte Trinité, Père, Fils et Saint-Esprit, Amen.

Trevignano Romano - 21 avril 2020
Chers enfants, merci d'être ici en prière et d'écouter mon appel dans votre cœur. Ma fille, comme le premier jour, je te demande une fois de plus d'ouvrir tes portes et tes bras, de donner de l'amour, de la certitude et de la force aux enfants que je t'enverrai. Préparez des refuges pour les temps à venir, les persécutions ont lieu, soyez toujours prudents.
Mes enfants, je vous demande force et courage, priez pour les morts qui sont et seront, les épidémies continueront, jusqu'à ce que mes enfants voient la lumière de Dieu dans leur cœur. Bientôt, la croix illuminera le ciel et ce sera le dernier acte de miséricorde. Bientôt, très bientôt, tout se passera si vite que vous penserez ne plus pouvoir supporter toute cette douleur, mais que vous confierez tout à votre Sauveur, car Il est déjà prêt à tout renouveler et votre vie sera un vase de joie et d'amour, n'ayez pas peur, car je serai à vos côtés et bientôt mon Coeur Immaculé triomphera avec vous. Toute votre vie sera transformée ; voici que le Saint-Esprit continue d'agir. N'ayez pas peur, force et courage, mes enfants.
Je vous laisse maintenant avec ma Sainte Bénédiction au Nom du Père, du Fils et du Saint-Esprit, Amen.

Commentaire : *Dans le message d'aujourd'hui, Notre Dame nous demande de préparer des lieux de refuge qui sont des lieux où la prière prévaut, et donc, où se trouvent des cénacles, car là où il y a une vraie prière, ressentie avec le cœur, le mal ne peut pas entrer. Les plus grands refuges sont le Coeur Immaculé de Marie et Jésus, il faut donc une véritable conversion pour en faire partie.*

Trevignano Romano - 25 avril 2020

Message de Jésus : Ma fille et ma soeur, merci d'être ici en prière. Mes frères, adoucissez mon cœur douloureux et saignant, priez beaucoup, car ce qui va arriver sera très douloureux pour le monde, mais vous n'êtes pas le monde, vous êtes mes bien-aimés qui, comme des enfants, viennent à moi avec des yeux sincères et demandent aide et miséricorde.
Mes frères, je suivrai vos esprits, et moi seul vous conduirai sur les bons chemins, donnez-moi seulement vos mains. Frères, pardonnez et commencez à prêcher au monde afin que tous me connaissent. Ouvrez vos cœurs, et je serai miséricordieux, mais pour ceux qui continuent à blasphémer malgré les temps, je n'aurai aucune pitié. Frères, méfiez-vous des dictatures et de ce qu'elles veulent vous imposer, car elles ne viennent pas de mon Père. Voyez, la guerre a déjà commencé. Frères, ne doutez jamais de Mon aide, de Ma proximité et de Mon amour. Priez pour les prêtres. Je vous bénis tous au Nom du Père, en mon nom et au Nom du Saint-Esprit, Amen.
Votre cher Jésus

Trevignano Romano - 28 avril 2020

Enfants bien-aimés, merci d'être unis dans la prière et d'accepter mon appel dans vos cœurs. Enfants bien-aimés, les puissants ont tout planifié sans tenir compte de Dieu. Il est inutile de planifier leur fuite avant ce qui va arriver car mes refuges seront la prière, le sacrifice, la pénitence et ce que Dieu a déjà préparé pour vous. Réjouissez-vous mes enfants car vous verrez Jésus descendre comme il est parti. Enfants bien-aimés, mon Seigneur souffre tellement parce qu'il est mort pour vous et pour vos péchés, mais le monde agit encore dans le désert. Les pasteurs ne s'occupent pas des fidèles, les églises ferment et bientôt l'Eucharistie vous sera à nouveau

enlevée. Ce qui viendra provoquera la mort. Mais vous ne comprenez toujours pas ! J'ai été envoyé pour vous avertir, mais beaucoup n'apprécient même pas ma présence.
Priez, mes enfants !
Priez sous la Croix de mon Fils car la terre est pleine de démons. L'homme viendra contre l'homme et de là, la guerre commencera. Mes bien-aimés, confiez tout à mon Seigneur.
Maintenant je vous bénis au Nom du Père, du Fils et du Saint-Esprit, Amen.

Trevignano Romano - 3 mai 2020
Chers enfants, merci d'être unis dans la prière et d'écouter mon appel dans vos cœurs. Mes enfants, ne perdez pas courage ; priez, car c'est seulement dans la prière que vous trouverez la consolation et une joie infinie dans votre cœur ; car vous aurez la certitude que votre cœur est dans les bras de Jésus où seul vous serez en sécurité.
Mes bien-aimés, votre émotion sera si grande et tant de larmes couleront de vos yeux à cause de la grande joie que vous ressentirez en voyant ce que Jésus a préparé pour vous !
Ce n'est que de cette manière que vous pourrez vivre dans la joie et le véritable amour. Je dis à mes prêtres : n'abandonnez pas l'Évangile et la Parole ; rappelez-vous que vos promesses sont sacrées ; convertissez-vous avant que la fin des temps n'arrive, aidez-moi à prendre soin des âmes.
Mes enfants, priez, priez beaucoup pour les tremblements de terre qui se produiront surtout dans le centre de l'Italie. Cependant soyez calmes, car je ne vous abandonnerai jamais. Aujourd'hui, nombreuses seront les grâces qui descendront pour mes enfants.
Je vous laisse maintenant avec ma bénédiction maternelle, au Nom du Père, du Fils et du Saint-Esprit, Amen.

Trevignano Romano - 5 mai 2020
Mes enfants, merci de vous être réunis en prière et d'avoir écouté mon appel dans vos cœurs. Souvenez-vous, mes enfants, chérissez vos prières, car c'est moi qui vous appelle ; chérissez votre foi et mon Seigneur, qui prie le Père pour vous. Enfants bien-aimés, ne vous endormez pas, mais restez éveillés et attendez, car personne ne connaît ni l'heure ni le jour. Bien-aimés, priez pour les consacrés afin qu'ils reviennent à Dieu. La situation actuelle a donné de grandes épreuves et lorsque mon Fils reviendra, ce sera pour diviser et non pour unir, car le choix est déjà fait ; rappelez-vous les paroles de l'Évangile : l'un sera pris et l'autre laissé. Bien-aimés, l'apostasie est entrée dans l'Église comme jamais auparavant.
Priez pour les puissants de la terre, car ils sont en train de prendre des décisions dont ils ne pourront jamais revenir en arrière. Je suis votre Mère et je pleure pour les temps que vous allez vivre. Convertissez-vous. Maintenant je vous bénis au Nom du Père, du Fils et du Saint-Esprit, Amen.

Trevignano Romano - 9 mai 2020
Chers enfants, merci d'être unis dans la prière et d'écouter mon appel dans votre cœur. Mes enfants, je vous demande une fois de plus : ne trahissez pas mon Jésus qui vous aime infiniment ; écoutez sa voix dans votre coeur car il continue à vous appeler par votre nom. Mes bien-aimés, tout sera accompli en peu de temps. Ne réalisez-vous pas ce que le monde est devenu ? Une poignée de décombres à cause du diable.
Mes enfants, il y aura bientôt un grand changement. Attendez la forte pluie purificatrice et le fort tremblement de terre qui précédera l'arrivée de mon Fils, afin que la paix règne. Jésus ne vous abandonnera jamais ; il vous aime, tout comme je vous aime. Pour vous, qui avez dit votre oui sincère, c'est pour

toujours, rien ne manquera et une grande protection s'abattra sur vous. Je vous laisse maintenant avec ma bénédiction maternelle, au Nom du Père, du Fils et du Saint-Esprit, Amen.

Trevignano Romano - 12 mai 2020

Chers enfants, merci d'être unis dans la prière et d'écouter mon appel dans vos cœurs. Mes enfants bien-aimés, n'ayez pas peur, ne raisonnez pas avec votre tête, mais avec votre cœur. Confiez-moi toutes vos craintes et je serai toujours avec vous. Bientôt, mon Fils Jésus viendra détruire le jardin que Satan s'est créé : ne croyez pas à ses mensonges et à ses illusions. Combien font malheureusement partie de ce jardin putride ! Seul le Seigneur apportera l'allégresse, la paix, la joie et l'amour. Mon fils est vraiment consterné par la profanation de son corps qui a lieu. Mes enfants, assez de silence par peur, mais témoignez et chantez des hymnes au Seigneur, le silence par peur n'apportera pas la paix, mais sera une soumission aux séductions du diable. Maintenant, je vous quitte, mais sachez que je suis avec vous. Maintenant, je vous bénis au Nom du Père, du Fils et du Saint-Esprit, Amen.

Trevignano Romano - 16 mai 2020

Chers enfants, merci d'être unis dans la prière et d'avoir entendu mon appel dans vos cœurs. Mes bien-aimés, le désordre qui vous entoure effraie parfois certains d'entre vous, mais soyez patients un peu plus longtemps et l'ordre reviendra sur cette terre. Le prix sera un peu élevé parce que l'humanité boira le calice amer de la souffrance, mais ceux qui me confient tout et à mon Jésus n'ont pas à avoir peur.

Chers enfants, le mal est entré dans l'Église, mais en attendant, continuez à prier, dans la vérité et dans les lois de Dieu et il ne vous arrivera rien. Je vous demande, mes enfants, de

ne pas céder à la profanation du corps de mon Fils ; je vous prie de ne pas suivre le modernisme qui fait maintenant vaciller le troupeau et qui ne sait plus ce qui est bien et ce qui est mal, mais vous suivez l'Évangile et vous ne pourrez pas vous tromper. Maintenant, je vous touche un par un, continuez à être la lumière du monde. Je vous bénis au Nom du Père, du Fils et du Saint-Esprit, Amen.
Votre mère.

Trevignano Romano - 19 mai 2020
Mes enfants, merci d'être unis dans la prière et d'accepter mon appel dans vos cœurs. Mes bien-aimés, évangélisez et criez que Jésus vient pour vous sauver. Je suis triste parce que vous n'écoutez pas mes paroles et pour la douleur que vous causez à mon Fils Jésus. Enfants bien-aimés, ne vous fatiguez pas car c'est le moment de regarder autour de vous pour voir qui est en Christ et qui ne l'est pas, c'est le moment pour que votre discours soit, oui oui ou non non ! Soyez la lumière du monde, votre lumière doit être si forte que tout le monde vous reconnaîtra. Préparez vos refuges, préparez vos maisons comme de petites églises et je serai là avec vous. Un soulèvement est prêt, à l'intérieur et à l'extérieur de l'Église. Maintenant je vous bénis au Nom du Père, du Fils et du Saint-Esprit, Amen.

Trevignano Romano - 23 mai 2020
Chers enfants, merci d'être réunis dans la prière et d'écouter mon appel dans vos cœurs. Mes enfants, regardez autour de vous, mes enfants bien-aimés sont l'un contre l'autre. Je vous ai demandé des prières et je continue à demander des prières, parce que maintenant les prêtres sont contre leurs frères, les évêques sont contre les évêques, et tout cela ne fait que produire une grande confusion dans le troupeau.

Mes enfants, revenez à Dieu car sinon vous n'irez nulle part, mais seulement vers la perdition totale. Rien ne reviendra comme avant et ne vous laissez pas tromper par Satan, car il est le père du mensonge. Videz-vous de votre ego et remplissez-vous de Dieu qui est la seule vraie joie. Soyez en harmonie avec le ciel afin de pouvoir affronter avec sérénité l'Avertissement qui se rapproche de plus en plus. Je vous laisse maintenant avec ma bénédiction maternelle, Père, Fils et Saint-Esprit, Amen.
Je serai avec vous tout au long de la prière.

Trevignano Romano - 26 mai 2020
Mes bien-aimés, merci d'être unis dans la prière et d'écouter Mon appel dans vos cœurs. Bientôt, très bientôt, viendra l'illumination [l'Avertissement] qui vous mettra dans un état d'extase qui durera environ 15 minutes ; voici que le ciel deviendra rouge feu ; alors vous entendrez un très fort rugissement, mais ne craignez pas car ce sera l'annonce que le Fils de Dieu est sur le point de venir. Mes enfants bien-aimés, c'est le moment où l'Antéchrist est sur le point de faire son entrée. Plus tard, je vous donnerai d'autres instructions. Enfants bien-aimés, ne priez pas seulement pour demander, mais aussi pour remercier mon Fils Jésus pour votre paix et votre vie.
Je vous aime, petits enfants ; je serai toujours près de vous. N'oubliez pas qu'après le calme, la tempête viendra. Priez pour les puissants afin que Dieu ait pitié d'eux. Priez pour l'Église et pour les prêtres. Maintenant, je vous bénis au Nom du Père, du Fils et du Saint-Esprit, Amen.

Trevignano Romano - 30 mai 2020
Mes enfants, merci d'être unis dans la prière et d'écouter mon appel dans vos cœurs. Mes soldats de lumière, soyez toujours prêts dans votre cœur à combattre pour mon Fils Jésus et

soyez prêts à être une seule voix avec mes anges.
Mes enfants, ne perdez pas de vue la prière car ce que vous vivez n'est qu'une illusion de calme, mais tout va soudainement s'écrouler. Rappelez à tous vos frères que la seule chose qui mène au ciel est la prière du Saint Rosaire. Souvenez-vous toujours de cela, mes enfants ! Priez pour l'Église et pour les consacrés tourmentés par Satan qui sont amenés à prendre des décisions très douloureuses. Priez pour l'Amérique, car la confusion règne. Maintenant je vous bénis tous, un par un, au Nom de la Sainte Trinité, Père, Fils et Saint-Esprit, Amen.

Trevignano Romano - 3 juin 2020
Mes bien-aimés, merci d'être réunis en ce lieu béni et merci d'écouter mon appel dans vos cœurs. Enfants bien-aimés, profitez de ce temps pour vous rapprocher de Dieu, non seulement par la prière, mais surtout en ouvrant vos cœurs. Je suis encore ici pour vous instruire de ce que vous rencontrerez, de tout ce qui est préparé pour cette humanité et de la rencontre avec l'Antéchrist qui se révèlera bientôt comme sauveur.
Mes enfants, tout se précipite, les peines seront grandes. Si vous ne laissez pas Jésus entrer dans vos coeurs, vous ne pourrez pas avoir la paix, l'amour et la joie et affronter les temps difficiles. Mes enfants, peut-être n'avez-vous pas encore compris que vous êtes au début de l'Apocalypse ! Priez pour l'Église qui m'est si chère, afin qu'elle renaisse bientôt dans l'union et l'amour de Dieu. Priez pour le Japon.
Aujourd'hui, de nombreuses grâces descendront sur vous et ce sera le signe de ma présence. Je vous laisse maintenant avec ma bénédiction maternelle, au Nom du Père, du Fils et du Saint-Esprit, Amen. *La Vierge était vêtue d'un manteau rose layette et portait un voile blanc sur la tête ; dans sa main gauche, elle tenait trois chapelets.*

Trevignano Romano - 9 juin 2020
Chers enfants, merci d'être réunis ici en prière et d'écouter mon appel dans vos cœurs. Chers enfants, rappelez-vous toujours les paroles de mon Fils Jésus : quiconque est persécuté en mon nom entrera dans le royaume des cieux.
Mes petits enfants, pour ce que vous craignez, sachez que je serai toujours à vos côtés. Quel que soit le choix que vous ferez, vous serez jugés. Ne soyez pas passifs, criez l'amour du Dieu unique qui a fait le ciel et la terre et qui renouvellera bientôt la terre et les cieux, afin que le mal retourne d'où il est venu, des profondeurs des enfers. Mes enfants, regardez ce qui se passe dans le monde : les mers qui entrent dans les villes, les tremblements de terre qui seront de plus en plus forts.
Mes enfants, il est urgent que vous vous convertissiez , afin que pendant l'Avertissement vous ne ressentiez pas la douleur, mais l'amour et la paix. L'Église sera renouvelée avec le petit troupeau qui restera fidèle à mon Jésus et à la parole de mon Père. Priez pour l'Amérique et le Mexique.
Priez pour tous les prêtres persécutés et fidèles. Je vous laisse maintenant avec ma bénédiction maternelle, au Nom du Père, du Fils et du Saint-Esprit, Amen.

Trevignano Romano - 13 juin 2020
Mes enfants, merci de vous être réunis ici, dans cette Sainte Maison (église) pour prier et pour écouter mon appel dans vos cœurs. Merci mes enfants de consoler mon coeur et le Saint Coeur de Jésus. Mes enfants, soyez toujours prêts, car le ciel et la terre sont presque unis. Mes enfants, je vous le demande : nourrissez-vous de mon Fils Jésus qui est Corps, Sang et divinité. Peu à peu, ceux qui me méprisent et me blasphèment n'auront que colère et amertume, tandis que ceux qui ont cru conserveront joie, paix et amour.

Mes enfants, la vérité doit être criée sans crainte, et lorsque vous crierez le nom de Jésus vrai Dieu, les démons trembleront, mais n'ayez crainte, car une grande protection descendra sur vous. Soyez prêts. Ne vous découragez pas s'ils vous insultent et vous persécutent, ceci est écrit, car le Royaume des Cieux sera à vous. Des vents de guerre souffleront.
Priez pour l'Italie et pour les prêtres qui sont désorientés en ce moment. Consacrez-vous chaque jour à mon Coeur Immaculé et au Sacré-Coeur de Jésus, ce n'est qu'ainsi que vous pourrez alléger les souffrances pour les temps à venir. Je vous laisse maintenant avec ma bénédiction maternelle, au Nom du Père, du Fils et du Saint-Esprit, Amen.

Trevignano Romano - 16 juin 2020
Chers enfants, merci d'être ici en prière et d'écouter mon appel dans vos cœurs. Mes enfants, Jésus sera bientôt avec vous ; que vos coeurs vous trouvent avec des lampes allumées et avec vos yeux vous verrez le miracle de la vie nouvelle. Mes enfants, soyez patients encore un peu, le mal est sur le point d'être vaincu de cette terre. Tout ce qui a été détruit sur cette terre sera renouvelé, y compris l'Église et la foi.
Quelle joie vous allez ressentir dans vos cœurs ! Mes enfants, priez, priez, priez beaucoup et je serai toujours près de vous. Regardez les révoltes qui auront lieu dans le monde et regardez les cieux qui ne seront plus les mêmes. Je vous laisse maintenant avec ma sainte bénédiction, au Nom du Père, du Fils et du Saint-Esprit, Amen.

Trevignano Romano - 20 juin 2020
Mes enfants, merci d'être réunis ici en prière et d'écouter mon appel dans vos cœurs. Enfants bien-aimés, pourquoi rejetez-vous l'amour et la miséricorde de mon Fils Jésus, prenez tout

ce que le ciel vous offre, pourquoi voulez-vous rester avec un coeur brisé et sans paix ? Mes enfants, priez, priez, priez beaucoup, j'ai demandé tant de fois et je le demande encore, convertissez-vous vraiment, c'est urgent maintenant, ne comprenez-vous pas que ces temps sont révolus et quand Jésus viendra, que trouvera-t-il sur cette terre ?
Vous devrez être prêts pour ce qui va arriver, la persécution viendra et vous serez obligés de prier en secret. S'il vous plaît, mes enfants, je suis votre mère et je veux que vous soyez tous sauvés. Annoncez que le Christ vient, mon Père doit purifier la terre de la méchanceté qui a pris possession des âmes.
Maintenant, je vous laisse avec ma bénédiction maternelle, au Nom du Père, du Fils et du Saint-Esprit, Amen.

Trevignano Romano - 23 juin 2020
Église Sainte-Marie de l'Assomption

Mes enfants, merci d'être réunis dans la prière et d'écouter mon appel dans vos cœurs. Mes enfants, je me présente aujourd'hui comme Mère des Douleurs pour mon Église, car elle vit sa passion et tout comme mon Fils Jésus a été laissé seul et flagellé.
Mon petit reste sera persécuté, je pleure pour les jeunes qui sont loin de Dieu, je pleure pour les familles brisées, je pleure pour les enfants non baptisés et ceux qui grandissent dans les griffes du mal, je pleure pour les pasteurs qui ont laissé mon troupeau seul, je pleure pour l'humanité qui va vers l'autodestruction.
Je vous en prie, mes enfants, priez et consolez mon coeur immaculé et le Saint Coeur de mon Fils, changez vos habitudes, si vous voulez le salut, confiez tout à Dieu.
Je vous laisse maintenant avec ma sainte bénédiction au Nom du Père et du Fils et du Saint-Esprit, Amen.

Trevignano Romano - 27 juin 2020
Chers enfants, merci d'être réunis en prière dans ce lieu béni par mon Père et merci d'écouter mon appel dans vos cœurs. Mes enfants, vous êtes ici et je vous regarde un par un, je scrute vos coeurs et j'apporte au Seigneur vos intentions, combien d'amour vous avez en vous et c'est pourquoi je vous appelle Enfants de Lumière, parce qu'avec votre Foi vous conduisez, vous transformez les coeurs de pierre.
Les enfants, ayez toujours une foi ferme et souvenez-vous que là où il y a la foi, il y a l'amour et que là où il y a l'amour, il y a Dieu, qui est le chemin, la vérité et la vie. Je vous aime avec tout l'amour d'une Mère et je vous bénis au Nom de la Très Sainte Trinité, Amen.

Trevignano Romano - 30 juin 2020
Église de Santa Maria dell'Assunta
Message de Jésus : Mes frères, merci d'être en prière dans Ma Maison (église) et d'écouter Mon appel. Frères et enfants, ce temps devra être un temps de grande réflexion, beaucoup continuent à ne pas écouter les messages qui viennent du Ciel à travers Moi et Ma Très Sainte Mère. À partir de l'automne, d'autres virus apparaîtront. Regardez ce qui se passe dans Mon Église, le comportement de Mes prêtres est sous le regard indifférent de ceux qui disent avoir la foi, regardez comment ils Me traitent, ne se souciant pas de Ma Divinité et de Ma Grâce, mais comme ils Me traitent, Je les traiterai. Mes frères, venez à moi, donnez-moi vos mains et je vous montrerai le bon chemin. Mes frères, convertissez-vous, le temps est désormais révolu, sinon, à mon retour, vous ne me reconnaîtrez pas et vous ne me suivrez pas. Mes enfants, moi seul peux vous conduire sur le chemin qui mène à mon Père. Priez parce que la terre va trembler au-delà de toute mesure.

Priez pour le Saint-Père. Maintenant, je vous bénis au Nom du Père, en mon Nom et au Nom du Saint-Esprit, Amen.

Trevignano Romano - 3 juillet 2020

Chers enfants, merci d'être ici en ce lieu béni et d'écouter mon appel dans vos cœurs. Mes enfants, je viens à vous pour vous demander une fois de plus de vous convertir. Mes enfants, ces temps de l'Apocalypse sont des temps de confusion, de grande tristesse et de tribulation, mais soyez toujours unis à Jésus qui est joie et amour et c'est seulement ainsi que vous pourrez être heureux. Les croix sont pour tout le monde, mais je vous demande de les aimer de tout votre cœur.

Mes enfants, l'amour de Dieu est si grand, mais souvent les gens font trop confiance à sa miséricorde, oubliant sa justice. Je vous demande, à vous les fidèles et à mes prêtres, de défendre Jésus ; ne fuyez pas devant les difficultés.

Mes enfants, une prière universelle contenant plusieurs religions n'est pas possible, car alors le christianisme, la seule vérité, serait aboli.

Je vous en prie, mes enfants, ne soyez pas hypocrites, mais soyez fidèles au Seigneur et allez de l'avant en défendant la vérité. Maintenant, en tant que votre mère, je vous bénis au Nom du Père, du Fils et du Saint-Esprit, Amen.

Trevignano Romano - 7 juillet 2020

Mes enfants, merci d'être ici en prière et merci d'avoir écouté mon appel dans vos cœurs. Mes petits, c'est beau pour moi de voir tous mes enfants réunis dans la prière du Saint Rosaire ; priez, les enfants, priez le ciel, il a besoin de vous.

Mes enfants, les influences négatives sur la terre provoqueront des tremblements de terre et seront de plus en plus fortes, priez pour l'Amérique, à cause de sa perversion elle boira le calice amer. Mes enfants, n'ayez pas peur, je vous protégerai toujours, que votre prière pour l'élite du monde soit incessante, car ils ont succombé au mal et veulent vous éloigner les uns des autres, ils veulent vous bâillonner et vous rendre esclaves, mais n'ayez pas peur car bientôt Jésus vous libérera de cette dictature. Aimez-vous les uns les autres, priez pour l'Italie où les tremblements de terre seront ressentis et en particulier pour la France. Maintenant, je vous bénis au Nom du Père, du Fils et du Saint-Esprit, Amen.

Trevignano Romano - 14 juillet 2020
Église Sainte Marie de l'Assomption
Chers enfants, merci d'être ici en prière et d'écouter mon appel dans votre cœur. Ma fille, parle aux prêtres, qui sont si chers à mon cœur, et dis-leur : ne passez pas avec indifférence devant Jésus dans l'Eucharistie, protégez le Corps Mystique, parlez de la justice de Dieu, parlez du péché, en expliquant de ne pas offenser mon Divin Fils et de faire vivre tout le monde selon les commandements, c'est seulement ainsi qu'il y aura le salut.
Mes enfants, vous n'avez pas encore bien compris ce que signifie être prêt pour les temps à venir, prier, se confesser, prendre l'Eucharistie et aider les frères qui sont dans la confusion.
Mes enfants, ayez pitié de mon Fils qui est mort pour vous et qui reviendra dans toute sa gloire, chantez des hymnes au Seigneur et rendez grâce. Mes enfants, pour ceux qui seront fidèles à l'Évangile, j'enverrai mes anges pour vous protéger. Je vous laisse maintenant avec ma sainte bénédiction au Nom du Père, du Fils et du Saint-Esprit, Amen.
Aujourd'hui, des grâces vont descendre sur vous.

Trevignano Romano - 18 juillet 2020
Prière avec le groupe de Vérone à la croix bleue.
Mes enfants, merci d'être ici en prière et d'écouter mon appel dans vos cœurs. Chers enfants, merci de me laisser écouter les prières des enfants qui me sont si chers ; ce sont des âmes innocentes, ce sont mes enfants et leur cœur est ouvert.
Chers enfants, n'ayez jamais peur même si l'avenir ne sera pas facile, mais je vous protégerai et vous donnerai la force d'aller de l'avant dans l'amour de mon Fils. Ma fille, tu vivras les pires moments que l'humanité ait jamais vécus, alors compte sur la prière du Saint Rosaire et sur l'Évangile et il ne t'arrivera jamais rien si tu crois en Jésus qui est le chemin, la vérité et la vie. Priez pour la confusion au sein de l'Église et de la politique. Aujourd'hui, de nombreuses grâces vont descendre sur vous. Je vous laisse maintenant avec la bénédiction de la Très Sainte Trinité, Père, Fils et Saint-Esprit, Amen.

Trevignano Romano - 21 juillet 2020
Mes enfants, merci d'avoir répondu à mon appel dans vos cœurs et d'être ici dans la prière. Chers enfants, je vous vois souvent confus par les nouvelles qui viennent de la politique, de l'Église et du monde, ils veulent vous habituer au mal comme si tout était normal, mais mes enfants, je vous prépare tant à ces moments, je vous demande la conversion et l'amour pour vos frères, parce que ce qui viendra sera bien pire que ce que vous vivez. Mes enfants, mes enfants, je vous demande de prendre le chemin de la sainteté, d'être des flammes brillantes là où il y a des ténèbres, d'être lumière pour l'Église, pour mon Église et pour vos frères ainsi que pour le monde, Satan avec sa ruse veut vous séduire avec les plaisirs du monde, avec l'argent et avec le sexe, soyez forts, ne tombez pas dans ce piège de la ruse, mais priez, priez, priez pour que vos prières soient

lumière dans les ténèbres les plus sombres.
N'oubliez pas que c'est un temps de grâce.
Priez pour la Chine et pour l'Amérique. Je vous laisse maintenant ma bénédiction maternelle au Nom du Père et du Fils et du Saint-Esprit, Amen.

Trevignano Romano - 25 juillet 2020
Cénacle de prière à Rimini
Chers enfants, merci d'être réunis ici en prière et d'écouter mon appel dans vos cœurs. Chers enfants, continuez à prier chaque jour, surtout en récitant le Saint Rosaire qui est la seule protection que vous aurez contre le mal. Mes enfants, regardez autour de vous, les tremblements de terre, les raz-de-marée et les tempêtes dévastatrices ne s'arrêteront pas, seule une prière récitée avec le cœur peut changer quelque chose, mais tout doit être accompli parce qu'il est écrit ainsi. Abandonnez votre volonté et soyez toujours dans la volonté de Dieu. Vous êtes habitués à vivre une vie mécanique, à abandonner les choses de la terre et à avoir plus de considération pour les choses du ciel, car ce n'est que de cette façon que vous pourrez suivre la voie plus difficile, mais plus juste.
Faites attention, mes enfants, ne tombez pas dans le piège du diable ; je vous aime et je veux que vous soyez en sécurité. Je désire que mon armée de lumière s'unisse en une seule voix. Je vous laisse maintenant avec ma sainte bénédiction au Nom du Père, du Fils et du Saint-Esprit, Amen.

Trevignano Romano - 28 juillet 2020
Église de Sainte Marie de l'Assomption
Message de Jésus : Mes frères, je vous remercie d'être réunis ici, dans ma maison et dans la prière. Mes frères et enfants, en ce moment je sens tant de peur dans le cœur de beaucoup,

n'ayez pas peur, dit le Seigneur votre Dieu, soyez des hommes et des femmes de foi et rien ne pourra vous toucher, je transformerai votre peur en courage, je transformerai vos cœurs de pierre en cœurs ouverts, je transformerai l'inquiétude en sérénité, mais tout cela ne sera possible qu'avec votre vraie confiance, ne pensez pas que vous pouvez être votre Dieu parce qu'alors vous n'irez pas vers le bon chemin, mais vous continuerez à désespérer, parce que sans moi et sans abandon vous ne pourrez rien obtenir. Ce n'est pas le monde qui vous donnera la vie éternelle, souvenez-vous de mes paroles, mais je suis ici pour vous donner moi-même. Mes enfants, revenez à moi, maintenant les cieux et la terre sont unis et bientôt mes enfants fidèles seront remplis de l'Esprit-Saint. Maintenant je vous laisse avec ma Bénédiction au Nom du Père, en mon Nom et en celui du Saint-Esprit, Amen.

Trevignano Romano - 01 août 2020

Chers enfants, merci d'être ici en prière et d'écouter mon appel dans vos coeurs. Mes enfants, donnez de l'amour, exprimez l'amour avec vos frères, avec ceux qui ont besoin de votre réconfort, dans la prière mettez de l'amour. L'amour et l'espérance doivent faire partie de votre vie. C'est l'amour qui fait avancer toutes les bonnes choses, l'amour affaiblit le diable parce qu'il ne veut que la haine et la colère. Rappelez-vous que l'amour est l'accomplissement de Dieu. Enfants bien-aimés, la terre tremblera de plus en plus, mais il n'y a pas de salut sans pénitence. Je vous laisse maintenant avec ma bénédiction maternelle au Nom du Père, du Fils et du Saint-Esprit, Amen.

Trevignano Romano - 03 août 2020

Chers enfants, merci d'avoir répondu à mon appel dans vos cœurs et merci d'être ici à l'unisson dans la prière.

Mes enfants, je vous ai souvent demandé d'être prêts, mais si je vous regarde, vous ne l'êtes pas encore.
Mes enfants, s'il vous plaît, ne perdez plus de temps à regarder les choses du monde car ce n'est pas là que vous trouverez la vérité, mais dans la parole de Dieu et dans la prière où vous trouverez tout ce dont vous avez besoin. Mes enfants, les temps qui viennent seront terribles, la justice de Dieu tonnera quand vous vous y attendrez le moins. Je vous demande de vous convertir. Regardez les églises, elles sont vides et le troupeau est dans la confusion parce que de nombreux prêtres se sont détournés de l'Évangile, aidez-les à prêcher avec courage. Vous êtes mes petits, mes enfants et je veux que vous soyez tous sauvés. N'ayez pas peur, je suis proche de chacun d'entre vous. Ma bénédiction va maintenant descendre sur vous au Nom du Père, du Fils et du Saint-Esprit, Amen. Votre Mère.

Enfin, Notre Dame a dit qu'aujourd'hui que de nombreuses grâces descendront du Ciel sur les personnes présentes et elle demande de témoigner afin que tous sachent que sa présence est réelle en ce lieu.

Trevignano Romano - 04 août 2020
Église de Santa Maria dell'Assunta
Mes enfants, merci d'être ici en prière. Mes enfants, il y a la division et l'apostasie et vous êtes aussi les uns contre les autres, ayez toujours la foi, ce n'est qu'avec la foi que tout est surmonté. Mes enfants, à cause des dirigeants, l'Amérique subira de nombreuses pertes. Priez, priez pour l'Église, car les tambours battent à mort. La guerre est très proche.
Mes enfants, n'ayez pas peur, je suis ici pour vous protéger.
Je vous laisse maintenant avec ma bénédiction au Nom du Père, du Fils et du Saint-Esprit, Amen.

Trevignano Romano, 08 août 2020
Mes enfants, merci d'être ici en prière et d'écouter mon appel dans vos cœurs. Mes enfants, je vous appelle à être des témoins pour ces derniers temps, vous avez été choisis pour vivre en ces temps et pour témoigner de la vérité quel qu'en soit le prix. Ne craignez pas mes enfants, je serai toujours près de vous, appelez mon nom et je serai présente.
Bientôt la guerre et la famine viendront, mais ceux qui ont la foi n'ont pas à craindre car le Seigneur fera en sorte que vous ne manquiez de rien. Mes enfants, je suis votre Mère des Douleurs, je vois que vous continuez à faire des projets, vous êtes dans le monde, mais vous n'êtes pas du monde, chérissez davantage l'Esprit par la prière. Priez afin de participer au jour où le Seigneur viendra vous rendre tout ce qui vous a été enlevé. La confusion règne déjà dans l'Église, où il y aura bientôt un grand tumulte. Mes enfants, convertissez-vous et aimez-vous comme des frères, évitez la jalousie, l'envie et les commérages qui sont le fruit du diable. Que l'harmonie et la paix vous unissent. Je vous bénis maintenant au Nom du Père, du Fils et du Saint-Esprit, Amen.

Trevignano Romano - 11 Août 2020
Mes enfants, merci d'être ici dans la prière. Mes enfants, c'est le temps des semailles, semez partout et parlez afin que vos bouches proclament la vérité. Beaucoup de mes fils bien-aimés (prêtres) sont également persécutés par leurs frères, mais ils ne doivent pas avoir peur.
Mes enfants, ne tombez pas dans le filet démoniaque, vos persécuteurs sont très habiles et convaincants, mais avancez avec la parole de Dieu sans dévier de la vérité.
Mes enfants, lorsque les Églises du monde s'uniront aux puissances mondiales, alors il y aura une véritable persécution et

vous serez obligés de vous cacher, parce qu'avec habileté ils retireront le Sacrifice Eucharistique de la Sainte Messe.
Mes enfants, n'ayez pas peur car votre foi fera de vous des témoins du triomphe de mon Coeur Immaculé. Maintenant je vous bénis au Nom du Père, du Fils et du Saint-Esprit, Amen.

Trevignano Romano, 15 août 2020
Chers enfants, merci d'être ici en prière, c'est l'Assomption et aujourd'hui ceux qui demandent des grâces avec un cœur ouvert seront écoutés et entendus. Abandonnez le chemin du péché, soyez prêts, car bientôt vous aurez la possibilité de voir la vérité. Mes enfants, je suis toujours à vos côtés pour vous protéger, les temps qui viendront ébranleront beaucoup de consciences, n'attendez pas ce moment, préparez-vous car tout cela sera très difficile. Mes enfants, vous avez encore un long chemin à parcourir, mais Dieu apprécie même votre petit pas. Maintenant je vous laisse avec ma Sainte Bénédiction, au Nom du Père, du Fils et du Saint-Esprit, Amen.

Trevignano Romano - 18 Août 2020
Chers enfants, merci d'avoir écouté mon appel dans vos cœurs. Je vous demande de ne jamais abandonner la prière : ce sera la seule arme qui vous protégera. L'Église est en conflit : évêques contre évêques, cardinaux contre cardinaux. Priez pour l'Amérique car il y aura de grands conflits avec la Chine. Mes enfants, je vous demande de faire des réserves de nourriture pour au moins trois mois. Je vous avais déjà dit que la liberté qui vous serait accordée serait une illusion – vous serez de nouveau obligés de rester chez vous, mais cette fois ce sera pire car la guerre civile est proche. Le nouvel ordre mondial a déjà tout programmé et ils veulent manipuler votre ADN et vos esprits ; c'est un projet de Satan. Je vous rappelle de faire

attention aux vaccins. Mes enfants, n'accumulez pas d'argent car un jour viendra où vous ne pourrez rien acquérir.
La famine sera sévère et l'économie est sur le point d'être détruite. Priez et multipliez les cénacles de prière, consacrez vos maisons et préparez des autels en leur sein. Ce sont les avertissements pour ces temps ; ouvrez vos cœurs et laissez entrer en eux la flamme de l'amour de mon Fils Jésus. Ne soyez pas loin Dieu : tout dépendra maintenant de votre choix.
Je vous bénis au Nom du Père, du Fils et du Saint-Esprit, Amen.

Trevignano Romano - 25 Août 2020
Mes enfants, merci d'être réunis ici en prière. Enfants bien-aimés, vos prières atteignent mon cœur. Témoignez avec foi, car quiconque a le cœur ouvert se rapprochera encore plus de Dieu et de la prière, mais beaucoup de mes enfants se détourneront, car ils ont vendu leur âme à Satan.
Mes enfants, priez pour le monde et pour l'Église, car tout va vers l'autodestruction. Priez pour ceux qui sont puissants sur terre, qui, comme cela s'est produit au temps d'Hérode, frapperont mes enfants innocents. Priez, car des flammes ardentes envahiront l'Italie.

Trevignano Romano - 1er Septembre 2020
Mes chers enfants, merci d'avoir répondu à mon appel dans vos cœurs et d'être réunis ici dans la prière.
Mes enfants, aujourd'hui au milieu de toute cette douleur, je viens donner l'espoir, l'espoir d'un monde meilleur plein d'amour, car le royaume de Dieu est très proche.
Bientôt, vous ressentirez tant d'amour, de sagesse et de douceur dans vos cœurs, car bientôt ce temps de peur, d'injustice et d'orgueil n'existera plus. Dieu secoue le monde, la terre et

vos consciences afin que vous soyez capables de vous agenouiller en reconnaissance de votre seul et unique Dieu.
C'est ainsi que Jésus ouvrira ses bras, donnant la douceur du monde nouveau à ceux qui ont cru. Quittez les choses de ce monde et faites de votre journée une prière continue. Chers enfants, n'ayez pas peur, car je serai toujours avec vous, surtout pour vous réconforter en ces temps tristes.
Maintenant, je vous laisse avec ma Bénédiction maternelle, au Nom du Père, du Fils et du Saint-Esprit, Amen.

Trevignano Romano - 3 Septembre 2020
Mes chers enfants, merci d'être ici en prière et merci de répondre à mon appel dans vos cœurs. Mes enfants, bientôt viendra l'Avertissement ou l'Illumination et je suis ici pour vous demander d'être prêts pour cet événement important pour l'humanité, où vous aurez enfin la dernière chance de choisir votre camp, ce sera le moment. Se préparer signifie faire une bonne confession, où vous purifiez votre âme, vous nourrir souvent de l'Eucharistie, ce sera le meilleur moyen. Chers enfants, l'Église est dans une confusion totale, mais je veux dire à mes saints prêtres de ne pas avoir peur, parce que moi et mon Jésus, le seul vrai Sauveur, nous ne vous abandonnerons jamais. Mes enfants, mes enfants, je suis ici pour vous sauver et pour vous rappeler de prier la couronne du Saint Rosaire, l'unique arme contre Satan.
Mes enfants, vous serez persécutés, vous marcherez au milieu des poings et des crachats, mais n'ayez pas peur, personne ne pourra jamais vous toucher et ceux qui se tournent vers Dieu avec une telle humilité seront les témoins du Royaume des Cieux et du Triomphe de mon Coeur Immaculé.
Mes enfants, soyez toujours des lumières brillantes dans le monde et soyez des témoins de mon amour, je vous attends

toujours dans ce lieu béni par mon Père. Maintenant je vous bénis au Nom du Père, du Fils et du Saint-Esprit, Amen.

Trevignano Romano - 8 Septembre 2020
Chers enfants, merci d'être ici en prière et d'avoir répondu à mon appel dans votre cœur. Mes enfants, je vois que vous craignez la famine qui va bientôt arriver, mais je vous invite à vous préparer à la vie éternelle, car c'est plus important.
Chers enfants, tout tombera, le ciel sera teinté de rouge, la terre tremblera comme elle ne l'a jamais fait auparavant. Enfants, il est inutile de penser à une carrière et d'accumuler des biens matériels car tout cela n'aura plus de sens.
Mes enfants, les mers et les grêlons entreront dans les villes et détruiront les récoltes ; c'est une terre de péché et la nature se rebelle – tout cela arrivera pour que tous puissent s'agenouiller devant Dieu, le reconnaissant comme le seul Dieu.
Mes enfants, Jésus pleure parce que le péché et l'abomination sont entrés dans l'Église ; il pleure parce qu'il aime son Église et malgré les profanations, il est toujours là, dans la douleur et les pleurs. Le temps est presque écoulé ; s'il vous plaît, les enfants, il n'y a plus de temps, convertissez-vous.
Regardez souvent les cieux : en ce moment mes anges se battent contre les anges déchus, mais priez, priez, priez et combattez sur terre pour la vérité.
Ne cédez pas aux changements parce qu'ils ne viennent pas de Dieu. Enfants, mon reste n'aura rien à craindre car mes anges et mes archanges vous protégeront. Priez pour l'Amérique qui boira bientôt la coupe amère.
Maintenant, je vous laisse avec ma Sainte Bénédiction au Nom du Père, Fils et Saint-Esprit, Amen.

Trevignano Romano, 12 septembre 2020
Cénacle avec le groupe de Vérone
Mes enfants, merci d'être ici en prière. Chers enfants, le temps est maintenant très court, mais beaucoup ne se rendent pas compte que tout s'écroule. Je vous demande de donner plus de temps à la prière, de ne pas perdre de temps avec les choses du monde, je sens vos cœurs palpiter. Mes enfants, c'est un temps de confusion, surtout pour mes fils préférés (les prêtres) qui malheureusement ne savent plus quel est le bon chemin pour récupérer les âmes qui se perdent, mais je veux vous montrer le chemin exact, et c'est celui de l'Évangile, de la Parole de Dieu et des Dix Commandements, c'est seulement ainsi que vous trouverez la paix et la joie dans vos coeurs.
Maintenant, Jésus va vous toucher un par un pour la Sainte Bénédiction, Père, Fils et Saint-Esprit, Amen.

Trevignano Romano - 15 Septembre 2020
Chers enfants, merci d'être ici en prière et d'avoir écouté mon appel dans votre cœur. Mes enfants, transformez vos maisons en petites églises, continuez à faire des cénacles de prière.
Mes enfants, soyez prêts – l'humanité est confuse, beaucoup viendront parce qu'ils voudront entendre parler de Dieu. C'est ainsi que commence la transformation de l'homme : savoir accueillir et parler de l'espérance, de la joie et du bonheur qui régneront sur terre, sans souffrance, sans maladie, mais avec un grand Amour.
Mes enfants, une partie de cette transformation est déjà en cours. Priez pour l'Église : elle aussi ressuscitera des morts et prospérera.
Faites toujours attention aux loups déguisés en brebis : priez, priez beaucoup, récitez le Saint Rosaire.
Mes pauvres fils favorisés [c'est-à-dire les prêtres] qui ne

croient pas en mes paroles ! Leur souffrance sera grande. Maintenant, je vous laisse avec ma bénédiction maternelle, au Nom du Père, du Fils et du Saint-Esprit, Amen.

Trevignano Romano - 19 Septembre 2020

Mes chers enfants, merci d'être ici en prière et d'écouter mon appel dans vos cœurs. Enfants bien-aimés, la bataille entre le bien et le mal a lieu pour sauver mes enfants de Satan. Je prépare votre jardin, venez à moi, serrez mes mains et vous sentirez tant de paix dans vos cœurs.

Mes enfants, ne vous inquiétez pas s'il n'y a ni nourriture ni boisson, mon Seigneur sera votre restaurateur et vous ne manquerez de rien, si seulement votre regard est dirigé vers Lui. Mes enfants, l'effondrement financier touchera tout le monde, surtout ceux qui doutent de mes paroles, les insensés regardent encore l'avenir sans penser à la prière et à la vie éternelle. Priez, priez, priez pour l'Église, car elle sera secouée par un fort tremblement de terre, priez pour mes enfants bien-aimés car ils seront persécutés, soyez lumière mes enfants, pour un monde qui est sur le point de s'éteindre. Maintenant je vous bénis au Nom du Père, du Fils et du Saint-Esprit, Amen.

Trevignano Romano, 22 septembre 2020

Chers enfants, merci d'avoir répondu à mon appel dans vos cœurs. Mes enfants, beaucoup de mes enfants ne sont pas en prière, mais sont pris par les choses du monde ; ils n'ont pas encore compris que la prière en communauté est la plus grande force contre le mal. Mes enfants, Rome et son Église souffriront le plus pour ne pas avoir respecté ma volonté.

Priez pour que leur souffrance soit moins grande, car maintenant la lumière s'est éteinte dans leurs coeurs.

Mes enfants bien-aimés, les ténèbres et l'obscurité sont sur le point de s'abattre sur le monde, je vous supplie de m'aider, même si tout doit être accompli, la justice de Dieu est sur le point de tomber. Je vous le demande encore une fois en pleurant, priez, priez beaucoup, car pour ceux qui ne croiront pas, la souffrance sera atroce. Aimez Dieu, agenouillez-vous devant Lui qui vous regarde avec un cœur qui saigne. Je suis inquiète pour les prêtres qui ont choisi Satan et le paganisme, je vous en prie, n'acceptez rien qui ne soit pas Dieu, Un et Trine. Je vous laisse maintenant avec ma bénédiction maternelle au Nom du Père, du Fils et du Saint-Esprit, Amen.

Trevignano Romano - 26 septembre 2020
Message de Jésus à Gisella reçu en état d'extase pendant la récitation du Saint Rosaire.
Mes frères, merci de prier, je suis heureux de vous trouver dans cette maison bénie. Mes enfants, oh que d'indifférence ! Vous avez fait passer le bien pour le mal et le mal pour le bien. Regardez ce qui se passe, mais dans l'indifférence, mais le temps est passé. Mes enfants, ouvrez-moi vos cœurs, car c'est seulement avec moi que vous pouvez avoir le salut, n'ayez pas peur de moi, n'ayez pas peur de ces messages, rien ne peut vous sauver à part moi, je ne peux pas laisser mes enfants adorer un Dieu qui n'est pas moi, Satan essaie par tous les moyens de prendre les âmes de mes enfants. Ah ! les avortements, l'euthanasie, tout vient du mal, mais vous êtes calmes comme si tout allait redevenir comme avant, rien mes enfants ne redeviendra comme avant, soyez-en sûrs, bientôt vous verrez le monde changer, tout est fini et vous ne comprenez toujours pas. Pourquoi n'écoutez-vous pas ma Mère, qui vous fait encore la grâce d'être près de vous. Oh ! comme j'aime cette prière ensemble, je serai toujours ici avec vous, mais donnez-moi cette joie chaque samedi, c'est la maison de mon Père, bénie

par moi, consacrée par moi. Mes enfants, je vous aime plus que tout, je suis mort pour vous et pour vos péchés, ne me laissez pas seul, je veux que vous soyez sauvés, tout ce qui arrivera est l'oeuvre de Mon Père, maintenant vous ne voyez aucun homme qui se tourne vers Moi et qui se tourne vers le Père pour obtenir de l'aide, peut-être que le temps viendra, regardez ce qui va arriver, bientôt, très, très bientôt.
Je vous bénis mes enfants, un par un, je passerai parmi vous pour vous donner tout mon amour, ouvrez-moi votre cœur et je vous donnerai la grâce, l'amour, la joie et l'espoir d'un monde nouveau. Votre Jésus, Amen.

Trevignano Romano - 29 septembre 2020
Église de Sainte Marie de l'Assomption
Chers enfants, merci d'avoir répondu à mon appel dans vos cœurs. Mes enfants, je pleure pour ce qui arrivera à l'humanité, elle a tourné le dos à Dieu et mon cœur est affligé. Priez en particulier pour les prêtres, beaucoup d'entre eux se sont consacrés à Dieu, mais ils ont choisi les plaisirs du monde, ils ont ainsi fait fuir mon troupeau qui erre maintenant confus et désespéré. L'humanité croit qu'elle peut créer son propre Dieu, mais ce n'est pas le cas. Mes enfants, lisez les dix commandements car aujourd'hui ils ne sont plus observés. Vous vous demandez pourquoi la terre sera si fortement purifiée. A quoi vous attendiez-vous après tous les péchés commis ?
Vous croyez en un Dieu miséricordieux et non en sa justice. Mes enfants, le ciel est sur le point de s'assombrir, mais vous n'entendez toujours pas et ne voyez pas, je vous le demande, sauvez-vous en récitant le Saint Rosaire, je suis à vos côtés et je vous aime. Mes amours, ayez la foi et convertissez-vous.
Je vous laisse maintenant avec ma bénédiction maternelle au Nom du Père, du Fils et du Saint-Esprit, Amen.

Trevignano Romano - 3 octobre 2020
Mes enfants, merci d'avoir répondu à mon appel dans vos cœurs. Enfants bien-aimés, ouvrez vos cœurs au Seigneur votre Dieu, la seule voie, la vérité et la vie.
Mes enfants, n'ayez pas peur de l'amour de Dieu qui est votre seul vrai salut. Enfants, laissez-vous progressivement transformer ; ce n'est qu'en ouvrant vos cœurs que vous pourrez avoir un nouvel esprit, un nouveau cœur, une nouvelle vie. Enfants, aujourd'hui je serai couronnée reine une fois de plus devant vous et devant le monde.
Priez pour l'Église et surtout pour mes consacrés, afin que le Corps de mon Fils ne soit pas profané ; Il a laissé cette grâce pour vous tous. Maintenant, je vous laisse avec ma Sainte et Maternelle Bénédiction, au Nom du Père, du Fils et du Saint-Esprit, Amen.

Trevignano Romano - 10 octobre 2020
Mes enfants, merci d'avoir répondu à l'appel dans votre coeur. Chers enfants, je descends à nouveau pour toucher cette terre pleine de péchés, pour vous aider, pour vous demander et vous supplier de m'aider à sauver les âmes perdues de mes enfants. Le mal s'empare de mes enfants comme jamais auparavant, en ce moment le diable est plus déchaîné que jamais parce qu'il sait que ses jours sont comptés. Votre amour doit être total. Vous verrez des gens devenir fous, vous verrez des réactions inattendues, vous verrez des gens jurer contre Dieu sans raison et tout cela est le fruit du diable, mais vous devez aimer, pardonner et offrir tout votre malaise pour que Jésus le transforme en grâce. Mes enfants, le Dieu de l'humanité a été remplacé par la technologie. Soyez prêts à tout moment pour l'illumination qui viendra. Mes enfants, vos prières atténuent les événements futurs, priez, priez, ne continuez pas à penser aux

choses insignifiantes, mais passez votre temps à prier plutôt qu'à parler. Priez pour l'Amérique. Mes enfants, tout est prêt pour la guerre, priez, priez, priez ! Je vous bénis maintenant au Nom du Père, du Fils et du Saint-Esprit, Amen.

Trevignano Romano - 13 octobre 2020

Chers enfants, merci d'être ici en prière. Mes enfants, ma douleur est profonde parce que je vois mes enfants se perdre, priez, priez beaucoup, ne vous lassez pas de prier, priez en particulier pour l'Église, afin qu'elle trouve la lumière.

Enfants bien-aimés, par votre comportement vous continuez à crucifier mon Fils Jésus, parce que vous ne vivez pas selon l'Évangile et la Parole de Dieu. Les ténèbres sont sur le point de tomber sur cette terre, mais vous ne croyez toujours pas. Je veux vous préparer parce que les temps qui viendront seront très durs, la franc-maçonnerie et le satanisme veulent commander vos esprits, tout ce qui viendra est prêt depuis longtemps, mais n'ayez pas peur, ayez confiance dans le pardon et la miséricorde, souvenez-vous de vous confesser et de vous convertir de toute urgence. Maintenant je vous bénis au Nom du Père, du Fils et du Saint-Esprit, Amen.

Trevignano Romano - 17 octobre 2020

Mes enfants, merci d'être ici en prière. Mes enfants, pliez les genoux, depuis tant d'années je vous recommande de prier continuellement, de ne pas vous attacher aux choses du monde, mais vous avez continué à vivre comme si tout était éternel. Vous parlez de ces temps, mais vous ne méditez pas sur ce que je dis par l'intermédiaire de mon élu, vous continuez comme si tout allait changer et revenir comme avant. Mes enfants, la guerre a commencé parmi vous, parmi les nations, l'humanité rejette Dieu, je vous demande, mes

enfants, de vous unir dans la prière, c'est un temps de rassemblement et c'est ce que Jésus fera.
La tempête arrive et vous continuez à faire des choses inutiles, souvenez-vous que bientôt, très bientôt, tout s'effondrera, ils veulent dominer vos vies et vos esprits. Sachez que bientôt vous devrez préparer vos abris, tout est aux portes, vous verrez beaucoup de mauvaises choses, mais la foi vous sauvera.
Mes enfants, ouvrez vos coeurs, aimez-vous et convertissez-vous, ne vous attachez pas aux choses terrestres car elles vous seront enlevées et vous resterez seuls avec votre conscience, demandez pardon à Dieu, Celui qui peut tout faire.
Maintenant je vous bénis au Nom du Père, du Fils et du Saint-Esprit, Amen.

Trevignano Romano - 20 octobre 2020
Mes enfants, merci d'être ici dans la prière. Mes enfants, je sens vos cœurs et avec la douleur offerte vous avez touché la grâce du Seigneur. Mes enfants, ne tourmentez pas mes élus, car pendant que vous tombez dans les filets des démons, mes élus seront remplis de grâce et de paix. Mes amours, ouvrez vos cœurs sinon vous ne pourrez pas voir la porte du ciel qui va s'ouvrir sur vous. Mes enfants, la guerre se rapproche de plus en plus, priez pour l'Amérique. Maintenant ils restreignent votre liberté parce que vous n'avez pas la vérité en vous, convertissez-vous, la vérité vous rendra libres. Maintenant je vous bénis au Nom du Père, du Fils et du Saint-Esprit, Amen.

Trevignano Romano - 24 Octobre, 2020
Mes enfants, merci d’avoir écouté mon appel dans vos cœurs. Mes enfants, parlez de la parole de Dieu et soyez des lumières allumées dans ce monde. Enfants, voyez le mal qui se propage rapidement : Tout ce que j’ai prédit est sur le point d’arri-

ver : les guerres, les calamités naturelles auxquelles même la science ne trouvera pas de réponse, et si vous n'êtes pas fermes dans la foi, vous ne pourrez pas survivre à l'assaut du malin. Mes enfants, je suis toujours avec vous et rappelez-vous que tout ce qui est bon dans votre vie n'arrive jamais en raison de votre mérite, mais par la grâce de Dieu.
Soyez charitables envers vos frères et sœurs et ne jugez pas, car cette tâche est pour Dieu seul et non pour l'homme. Priez, priez, priez beaucoup, car une nouvelle maladie va bientôt arriver. Priez pour l'Italie. Je vous aime et je vous bénis au Nom du Père, du Fils et du Saint-Esprit, Amen.

Trevignano Romano - 27 octobre 2020
Message de Jésus 18:25 : Ma soeur et ma fille, gardez votre coeur en paix, car ce qui va arriver sera terrible à vos yeux et à ceux de vos frères. Moi, votre Dieu, j'ai été laissé seul, je suis seul et vous ressentez toute ma souffrance. Ma fille, beaucoup se demandent ce qui va se passer et ne se rendent pas compte que tout va se précipiter, ils n'ont plus respecté le premier commandement, ils n'ont pas cru au pouvoir de la prière et de l'amour et ils sont désorientés et perdus. Mon doux trésor, mes églises vidées sont devenues des lieux d'hypocrisie, de mensonge et de divertissement, mais je suis là à regarder et à pleurer la grande déception. Ma sœur, accompagne-moi dans ce chagrin, afin que tout soit plus léger, tout cela prendra fin. Mon intervention est imminente, le grand tonnerre arrive.
La guérilla va commencer, les temps viendront où l'on continuera à vous séparer, à changer votre mode de vie, à vous entraîner de plus en plus dans le péché. Les sacrements ne seront plus donnés et tout sera transformé, les mensonges seront bien orchestrés et vous convaincront de pécher de plus en plus. Frères, je vous le demande, ne soyez pas aveugles, ce

n'est qu'avec la prière qui sortira de vos cœurs que vous pourrez voir la tromperie. J
e vous laisse maintenant, douce fille aimante, offre ton chagrin, toi et ton époux bien-aimé, vous êtes bénis par le ciel et par mon Père, vous ne serez jamais seuls. Priez pour l'Église, où l'apostasie est officielle. Je vous laisse maintenant avec ma bénédiction et vous serez oints chaque jour.
Votre cher Jésus.

Trevignano Romano - 31 Octobre 2020
Message de Jésus à 17h45 : Mes enfants, où sont mes enfants, ceux qui ne croient pas ont encore une fois tourné le dos, ils ne croient pas aux messages de ma Mère.
Ma fille, regarde, regarde la France, regarde, elle va pleurer ses morts. L'humanité et l'Église se sont inclinées devant l'élite mondiale, devant Satan qui a pris ma place. Ils ont terrorisé mon peuple et massacrent les églises, ce n'est pas la fin de l'Europe, c'est la fin du monde. Oh ! que de méchanceté dans mon Église, bientôt une grande fumée s'élèvera, j'ai prévenu, le tremblement de terre serait au Vatican, l'apostasie, mes enfants. Combien de miséricorde descendra sur ceux qui ont cru, combien de grâces auront mes enfants. Mes enfants, je vous en prie, [à mes consacrés], n'abandonnez pas l'Église, ne dispersez pas le troupeau, mais luttez, ne laissez pas tout entre les mains de Satan. Comment feront-ils, que feront mes enfants sans vous, soyez des apôtres, soyez des lumières, maintenant les ténèbres sont descendues dans les Églises.
Oh ! quel désespoir, combien de personnes sont prises par le mal, combien mon coeur souffre et celui de ma Mère, je ne supporte pas de voir ma Mère en larmes, elles me font beaucoup de peine ; mais vous, luttez, soyez toujours en prière, priez et ne changez rien, bientôt je ne serai plus présent dans

l'Eucharistie ; mais vous, luttez pour la recevoir, mes anges amèneront de saints prêtres, n'ayez pas peur, rien ne manquera. [Jésus me montre le monde nouveau et dit] : Oh ! mon enfant, regarde, c'est le monde merveilleux préparé pour toi et bientôt il viendra. [Jésus prie le Père] : Mon Père qui es aux cieux, que ton nom soit sanctifié, que ton règne vienne, que ta volonté soit faite sur la terre comme au ciel.
Père ne les abandonne pas, n'abandonne personne. Amen.

Trevignano Romano - 3 novembre 2020
Mes enfants, merci d'avoir répondu à mon appel dans vos cœurs. Enfants, rappelez-vous que Dieu est juste et miséricordieux, et bien qu'il ait été transpercé de manière si barbare, Il est toujours là avec vous chaque jour, donnant Grâces et Miséricorde à quiconque l'invoque.
Même ne serait-ce que pour un instant, j'espère que vos consciences s'ouvriront pour que vous réalisiez les innombrables erreurs que vous avez commises. Convertissez-vous, les enfants, car le temps est révolu.
Priez le Saint Rosaire, [une] arme unique pour vous défendre contre les atrocités du monde qui vous font souffrir. Aujourd'hui, de nombreuses grâces descendront sur vous. Les enfants, vous souvenez-vous quand Jésus a guéri dix personnes et qu'une seule est retournée remercier? Ne répétez pas cette erreur, mais témoignez.
Je vous aime, enfants, je vous bénis au Nom de la Très Sainte Trinité, Père, Fils et Saint-Esprit, Amen.

Trevignano Romano - 7 Novembre 2020
Mes enfants, merci d'avoir répondu à mon appel dans vos cœurs. Chers enfants, comme vos prières me réconfortent ! Vous consolez également le cœur transpercé de Jésus.

Les enfants, comme vous pouvez le voir, c'est une période de grande confusion, où le mal se cache derrière de faux déguisements ; vous devrez faire attention: marchez avec Jésus et nourrissez-vous de sa Parole pour votre salut.
Enfants, mes petits, ils essaieront de vous faire croire que tout est fait pour votre bien, mais c'est exactement là que se cache la tentation du diable : discernez ! Veuillez vivre ces messages avec joie, et alors vous serez témoins de la vérité, car quiconque suit Jésus ne doit rien craindre. Si vous ne vous fortifiez pas, vous ne pourrez pas faire face aux nouvelles maladies qui viendront. Je passerai parmi vous pour vous bénir un à un, au Nom du Père, du Fils et du Saint-Esprit. Je serai avec vous jusqu'à la fin de la prière [réunion].

Trevignano Romano - 10 novembre 2020
Message de Jésus à 18:45 : Mes frères, merci d'être ici avec la joie dans vos coeurs, combien de foi je vois dans vos coeurs. S'il vous plaît, pourquoi n'écoutez-vous pas le messager le plus important de l'univers, ma Mère, celle qui, avec son amour, fait tout pour protéger ses enfants dans ce monde de confusion. S'il vous plaît, restez dans le silence, dans la prière et la contemplation, ne parlez pas. Vouliez-vous voir les signes de la fin des temps ? Les signes sont venus et vous ne croyez toujours pas, on vous a dit que l'apostasie entrerait dans l'Église à cause de théologiens orgueilleux et égoïstes et cela s'est produit, bouleversant les paroles de mon Évangile. Je vous ai annoncé des famines, des pestes et des maladies, et vous ne croyez toujours pas. Je vous ai dit que des bruits de guerre se feraient entendre, les voilà, tout est déjà révélé dans la Bible (Apocalypse de Jean), Etat contre Etat, gouvernements contre gouvernements, hommes contre hommes, vous vous craignez les uns les autres, on vous a enlevé votre liber-

té et vous ne croyez toujours pas. Oh ! combien de foi trouverai-je à mon retour ! Pourtant, combien d'épreuves vous pourriez surmonter avec la foi et en priant le Saint Rosaire !
Mes enfants, faites confiance et confiez-vous à Moi et je serai toujours avec vous, suivez mes pas et prenez ma main et je serai avec vous chaque jour, jusqu'à la fin. Maintenant, je vous bénis un par un, au Nom du Père, en mon Nom et au Nom du Saint-Esprit, Amen.

Trevignano Romano - 14 Novembre 2020
Mes enfants, merci d'être ici en prière et d'avoir écouté mon appel dans vos cœurs. Mes bien-aimés, Jésus souffre à cause de ce qu'ils lui font ; Satan dérange de nombreuses âmes et conduit les hommes de l'Église sur le chemin de l'orgueil et de l'arrogance, ce qui les amènera à croire qu'ils sont omnipotents, parcourant le chemin de la perdition ; mais ce qui me fait mal, c'est que le troupeau sera dispersé sans avoir connu Jésus. Au contraire, mes enfants, Dieu vous demande l'humilité : c'est la vertu par laquelle vous serez reconnus comme ses enfants. C'est maintenant le moment de la vraie bataille, et avec les armes du jeûne et le Saint Rosaire entre vos mains, combattez avec moi pour le Triomphe de Mon Cœur Immaculé. Enfants bien-aimés, les temps qui viendront seront terribles, mais n'ayez pas peur, car moi et mon Fils serons près de vous dans la tribulation. Jésus fera descendre le Saint-Esprit sur vous, tout comme il l'a fait avec ses apôtres.
Ces enfants à moi qui sont les ambassadeurs et les prophètes de ces temps souffriront le plus ; ne les laissez pas seuls. Aimez-vous les uns les autres comme frères et sœurs, soyez unis avec amour et priez ensemble avec dévotion.
Maintenant, je vous bénis au Nom du Père, du Fils et du Saint-Esprit, Amen.

Trevignano Romano - 17 Novembre 2020
Chers enfants, merci d'être ici et d'avoir écouté mon appel dans votre cœur. Mes enfants bien-aimés, ouvrez vos yeux pour voir les ténèbres qui sont descendues sur cette terre; les vents de guerre soufflent de plus en plus fort.
Mes chers enfants, je regarde avec douleur l'humanité qui se perd – une partie est déjà perdue. Je continue à vous dire de vous aimer les uns les autres ; l'humanité s'est transformée en êtres humains sans l'Esprit Divin : vous pensez à tout ce qui est lié à la terre et vous ne regardez jamais vers le Ciel, qui veut avec amour vous sauver avec ses signes et vous protéger avec Mes paroles, mais vous êtes aveugles.
Mes enfants, regardez la Croix du Christ et aimez-la ; priez en particulier pour les prêtres qui ne sont plus dignes d'avoir le Corps de Jésus entre leurs mains.
Je vous ai déjà dit que vous recommencerez à prier chez vous.
Enfants, priez pour l'Italie, car bientôt la terre tremblera.
Priez pour l'Amérique et ne vous souciez pas du silence de ces temps : les conflits se feront bientôt sentir.
Maintenant, je vous bénis au Nom du Père, du Fils et du Saint-Esprit, Amen.

Trevignano Romano - 21 novembre 2020
Mes chers enfants, rappelez-vous qu'à partir d'aujourd'hui, l'esprit démoniaque sera plus fort, il s'emparera de nombreux esprits ; s'il vous plaît, croyez mes paroles, préparez-vous aux renonciations qu'elles exigeront de vous – suivez mes paroles. Soyez comme Noé quand il a préparé l'Arche et que tout le monde considérait comme fou, mais il avait la foi et sauva sa famille et les espèces animales. C'est le pire moment que l'humanité ait jamais connu, c'est pourquoi je vous demande, mes enfants, d'avoir la foi, et vous serez sauvés. Soyez petits –

c'est seulement ainsi que vous pouvez entrer dans le Royaume de Dieu. Peu importe le nombre de personnes qui vous mépriseront, vous jugeront et vous persécuteront, vous aurez mes anges à vos côtés, qui vous rendront invisibles pour le mal, surtout lorsque vous serez dans vos refuges. Je demande qu'un autel et des bougies bénies soient installés dans chaque foyer ; Mon Fils et moi serons toujours là avec vous – n'ayez pas peur, Mon Seigneur a vaincu la mort et Il vous aime. Maintenant, je vous bénis de tout le feu de l'amour d'une Mère, au Nom du Père, du Fils et du Saint-Esprit, Amen.

Trevignano Romano - 24 novembre 2020
Chers enfants, merci d'avoir répondu à mon appel dans vos coeurs. Mes bien-aimés, c'est le début de la tribulation, mais vous n'aurez pas à craindre tant que vous vous agenouillerez et reconnaîtrez Jésus, Dieu, Un et Trine. L'humanité a tourné le dos à Dieu à cause du modernisme et du libertinage, mais je vous demande : à qui irez-vous quand tout ce que vous avez maintenant disparaîtra ? À qui demanderez-vous de l'aide quand vous n'aurez plus rien à manger ? Et c'est alors que vous vous souviendrez de Dieu ! N'allez pas jusque-là, car il se peut que Lui-même ne vous reconnaisse pas.
Mes enfants, ne soyez pas comme les vierges folles, remplissez tout de suite vos lampes et allumez-les. Mes enfants, souvenez-vous que le silence vous mènera à la perdition, alors criez et ne vous taisez plus. Chantez des louanges et des hymnes au Seigneur, n'ayez pas peur, mais soyez courageux. Accepter le moindre changement dans la Parole de Dieu reviendrait à tout accepter, soyez vigilants. Je vous demande de répéter les promesses du baptême où vous renoncez à Satan et à toutes ses séductions. Maintenant je vous bénis au Nom du Père, du Fils et du Saint-Esprit, Amen.

Trevignano Romano - 28 Novembre 2020

Chers enfants, merci d'avoir répondu à mon appel dans vos cœurs. Qu'il est beau de voir mes enfants à genoux ; maintenant je vois rarement le cœur des gens transporté par l'amour pour moi et pour mon Fils Jésus. Mes chers enfants, je vois déjà les divisions qui apparaîtront concernant la fidélité à Dieu.

Mes enfants, je suis ici pour apporter amour et courage et vous protéger à chaque instant. En ce moment, ceux qui seront fidèles verront les grâces doublées pour qu'ils comprennent la grandeur de la miséricorde de Dieu.

Mes enfants, l'Avertissement sera bientôt sur vous, alors préparez-vous car il arrivera de façon inattendue.

Mes chers enfants, rappelez-vous que la Vérité est la Parole de Dieu et qu'il ne peut y avoir de mystification ; voici, l'homme s'est permis de faire ce qui ne plaît pas à Dieu.

Enfants, souvenez-vous des paroles de Jésus : « soit avec moi, soit contre moi». Soyez avec lui et vous aurez de la joie et de la sérénité même lorsque les ténèbres tombent autour de vous.

Maintenant, je vous donne ma bénédiction maternelle, au Nom du Père, Fils et Saint-Esprit, Amen.

Trevignano Romano - 1er Décembre 2020

Mes enfants, merci d'être ici en prière. Ecoutez mon enfant, en ce mois, le monde entendra le cri du travail : mon Fils naîtra au milieu de la tribulation et de la peste spirituelle. Mes enfants, soyez une seule voix avec le ciel, priez, priez mes enfants pour que la paix règne. Les prières de tous ceux qui ont la Foi anticiperont la venue de Jésus-Christ. La terre va fortement trembler, les eaux vont envahir les terres, priez pour l'Italie. Mes enfants, l'humanité a accepté passivement la volonté de l'élite mondiale sans s'en rendre compte, la puis-

sance du diable opprime de plus en plus cette humanité. Mes enfants, ne restez pas inactifs, mais criez le nom du Seigneur, invoquez-le, aimez-le et soyez-lui fidèles. Beaucoup d'entre vous ne comprennent pas ce qui se passe, mais en lisant et en vivant les messages avec le coeur, vous comprendrez.
J'ai prévenu depuis Fatima, La Salette jusqu'à aujourd'hui, mais l'indifférence vous a détournés et aveuglés.
Voici la fin des temps: elle est devant vos yeux, alors ne vous étonnez pas, mais réagissez. Soyez un seul chœur avec la récitation du Saint Rosaire. Priez pour la Chine, pour l'Amérique. Maintenant je vous bénis au Nom de la Sainte Trinité.

Trevignano Romano - 3 Décembre 2020
Aujourd'hui, Notre-Dame était avec Saint Joseph et souriait. Notre Dame a dit qu'aujourd'hui de nombreuses grâces descendraient sur les personnes présentes.
Chers enfants, merci d'avoir répondu à mon appel dans vos cœurs. Enfants, merci pour la foi et l'amour que je ressens dans vos cœurs – mais je ressens aussi de nombreux cœurs de pierre qui ne sont pas ouverts à la grâce. À ces enfants, je dis: profitez de ce moment pour éliminer les impuretés de votre cœur et commencer le voyage qui mène à Jésus.
Mes enfants, la prière peut changer les événements et s'il vous plaît, donnez-moi vos mains et je vous conduirai vers le Rédempteur, vers la lumière, l'amour et la charité.
J'aimerais que ces choses soient dans votre vie, mais cette humanité a dévié de son chemin, mettant en danger la vie éternelle. Maintenant, il y a une absence de Dieu dans une grande partie de l'humanité, et ne dites pas que vous ne saviez pas pourquoi votre comportement provoque sa colère, mais je suis ici pour vous avertir : prenez le chemin de la lumière, aimez le Seigneur et il va transformer vos cœurs, faisant descendre sur

vous la paix et la joie.
Maintenant, je vous laisse avec ma Sainte Bénédiction au Nom du Père, Fils et Saint-Esprit, Amen.

Trevignano Romano – 5 décembre 2020

Chers enfants, merci d'avoir répondu à mon appel dans votre cœur. Mes enfants, je ressens peu de sérénité dans vos cœurs, mais rappelez-vous que je suis avec vous.
Mes enfants, aujourd'hui n'est pas encore le temps réel de la persécution, mais bientôt une seule religion vous sera imposée qui ne sera plus la religion chrétienne.
Ne raisonnez pas avec votre tête, mais demandez l'aide du Saint-Esprit, qui peut toujours vous aider vous. Vous ne devriez rien craindre si vous êtes avec le Christ. Maintenant, je vous laisse avec ma bénédiction maternelle et avec Jésus parmi vous.

Trevignano Romano - 8 décembre 2020

Aujourd'hui, Notre-Dame portait une robe bleue ; elle était enveloppée d'une lumière magnifique et avait de nombreuses étoiles d'or et d'argent qui brillaient sous ses pieds.
Chers enfants, merci d'être ici en prière et d'avoir rendu hommage à l'Immaculée Conception.
Mes enfants, désormais, le Saint-Esprit soufflera toujours plus fort sur mon Église et sur ses enfants.
Souvenez-vous d'avoir de l'amour pour le Seigneur.
Enfants bien-aimés, vous êtes mon petit reste : soyez mon petit troupeau afin que je puisse toujours vous placer sous mon manteau béni pour vous protéger.
Je veux que soient entendus ceux de mes fils [prêtres] préférés qui évangélisent parce qu'ils ont été choisis par moi, comme ils ont le signe de Dieu : amour, joie et paix.

Enfants, en tant que Corédemptrice Immaculée de l'humanité, je vous invite une fois de plus à beaucoup prier pendant cette période. Le monde et l'humanité ont besoin de mes apôtres ; écoutez leurs voix et joignez-vous à eux pour chanter Gloire au Seigneur. J'anticiperai bientôt le retour de mon Fils ; n'ayez pas peur, je ne vous laisserai jamais seuls.
Vous êtes mes enfants et moi votre Mère. Maintenant, je vous bénis au Nom du Père, du Fils et du Saint-Esprit, Amen.

Trevignano Romano - 12 Décembre 2020
Mes enfants, merci d'être ici en prière et d'avoir répondu à mon appel dans votre cœur. Chers enfants, c'est le moment de choisir. Vous devrez choisir entre la vie et la mort, la lumière et les ténèbres. Mes enfants, écoutez les paroles du précurseur de l'avènement de mon Fils Jésus.
Ne soyez pas distraits, mes enfants, et priez, car la guerre entre le bien et le mal est déjà en cours. Priez avec vos mains jointes aux miennes ; à partir de maintenant, Il y aura une succession d'événements – convertissez-vous d'urgence, le temps est écoulé. Maintenant, je vous laisse avec ma Sainte Bénédiction au Nom du Père, du Fils et du Saint-Esprit, Amen.

Trevignano Romano - 15 Décembre 2020
Mes chers enfants, merci pour votre « oui » de chaque jour. Ma fille, écris pour que ce [mot] atteigne tous les endroits.
A certains de mes fils préférés (prêtres), je vous ai donné la lumière et vous avez embrassé les ténèbres, je vous ai consacrés et vous avez embrassé le monde ; repentez-vous et demandez pardon pour ce que vous faites à mon Église.
Demandez pardon aux fidèles de les avoir nourris de tant de mensonges. Ne savez-vous pas que vous faites des choix qui vous vaudront le feu éternel ?

Repentez-vous et rassemblez le troupeau avec amour et charité, et enseignez le chemin de la sanctification.
Écoutez le vacarme des tremblements de terre, écoutez le réveil des volcans ; voyez cette humanité qui a perdu ses valeurs et son amour, mais qui est remplie d'orgueil et d'arrogance, oubliant l'humilité.
Je vous regarde et vous êtes devenus comme des robots, dépourvus de toute humanité. Sauvez-vous parce que la colère de mon Père est déjà sur vous. Aimez-vous les uns les autres comme frères et soyez fidèles à Dieu ; retournez à Celui qui est le seul véritable amour.
Maintenant, je vous laisse avec la bénédiction de la Sainte Trinité. Votre cher Jésus.

Trevignano Romano - 19 décembre 2020
Chers enfants, merci d'avoir répondu à mon appel dans vos cœurs. Mes enfants, le monde est impie, tout est impie.
Les hommes, les politiciens et les médias ont accepté passivement ce que le diable a suggéré pour achever l'œuvre de destruction, mais vous, enfants bien-aimés, n'êtes pas seuls : rappelez-vous que nous sommes avec vous.
Enfants, ce Noël singulier, soyez calmes et joyeux à la venue du Sauveur qui, comme alors, viendra avec humilité. N'ayez pas peur, approchez-vous-en par la prière : quiconque est en Christ a la certitude de ne pas être touché.
Soyez unis, enfants ; vous aurez besoin l'un de l'autre – la famine va bientôt arriver et vous devrez être prêts à vous entraider en tant que frères et sœurs.
Je vous aime et vous console lorsque vous m'invoquez. L'Italie sera très fortement secouée : priez !
Maintenant, je vous laisse avec ma bénédiction maternelle au Nom du Père et du Fils et du Saint-Esprit, Amen.

Trevignano Romano - 22 décembre 2020
Mes enfants, merci d'être ici en prière. Mes enfants, mes petits, moi, votre Mère, je suis toujours avec vous. Souvenez-vous que c'est la pire période que l'humanité ait jamais connue mais, malgré tout, c'est le temps des bénédictions, le petit troupeau sera béni pour le rendre plus fort afin de faire face à n'importe quel événement. Regardez au fond de vos cœurs et vous trouverez la joie d'une vie renouvelée, la force avec laquelle même le mal peut s'enfuir devant vous. Le Seigneur vous réserve de nombreux cadeaux, réjouissez-vous de la venue du Sauveur. Priez pour l'Amérique car les affrontements entre politiciens et entre frères seront très forts. Faites attention, il y aura bientôt des avalanches. Je vous laisse maintenant avec ma Sainte Bénédiction au Nom du Père, du Fils et du Saint-Esprit, Amen.

Trevignano Romano – 24 décembre 2020
Message de Jésus 23:20 : Mon épouse, tu es ici à attendre ton époux. J'ai réuni ces familles parce que je veux que vous partagiez l'amour, l'amour d'une vraie famille, un amour fort.
Moi aussi, je suis né dans une famille pleine d'amour et, comme moi, vous devez donner et être des exemples de mon grand amour. Que vos familles soient des exemples d'unité, de force et d'amour, que vos enfants grandissent avec amour afin qu'ils puissent enseigner aux autres. Tous, vous attendez ma naissance ! Certains commentent les messages que ma Mère a donnés à l'humanité en disant : qui sait ce qui va arriver, quand cela va arriver, nous verrons avec le temps. Croyez ce qu'on vous a dit car le temps est passé, alors l'Avertissement est proche. Je reviendrai dans la Gloire comme mes anges placent la couronne sur le Roi qui est né, je reviendrai avec ma puissance, avec mon amour et avec ma grandeur. Tous me croiront

et chanteront des Hymnes au Seigneur avec mes anges, je reviendrai pour vous ramener à la maison où vous méritez joie et prospérité. Gardez vos familles unies, pardonnez les rancunes du passé Aimez-vous les uns les autres comme je vous aime. Je vous aime plus que tout au monde. Maintenant, attendez et priez. Je vous touche un par un, vous rappelant mon amour pour vous. Aimez-moi, mon épouse, et vous goûterez à l'allégresse de mon monde. Je vous aime. Merci de m'accueillir dans votre maison. Je vous bénis au Nom du Père, en mon Nom et au Nom du Saint-Esprit, Amen.

Trevignano Romano - 27 décembre 2020

Message de Notre Dame Chers enfants, je suis l'immaculée conception, je viens vous instruire une fois encore pour les temps à venir. Enfants bien-aimés, pourquoi parlez-vous encore des choses du monde, en faisant des projets pour le futur et en comptant sur les choses terrestres, je vous conseille de penser plus aux choses spirituelles.

Ne vous énervez pas pour les choses qui arrivent autour de vous, sachez que le pire ennemi de l'homme est l'Ego, que cette humanité n'a pas la force d'éliminer totalement de sa propre vie. Vous êtes mes vrais fils, chacun de vous aura la responsabilité de ses propres actions devant Dieu et envers le prochain, pardonnez car ce qui arrivera sera bien plus grave que ce que vous êtes en train de vivre, les maladies, les virus seront pires, mais vous avez un seul remède, la prière et la fidélité constante à Dieu.

Mes enfants, vous n'êtes pas seuls et ne craignez pas, la seule chose importante est de choisir de quel côté rester car ce sera votre choix pour la vie éternelle. A présent je vous laisse avec ma bénédiction Maternelle ensemble avec celle de mon Père qui vous aime immensément.

Trevignano Romano - 29 Décembre 2020

Chers enfants, merci d'être ici en prière et d'avoir répondu à mon appel dans votre cœur. Enfants, regardez le monde : il a atteint le point de destruction. Je vous ai demandé et continue de vous demander de prier le Saint Rosaire et de vous confier à Dieu, votre seul salut.

Vous voyagez sur une route pleine de dangers et pourtant vous ne croyez pas ; ouvrez vos cœurs, soyez unis et ne formez qu'une seule famille pour vous entraider. Bientôt, vous verrez tant de choses ; vous serez également témoins de la fin de cette bataille et vainqueurs avec Jésus.

N'ayez pas peur. Combien croient que tout cela passera vite : vous vous êtes laissé modeler par ce que disent les puissants, l'élite mondiale, sans comprendre ce qui s'est passé. Attention: ce qu'ils vous disent ne sera pas toujours pour votre bien. Priez pour l'Italie et pour le monde qui est en grand danger. Le Vatican sera profondément ébranlé ; beaucoup de prélats ressentiront l'obscurité dans leur cœur. Je compte sur vos prières, mes fils préférés, afin que ce qui arrivera soit atténué. Maintenant, je vous laisse avec ma bénédiction maternelle au Nom du Père et du Fils et du Saint-Esprit, Amen.

ANNÉE 2021

Trevignano Romano - 1er Janvier 2021
Message de Dieu le Père (pendant l'extase) : 00:21 heures
Moi, votre Père, je suis ici avec vous pour vous dire des choses importantes pour cette année à venir.
Mes enfants, suivez mon Jésus, ce n'est qu'en faisant confiance que vous pourrez atteindre le salut de vos âmes.
Je vous ai donné ma Fille, une Mère pour vous. S'il vous plaît, mes enfants, ne me craignez pas, en tant que bon Père, je veux que vous me connaissiez tel que je suis, apprenez mon nom à vos enfants et lorsque vous vous adressez à moi, appelez-moi Père, pas seulement Dieu, mais Père. Moi qui suis votre Père à tous, comment pourrais-je ne pas aimer mes enfants ?
De temps en temps, ma justice sert à vous corriger parce que vous n'écoutez pas toujours. Regardez, regardez le ciel et soyez-moi soumis en tant que Dieu de paix, soyez humbles. Mais que pensez-vous, que je puisse entrer dans votre coeur si votre coeur est fermé à la grâce ? Ce ne sera jamais possible. Ouvrez plutôt vos cœurs et je serai là pour vous donner tout ce que vous demandez et rien ne manquera. Priez avec les prières simples que l'on vous a enseignées, rien d'autre, je ne veux rien d'autre. Oh ! mes enfants, si vous saviez la joie que vous me donnez en vous regardant ensemble et unis, juste parce que vous ne me voyez pas, vous pensez que je ne suis pas là, mais je vous écoute et je vous observe, je regarde vos coeurs et votre joie. Bientôt je viendrai vous chercher, bientôt mon Jésus viendra vous chercher et vous emmènera dans un nouveau monde. Pensez-vous qu'il n'y a que dans ce monde que vous devez faire quelque chose ? Mais mon monde est aussi plein de tâches. Oh ! oui, ne donnez que la joie, la paix et l'amour, voilà ce que vous aurez à faire.

Je serai près de vous, la joie que vous ressentez dans votre cœur n'est que ma joie et votre amour est mon amour. Je suis en chacun de vous et vous ne l'avez pas encore réalisé. Cherchez-moi et vous me trouverez. Je suis aussi en ceux qui ne me connaissent pas. Je sais qui vous êtes et je vous ai créés dans l'amour, l'humilité et la charité et vous avez créé le dieu de vous-mêmes. Confiez tout à votre unique Père et à Marie, Mère miséricordieuse et pieuse, humble servante de Dieu, qui vous conduit sur le chemin de la sainteté.
Priez son Rosaire pour votre salut ; parfois, même des mots simples sont nécessaires, ce que j'apprécie.
Mes très chers enfants, faites une arche, comme je l'ai demandé à Noé, mais je le lui ai demandé pour qu'il puisse m'amener tous ses enfants, sans en perdre un seul. Mes enfants, je ne vous demande pas de construire une arche, mais d'être une grande famille et de rassembler autant d'âmes que possible. Bientôt vous aurez besoin les uns des autres et comment ferez-vous si le ciel ne vous donne pas ces instructions ?
Écoute cette belle âme (Dieu parle de la messagère), c'est mon amour. Oh ! Mon amour, comme Je t'aime, comme tu es aimée à Mes yeux, continue ton chemin et dis à tes frères de ne faire que Ma volonté, ils ont été créés pour une mission, ils n'ont été créés que pour cela et pourtant ils sont perdus. Ma fille, l'amour de mon coeur, mets-les sur le droit chemin comme une mère le fait avec ses enfants, explique-leur que je les aime, dis-leur combien mon amour est grand pour eux, ils sont mes enfants et je suis leur Père. Tournez-vous vers moi, appelez-moi Père et pas autrement, Père, comme je vous appelle enfants. Souvenez-vous que ce n'est que par mon Jésus et sa croix que vous aurez le salut. Oh mes enfants, je vous bénis maintenant au Nom de la Très Sainte Trinité, Père, Fils et Saint-Esprit, soyez toujours unis en mon Nom et je serai avec vous. Amen.

Enfin, la Sainte Vierge a ajouté : "Priez, priez beaucoup car les tornades et les cyclones qui se préparent seront violents.

Trevignano Romano - 3 Janvier 2021

Mes enfants, merci d'être ici en prière et de répondre à mon appel dans vos cœurs. Mes enfants, allumez les bougies de la foi et continuez à prier ; en ce moment, nous avons besoin de vous, chrétiens, et de ceux qui sont dans la vérité.

Mes enfants, soyez attentifs car tout ce qui va se passer doit vous ouvrir les yeux et vous faire voir que la justice et le châtiment de Dieu sont sur vous. Nombreuses sont les nations qui ont tourné le dos aux lois de Dieu en en élaborant d'autres qui n'ont rien à voir avec les lois divines.

Mes enfants, priez pour ceux qui ont promu des lois sur l'avortement, car leur souffrance sera grande.

Mes enfants, la voie de l'antéchrist s'ouvre, mais soyez sereins car le feu de l'Esprit-Saint sera sur mes enfants, qui ne se laisseront pas tromper. Je vous bénis maintenant au Nom du Père, du Fils et du Saint-Esprit, Amen.

Trevignano Romano - 4 janvier 2021

Lors de la Sainte Messe, au moment de l'Eucharistie, Jésus m'a dit : Tous ceux qui ont reçu le don de l'Esprit-Saint et l'ont vécu, dans les moments difficiles qui viendront, le Seigneur sera avec eux et ils seront dans la paix et la joie, tandis que ceux qui n'ont pas vécu dans l'Esprit-Saint continueront leur chemin dans le désespoir et les ténèbres. Amen.

Trevignano Romano - 14 Janvier 2021

Chers enfants, votre Mère est ici. Je viens à vous pour vous demander patience, miséricorde et amour. Ceci, mes enfants, est le temps des persécutions, mais vous, priez, priez sans relâche, afin de reconnaître les loups déguisés en brebis, tout ce qui vous entoure ne vient pas toujours de Dieu, soyez donc prudents. Mes enfants, malheureusement les trahisons continueront à se produire, même mon Fils a choisi ses apôtres un par un et pourtant il a été trahi, l'histoire des saints se répète dans chacun de mes enfants bien-aimés et à chaque époque. Mes enfants, recherchez la paix entre vos frères et restez silencieux même si vous avez raison, soyez rassurés, mes anges sont là pour vous garder. Rappelez-vous que les souffrances offertes au Seigneur se transformeront en grâces, surtout si vous souffrez pour Jésus, n'ayez pas peur, l'important est la paix que vous ressentez dans vos coeurs en ce moment. Je ne vous laisse pas seuls, soyez certains que je suis toujours avec vous. Que la paix soit dans vos maisons. Je vous bénis maintenant au Nom du Père, du Fils et du Saint-Esprit, Amen.

Trevignano Romano - 16 janvier 2021

Chers enfants, merci d'être ici en prière, pliez les genoux.
Je suis ici pour vous accueillir dans mon coeur et pour saisir vos mains. Mes enfants, n'ayez pas peur et ne soyez pas agités par ce qui va arriver, mais ayez confiance en moi, rien ne manquera si vous invoquez Jésus. Il sera votre provision, il sera la chaleur dans le gel, il sera la lumière dans les ténèbres, il sera toujours votre nourriture et étanchera votre soif parce que tout est en lui. Bien-aimés, ne perdez pas de temps, abordez la foi avec un cœur ouvert. Je ne suis pas ici pour vous effrayer, mais pour vous avertir, les temps qui viennent seront plus sombres que ceux que vous vivez actuellement, mais si vous n'allumez pas la flamme de la foi, vous ne sentirez que désespoir et tourment dans vos cœurs. Enfants, je vous appelle à la rédemption, plus votre souffrance sera grande, plus vous vous relèverez forts, je veux que vous soyez tous sauvés.

Prenez l'épée de l'amour et Dieu fera régner la justice. Je vous laisse maintenant avec ma bénédiction maternelle au Nom du Père, du Fils et du Saint-Esprit, Amen.

Trevignano Romano - 19 Janvier 2021

Mes enfants, merci d'avoir répondu à mon appel dans vos cœurs. Cela me réconforte de vous voir agenouillés dans la prière. Mes enfants, Dieu m'a permis de venir à vous pour vous prendre par la main et vous rapprocher de la prière. Oh ! mes enfants errants qui ne trouvent pas la lumière, encore tant de personnes n'écoutent pas ma parole, n'apprécient pas mon aide au point de se moquer de ces messages pour le salut de l'humanité. Mes enfants, vous avez eu le temps de choisir, et quand je regarde le cœur de beaucoup de mes enfants, je pleure de douleur et le cœur de mon Fils saigne.

Mes enfants, vous allez maintenant voir ce que je n'ai jamais voulu que vos yeux voient : de très forts tremblements de terre et toutes les calamités telles que les tempêtes, les blizzards, les raz-de-marée et les guerres, parce que vous n'avez pas écouté mes paroles !

Vous êtes asservis, vous êtes persécutés pour votre foi, mais tout se passe comme si c'était normal. Mes enfants, la guerre à laquelle vous assistez n'est pas une guerre de bombes, mais une guerre intérieure assez forte. Priez pour l'Église, qui subira sa destruction avant la Renaissance. Mes enfants, abandonnez-vous à Mon Jésus et nous serons toujours près de vous. Je vous laisse maintenant avec ma bénédiction maternelle au Nom du Père, du Fils et du Saint-Esprit, Amen.

Trevignano Romano - 20 Janvier 2021

Mes enfants, pliez les genoux en prière. Je voudrais vous consoler en vous disant que chaque mot, chaque geste, chaque

regard tourné vers moi, le Roi des Cieux et de la terre sera encore plus béni en ce temps.
Je vous regarde et je vois vos cœurs et je vous bénis et je vous donne ma paix que vous apporterez à votre tour dans vos maisons. Je vous aime et je suis toujours là, je vous attends tous les jours comme un pauvre mendiant, je ne demande que l'Amour. Votre Jésus

Trevignano Romano - 21 janvier 2021
Enfants bien-aimés, merci d'être ici en prière et de répondre à mon appel dans vos cœurs. Enfants bien-aimés, je vous demande instamment de décider de quel côté vous êtes. Moi, votre Mère, je suis ici, attendant votre appel pour vous donner de nombreuses grâces, je m'adresse particulièrement à l'humanité qui s'est donnée au monde. Appelez-moi, invoquez-moi et je serai toujours prête à vous venir en aide.
Enfants, l'illumination est proche, je demande à mon petit reste : revêtez-vous de lumière et mettez la plus belle des armures, et je vous mettrai au premier rang, maintenant j'ai besoin de vous, vous serez protégés et rendus invisibles par mes anges, le mal continuera à emporter des âmes en enfer et vous devrez faire de l'apostolat et évangéliser avec beaucoup de courage et de foi, soyez courageux et criez la vérité, n'ayez pas peur. Mes enfants, aimez et soyez oints, mettez toutes vos peines dans les plaies les plus précieuses de mon Fils. Je vous laisse maintenant avec ma bénédiction maternelle au Nom du Père, du Fils et du Saint-Esprit, Amen.

Trevignano Romano - 26 janvier 2021
Ma fille, dis au monde que la foi est le seul espoir de l'humanité, que seuls la prière, la charité et l'amour seront leur salut. Les temps annoncés depuis Fatima sont arrivés, personne ne

pourra dire que je n'ai pas prévenu. Tant de prophètes et de visionnaires ont été choisis pour annoncer la vérité et les dangers de ce monde, mais beaucoup n'ont pas écouté et n'écoutent toujours pas. Je pleure pour ces enfants qui se perdent, l'apostasie de l'Église est de plus en plus évidente, mes fils bien-aimés (les prêtres) ont rejeté ma protection.
Ma fille, dis au monde de prier pour les puissants, car ils vont déclencher une grande guerre. Priez pour l'Église car elle est en train de se détruire, priez pour l'Italie car elle pleurera ses morts, la famine est proche et vous n'y êtes pas préparés. Un autre virus est aux portes et il sera pire que le précédent.
Mes enfants, pourquoi ne comprenez-vous toujours pas ?
Protégez-vous, priez, priez beaucoup. Baptisez-vous et priez pour les enfants, car le mal veut prendre leur innocence. Je vous laisse maintenant avec la bénédiction de la Sainte Trinité, le Père, le Fils et le Saint-Esprit.

Trevignano Romano - 30 janvier 2021
Chers enfants, merci d'avoir répondu à mon appel dans vos cœurs, cela me réconforte de vous regarder en prière avec la foi dans le cœur. Mes enfants, regardez ce qui se passe autour de vous, les catastrophes naturelles ne se sont pas fait attendre dans le monde et continueront. Mes enfants, ce sont les temps, le bras de Dieu ne peut plus être retenu, sa justice sera grande, parfois atroce sur ceux qui blasphèment son Saint Nom, pour ces enfants consacrés qui ont profané l'Église et n'ont pas eu pitié de la douleur qu'ils ont causée à mon Fils.
Mes enfants, ne croyez pas ce monde qui veut vous corrompre de la pire façon qui soit, en faisant passer tout le mal pour du licite. Méfiez-vous des séductions du diable qui, en ces temps et avec tant de péchés, a gagné en force. Mes enfants, votre foi vous sauvera, demandez avec foi et cela vous sera donné, frap-

pez et on vous ouvrira, invoquez mon nom et celui de Jésus et nous ne vous laisserons pas seuls. Je vous aime et je suis proche de vous. Priez pour l'Amérique, pour les prêtres et le Pape. Priez pour les puissants du monde, afin que leurs cœurs soient éclairés et que la paix règne sur la terre.
Je vous laisse maintenant avec ma bénédiction maternelle au Nom du Père, du Fils et du Saint-Esprit, Amen.

Trevignano Romano - 3 Février 2021
Chers enfants, merci d'écouter mon appel dans vos cœurs. Enfants bien-aimés, merci pour vos prières.
Moi, votre Mère, je suis ici, je touche la terre pour vous instruire, une mère qui vous relève quand vous tombez, qui vous ramasse dans la boue et là où se trouvent certaines créatures ; c'est toujours moi qui essuie vos larmes, qui vous redonne l'espoir et la lumière de mon Fils pour éclairer votre chemin. Mes enfants, je suis votre Mère : pourquoi ne profitez-vous pas de la Miséricorde qui descend sur vous pour changer votre vie ? Enfants bien-aimés, priez pour l'Église, car maintenant la bataille est aux portes, elle vivra sa passion.
Priez beaucoup, sans cesse. Une grande tempête va secouer le monde et vous, vous perdez encore votre temps à vous attacher aux choses terrestres. Mes enfants, tout est prêt pour vous, le lait et le miel descendront des montagnes ; la paix, l'amour et beaucoup de sérénité sont prêts pour vous ; mais je vous demande de croire et de vivre mes messages.
Mes enfants, aujourd'hui de nombreuses grâces vont descendre, témoignez, soyez reconnaissants à Dieu pour tant d'amour, en le reconnaissant comme le seul vrai Dieu.
Je vous laisse maintenant avec ma bénédiction maternelle au Nom du Père, du Fils et du Saint-Esprit, Amen.

Trevignano Romano - 6 Février 2021
Chers enfants, merci d'avoir répondu à mon appel dans vos cœurs. Mes enfants, beaucoup d'entre vous attendent l'Avertissement comme s'il s'agissait d'une simple miséricorde, mais rappelez-vous, mes enfants, qu'il s'agira aussi d'un événement qui mettra vos vies à nu de manière chirurgicale. Mes enfants, je suis venu parmi vous pour rassembler mon reste fidèle. Mes enfants, ne soyez pas comme les pharisiens, ne soyez pas faux, souvenez-vous que je vois vos cœurs et que rien ne pourra jamais m'être caché.
Mes enfants, témoignez toujours et ayez du courage, parfois vous ressentez la peur du jugement des autres comme les Apôtres et certains d'entre eux par peur ont renié Jésus, pourtant ils ont été choisis par Lui. Mes enfants, priez pour les puissants de la terre, afin qu'ils ne prennent pas le chemin qu'ils ont en tête, car de leurs plans dépendront l'avenir de mes enfants, les guerres sont planifiées. Mes enfants, je suis là et je vous aime. Faites des cénacles de prière partout, aujourd'hui le monde a besoin de vous, priez pour l'Église et pour vos dirigeants. Je vous laisse maintenant avec ma bénédiction maternelle au Nom du Père, du Fils et du Saint-Esprit, Amen.

Trevignano Romano - 9 février 2021
Mes enfants, merci d'être ici en prière. Mes enfants, vous qui m'accueillez dans vos coeurs, je vous dis : Jésus est plus proche que vous ne l'imaginez, mes petits, tout est prêt pour vous et n'ayez jamais peur quand vous êtes dans le Christ. Mes enfants, priez pour les temps qui viennent car il y aura une succession d'événements dramatiques et de grands signes et il sera difficile de douter d'où ils viennent, sauf pour ceux qui sont déjà du côté de Satan et ceux dont le coeur est fermé.
Mes enfants, je pleure sur Rome qui a tourné le dos à Dieu en

pensant plutôt au pouvoir. Oh ! Rome, bientôt elle mangera la poussière de sa ruine. Mes enfants, priez pour le sud de l'Italie. Mes enfants, priez pour l'Amérique car elle obéit à des plans diaboliques. Mes enfants, je vous rappelle que les prières ont atténué de nombreux événements, je vous prie de continuer à prier, vous êtes sur la montée du Golgotha et vous portez des croix, faites des jeûnes et des sacrifices.
Maintenant je vous laisse avec ma bénédiction au Nom du Père, du Fils et du Saint-Esprit, Amen.

Trevignano Romano - 13 février 2021
Mes enfants, merci d'être ici en prière. Mes doux enfants, comme j'aimerais vous placer au premier rang de mes combattants, de mes soldats de la lumière, soyez dignes, aimez mon Jésus, ne soyez pas sombres, mais aimez avec diligence. Mes enfants, pendant cette période, beaucoup d'entre vous seront transformés et remplis de l'Esprit-Saint pour pouvoir bénéficier de notre lumière, beaucoup d'autres se sentiront vides, presque avec le sentiment de ne pas avoir le réconfort de Dieu. Cet état vous causera beaucoup de souffrance, mais n'ayez pas peur, Dieu ne vous abandonnera jamais, cet état vous fera réaliser ce que c'est quand, même inconsciemment, vous vous détournez et où vous pouvez aller. Souvenez-vous que cette souffrance servira plutôt à l'élévation de votre Esprit. Mes enfants, nous vous préparons à l'Avertissement, vous reviendrez plus forts qu'avant, dans la foi et la prière, alors n'ayez pas peur, la souffrance apportera la Grâce.
Priez, mes enfants, car les hommes injustes se moqueront de cette humanité, la conduisant vers l'abîme, mais vous battez-vous et aimez-vous et personne ne touchera mon reste fidèle. Je vous laisse maintenant avec ma bénédiction maternelle, au Nom du Père, du Fils et du Saint-Esprit, Amen.

Trevignano Romano - 16 Février 2021
Mes amours, merci pour les prières que vous récitez même en silence, chaque geste, chaque mot adressé à Dieu est une prière. Mes enfants, je continue à vous demander d'être des lumières pour le monde et des épées pour la défense, nous vous donnerons la plus grande protection, mais priez, parlez de Dieu calmement et doucement, expliquez ce qui vous sera dit du ciel sans crainte parce que l'Esprit-Saint vous accompagnera. Mes enfants, priez pour la Russie, la Chine et l'Amérique, elles causeront des ravages dans le monde. Tendez la main à Dieu le Sauveur sans aucun doute, soyez attachés à la vraie doctrine. Priez pour ceux qui craignent ces moments de ténèbres qui arrivent, je leur dis : n'ayez pas peur car vous n'avez qu'à aspirer au Paradis, tant il y a de morts inutiles dans le monde, parce que vous baissez la tête devant l'élite du monde, soyez prudents mes enfants, le mal profite de votre faiblesse spirituelle et physique pour vous attaquer, c'est pourquoi je vous demande d'être forts dans la foi car c'est seulement ainsi que vous pourrez endurer, renoncer et continuer à évangéliser. Mes enfants, les volcans se réveilleront presque simultanément, la nature se retourne contre cette humanité ingrate et pécheresse.
Mes enfants, priez pour l'Église, le schisme est en cours, l'Église se relèvera, malheureusement mes fils bien-aimés (les prêtres) ont choisi le chemin du mensonge, faisant tomber les ténèbres sur les fidèles, souvenez-vous que pour tout votre comportement vous rendrez compte à Dieu, vous conduisez mon troupeau au péché, vous ne considérez plus le péché, ce que vous enseignez n'est plus le vrai magistère et pour cela vous rendrez compte. Les ténèbres sont sur le point de s'abattre sur cette terre et les signes du ciel seront de plus en plus imposants, convertissez-vous dès maintenant.

L'antéchrist est sur le point d'apparaître publiquement en prenant la forme d'un saint dans sa façon de faire, il parlera aussi de Dieu, mais attention les enfants, attention ! Vivez toujours mes messages et recueillez le plus grand nombre d'âmes possible. Ma fille, merci de m'avoir toujours été fidèle, Jésus sera à tes côtés et je te consolerai en cette offrande de Pâques. Maintenant, je te laisse ma bénédiction au Nom du Père, du Fils et du Saint-Esprit, Amen.

Trevignano Romano - 20 février 2021

Message de Jésus : Mes enfants, combien je souffre, je suis parmi vous, je pleure pour toutes les souffrances que l'on me cause. Mes enfants bien-aimés, oh combien je souffre !

Ce que mon Église me fait ! Je suis déjà là et l'humanité ne croit toujours pas, elle ne comprend pas la douleur que je ressens et la peine que j'ai pour cette Église ; elle m'a tourné le dos, mais je l'ai construite avec Pierre, c'est mon Église et je ne laisserai pas le diable s'en emparer, mais elle renaîtra dans la Gloire. Mes enfants, méfiez-vous des fausses doctrines, ne tombez pas dans ce piège. Mes bien-aimés (prêtres) rendront compte de ce qu'ils font ! Priez pour les vrais prêtres, ceux de Jésus-Christ, car la persécution se prépare.

Chantez des hymnes au Seigneur votre Dieu, lamentez-vous sur tout ce qui va arriver et criez que je suis là. Mes enfants, convertissez-vous maintenant, priez, priez beaucoup, les temps qui viendront seront pour la purification de la terre, rien de ce que vous connaissez ne restera sur cette terre et vous qui pensez encore aux choses terrestres.

Confessez-vous et soyez prêts parce que le temps est à sa limite. Soyez prêts dans la prière, soyez dans ma grâce. Ma fille, supportez mes souffrances avec joie, ce sera une Pâque spéciale. Regardez ma fille, regardez ce Sang précieux, il est pour

tous, même pour mes enfants ingrats et les pécheurs qui ne comprennent pas. Ma fille, combien souffriras-tu en cette Pâque, combien souffriras-tu pour tous les pécheurs, aide-moi mon amour, aide-moi, fais-le avec joie pour ton Seigneur.
Je suis ici pour te purifier. L'Esprit-Saint va maintenant descendre sur vous, je veux vous purifier tous, soyez prêts parce que vous ne pourrez pas supporter ce qui vous attend. Pourquoi insistez-vous sur les choses du monde ?
Pardonnez, aimez, ayez de la charité, ne soyez pas indifférents. Mon Esprit est parmi vous et restera avec vous.
Mes enfants, soyez plus unis qu'auparavant, aidez-vous les uns les autres car bientôt tout sera perdu. Le feu et l'eau se préparent, mais vous serez enlevés par mes anges et emmenés dans un endroit sûr jusqu'à ce qu'il ressuscite comme un paradis : dans une nouvelle ère, sur une nouvelle terre, avec de nouveaux cieux. Suivez-moi et suivez mes pas, je suis le chemin, la vérité et la vie. Cette maison est bénie, mes anges y demeureront pour vous protéger. Mes enfants, ne craignez rien, je vous ai marqués un par un, comme Satan a marqué ses fidèles. Mes enfants, combien d'âmes avez-vous rassemblées auprès de moi ! Maintenant je vais passer pour vous bénir un à un, agenouillez-vous et inclinez vos têtes, ayez la vie éternelle, au Nom du Père, en mon Nom et au Nom du Saint-Esprit, Amen. Votre cher Jésus

Trevignano Romano - 23 février 2021

Mes enfants, merci de toujours m'accueillir dans vos cœurs. Enfants bien-aimés, regardez autour de vous, c'est un temps de destruction, de confusion et surtout de choix, vous êtes invités à décider de quel côté être, alors je vous dis : il n'y a qu'une seule façon de faire le bon choix, suivez l'Évangile, la Parole de Dieu et soyez en prière, laissez Sa lumière entrer dans vos

coeurs, c'est seulement de cette façon que vous pourrez comprendre quel sera le bon chemin. Les mensonges de ce monde sont plus nocifs que n'importe quelle maladie, regardez le nombre de suicides, surtout chez les enfants, le diable est dans toute sa force, c'est pourquoi je demande aux familles d'enseigner à leurs enfants la prière, en leur expliquant que ce n'est qu'à travers elle qu'ils pourront avoir la paix et la sérénité dans leur cœur, car sans la lumière de Dieu, il n'y a que les ténèbres. Baptisez vos enfants, afin qu'ils s'engagent sur le chemin d'une vie sainte. Mes enfants, le monde et l'humanité sont au bord du précipice, fortifiez-vous dans la foi et la prière car bientôt l'antéchrist fera son apparition.
Mes enfants, gardez aussi l'espoir que tout sera renouvelé pour qu'il y ait un nouveau monde de paix, d'espérance et d'amour, tout est prêt pour ces événements, mais vous devrez d'abord passer par la tribulation et la persécution, regardez les signes, soyez courageux, nous serons à vos côtés.
Mes enfants, repentez-vous et convertissez-vous au seul vrai Dieu, Dieu de paix, d'amour, de miséricorde et de justice. Je vous laisse maintenant avec ma bénédiction au Nom du Père, du Fils et du Saint-Esprit, Amen.

Trevignano Romano - 27 février 2021
Chers enfants, je vous remercie d’avoir répondu à mon appel dans vos cœurs. Enfants bénis, je verse de nombreuses larmes pour ceux qui ne m’écoutent toujours pas, qui ne vivent pas les messages qui vous sont donnés depuis des années afin que votre vie change et que votre cœur s’ouvre à la grâce.
Mes enfants, en ce moment, le monde est sous la domination du mal, qui a maintenant cessé de se cacher et qui veut ouvertement que vous soyez ses sujets ; la démocratie a pris fin et la dictature a émergé.

Mes enfants, je vous demande d'être fermes dans la foi, sinon vous risquez de perdre tout le chemin que vous avez entrepris jusqu'à aujourd'hui, aimez Jésus et la croix et vous aurez le salut. Mes enfants, c'est un temps de grandes épreuves et de purification, je vous demande de ne pas vous endormir, mais de veiller, de prier, mes enfants, priez beaucoup et ayez la joie dans votre coeur et la paix malgré tout, c'est cela la foi.
Je vous aime tous parce que vous êtes tous mes enfants. Je vous laisse maintenant avec ma bénédiction maternelle au Nom du Père, du Fils et du Saint-Esprit, Amen.

Trevignano Romano - 3 mars 2021

Chers enfants, je vous remercie d'avoir répondu à mon appel dans votre coeur. Enfants bien-aimés, moi, votre Mère, je vous demande : prenez mes mains et écoutez ce qui vous vient du ciel, car tout est pour votre salut. Profitez de ce temps de miséricorde car bientôt la justice et la colère de Dieu se feront sentir, il ne reste que très peu de temps, tout comme le temps que je resterai avec vous. Mes bien-aimés, ne craignez pas les temps qui viendront ou qui sont déjà venus, parce qu'avec la prière et la conversion vous pourrez vous sauver, mais ne jouez plus, ouvrez vos coeurs et laissez entrer l'Esprit-Saint, qui vous transformera et vous unira dans un seul coeur avec Jésus. Mes enfants, si vous saviez combien je vous aime et combien je me réjouis de vous voir tous ensemble en prière. Mes bien-aimés, priez pour l'Église et les consacrés, car ils sont dans l'obscurité, la confusion et les ténèbres, afin qu'ils soient illuminés par l'amour de Dieu. Je vous laisse maintenant avec ma bénédiction maternelle, au Nom du Père, du Fils et du Saint-Esprit, Amen.
Aujourd'hui, de nombreuses grâces descendront sur vous, témoignez avec humilité. Votre Mère !

Trevignano Romano - 6 mars 2021

Chers enfants, je vous remercie d'avoir répondu à mon appel dans votre cœur. Enfants bien-aimés, vous vous demandez pourquoi mon Fils pleure des larmes de sang ?

Sachez que Jésus est triste, affligé pour cette humanité qui est appelée au salut mais ne répond pas à son appel.

A présent, mes enfants, aujourd'hui le temps de la Miséricorde est terminé, invoquez le Seigneur pour qu'il ait pitié de vous, j'offre mes larmes pour vous. Mes enfants, quelques-uns seront sauvés grâce à la souffrance offerte par ma fille.

Je vous demande de prier, de prier beaucoup. Mes enfants, la technologie est sur le point d'être attaquée par des éruptions solaires, alors soyez prêts. Bientôt le mal se révélera au monde, mais seuls ceux qui sont fidèles au Christ reconnaîtront le bien et le mal, grâce à l'effusion du Saint-Esprit. Mes enfants, les temps qui viennent seront durs, très durs. En tant que mère, je vous demande : hâtez votre conversion, ne soyez pas tièdes, Dieu seul sera votre salut, confiez-lui votre vie, tout sera renouvelé et beaucoup sera perdu, mais je veux sauver mes enfants. La terre continuera à trembler sans cesse. Je vous laisse maintenant avec ma bénédiction maternelle au Nom du Père, du Fils et du Saint-Esprit, Amen.

Hier (6 mars 2021), l'image de Jésus Miséricordieux présent chez Gisella, a versé des larmes de sang.

Trevignano Romano - 9 mars 2021

Chers enfants, vos prières sèchent mes larmes. Mes enfants, la doulcur offerte doit apporter la joie.

Mes enfants, tout ne sera pas comme

vous l'attendez, la terre que vous connaissez n'existera plus, vous serez transformés en lumière et emmenés dans un endroit sûr, n'ayez pas peur car tout sera indolore pour ces moments. Je vous demande seulement de prier pour votre transformation. Mes enfants, la nouvelle terre sera pleine de joie et de paix et il n'y aura pas de maladie, tout est prêt pour votre arrivée. Mes enfants, ce que vous verrez bientôt, vous ne pourrez pas le supporter si vous n'êtes pas dans la foi et la prière, faites attention car le diable fera tout ce qu'il peut pour vous décourager, à tel point que même ceux qui disent avoir la foi peuvent être pris dans sa toile. Mes enfants, amenez beaucoup d'âmes à Jésus, afin qu'elles le connaissent et lui soient toujours fidèles. Mes enfants, beaucoup ont adhéré au mal, aux blasphèmes et aux corruptions du monde, mais ils n'ont pas encore compris que leur oui ne doit être que pour Dieu.
Mes enfants, ouvrez les yeux et regardez autour de vous, ne comprenez-vous pas où vous êtes arrivés ? La guerre spirituelle est en cours, veillez sur vos enfants, priez pour vos gouvernants, afin que la lumière entre dans leurs cœurs. Je vous laisse maintenant avec ma bénédiction maternelle au Nom du Père, du Fils et du Saint-Esprit, Amen.

Trevignano Romano - 13 mars 2021

Mes enfants, merci d’avoir répondu à mon appel dans votre cœur. Enfants bien-aimés, en ces années d’apparitions tout n’a pas été pris au sérieux, mais maintenant vous vous rendez compte que ce que je vous dis ne tarde pas à arriver et donc je demande une fois de plus une urgence à la conversion, d’être en état de grâce, de ne pas avoir peur et d’être dans la joie du Seigneur qui viendra bientôt.
Mes enfants, malheureusement beaucoup de mes enfants se sont adaptés à l’imposition à laquelle ils sont soumis, s’il vous

plaît les enfants, ne craignez pas, parce que je suis et serai avec vous chaque fois que vous avez besoin d'aide et quand la confusion prend votre âme, chassez-là avec la prière et regardez le visage de mon Fils, afin que vous ayez la sérénité.
Mes enfants, soyez disciples, combattez pour la vérité, ne soyez pas soumis au diable qui, par sa ruse, vous implique dans le mensonge, les temps seront tortueux pour l'Église et la politique, faites des cénacles de prière.
Maintenant, je vous laisse avec ma bénédiction au Nom du Père, du Fils, de l'Esprit-Saint, Amen.

Trevignano Romano - 16 Mars 2021
Mes enfants, merci d'être ici dans la prière.
Mes enfants, je viens à nouveau vous avertir et vous aider à ne pas commettre d'erreurs, en évitant ce qui ne vient pas de Dieu, et pourtant vous regardez autour de vous confusément sans vous rendre compte des morts qu'il y a et qu'il y aura sur la terre, tout cela à cause de votre obstination à n'écouter que les décisions humaines. J'ai souvent dit à mes enfants de faire attention aux vaccins, mais vous n'écoutez pas.
Enfants bien-aimés, regardez la Croix de Jésus et tenez-vous sous sa Croix bénie avec laquelle il vous a rachetés.
Enfants bien-aimés, la colère de Dieu ne tardera pas à se faire sentir, mais l'humanité est tellement aveugle qu'elle ne remarquera rien, ne donnant que des explications scientifiques.
Enfants, vous êtes ma véritable Église et c'est à vous que je me confie, car grâce à mes fidèles, elle renaîtra resplendissante et glorieuse. Mes enfants, maintenant rien ne sera plus comme avant, ils vous ont tout pris y compris votre liberté, soyez fidèles au Seigneur et aux Saintes Ecritures, convertissez-vous, ce n'est que de cette façon que vous serez sur le chemin de la lumière prêt pour vous.

Mes enfants, l'Église, oh ! l'Église quelle douleur !
Mon cœur saigne de voir tomber brique après brique, quelle souffrance ! Mes enfants, vous êtes en guerre et vous devez vous battre, peu importe si on se moque de vous, continuez sans relâche. Je vous laisse maintenant avec ma bénédiction maternelle au Nom du Père, du Fils et du Saint-Esprit, Amen.

Trevignano Romano - 20 mars 2021
Chers enfants, merci d'être ici dans la prière et d'avoir répondu à mon appel dans votre cœur.
Enfants bien-aimés, vos prières allègent mes souffrances et celles de mon Fils.
Mes enfants, soyez prêts, la tempête est sur vous et je vous demande de pardonner, d'aimer et de vous confesser afin que vous soyez prêts pour ce qui va arriver et pour les temps qui viennent. C'est le moment de se rassembler et non de se diviser. Soyez de vrais hommes et femmes de foi, soyez ceux qui combattront en première ligne, c'est le moment où le Ciel vous demandera de trouver des abris et des refuges où vous pourrez vous cacher, même pour prier, les temps annoncés sont arrivés. Mes enfants, en tant que Mère, je suis avec vous avec mes anges pour vous protéger.
Je vous laisse maintenant avec ma bénédiction maternelle au Nom du Père, du Fils et du Saint-Esprit, Amen.

Trevignano Romano - 23 mars 2021
Fille bien-aimée, merci pour ton Oui, avec ton époux et le petit reste. Vous êtes ma consolation. Ma fille, tu dois dire à l'humanité que les trompettes ont déjà sonné, il n'en reste qu'une, celle de la justice.
Mes enfants, Mon peuple choisi doit renforcer sa prière pour ces temps, la division et la persécution ont commencé.

Mes enfants, la guerre est sur le point de commencer au Moyen-Orient, priez pour la Syrie, ce sera une grande guerre car elle impliquera la Russie et l'Amérique.
Combien de douleur dans cette terre inondée de péchés, j'avais demandé à travers d'autres enfants bien-aimés d'avertir l'Église et les chefs de gouvernement afin qu'ils ne fassent pas de compromis et au contraire ils choisissent la voie du mal. Maintenant, je leur demande une fois de plus : repentez-vous et convertissez-vous, car vous ne vous rendez pas compte de ce vers quoi vous allez, seule une partie du gouvernement sait ce qui va se passer, les autres sont seulement dans une grande confusion, mais souvenez-vous que mon Coeur Immaculé triomphera, priez, priez, priez.
A mes enfants fidèles, je dis : soyez en paix car rien ne vous manquera, vous serez couverts et protégés par mon manteau.
Maintenant je vous laisse avec ma bénédiction, au Nom du Père, du Fils et du Saint-Esprit, Amen.

Trevignano Romano - 28 mars 2021

Mes enfants, merci d'être ici dans la prière et de plier vos genoux. Mes enfants, mon Jésus vous remplit de grâce car c'est ce dont vous aurez besoin, la justice de Dieu est sur vous, son cri de douleur viendra par le feu de la purification, et tous les croyants et fidèles se réjouiront, mais les malfaiteurs et ceux qui le renient souffriront beaucoup.
Fils, les temps se sont précipités grâce à vos prières, n'ayez pas peur, mais réjouissez-vous et soyez dans l'allégresse car la venue de Jésus est proche.
Maintenant je vous laisse avec ma Bénédiction Maternelle au Nom du Père, du Fils et du Saint-Esprit, Amen.

Trevignano Romano - 30 mars 2021

Enfants bien-aimés, n'ayez pas peur, car moi aussi j'ai été persécuté avant vous et je vous prie de ne pas dire que j'étais le Fils de Dieu parce que je pouvais supporter toutes les souffrances, il n'en est pas ainsi, j'ai éprouvé dans ma chair comme dans mon cœur toutes les douleurs et les ténèbres du monde parce que je me suis incarné pour cela.

Confiez-moi tout, l'unique ancre du salut, je vous prendrai par la main et je soulagerai votre souffrance en la plaçant sur mes épaules et en la portant avec moi vers le Calvaire. Je vous demande avec un amour extrême de ne pas m'abandonner et de ne pas abandonner ma Sainte Mère qui, avec une grande humilité, se tient encore au milieu de vous, votre souffrance sera récompensée. Je vous demande d'aider vos frères, afin qu'ils ne tombent pas dans la perdition, et si un seul de vos frères est sauvé, ce sera une fête au ciel. Je ne vous quitte pas, regardez la croix et tout ce qu'elle implique, ayez pitié de votre Jésus qui vous comprend et qui souffre tant.

Malheureusement, l'homme est attaqué par le plus bel ange qui s'est rebellé contre Dieu, seuls ceux qui auront la force et la Foi seront sauvés, ce message est pour toi Gisella et pour tous mes frères choisis par moi, ne laissez pas le mal obscurcir vos esprits. Je suis avec vous et je vous bénis au Nom du Père, en mon Nom et au Nom du Saint-Esprit, Amen.

Trevignano Romano – 3 avril 2021

Enfants bien-aimés, merci d'être ici en ce lieu béni et merci d'écouter mon appel dans vos cœurs. Mes enfants, mon Fils est mort par amour et pour vous racheter de vos péchés, il est ressuscité des morts, vainquant la mort. Mes enfants, c'est une Pâque spéciale parce qu'à partir d'aujourd'hui, les signes qui viendront seront visibles pour beaucoup de gens et surtout

vous verrez le signe le plus grand et le plus attendu, personne ne pourra dire qu'il a été fait par l'homme.
Mes enfants, c'est aujourd'hui le jour du silence et de la douleur, souvenez-vous que sous sa croix bien-aimée, je suis devenue votre Mère à tous. Priez sous la croix parce que les blessures qui viendront seront lavées par le sang de mon Fils. Mes enfants, je suis ici avec vous tous pour ouvrir vos cœurs à la grâce. Priez pour les prêtres qui sont perdus. Je vous laisse maintenant avec ma bénédiction maternelle au Nom du Père, du Fils et du Saint-Esprit, Amen.

Trevignano Romano – 6 avril 2021

Ma fille, merci de m'avoir accueillie dans ton coeur, je sens que tu voudrais aider tous ceux qui ont des besoins, mais parfois cela devient difficile, tu dois leur dire seulement des mots simples, mais qui peuvent leur faire comprendre quelle est la meilleure solution pour ces temps : déposer vos souffrances, vos peurs aux pieds de mon Fils, mais avec le coeur et dans la prière. Mes enfants, si vous saviez combien vous êtes précieux à ses yeux, vous devez prier, beaucoup prier.
Mes enfants, n'ayez aucune crainte pour les temps qui viendront tant que vous lui serez fidèles et que rien ne pourra vous troubler. Mes enfants, la conversion est urgente parce que le temps est venu, ne soyez pas attirés par les choses du monde parce que bientôt vous serez dépouillés de tout, mais vous n'aurez la joie et la sérénité qu'avec l'aide de Dieu.
Mes enfants, ne vous laissez pas tromper par les paroles du malin qui vous trouve des solutions faciles, mais dangereuses pour votre âme. Mes bien-aimés, les virus continueront à se répandre avec la même férocité que le diable, mais seul Jésus peut être votre salut. Priez pour l'Église, dont les piliers s'effondrent sous l'effet de la confusion.

Aimez-vous les uns les autres et unissez-vous pour témoigner de l'amour de Dieu, soyez de vrais apôtres. Je vous bénis maintenant au Nom du Père, du Fils et du Saint-Esprit, Amen.

Trevignano Romano - 10 avril 2021

Mes enfants, merci d'écouter mon appel dans vos cœurs et de vous agenouiller dans la prière. Mes enfants, vos prières sont précieuses, mais beaucoup ne comprennent pas que ce n'est que par la prière que l'on peut atténuer, prévenir ou même éviter des événements catastrophiques.

Mes enfants, allez prêcher, soyez de vrais apôtres, aidez vos frères dans leur transformation intérieure, car ce n'est qu'ainsi qu'ils pourront avoir une grande paix dans leur coeur, malgré ce qui arrivera bientôt, sinon l'anxiété et la peur seront les seuls états d'esprit, ceux qui sont en Christ n'auront jamais à craindre quoi que ce soit. Enfants bien-aimés, la guerre est de plus en plus proche, priez pour l'Italie et pour le monde de l'Église, car il pleurera, il pleurera tellement pour ne pas avoir obéi aux lois de Dieu, mais rappelez-vous toujours que Mon Coeur Immaculé triomphera et que vous en serez les témoins. Mes enfants, en tant que Mère, je souffre de voir beaucoup d'âmes perdues, je prie Dieu d'avoir pitié de mes enfants. Souvenez-vous du libre arbitre. Mes enfants, choisissez le bien, maintenant que tout ce qui va arriver vous a été révélé, vous ne pourrez pas dire : « Je ne savais pas ». Je vous bénis maintenant au Nom du Père, du Fils et du Saint-Esprit, Amen.

Trevignano Romano - 14 avril 2021

Mes chers enfants, merci de m'avoir accueillie dans vos cœurs. Enfants bien-aimés, je voudrais que vous vous demandiez où vous allez et quel est le chemin que vous avez pris.

Je crains que ce soit le plus confortable que le diable vous

montre, parfois je vois tant de mes enfants apathiques dans la prière, pourtant je suis avec vous, je souffre quand je vois qu'ils ont choisi les voies du monde, mais elles ne mènent nulle part. Mes bien-aimés, ce qui doit arriver arrivera soudainement et que faites-vous en attendant ?
Priez mes enfants, priez pour ne pas être pris au dépourvu. Je veux vous donner une précieuse suggestion : allez parler de mon Fils, n'hésitez pas, mais faites confiance à votre Mère, n'ayez peur de rien, car je serai au milieu de vous pour vous protéger. Bientôt, on ne professera plus le christianisme, mais on imposera une nouvelle religion, où le Christ ne sera plus au centre, soyez prudents et attentifs.
Je vous laisse maintenant avec ma bénédiction maternelle au Nom du Père, du Fils et du Saint-Esprit, Amen.

Trevignano Romano – 17 avril 2021
Message de Jésus : Frères bien-aimés, je suis ici avec vous qui avez demandé mon intervention. Frères, je vous demande de prier et d'élever vos prières pour que le temps devienne encore plus court. Je suis prêt et bientôt une tempête déferlera sur l'humanité, elle sera si forte que le monde n'en gardera aucun souvenir. Je prie mon Père pour que l'once de miséricorde qui reste puisse être utilisée sur ces enfants désorientés. Mes frères, tout va changer soudainement, vous aurez du mal à comprendre les bonnes influences des mauvaises si vous n'êtes pas prêts. Le monde changera comme vous ne l'avez jamais vu. Ceux qui seront avec moi crieront mon nom avec autorité afin d'écraser tout ce qui vient du mal. Je n'ai jamais voulu cela, mais vous avez joué avec Dieu sans vous rendre compte de ce qui vous attendait.
Vos mauvais choix et décisions pèsent sur moi comme un rocher et maintenant je vous supplie d'arrêter toutes ces souf-

frances ! Ma Sainte Mère vous accompagne depuis des années pour vous conduire sur le chemin qui vient de Dieu, mais l'humanité, occupée à jouir de tous les avantages du monde, a piétiné ses frères, ses enfants et tout ce qu'elle a trouvé sur son chemin, au lieu d'avoir de l'humilité et de la sagesse. Et maintenant, pourquoi êtes-vous frappés par ce qui se passe ? Ne savez-vous pas que le moindre péché peut vous peser ?
Vous avez choisi les dieux au lieu de vous contenter des petites choses, vous avez reçu la science et beaucoup l'ont utilisée pour tuer, oui vous avez utilisé la science mais pas votre conscience. Les grâces et les intelligences qui vous ont été confiées ont été utilisées pour l'argent et pourtant vous vous étonnez maintenant que vous soyez dans une dictature et que vous souffriez ?
Priez, priez, priez et soyez fidèles aux lois et aux commandements du ciel si vous voulez vous sauver et ne pas perdre la vie. Je vous bénis maintenant au Nom du Père, en mon Nom et au Nom du Saint-Esprit, Amen.
Votre cher Jésus.

Trevignano Romano - 21 avril 2021

Enfants bien-aimés, quelle joie de vous voir en prière et à genoux. Aujourd'hui est un jour important car j'ai choisi cette fille comme ma fille bien-aimée, avec son humble époux, pour pouvoir communiquer mes intentions au monde.
Mes enfants, priez pour mes consacrés afin qu'ils convertissent leurs cœurs. Il est facile de lire la parole de Dieu en chaire, mais certains, qui devraient être des bergers pour les brebis perdues, ouvrent la bouche et vomissent des paroles dictées par le diable. Mes enfants, je vois vos souffrances et je vois vos cœurs, mais je suis parmi vous pour que mon Oeuvre se réalise, soyez-en certains.

C'est le temps de l'épreuve, mais n'ayez pas peur, priez et prenez la force de mon Jésus qui ne vous laissera pas seuls.
Mes enfants, souvenez-vous que ceux qui vous persécutent se dressent contre Dieu, qui viendra bientôt avec sa justice. N'ayez pas peur, soyez toujours dans la foi des soldats de la lumière. Maintenant je vous donne ma bénédiction maternelle au Nom du Père, du Fils et du Saint-Esprit, Amen.

Trevignano Romano – 24 avril 2021
Chère fille, merci de m'avoir accueilli dans ton coeur. Ma fille, je souhaite que tu rappelles à tes frères dispersés dans le monde que mon Fils connaît leurs coeurs, alors ne soyez pas confus car vous pourriez être une proie facile pour le diable. Enfants bien-aimés, pourquoi ne faites-vous pas confiance à Dieu ? Lui qui connaît chacun de vous, Lui qui souffre que ceux qui se disent fidèles se comportent et se préparent contrairement à ses lois. Il sait comment nourrir ses enfants, alors si vous vous considérez vraiment comme fidèles, soumettez-vous à Dieu et soyez sereins. Mon Père m'a envoyé parler à mes enfants bien-aimés dans le monde pour les rassurer sur Son Amour infini, n'ayez pas peur et ayez confiance en Lui, seul un Père peut savoir ce qu'il y a de mieux pour Ses enfants, mais beaucoup, malgré leur foi, ne le reconnaissent pas. Mes enfants, aimez vos croix et surtout aimez Dieu en respectant ses lois, ses commandements, afin de vous réjouir et d'avoir la paix dans vos coeurs. Je vous bénis maintenant au Nom du Père, du Fils et du Saint-Esprit, Amen.

Trevignano Romano - 27 avril 2021
Chère fille, merci de m'accueillir dans ton cœur. Ma fille, ce qui se passera en ce temps a été écrit. Bientôt commencera la véritable persécution des chrétiens, mais n'ayez pas peur car je

vous protégerai. Il y aura des tribulations, mon Fils a été traité de fou même par ses plus proches parents, aussi lorsque tes lèvres prononceront son très saint nom, l'iniquité commencera à se nourrir, certains de mes enfants pourront reculer parce qu'ils seront tourmentés par la nouvelle religion qui n'appartient pas à Dieu. Mon enfant, consacre-toi davantage à la prière et au jeûne, prie pour ceux qui sont malades en esprit. Rappelle-toi que Dieu est juste et que sa justice fera trembler l'Église, qu'il ne permettra pas que l'iniquité prévale et que la parole de Dieu soit changée. Mon enfant, le monde et l'humanité ont besoin d'être guidés, ces messages diffusés seront des perles pour ceux qui connaissent la vérité, n'ayez pas peur, la vérité devra être criée en mille endroits pour que la conversion commence dans le cœur de mes enfants.
N'ayez jamais peur de ce qui arrivera bientôt car je serai avec vous, discernez les âmes qui s'approcheront, certaines vous tromperont, soyez vigilants et prêts. Maintenant je vous bénis au Nom du Père, du Fils et du Saint-Esprit, Amen.

Trevignano Romano – 1er mai 2021
Chers enfants, merci de répondre à mon appel dans vos cœurs. Vous savez ce qui vous attend en ces temps, la violence, le blasphème et la confusion sont déjà dans le monde, mais pour vous, il est temps de témoigner et d'accueillir l'Esprit-Saint. Mes enfants, aujourd'hui votre ténacité sera récompensée par des multitudes de grâces. Je vous bénis maintenant au Nom du Père, du Fils et du Saint-Esprit, Amen.

Trevignano Romano - 3 mai 2021
Chers enfants, merci d'écouter mon appel dans vos cœurs et merci de plier les genoux. Enfants bien-aimés, vous êtes au milieu d'une bataille spirituelle que l'humanité n'a jamais

connue. Mes enfants, soyez fermes dans la foi et priez, priez beaucoup pour être prêts le moment venu. Souvenez-vous que les tribulations feront partie de ces temps, mais n'oubliez pas que plus la souffrance sera grande, plus les grâces le seront aussi. Mes enfants, la guerre entre le bien et le mal est sur la terre, comme elle l'a été au ciel, mais vous ne devez pas avoir peur parce que quiconque demandera son aide l'aura comme premier réconfort, amour et vainqueur et vous avec lui.
Ne nourrissez pas les ténèbres, mais convertissez-vous rapidement, le temps est à sa fin. Partout où Jésus vous appellera, allez-y sans hésiter et rien ne manquera, soyez les prophètes de ces temps, allez prêcher l'amour infini de Dieu et le mien en tant que Mère. Mes enfants, nombreuses seront les grâces qui descendront ici aujourd'hui. Ayez toujours le courage de la foi. Tout est prêt pour mon petit reste.
Rappelez-vous que si Dieu permet tout cela, c'est pour vous donner la possibilité de toujours choisir avec votre libre arbitre. Je vous donne maintenant ma bénédiction maternelle au Nom du Père, du Fils et du Saint-Esprit, Amen.

Trevignano Romano - 8 mai 2021
Chers enfants bien-aimés, merci d'être ici en prière et d'avoir écouté mon appel dans votre cœur.
Mes chers enfants, je vous demande de prier pour l'Europe de l'Est, car vos souffrances viendront de là, je demande à toute l'humanité et à toutes les nations de s'agenouiller souvent et de faire des sacrifices, ce sera votre seul salut. Je vous demande, enfants bien-aimés, de ne jamais craindre, tant que vous êtes fermes dans la foi. J'enverrai ma fille là où il sera possible d'ouvrir vos cœurs et pour votre conversion, car il n'y a plus de temps. Tout est prêt pour vous.
Mes enfants, souvenez-vous que vous êtes dans le monde,

mais que vous n'êtes pas du monde. Maintenant, je vous laisse avec ma bénédiction maternelle au Nom du Père, du Fils et du Saint-Esprit, Amen.

Beaucoup recevront des grâces qui descendront sur vous aujourd'hui.

Trevignano Romano - 12 mai 2021

Cénacle en Pologne : Mes enfants bien-aimés, merci d'être ici en prière et d'écouter mon appel dans vos coeurs.

Mes enfants, les temps vers lesquels vous allez seront des temps de douleur, c'est pourquoi je touche la terre, afin de rassembler tous mes enfants dispersés dans le monde, je vous en prie, mes enfants, ayez pitié de mon Jésus, qui est blasphémé et maltraité plus qu'auparavant, ce comportement continue à le flageller sans aucune pitié. Mes enfants bien-aimés, bientôt viendra un homme qui sera acclamé par les puissants de toutes les nations, mais il sera l'antéchrist, ce temps est proche, la persécution commencera dans toutes les parties du monde, mais n'ayez pas peur car je serai toujours avec vous pour vous protéger. Mes enfants, n'ayez pas peur de la vérité et de votre foi, je vous recommande de toujours suivre le Saint Évangile. Aujourd'hui, les grâces descendront sur vous.

Je vous laisse avec ma bénédiction maternelle au Nom du Père, du Fils et du Saint-Esprit, Amen.

Trevignano Romano - 13 mai 2021

Mes enfants bien-aimés, merci d'être ici dans la prière en ce jour très spécial. Fils aimés, ainsi qu'à Fatima, aujourd'hui je vous demande de vous convertir au plus vite car le temps tire maintenant vers sa fin. Mes enfants, aujourd'hui vous avez consolé mon Saint Coeur par la prière et par votre foi, que je demande de garder toujours solide, et moi, je vous promets ma Sainte protection. Je vous bénis maintenant au Nom du Père, du Fils et du Saint-Esprit, Amen.

Trevignano Romano – 18 mai 2021

Mes enfants, merci d'être ici en prière et d'écouter mon appel dans vos cœurs. Mes enfants bien-aimés, n'attendez pas les derniers moments, mais saisissez mes mains et laissez-moi vous emmener là où il n'y a pas d'iniquité, d'orgueil et de fierté. Mes enfants, la terre subira bientôt la plus grande purification, les eaux envahiront la terre et le feu descendra du ciel, ayez le courage de la foi et soumettez-vous à Jésus votre Dieu, le salut sera pour mon peuple, ne craignez pas, mais soyez prêts. Priez pour l'Église, c'est d'elle que sont venues les divisions et je leur dis : repentez-vous avant qu'il ne soit trop tard, et c'est pourquoi Jésus souffre.

Priez mes enfants, car les guerres seront toujours plus fortes, priez pour les saints prêtres, car ils en auront grand besoin. Je vous laisse maintenant avec ma sainte bénédiction au Nom du Père, du Fils et du Saint-Esprit, Amen.

Trevignano Romano - 22 mai 2021

Enfants bien-aimés, merci d'être ici en prière et d'écouter mon appel dans vos cœurs. Mes enfants, comme je souffre de voir mes enfants bien-aimés accepter les lois de Satan.

Parfois, même des croyants se sont laissés entraîner dans ce combat contre Dieu, mais croyez-vous que vous savez mieux que Dieu ? Croyez-vous que vous pouvez recevoir toutes les grâces simplement parce que vous priez distraitement sans ouvrir votre coeur ? Enfants bien-aimés, dans les apparitions, je vous ai préparés à ce moment, mais on ne m'a pas écoutée, on s'est plutôt moqué de moi et on m'a accusée de faire de

l'ombre à mon Fils Jésus ; mais Jésus, sur la croix, n'a-t-il pas dit que je serais votre Mère ? Pourquoi niez-vous tout ce qui s'est passé ? Que vous est-il arrivé, mes enfants ?
Dieu est plus fort que Satan, mais vous préférez vivre dans le monde sans aucun sacrifice. Mes enfants, priez pour l'Église et les prêtres, car ils devront affronter le mal. Demain, pendant la messe, si vous avez le coeur ouvert, l'Esprit-Saint descendra sur vous. Priez pour le Venezuela.
Je vous laisse maintenant avec ma bénédiction maternelle au Nom du Père, du Fils et du Saint-Esprit, Amen.

Trevignano Romano – 25 mai 2021
Mes frères, merci d'être ici en prière. Aujourd'hui, je voudrais vous rappeler que j'assiste à toutes les messes, que je ressens une grande douleur lorsque vous m'infligez continuellement des souffrances, que je vois beaucoup de mes enfants, en particulier mes bien-aimés, souiller mon corps en me manquant de respect, en me prenant avec leurs mains sales, que je vous regarde à ce moment-là et que je pleure, que je pleure tellement. La famine et d'autres virus plus graves viendront, mais si vous ne vous confiez pas à moi, et si vous ne prenez pas les mains de ma Sainte Mère, où irez-vous seuls ? Tout vous a été révélé, mais vous êtes aveugles et sourds. Un vent violent balaiera ce virus, je vous demande de prier pour la miséricorde divine, sinon un autre virus terrible vous frappera et il n'y aura pas de remède. Priez pour que l'Eucharistie ne vous soit pas retirée. Écoutez la vérité criée depuis la chaire de la colline bénie de mon Père et votre vie ainsi que votre corps brilleront d'une immense lumière. *(Jésus m'invite à lire la deuxième lettre de Jean. chapître 1)* Maintenant je vous bénis au Nom du Père, en mon Nom et au Nom de l'Esprit-Saint.

Trevignano Romano – 29 mai 2021
Chers enfants, merci d'avoir écouté mon appel dans vos cœurs. Enfants bien-aimés, vous avez accepté la connaissance comme votre salut, mais peu ont cru au seul vrai remède, qui est Dieu et la Foi ; ils vous ont fait goûter le fruit de la perdition, en vous faisant croire que c'était votre seul salut. Comme cela s'est produit une fois, vous êtes tombés dans la tentation et dans le piège infernal. Rappelez-vous, mes enfants : la Croix sauve. Mes enfants, priez pour l'Église où la parole de Dieu n'est pas professée à cause de mes enfants bien-aimés qui, avec arrogance et orgueil, ne croient pas aux apparitions et à mes conseils, mais croient au seul dieu, leur propre dieu, et ne reconnaissent plus ma présence. Mes enfants bien-aimés, priez car la terre va bientôt se révolter. Mes enfants, aujourd'hui les anges vous observent depuis le ciel. A présent, la confusion règne parmi les politiciens et parmi vous, mes frères, seule la prière peut vous libérer de ces chaînes. Je vous laisse maintenant avec ma bénédiction maternelle au Nom du Père, du Fils et du Saint-Esprit, Amen.

Trevignano Romano - 1er juin 2021
Chers enfants bien-aimés du ciel, merci d'être ici en prière et merci d'écouter mon appel dans vos cœurs. Mes enfants, je vous demande de suivre Dieu qui est amour, le seul amour vrai et infini, d'être unis dans son amour, c'est seulement ainsi que tout peut être libéré des pièges de l'enfer. Mes enfants, ayez un coeur pur et vous pourrez entrer dans le royaume des cieux ; en effet j'ai été confiée à Jean, un garçon au coeur d'enfant, lui seul pouvait protéger la grâce. Mes enfants, ayez foi en Dieu et suivez ses commandements, ne vous laissez pas distraire par les choses du monde, mais ayez toujours le regard tourné vers le ciel. Je vous bénis maintenant au Nom de la Sainte Trinité, Amen.

Trevignano Romano - 3 juin 2021
Enfants bénis, merci d'être ici en prière et d'écouter mon appel dans vos cœurs. Mes enfants, si vous saviez combien est grand mon amour maternel pour vous ! Mes enfants, je suis encore ici pour demander la conversion de vos cœurs. Mes chers enfants, soyez proches de mon coeur et de celui de mon Fils Jésus, ce n'est qu'ainsi que vous aurez le salut.
Mes enfants, la persécution est maintenant en cours, mais vous ne devez pas craindre si vous êtes en Christ, car vous ne manquerez de rien. La famine se fera sentir, mais ceux qui sont avec Jésus doivent être rassurés. Mes enfants, priez pour que les églises ne soient pas fermées et que la nourriture de la vie éternelle ne vous soit pas enlevée. Priez pour mes fils bien-aimés (prêtres) et pour ceux que j'ai appelés pour le salut de l'humanité, vous les reconnaîtrez au visage de l'amour.
Je vous laisse maintenant avec ma bénédiction maternelle, au Nom du Père, du Fils et du Saint-Esprit, Amen.

La Vierge était vêtue de blanc et tenait dans une main le cœur de Jésus.

Trevignano Romano – 8 juin 2021
Chers enfants, merci d'être ici en prière. Enfants bien-aimés, je vous demande souvent d'être des flammes pour le monde, mais parfois vous êtes indifférents. Mes enfants, comme Jésus l'a dit à ses apôtres : que votre discours soit oui oui, non non ; le plus vient du malin. Convertissez-vous et soyez prêts pour ce qui vient. Mes enfants bien-aimés, ne raisonnez pas lorsque vous êtes dans la foi, le raisonnement humain ne parviendra jamais à comprendre ce que Dieu a préparé pour vous, parfois je vous observe lorsque vous cherchez des dates et des heures que seul Dieu connaît, mais je veux vous révéler une chose :

regardez autour de vous, même si cela vous semble une coïncidence, je vous rapproche tous les uns des autres, souvenez-vous que ce n'est pas votre décision, mais la Mienne.
Je veux que tous mes enfants bien-aimés puissent rester proches les uns des autres pour s'aider mutuellement lorsque le moment viendra et je veux vous rassembler pour mener la dernière bataille. Mes enfants, Dieu a tout préparé pour vous, de nouveaux cieux et une nouvelle terre, où règneront la sérénité et la joie, où la maladie et les lamentations disparaîtront et où tout ne sera que prière et amour pour Dieu.
Je vous laisse maintenant avec ma sainte bénédiction au Nom du Père, du Fils et du Saint-Esprit, Amen.

Le langage ambigu nous rend sombres, en fait plus nous nous approchons de la lumière, plus l'ombre devient grande, mais lorsque nous sommes la lumière, l'obscurité disparaît complètement, ce qui montre que les mots ont un grand poids.

Trevignano Romano - 12 juin 2021
Mes enfants, merci d'être ici en prière. Mes enfants, je vous demande d'écouter mes conseils et la voix de mon Fils, afin que vous soyez sauvés. Mes prophètes ont beaucoup écrit et beaucoup parlé pour le salut de l'humanité, mais vous n'écoutez pas. Certains de mes fils bien-aimés (prêtres) se sont détournés de moi et de Dieu sans comprendre que cela ne mènera pas au salut, mais à la perdition.
Mes enfants, priez beaucoup pour ce monde qui est maintenant couvert de ténèbres, la lumière de la foi est très faible et il ne sera donc pas possible d'éviter le jugement de Dieu, qui viendra bientôt. Mes enfants, je vous demande avec amour de faire des réserves car la famine arrive et vous risquez de vous retrouver dans le désespoir le plus total.

La providence viendra de partout, n'ayez pas peur, faites confiance aux paroles de Jésus et gardez-les dans votre cœur. Vivez ces messages, soyez fidèles à la parole de Dieu et à l'Évangile. Le coeur de mon Fils saigne pour les péchés de l'humanité, il sera sauvé celui qui, jusqu'à la fin des temps, aura écouté mes appels. Souvenez-vous, je vous aime tant, celui qui est avec Dieu ne craint rien. Je vous laisse maintenant avec ma bénédiction maternelle au Nom du Père, du Fils et du Saint-Esprit, Amen.

Trevignano Romano - 15 juin 2021

Message de Jésus : Mes enfants et mes frères bien-aimés, merci d'avoir écouté mon appel, vous m'avez consolé par votre présence et par vos prières intenses et sincères. Regardez, aujourd'hui vous avez rempli ma maison, comme j'aimerais que toutes les églises soient aussi remplies de mes frères et soeurs dans la louange et le chant, mais cela n'arrive plus et mon corps est souvent profané.

Chers frères, nous sommes au temps de la justice de mon Père, vous pensiez que ce temps ne viendrait jamais, mais il est là, je vous demande de multiplier vos prières car très bientôt vous sentirez la terre se révolter et les mers s'agiter dans le monde entier. Vous ne m'avez pas cru, mais vous avez écouté ceux qui disaient que tout prendrait une autre tournure et que tout redeviendrait comme avant, mais il n'en a pas été ainsi, pourtant vous continuez à ne pas croire et à penser que la miséricorde sauve tout, vous avez raison, mais mon Père est fatigué de toute la méchanceté humaine, vous êtes indifférents à tout et vous vous êtes habitués même aux choses les plus atroces, parce que vous n'avez les yeux tournés que vers les choses terrestres. Ouvrez les yeux, soyez courageux et réveillez vos consciences endormies. Mes frères, beaucoup d'entre vous qui ont prié avec le cœur aujourd'hui sentiront l'Esprit-Saint descendre. Je vous laisse maintenant avec ma Sainte Bénédiction, au Nom du Père, en mon Nom et au Nom du Saint-Esprit, Amen. Votre cher Jésus.

Trevignano Romano - 19 juin 2021

Enfants bien-aimés, merci d'être ici en prière et d'écouter mon appel dans vos coeurs. Mes enfants, je sens vos coeurs troublés par ces temps, il y a tant de confusion, alors je voudrais vous donner quelques indications pour reconnaître quand mon Fils Jésus viendra parmi vous et pour mieux comprendre : lorsque vous entendrez des guerres éclater dans de nombreux endroits proches et lointains, lorsque vous verrez l'apostasie se répandre dans l'Église, où de grands théologiens cachent la vérité, entraînant le troupeau dans le péché, niant la justice de Dieu ; quand la famine (pénurie de nourriture) sera l'une des nombreuses nouvelles qui passeront inaperçues, quand les épidémies se répandront sur l'humanité, quand les tremblements de terre seront puissants, quand vous verrez les eaux envahir les villes, quand vous verrez les signes du ciel que vous n'avez jamais vus, voici, ce seront les temps mûrs où le Fils de Dieu reviendra dans toute sa gloire.

Mes enfants, voici mes indications, ayez le cœur ouvert à Dieu afin d'entendre sa voix, de trouver le réconfort et de comprendre l'amour qu'il a pour chacun de vous. Celui qui est fidèle n'a rien à craindre. Je vous aime et je vous bénis au Nom du Père, du Fils et du Saint-Esprit, Amen.

Après l'apparition de Marie Très Sainte, Jésus est passé parmi nous, bénissant chacun d'entre nous.

Gloire au Roi des rois.

Trevignano Romano - 22 juin 2021

Chers enfants, merci d'avoir écouté mon appel dans vos cœurs. Enfants bien-aimés, priez, priez, la guerre est aux portes, priez pour les puissants de la terre afin qu'ils prennent des décisions différentes de celles déjà établies.

Priez pour l'Amérique qui sera punie pour avoir accepté tout ce qui est contraire à Dieu. Je vous le répète : s'il n'y a pas de Dieu et de prière dans votre vie, vous n'aurez pas d'espoir, célébrez les laudes et lisez la Bible pendant la journée. Mes enfants bien-aimés, la franc-maçonnerie ecclésiastique veut une seule église, avec une seule religion, l'Église au contraire doit suivre les traces de ses pères, parce qu'elle est sainte, catholique, apostolique, fondée par Pierre, ils ne reconnaissent plus Jésus vivant dans l'Eucharistie et beaucoup d'entre eux conduisent mes enfants dans les griffes du diable.

Mes enfants, il y aura des persécutions, également à cause du Nom de Jésus, mais ceux qui ont la foi n'auront jamais à craindre quoi que ce soit parce que Jésus sera votre réconfort et votre sérénité et moi, qui suis votre Mère, je protégerai toujours mon petit reste, avec mes anges. Je vous laisse maintenant avec ma bénédiction maternelle au Nom du Père, du Fils et du Saint-Esprit, Amen.

Trevignano Romano - 26 juin 2021

Cénacle de Rimini : Mes enfants bien-aimés, merci pour votre prière et pour avoir répondu à mon appel dans vos coeurs. Mes enfants, je vois la joie, la tristesse et la foi dans vos coeurs. Mes enfants, voici que je vous unis à l'unisson pour la nouvelle Pentecôte, tout ce qui viendra servira à vous purifier et à purifier la terre de tout mal, qui malheureusement se renforce en ces temps, s'emparant de l'esprit et de l'âme de beaucoup de mes pauvres enfants. Mes chers enfants, n'ayez

jamais peur, c'est le temps où beaucoup de maladies viendront, mais c'est aussi le temps où Jésus vous protégera, en particulier pour ceux qui ont la vraie foi, un tourbillon (le Saint-Esprit) viendra et frappera tous vos coeurs.
Mes enfants, priez pour la Russie, l'Amérique et la Chine. Je vous laisse maintenant avec ma sainte bénédiction au Nom du Père, du Fils et du Saint-Esprit, Amen.

Trevignano Romano - 29 juin 2021
Mes enfants, merci d'être ici en prière et de répondre à mon appel dans vos cœurs. Mes enfants bien-aimés, les démons obscurcissent les cieux pour obscurcir vos esprits. Mes enfants, ces temps sont prêts pour l'accomplissement des prophéties qui ont été révélées ces dernières années.
Mes enfants, priez pour l'Église car bientôt des nouvelles frappantes seront révélées, mon Église bien-aimée est dans la tourmente. Mes enfants, priez car le monde va bientôt trembler fortement, confiez-vous à Jésus, il ne vous laissera jamais seuls et priez pour mon Coeur Immaculé qui souffre beaucoup. Je vous bénis maintenant au Nom du Père, du Fils et du Saint-Esprit, Amen.

Trevignano Romano - 3 juillet 2021
Enfants bien-aimés, merci d’être ici unis dans la prière et d’avoir répondu à mon appel dans vos cœurs.
Mes enfants, je suis encore là par la miséricorde de Dieu qui veut que vous soyez sauvés. Je vous en prie, mes enfants, ne tournez pas le dos à Dieu, mais priez, priez, priez pour cette humanité perdue, priez pour l’Église où l’iniquité veut être le maître. Mes enfants, malheureusement peu ont la vraie foi, mais je vous demande de conduire vos frères sur le chemin de Dieu qui est le Chemin, la Vérité et la Vie.

De très mauvaises choses vont arriver et je ne vous vois pas prêts ; préparez-vous avec un sérieux digne de ce nom pour pouvoir atteindre la maison du Père où tout est prêt.
La Nouvelle Jérusalem est proche et je vous veux au premier rang avec joie, amour et sérénité.
Maintenant je vous laisse avec ma sainte bénédiction au Nom du Père, du Fils et du Saint-Esprit, Amen.

Trevignano Romano - 6 juillet 2021
Enfants bien-aimés, merci d'avoir répondu à mon appel dans vos cœurs. Mes enfants, regardez autour de vous, ne vous laissez pas tromper par les fausses promesses du diable. Mes enfants bien-aimés, tout change autour de vous et en vous, priez pour les temps qui viennent, ce n'est que par la prière que vous pouvez vaincre le mal. J'entends tant de pharisiens parler, ils prêchent bien, mais en dehors ils pèchent devant Dieu, ne soyez pas comme eux, parlez en vérité, c'est la seule chose qui peut vous rendre libres. Ne cherchez pas une fausse tranquillité, car elle se transformera bientôt en tourmente.
N'ayez pas peur si vous êtes en Dieu, je ne suis pas ici pour vous effrayer, mais pour vous placer devant une réalité crue mais vraie et ce qui arrivera sera causé par l'humanité qui croit pouvoir se passer de Dieu. Aimez-vous et nourrissez-vous de mon Fils. Je vous bénis maintenant au Nom du Père, du Fils et du Saint-Esprit, Amen.

Trevignano Romano - 10 juillet 2021
Chers enfants, merci d'être ici en prière et de répondre à mon appel dans vos cœurs. Mes enfants bien-aimés, le prince du mal ne s'arrête pas, mais avance avec une grande force, regardez ce qu'il fait, malheureusement il est entré dans l'esprit des gens de sorte que seuls les puissants peuvent les manœuvrer.

Un jour l'homme deviendra tellement fou que chaque semblable mangera son semblable. Mes enfants, lisez ce que sont l'enfer, le purgatoire et le paradis, beaucoup de mes enfants ne croient pas spécialement à l'existence de l'enfer et de la damnation éternelle, pourtant beaucoup de mes enfants bien-aimés (mystiques) vous l'ont dit. Mes enfants, comme il y a du bien, il y a du mal et pour ceux qui prient tant pour sauver les âmes perdues, ils sentiront la présence du Seigneur, convertissez-vous d'urgence, vous n'avez plus beaucoup de temps.
Mes enfants, priez beaucoup pour le Brésil et priez pour l'Italie car la terre va trembler très fort.
Moi, votre Mère, je vous protégerai avec mes Saints Anges, n'ayez jamais peur, allez de l'avant en parlant de mon Fils dans la Sainte Vérité. Je vous bénis maintenant au Nom du Père, du Fils et du Saint-Esprit, Amen.

Trevignano Romano – 13 juillet 2021

Chers enfants, merci d'être ici dans la prière. Mes enfants, mettez de l'ordre dans votre vie et ayez une foi solide, cela vous servira à vous adapter aux changements qui viendront. Ne vous étonnez pas de ce qui se passe autour de vous, souvenez-vous que plus l'iniquité se répand, plus l'amour entre vous se refroidit. La colère de Dieu, qui ne peut être arrêtée, s'abattra sur cette humanité, mais mes enfants fidèles seront protégés. La transformation de tout sera sous vos yeux.
Dieu met toujours votre foi à l'épreuve et si je suis encore ici, c'est pour vous montrer le chemin de la fidélité à Dieu et pour vous donner de grandes récompenses.
Mes enfants, méfiez-vous de ceux qui vous demandent de faire passer les choses du monde avant Dieu, écoutez bien quand quelqu'un vous parle, écoutez et vous comprendrez si ce sont les paroles de Dieu ou non.

En ces temps, je vois certains de mes enfants négliger la récitation du Saint Rosaire pour des frivolités, mais je vous le répète : le Saint Rosaire est l'arme la plus puissante pour combattre le mal. Je vous demande donc à vous, les enfants : de quel côté voulez-vous être ? Je vous demande de faire l'adoration parce qu'elle vous apportera de nombreux bienfaits spirituels et autres. Soyez comme les premiers apôtres, priez avec la joie de l'Esprit-Saint, soyez fidèles aux Saintes Écritures. Mes enfants bien-aimés, finis les rancunes, les jugements, l'ego et l'envie, personne n'est meilleur qu'un autre devant moi, vous êtes tous mes enfants et je veux vous conduire vers la lumière. Ne vous affligez pas, mais soyez les témoins du triomphe de mon Coeur Immaculé. Vous ne devez jamais avoir peur, ma protection sera pour vous tous, fidèles et humbles. Je vous laisse maintenant avec ma bénédiction maternelle au Nom du Père, du Fils et du Saint-Esprit, Amen.

Trevignano Romano – 15 juillet 2021
Message de Jésus

Mon peuple, comment pouvez-vous douter de ma présence dans ce pain ? Mes enfants et mes frères, ne voyez-vous pas que je vous protège ? Mon amour pour vous est grand et vous ne manquerez jamais de rien ; nourrissez-vous de mon Corps aussi longtemps que vous le pourrez, vous devrez vous cacher pour me recevoir sans m'offenser. Bientôt vous aurez besoin les uns des autres et je serai toujours là à vos côtés et j'enverrai tant de miséricorde pour ceux qui me restent fidèles, je vous bénis, votre Jésus.

Trevignano Romano – 17 juillet 2021

Chers enfants, merci d'être ici dans la prière et de répondre à mon appel dans vos cœurs.

Enfants bien-aimés, je prie avec vous et en particulier pour les jeunes qui échangent leurs âmes contre la liberté.
Mes enfants, le diable veut emmener autant d'âmes que possible en enfer et beaucoup sont tombés dans la plus grande tromperie de l'humanité.
Mes enfants, vous me demandez souvent s'il y aura vraiment une guerre, mais sachez que la guerre spirituelle est déjà à l'intérieur de beaucoup d'entre vous.
Mes enfants bien-aimés, ce qui vous a été prédit arrivera, priez beaucoup car la justice de Dieu sera soudainement plus forte que jamais et vous n'aurez peut-être pas le temps de demander pardon. Une fois de plus, je demande la consécration de la Russie à mon Cœur Immaculé, car de là, beaucoup de choses se produiront.
Chers enfants, suivez le vrai Magistère de la foi, restez proches des saints prêtres qui auront tant besoin de vous.
Mes enfants, l'union et l'amour entre vous émeuvent le cœur de mon Jésus, soyez des enfants de lumière. Maintenant, je vous bénis au Nom du Père, du Fils et du Saint-Esprit, Amen.

Trevignano Romano – 20 juillet 2021

Message de Jésus : Ma fille et ma soeur, merci d'être ici en prière, regardez autour de vous comme ils se sont habitués à vos apparitions, ils ne remarquent pas et ne s'agenouillent pas parce qu'ils ne sentent pas que je suis ici. Beaucoup ne me reconnaîtront même pas quand je reviendrai.
Ma fille, je ne peux plus accepter les larmes de ma Mère qui a été envoyée pour vous accompagner et vous montrer le chemin du salut. Beaucoup d'hommes sont pris dans leur humanité et c'est pourquoi l'Esprit-Saint qui a été envoyé ne peut pas agir dans leurs cœurs parce qu'ils sont fermés.
Ma fille, la prière doit être une communication douce et inti-

me avec moi et avec ma très sainte Mère, laissez l'Esprit-Saint transformer vos coeurs, sinon vous ne pourrez pas supporter ce qui arrive. Je vous demande l'unité, la fraternité, l'humilité et l'amour entre vous, sans ces quelques choses vous ne serez que des aveugles qui accompagneront d'autres aveugles, ne soyez pas hypocrites, mais mettez vos cœurs dans la prière et surtout confiez-vous et faites-moi confiance.
L'humanité s'est trop humanisée et le coeur ne sert qu'à palpiter et à continuer, c'est pourquoi je vous dis : ne soyez pas des sépulcres blanchis, mais élevez votre spiritualité. Mes enfants, priez pour les saints prêtres, car ils vous consoleront au moment où vous en aurez besoin ; priez pour les enfants afin qu'ils grandissent dans la plus grande protection.
Je vous bénis maintenant au Nom de la Très Sainte Trinité, Père, Fils et Saint-Esprit, Amen.

Trevignano Romano - 24 juillet 2021

Ma fille, sache que ce que personne n'attend arrivera ; les temps se suivent et s'accélèrent. Ma chère fille, c'est le pire moment que vit l'humanité, beaucoup de gens souffrent, mais surtout ceux qui ne connaissent pas Dieu. La guerre spirituelle est toujours ouverte, mais ceux qui sont fidèles n'ont rien à craindre. Je dis à mes enfants de lumière que le mal ne pourra pas les toucher, alors soyez joyeux et tranquilles car la providence viendra à vous sans hésitation. Sachez que c'est le moment du choix entre le bien et le mal, que votre décision soit pour le bien et donc pour la vie éternelle. Mes enfants, je vous le dis : tout ce mal aura une fin, Satan profite des âmes les plus faibles et les plus fragiles, mais quand mon Fils viendra, tout sera nouveau et renouvelé. Témoignez que la foi est joie, amour et unité. Maintenant, je vous bénis au Nom du Père, du Fils et du Saint-Esprit.

Moi, ta mère, je suis avec toi.

Trevignano Romano - 27 juillet 2021

Mes chers enfants bien-aimés, merci d'être ici en prière et de plier les genoux. Mes enfants, tout est en train de s'accomplir. Les pères doivent bénir leurs fils, les maris leurs femmes et les saints prêtres vous tous. Je vous demande de réciter la renonciation du baptême. Renoncez à Satan et croyez au Seigneur, le Sauveur, renoncez à ses ruses et croyez en Dieu le Sauveur, renoncez à la haine, à l'envie et à la jalousie et croyez en Dieu le Sauveur, renoncez à ses pièges, à la confusion et aux maux de l'esprit et croyez en Dieu le Sauveur. L'Église tremblera sur ses fondations. Je vous bénis maintenant au Nom du Père, du Fils et du Saint-Esprit, Amen.

Trevignano Romano – 3 août 2021

Chers enfants, merci d'être ici en prière et d'écouter mon appel dans vos cœurs. Mes enfants bien-aimés, je vous demande d'être prêts car l'Avertissement est très proche.

Beaucoup reviendront à Dieu, même ceux qui ne croient pas, surtout les prêtres qui ne croient pas tout ce que vous vivez en ce moment. Certains trouveront quelque chose pour déformer ce qui aura été vu (de l'avertissement) et ne voudront pas admettre que Dieu peut tout faire, et à ce moment-là ils auront choisi. Moi, Mère de Dieu et votre Mère, je veux vous garder pour les temps terribles qui viendront.

Je veux vous faire remarquer que bientôt il y aura des guerres dans le monde, mais ce sera le moment où l'Antéchrist viendra et se présentera comme un homme de paix.

Attention les enfants, ne laissez pas vos esprits se tromper, mais soyez fidèles même lorsque le catholicisme devient paganisme et protestantisme.

Soyez toujours avec l'Évangile et le Rosaire dans vos mains et ne vous laissez pas distraire. Mes enfants, je veux vous sauver tous et je vous demande de témoigner.
Je vous laisse maintenant avec ma bénédiction maternelle au Nom de la Très Sainte Trinité.
Priez pour l'humanité perdue et je prierai avec vous.

La Madone dit qu'aujourd'hui des grâces descendront parmi vous.

Trevignano Romano – 7 août 2021
Mes enfants, merci d'avoir écouté mon appel dans vos cœurs et d'avoir fléchi vos genoux. Enfants bien-aimés, priez beaucoup car tout est en train de s'accomplir, j'ai besoin de vous, j'ai besoin d'hommes de vraie foi, comme Jésus l'a dit à ses apôtres, je vous le dis : levez-vous et allez parmi les nations et parlez de Dieu, faites des hommes saints, ne craignez rien car mon Fils sera avec vous.
Mes enfants, ma présence dans le monde est une préparation à la venue de Jésus, qui est de plus en plus proche, ne vous inquiétez pas de laisser les choses terrestres, la famille, les amitiés, mais allez et enseignez avec courage et si ceux qui vous écoutent continuent à avoir le cœur fermé, priez seulement pour eux et partez évangéliser, je serai avec vous.
Eloignez-vous de tout ce qui ne vient pas de Dieu, car Jésus dit : celui qui souffre avec moi et pour moi entrera dans mon royaume, mais celui qui ne veut pas se réjouir avec moi attendra mon jugement, parlez de Dieu qui est si miséricordieux, mais il est aussi juste et je vous prépare à être comme lui, pardonnez et soyez justes.
La Chine subira ses mauvaises actions, priez pour le lieu où Jésus est né car il y aura une guerre.

Maintenant, je vous bénis au Nom de la Très Sainte Trinité, Père, Fils et Saint-Esprit.

Trevignano Romano – 11 août 2021
Récitation du Saint Rosaire à Caltanissetta
Enfants bien-aimés, merci d'avoir écouté mon appel dans vos coeurs. Mes enfants bien-aimés, priez beaucoup pour que beaucoup de vos frères aient la force de rejeter le mal. Regardez le monde, il brûle, les mers et les eaux entrent dans les maisons, vous êtes au sommet du chaos.
Mes enfants, priez pour que tous reconnaissent le Dieu unique. En ces temps, beaucoup se tournent vers les fausses doctrines qui submergent l'unique vérité. Mes enfants, la situation ne s'améliore pas, elle empire de plus en plus, provoquant l'effondrement de l'économie, le communisme s'installe et c'est l'une des raisons pour lesquelles je vous dis que bientôt vous serez obligés de vous cacher pour les messes, souvenez-vous aussi que vous avez été choisis pour être témoins de tout ce qui a été prédit, alors soyez forts dans la foi, mes anges et archanges vous protégeront, nous sommes à la bataille finale, n'ayez jamais peur. Priez pour la Turquie. Je vous bénis maintenant au Nom du Père, du Fils et du Saint-Esprit, Amen.

Trevignano Romano – 15 août 2021
Récitation du Saint Rosaire à Caltanissetta
Enfants bien-aimés, merci d'avoir répondu à mon appel dans vos cœurs. Mes enfants, moi, je suis assumée en corps et en âme, ainsi que mon Fils, par le privilège qui m'a été accordé par la résurrection de Jésus, je suis ici pour vous demander : ne montrez pas votre faiblesse car le diable vous attaque pour vous faire tomber dans le péché ; faites attention, vous devez vous convertir maintenant, pas demain, mais maintenant.

Vous devez être comme ceux qui sont déjà dans le royaume de Dieu, pleins de joie, d'amour, de fraternité et de louange au Seigneur, c'est seulement ainsi que vous pourrez être forts pour tout ce qui arrivera. Mes enfants, tout est maintenant prêt, les ennemis avancent et viendront de la mer. Mes enfants, tout ce qui a été prédit, vous le voyez de vos propres yeux, mais beaucoup ne croient pas encore. Moi, la Mère de vous tous, je vous le dis : bientôt il y aura un schisme dans l'Église, tout s'écroulera, Mon Père en ébranlera les fondements. Je dis à mes fils bien-aimés (prêtres) qui suivent le vrai Magistère : n'ayez pas peur car vous rendrez mon Église renaissante plus luxuriante, ensemble avec mes fidèles. Mes enfants, en ce moment vous serez persécutés par vos amis et votre famille, mais mes anges vous protégeront toujours, rappelez-vous que la douleur et la souffrance offertes dans un esprit de foi sont agréables à Dieu, pour votre purification. Maintenant je vous laisse avec ma Sainte Bénédiction au Nom du Père, du Fils et du Saint-Esprit, Amen.

Jésus est présent et me demande de réciter l'Ave Maria avec lui, puis Il dit : dans la prière de l'Ave Maria, il y a les mots les plus beaux et les plus glorieux adressés à ma Mère. Je vous bénis !

Trevignano Romano – 17 août 2021
Cénacle de Canicattì (Ag)

Mes enfants bien-aimés, merci d'être ici en prière et d'écouter mon appel dans vos coeurs. Mes enfants, je vois que vous n'êtes pas encore prêts, mais je vous demande de ne pas remettre à plus tard ce que vous pourriez faire maintenant, vous n'avez plus beaucoup de temps, mettez les choses en ordre dès que possible, en particulier ce qui trouble votre coeur, faites une bonne confession, suivez le vrai Magistère de l'Église, convertissez-vous bientôt parce que vous n'avez plus le temps, pensez davantage à votre vie spirituelle. Mes enfants, le vacarme des guerres commence à se faire entendre, mais ne comprenez-vous pas que le monde que vous connaissez ne sera plus ? Mon Fils Jésus viendra dans la justice, cette humanité ne se libérera pas du péché et c'est pourquoi je vous demande : mes enfants, soyez prudents, le chemin à prendre est le chemin du bien et si vous vous demandez lequel c'est, je vous dis de suivre l'Évangile et les 10 Commandements et celui qui n'aura pas peur et renforcera sa foi, aura des grâces en abondance, c'est pourquoi je vous demande de rester dans l'amour de Dieu. Maintenant je vous bénis, au Nom de la Sainte Trinité, Père, Fils et Saint-Esprit.

Trevignano Romano – 21 août 2021

Mes enfants bien-aimés, merci d'avoir répondu à mon appel dans vos cœurs. Mes enfants, ce sont les temps annoncés et vous avez été choisis comme témoins. Bientôt, vous entendrez et verrez des guerres partout, des tremblements de terre se succéderont jusqu'à ce que le pire arrive. Mes enfants, ayez la foi, priez, priez beaucoup, ce n'est qu'ainsi que vous pourrez vous protéger, car ce qui arrivera ne peut être atténué, mais vous ne devez rien craindre, aimez Dieu, continuez les cénacles de prière en vous confiant uniquement à lui et à son infinie miséricorde. Ne reculez jamais, mais allez de l'avant avec la force de l'unique vérité. Je vous le demande, mes enfants : consacrez-vous chaque jour à moi, votre Mère, et je placerai mon manteau autour de vous pour vous protéger toujours.
N'ayez jamais peur. Priez pour l'Église, car la confusion règne. Je vous bénis maintenant au Nom du Père, du Fils et du Saint-Esprit, Amen.

Trevignano Romano, 24 août 2021

Ma fille, merci de m'accueillir dans ton cœur. Je viens à toi pour avertir, une fois de plus, tes frères d'être unis. Les temps qui viennent seront pires que ceux-ci, les catastrophes dont vous serez témoins vous feront beaucoup de mal, je pleure parce que je vois tout cela, je vois aussi comment le péché se répand dans le monde, maintenant il n'y a plus de conscience, il n'y a plus de respect les uns pour les autres, vous êtes confus et effrayés, vous luttez et vous désespérez sans comprendre que Jésus est l'unique chemin, la vérité et la vie. Tout ne vous a pas été révélé, mais peu à peu, lorsque vous serez forts et capables de réaliser, d'autres choses vous seront révélées.

Ma fille, tu dois dire à tes frères de ne pas abandonner la foi, mais de s'y accrocher, vous devez vous pardonner les uns aux autres, car lorsque le moment viendra, vous devrez être prêts. Bientôt le temps sera venu pour l'entrée de l'antéchrist, ce sera un homme très proche de l'Église, il sera le médiateur de la paix pendant la guerre et là vous comprendrez qu'il ne faut jamais le regarder dans les yeux, ne vous laissez pas tromper par ses manières aimantes. Ma fille, tout ceci sera de courte durée, alors soyez forts et brillez de lumière pour le monde, la prière communautaire vous aidera, ne vous isolez pas, mais soyez toujours en communion avec vos frères.

Priez beaucoup pour l'Église, pour l'Italie parce qu'il y aura des persécutions contre les chrétiens et pour l'Amérique qui a tourné le dos à Dieu en propageant et en aimant le péché. Je vous bénis maintenant avec votre conjoint au Nom du Père, du Fils et du Saint-Esprit, Amen.

Trevignano Romano - 28 août 2021

Mes enfants bien-aimés du ciel, merci d'avoir répondu à mon appel dans vos cœurs. Mes enfants, je ressens votre peur et

votre souffrance, mais tout n'a-t-il pas déjà été annoncé dans les Saintes Écritures ? Mes enfants, Jésus vous a préparés depuis longtemps, mais vous qui n'avez pas été fermes dans la foi, vous avez maintenant peur.
Rappelez-vous toujours que je vous ai appelés un par un et que je prépare mon peuple afin que beaucoup de mes enfants forment des familles avec des mères, des pères et des frères. La persécution sera grande, surtout lorsque les églises seront détruites par des êtres impurs, mais soyez unis, car je vous protégerai. Le péché est maintenant grand, mais si grand que seules la prière et la confiance peuvent vous sauver.
Je vous laisse maintenant avec ma bénédiction maternelle, au Nom du Père, du Fils et du Saint-Esprit, Amen.

Trevignano Romano - 31 août 2021
Mes enfants, merci d'avoir répondu à mon appel dans vos cœurs.
Mes enfants, je pleure parce que je sais à quelle peine vous allez être confrontés, tout cela a été prédit, mais vous perdez votre temps avec les choses du monde.
Mon Jésus ne vous a-t-il pas laissés en disant : « Demandez et on vous donnera » ?
Chers enfants, restez fidèles à la Parole de mon Seigneur et Il abondera en Miséricorde et en Providence.
Enfants de mon cœur, ne vous conformez pas à ce que le monde vous dit, ne courez pas vers ceux qui vous assurent une protection, car seul mon Jésus vous protège, vous assiste, vous aide et vous aime.
Continuez à être dans le vrai Magistère de la foi et ne vous laissez pas tromper.
Maintenant, je vous bénis au Nom du Père, du Fils et du Saint-Esprit, Amen.

Trevignano Romano - 3 septembre 2021

Mes chers enfants, merci d'avoir répondu à mon appel dans vos cœurs. Mes enfants bien-aimés, aujourd'hui mon Fils est avec vous, mourant, mais plein d'amour pour tous. Mes enfants, beaucoup demandent des signes, mais quels signes voulez-vous quand de la fumée et non la parole de Dieu sort de la bouche de certains, de plus, vous demandez et demandez sans jamais rendre grâce pour tout ce que vous avez.

Priez pour l'Église qui savoure son martyre, priez mes enfants, parce que le monde est enveloppé de ténèbres et que vous devez vous faire connaître comme des lumières brillantes, allant de l'avant dans la vérité de la parole de Dieu.

Mes enfants, vous n'êtes pas à l'époque où il vous est permis de vous perdre dans des frivolités, car le Fils de l'homme doit être avec vous. Je vous demande de porter votre croix avec amour pour la purification de la terre.

Si vous la portez avec joie, vous aurez de grandes récompenses, mais si vous la portez avec désespoir, vous ne connaîtrez pas la joie promise. Priez pour les volcans.

Je vous laisse maintenant avec ma bénédiction maternelle au Nom du Père, du Fils et du Saint-Esprit, Amen.

Trevignano Romano - 4 septembre 2021

Mes enfants, soyez la lumière du monde, les plus belles fleurs de mon jardin, les meilleurs fruits de cette vigne.

Je suis avec vous et je vous bénis au Nom du Père, du Fils et du Saint-Esprit, Amen.

Trevignano Romano – 7 septembre 2021

Mes enfants, merci pour avoir répondu à mon appel dans votre cœur souffrant, moi votre Mère je consolerai votre cœur endolori. Mes enfants, regardez la croix et soyez consolés.

Donnez à Jésus toutes vos douleurs, offrez les offenses qui vous seront faites car Lui les transformera en grâces.
Mes enfants les persécutions dont je vous ai toujours parlé seront par-dessus tout spirituelles, donc soyez prêts, car les douleurs seront grandes, bien plus grandes que ce que vous puissiez imaginer, mais je ne vous abandonnerai pas, et ensemble avec mes anges je vous protégerai de tant de douleurs. Je vous demande une fois encore, convertissez-vous et décidez-vous pour Dieu, car le temps est fini.
A présent je vous bénis au Nom du Père et du Fils et du Saint-Esprit, Amen.

Trevignano Romano - 8 septembre 2021
Mes enfants, merci pour avoir répondu à mon appel dans votre cœur. Mes enfants, n'ayez pas peur de l'eau qui aujourd'hui descend du ciel, le jour même de ma naissance un éclair a déchiré le ciel et il est tombé beaucoup d'eau.
Mes enfants, je touche la terre pour apporter la paix dans vos cœurs et dans vos maisons. Chers enfants, aimez mon Jésus qui vous donnera tant si vous vous fiez complètement à Lui, qui par amour est mort sur la croix. Aujourd'hui je fais descendre mon manteau sur vous, je vous aime et priez, priez beaucoup, par-dessus tout pour l'Italie. Je vous bénis au Nom du Père et du Fils et du Saint-Esprit, Amen.

Trevignano Romano – 11 septembre 2021
Chers enfants, merci d'avoir répondu à mon appel dans votre cœur. Enfants bien-aimés, combien de mes larmes tombent sur cette humanité qui s'est livrée au péché. Priez pour mon Église qui désormais est dans l'obscurité des ténèbres, les mêmes ténèbres vont descendre sur vous, mais celui qui gardera la foi, ne devra pas craindre.

Moi votre Mère, je suis en train de placer chacun d'entre vous au bon poste, vous devrez combattre comme de vrais soldats, votre arme principale est la prière et le Saint Rosaire, l'arme la plus puissante contre Satan, qui à présent est de plus en plus furieux car il sait que son temps arrive à la fin.
Chers enfants, soyez toujours plus proches de la prière, ne vous éloignez pas d'elle car ce sera l'unique chose que vous aurez dans les temps qui arrivent. Mes enfants, faites le plein de nourriture car la famine est à votre porte.
Soyez unis comme des frères et allez de l'avant sans aucune crainte, celui qui est proche du Seigneur ne peut être touché au cœur par tout ce qui va arriver, parce qu'il pourvoira à tous vos besoins quels qu'ils soient.
Maintenant je vous bénis au Nom de la très Sainte Trinité, Père et Fils et Esprit-Saint, Amen.

Trevignano Romano – 14 septembre 2021
Message de Jésus : Mes enfants, merci d'être présents ici en ce jour de l'exaltation de ma croix. Ne fixez pas seulement le regard sur ma souffrance en regardant ma croix comme quelque chose de triste, mais regardez-la plutôt comme la rédemption de chacun d'entre vous.
Mes frères, mon Église est désormais à la dérive à cause du péché et de l'amour vers d'autres idoles. Voici qu'en ce lieu béni par Mon Père vous pourrez élever votre âme.
Mes frères, votre foi et votre cœur ont fait de vous des fils préférés à mes yeux et ce lieu sera un parmi tant d'autres où je fonderai mon Église. L'apostasie à l'intérieur de mon Église vous a éloignés d'elle à cause de l'hypocrisie et du péché, venez ici vous rafraîchir avec l'amour de Dieu qui sauve, rassure et console. Mes enfants, n'ayez jamais peur parce que je suis ici. Luttez pour la vérité et unissez-vous, c'est ainsi seu-

lement que vous serez vainqueurs dans l'amour et dans le vrai magistère de la foi, je passerai entre vous pour vous bénir un par un au Nom du Père, en mon Nom et en celui du Saint-Esprit, Amen. Votre Jésus.

Trevignano Romano – 16 septembre 2021

Mes enfants, merci d'avoir écouté mon appel dans votre cœur. Mes enfants préférés, (les prêtres) priez afin que les dons qui vous ont été confiés ne soient pas perdus pour ne pas avoir obéi aux lois de Dieu. Mes enfants, les épreuves qui arriveront seront grâces pour vous et pour votre purification.

Les hommes politiques se dresseront les uns contre les autres, ainsi comme des frères contre leur frère. Priez pour l'Église. Maintenant je vous bénis au Nom du Père et du Fils et du Saint-Esprit, Amen. Le Seigneur vous accompagnera vers la lumière, l'un après l'autre.

Trevignano Romano – 21 septembre 2021

Ma fille, merci d'avoir plié tes genoux. Je demande à mes prêtres, à mes apôtres de prier pour l'Église car le démon est en train d'étendre un voile très solide où les prêtres, évêques et cardinaux qui n'ont plus la crainte de Dieu, exaltant ce qui ne vient pas du Ciel, pendant que ceux qui obéissent à la Parole sont écartés de ma maison. Priez pour l'Italie, la pauvre Italie où le péché et le Transhumanisme a pris pied.

Chers enfants regardez, les temps prédits sont sur vous, mais ceux qui seront fidèles, verront l'Esprit-Saint descendre sur eux afin qu'ils soient protégés et mis en lieux sûrs, soyez unis dans la paix.

A présent recevez ma Bénédiction au Nom du Père, du Fils et du Saint-Esprit, Amen.

Trevignano Romano 25 septembre 2021
Mes frères, je suis ici avec vous, même si vous ne me voyez pas, vous sentirez mon Esprit. Mes très chers frères, vous êtes peu nombreux et vous avez le coeur pur, mais pensez-vous aux grâces qui vous sont données chaque jour ?
Mon Père vous remplit de l'Esprit-Saint, mais vous êtes parfois aveugles et sourds. Aidez tous les gens et ma fille préférée qui est dans mon coeur : Aidez-moi, ma fille ! Je ne peux pas, je ne peux plus tenir le bras de mon Père, tout est sur vous et ce sera une continuation de persécutions, de maladies et d'hypocrisies. Mes enfants, que de dégâts vous avez faits, que de mal a été fait à cause des péchés. Voici que l'Amérique, une partie de l'Amérique va disparaître et ensuite des cendres elle renaîtra à une nouvelle vie, priez, priez Dieu et sa miséricorde. Vous qui avez la grâce d'écouter ma Mère, ne faites pas comme si rien ne se passait, tout est en cours, la terre est sur le point de se transformer et tout viendra quand vous vous y attendrez le moins, soyez prêts, priez avec votre coeur.
Oh ! mes enfants, ce lieu est mon sanctuaire offert pour vous dans la gloire de mon Père, n'ayez jamais peur, vous ai-je jamais promis des choses que je n'ai pas accomplies ?
Je vous ai dit que rien ne vous manquerait, voici que rien ne vous a manqué jusqu'à présent, alors pourquoi ne croyez-vous pas ? Vous ne croyez que ce qui vous convient pour votre vie humaine, mais vous ne croyez pas toujours les paroles de ma Mère. Ne raisonnez pas, mes enfants, ne raisonnez pas sur le moment et la manière dont tout se passera.
Beaucoup mourront et beaucoup seront emmenés dans Ma Maison, n'ayez pas peur des souffrances, car vous devez vous purifier sur terre pour arriver au ciel dans la maison de votre Père et comment pensez-vous y arriver, avec des mains sales et des vêtements souillés ?

Non, mes enfants, non, luttez pour être glorieux un jour, ce n'est qu'alors que vous pourrez arriver à la gloire de Mon Père. Vous faites tous du bon travail, continuez, ne vous arrêtez pas quoi qu'il arrive, je suis là pour vous et je ne vous laisserai jamais seuls. Je vous donne maintenant ma Sainte bénédiction, au Nom du Père, en mon Nom et au Nom du Saint-Esprit, Amen. Je vous aime, mes enfants, je vous aime, priez pour Rome, la ville qui m'est si chère et qui m'a trahi, priez, parce que bientôt le sang coulera sur les places, priez, priez beaucoup. Votre Jésus.

Trevignano Romano – 3 Octobre 2021

Mes enfants, merci d'écouter mon appel dans vos cœurs.

Mes petits enfants, nombreux seront ceux qui se détourneront, mais beaucoup d'autres se rapprochent de la foi parce qu'ils ont compris qu'elle est l'unique salut. Formez de petites communautés, suivez l'Évangile et la vraie doctrine de la foi.

Mes enfants, marchez vers des temps difficiles, mais n'ayez pas peur quand votre coeur est pour Jésus, évangélisez et surtout témoignez. Mes enfants, vos prières me rendent heureuse et surtout consolent le coeur de mon Jésus, profitez de ces temps car bientôt l'Eucharistie disparaîtra. Soyez les apôtres de mon Coeur et préparez-vous, car tout est prêt pour que les Écritures s'accomplissent. Priez pour l'Église. Aujourd'hui, nombreuses seront les grâces qui descendront sur vous.

Je vous laisse maintenant avec ma bénédiction maternelle au Nom du Père, du Fils et du Saint-Esprit, Amen.

Trevignano Romano - 6 Octobre 2021

Chambre Haute à Marina di Grosseto : Mes enfants, merci d'avoir répondu à mon appel dans vos cœurs. Mes enfants, priez, priez beaucoup pour Jérusalem car elle sera dans la tri-

bulation. Vous avez été choisis comme soldats de la lumière pour abattre les ténèbres qui vous entourent. Je vous ai déjà dit que tout tomberait bientôt, et je vous le répète : lorsque vous entendrez et verrez des frères contre des frères, des guérillas dans les rues, davantage de pandémies à cause des virus et lorsque la fausse démocratie deviendra une dictature, voici que le temps de l'arrivée de Jésus est proche.
Mes enfants, vivez ces messages qui viennent par la grâce, soyez unis et souvenez-vous que la Parole de Dieu est Une et Éternelle, malheur à ceux qui essaieront de changer ce que Jésus a laissé à dire, car bientôt Il vous rendra ce à quoi vous avez droit, tant en bien qu'en mal. Faites des réserves d'eau, de nourriture et de médicaments. Beaucoup de grâces descendront ici aujourd'hui, pliez les genoux dans la prière. Maintenant, je vous bénis au Nom du Père, du Fils et du Saint-Esprit. Priez pour les victimes de la catastrophe aérienne.

Trevignano Romano - 9 octobre 2021

Mes enfants, merci d'être ici en prière et de répondre à mon appel dans vos cœurs. Mes enfants, profitez de ce moment de grâce pour vous convertir d'urgence, mais n'avez-vous pas encore compris qu'il n'y a plus de temps ? Regardez mon Fils, il est mort pour vous, lui et lui seul pourra vous donner tout ce dont vous avez besoin, il est paix et amour et bien qu'il ait montré de mille manières qu'il est proche de vous, vous êtes pris par les choses du monde et n'avez pas de temps à lui consacrer, ne comprenez-vous pas que seul le ciel pourra s'occuper de vous ? Mes enfants, ne soyez pas anxieux, ne doutez pas et ne craignez pas, car celui qui est avec le Christ n'aura pas à craindre, faites-lui entièrement confiance et obéissez à ses lois, soyez toujours prêts car tout arrivera en une heure. Je vous bénis au Nom du Père, du Fils et du Saint-Esprit, Amen.

Trevignano Romano – 12 octobre 2021
Mes enfants, merci d'être ici en prière et de répondre à mon appel dans vos cœurs. Mes enfants, n'ayez pas peur, si seulement vous confiez tout à mon Jésus ! Il est le Médecin de l'âme, Il est l'Unique Sauveur. Mes enfants, la purification est nécessaire pour vos âmes, vous verrez des guerres dans le monde, vous verrez des virus même mortels que la science et la médecine ne pourront guérir, vous verrez des ouragans, des tremblements de terre et des destructions partout, tout cela à cause de l'humanité qui veut tout changer avec l'humanisme. L'Église de Rome : sa purification sera grande.
Réfugiez-vous dans mon Coeur Immaculé. Mes enfants, mes enfants, écoutez mes paroles, non pour vous effrayer, mais pour vous préparer et vous consoler, vous n'êtes pas seuls, Dieu vous bénit. Moi, la Mère miséricordieuse, je suis avec vous tous les jours, prenez mes mains et je vous conduirai sur le chemin parfait qui mène à la lumière. J'enverrai mes anges pour vous aider, ayez une foi vivante et courageuse, je vous aime. Maintenant je vous bénis au Nom de la Sainte Trinité, Père, Fils et Saint-Esprit, Amen.

Trevignano Romano – 16 octobre 2021
Enfants bien-aimés, merci d'être ici en prière et d'avoir répondu à mon appel dans votre cœur. Mes enfants, je pleure parce que je vois combien de douleur vous rencontrez en chemin, mais encore une fois, je vous demande de vous convertir car bien que je vienne parmi vous, beaucoup ne croient toujours pas. Mes enfants, malgré votre foi vous serez aussi spirituellement touchés par le diable, faites attention, soyez conscients du discernement qui peut vous aider.
Mes enfants, tout s'accélère grandement car il n'y a plus de temps, unissez-vous entre frères et ne restez pas seuls car c'est

le moment où vous aurez besoin les uns des autres. Priez beaucoup car la guérilla va augmenter. Priez pour l'Église.
Les tsunamis se multiplieront et provoqueront des catastrophes majeures. Maintenant, je vous laisse avec ma bénédiction maternelle au Nom du Père et du Fils du Saint-Esprit, Amen.

Trevignano Romano – 19 octobre 2021
Message de Jésus à 18 heures : Ma soeur bénie, moi, votre Jésus, je vous demande de parler à vos frères. Je désire que chacun d'entre vous quitte les choses de la terre, ne s'attache pas aux choses matérielles car vous n'amènerez que vos coeurs devant moi. Mes enfants, voyez les signes de mon retour et comme je l'ai déjà dit à mes apôtres, je ne viens pas pour unir, mais pour séparer le bien du mal.
En ce temps de Satan, qui touche à sa fin, beaucoup de mes fils bien-aimés (prêtres) qui se sont abandonnés aux plaisirs du monde, je leur demande de revenir à moi avec le même amour que celui avec lequel ils ont été appelés, avant que les portes de l'enfer ne s'ouvrent pour eux. Fils et frères bien-aimés, préparez-vous avec courage, comme de vrais soldats, à combattre la plus grande apostasie jamais vécue. Je vous demande à nouveau de bien vous préparer à l'avertissement, car tous ne croiront pas, même beaucoup de mes consacrés.
Je vous ai toujours demandé de m'offrir vos souffrances, et pourtant on me les a refusées. Frères, moi, Jésus-Christ, je n'ai jamais abandonné personne, j'ai cherché l'amour comme un mendiant et je suis souvent dans un coin de votre maison, de votre travail, de votre coeur et je vous regarde en attendant votre regard, mais vous êtes attirés par la fausse lumière qui n'est pas la mienne. Expérimentez davantage les lieux où apparaît ma Sainte Mère, car c'est là que vous devez aller

quand on vous le demande, afin que vous ne manquiez de rien, de protection et de beaucoup de providence. Je vous demande de m'adresser vos prières et de les adresser à ma Mère et je serai heureux de vous aider, j'ai également dit à mes apôtres et je le répète aujourd'hui, je serai avec vous jusqu'à la fin des temps. Frères, vous serez comme les premiers chrétiens, ensemble et unis nous ferons des merveilles pour mon Père et les anges exulteront et chanteront la gloire de Dieu. Je vous bénis au Nom de la Très Sainte Trinité.
Votre cher Jésus.

Trevignano Romano - 23 octobre 2021
Ma fille, merci d'avoir répondu à mon appel. Bien-aimée, je sens combien d'amertume et de solitude il y a dans ton coeur pour ce monde et pour tout ce qui va à l'envers.
Mes enfants, sachez que cette saison sera difficile, la pandémie a été l'excuse pour s'habituer à ce qui va arriver et si vous n'êtes pas forts dans la foi, vous ne pourrez pas survivre, tant de douleur sera visible autour de vous, seuls ceux qui ont une foi vivante et ferme seront protégés par mes anges.
Je vous demande d'amener les âmes à Dieu, de parler de Lui à ceux qui ne le connaissent pas. Vous verrez bientôt le feu descendre du ciel, ce sera le baptême du Saint-Esprit et des malades seront guéris. L'Avertissement est proche, soyez prêts, mais pour ceux qui ne plieront pas le genou en reconnaissant Dieu, ils connaîtront la damnation éternelle.
Priez pour la Syrie, car c'est de là que la guerre commencera, priez pour l'Église, où ils proclameront bientôt la religion unique et le soutien au transhumanisme, crucifiant Jésus-Christ une fois de plus.
Je vous laisse maintenant avec ma bénédiction maternelle, au Nom du Père, du Fils et du Saint-Esprit, Amen.

Trevignano Romano - 26 octobre 2021

Chère fille, merci d'avoir répondu à mon appel dans votre cœur. Mes enfants, je vous demande d'écouter les vrais prophètes de ces derniers temps, car ils sont mes messagers et, en tant que tels, ils seront vos guides. Moi, je veux sauver tous mes enfants et c'est pourquoi je touche encore la terre, il n'y a pas plus aveugle que celui qui ne veut pas voir et malgré les signes des temps annoncés, même ceux qui ont la foi refusent de voir ce qui se passe. Mes enfants, les temps sont durs, la terre entière continue d'être couverte de ténèbres, je vous demande de prier beaucoup et la conversion est urgente.

Je vous le demande encore une fois : pour la fête de Satan, restez chez vous en prière et allumez un cierge béni, malheureusement les sectes sataniques accompliront des rituels monstrueux, mais n'ayez pas peur, mes anges sont avec vous et seront de plus en plus nombreux au fil du temps, tout est prêt pour la bataille finale. Maintenant je vous bénis au Nom du Père du Fils et du Saint-Esprit, Amen.

Trevignano Romano – 30 octobre 2021

Mes enfants, merci d'avoir répondu à mon appel dans vos cœurs. Mes enfants bien-aimés, n'ayez pas peur de ce qui va arriver, vous verrez des choses jamais vues, mais si vous êtes dans le Christ, le mal ne vous touchera pas.

Mes enfants, suivez mes conseils, priez pour l'Église et les consacrés, je les observe et vois avec quelle indifférence ils changent la vérité de la Parole de Dieu. Soyez des grains cachés et vous pousserez de grands fruits, allez de l'avant avec force et unissez-vous dans l'amour de Dieu et suivez le véritable enseignement de la foi.

Maintenant, je vous laisse avec ma bénédiction maternelle au Nom du Père, du Fils et du Saint-Esprit, Amen.

Trevignano Romano – 3 novembre 2021
Mes enfants, merci d'avoir écouté mon appel dans vos cœurs.
Je suis heureuse de vous voir ici, agenouillés en prière.
Mes enfants, comme j'aimerais vous voir ainsi, malgré la pluie de bénédictions, surtout en ces temps très difficiles. Cela plaît beaucoup à Jésus, surtout de voir une vraie foi, une foi courageuse, qui n'a peur de rien. Vous, les enfants, m'avez été confiés et je vous aime en tant que Mère de Jésus et votre Mère. Je veux que vous vous détourniez du péché, je veux que vous soyez toujours prêts à avoir le regard uni à celui de Jésus. Priez, les enfants, pour l'Église, car malheureusement les menaces viennent de l'intérieur. Souvenez-vous que vous serez persécutés comme l'a été mon Fils. Vous serez traités de fous comme l'a été mon Fils, et vous ne serez pas acceptés pour votre foi. Vos peines seront mille fois récompensées. Mais surtout, si vous continuez sur cette voie, vous connaîtrez un jour le paradis. Priez pour que la guerre ne commence pas, car tout est prêt dans les pays. Priez pour l'Espagne.
Je vous bénis maintenant au Nom du Père, du Fils et du Saint-Esprit, Amen.

Trevignano Romano – 6 novembre 2021
Mes enfants, merci d'avoir répondu à mon appel dans vos cœurs. Mes enfants, je vous demande d'avoir un coeur pur, sans haine ni ressentiment et de faire une confession hebdomadaire, soyez prêts car l'avertissement arrive.
Je ferai un pont entre le ciel et la terre pour tous mes enfants bien-aimés. Mes enfants, marchez sur le chemin de la sainteté, vos souffrances offertes serviront au salut de beaucoup d'âmes, en particulier la souffrance de mes bien-aimés.
Je rassemble mes enfants pour qu'ensemble ils évangélisent le plus possible, il y a urgence désormais.

Ma fille, parle de mon Jésus dans le monde, je serai à tes côtés, mon amour et ma consolation attirent beaucoup d'âmes qui autrement seraient perdues. Mes enfants, priez pour les dirigeants, car ils préparent quelque chose de dangereux pour vous. Priez pour l'Église. Je vous bénis maintenant au Nom du Père, du Fils et du Saint-Esprit, Amen.

Trevignano Romano – 13 novembre 2021

Chers enfants, merci d'avoir répondu à mon appel dans votre cœur. Mes enfants, aujourd'hui je suis ici en tant que Mère des Douleurs, je regarde vos cœurs et je ne vois pas la paix dont vous aurez besoin pour affronter les temps sombres.

Enfants bien-aimés, combien de mal y a-t-il encore dans le monde, persécutions, jugements contre vos frères, rappelez-vous que seul Dieu est juge et non vous, confiez-Lui toutes vos souffrances.

Mes enfants, je vois beaucoup de gens qui prient beaucoup, mais sans cœur et sans amour, ce ne sont pas des prières, mais seulement des paroles inutiles, mettez-y tout votre amour et avec vos yeux et vos mains vers le ciel, tournez-vous vers Jésus-Christ, unique et vrai Sauveur.

Chers enfants, priez pour l'Église, priez pour l'Amérique où tout est prêt pour la guerre. Priez pour la Russie, qui semble vouloir la paix, mais est déjà prête au conflit. Faites pénitence mes enfants. Maintenant, je vous bénis au Nom du Père, du Fils et du Saint-Esprit, Amen.

Trevignano Romano – 16 novembre 2021

Ma fille, merci d'avoir répondu à mon appel dans ton cœur. Je suis toujours là pour demander une conversion urgente, je vous demande de ne pas continuer à défier Dieu.

Ne comprenez-vous toujours pas que le diable, avec sa ruse,

veut totalement vous contrôler, y compris vos esprits ?
Heureux ceux qui, malgré les ténèbres qui s'emparent du monde, restent fidèles aux paroles de Jésus et prient avec joie et paix dans leur cœur. Mes enfants, ayez confiance en Jésus-Christ et non en de fausses idoles, qui conduisent mes enfants à la perdition.
Je vous ai donné l'arme la plus puissante, le Saint Rosaire pour combattre le diable, n'ayez pas peur et soyez fidèles à la Parole de Dieu. Tout est prêt pour attaquer mon Église et beaucoup de sang coulera sur la grande place, priez, priez, priez beaucoup ! Jésus reviendra pour faire toutes choses nouvelles et il n'y aura plus de douleur, plus de lamentation, mais seulement la paix et l'amour. Maintenant, je vous laisse avec ma bénédiction maternelle au Nom du Père, du Fils et du Saint-Esprit, Amen.

Trevignano Romano – 20 novembre 2021
Mes enfants, je vous remercie d'avoir répondu à mon appel dans vos coeurs, je vous remercie mes enfants d'avoir plié les genoux. Chers enfants, beaucoup d'entre vous prient pour anticiper la venue de mon Fils Jésus, je vous comprends, mais l'ordre de toutes choses doit être respecté, tout comme la construction d'une maison doit d'abord être vue sur le plan et ensuite on peut admirer la beauté de la maison, c'est ainsi que le plan de Dieu s'accomplira après que certaines choses se soient produites. C'est le temps de l'antéchrist, qui va bientôt apparaître. L'apostasie de l'Église a détourné tant de mes enfants des sacrements et ceux dont la foi est précaire tombent facilement dans l'erreur. Mes enfants, n'ayez pas peur si vous êtes dans la vraie foi, confiez-vous à mon Fils Jésus qui peut tout faire avec la paix répandue. Je vous bénis maintenant au Nom du Père, du Fils et du Saint-Esprit, Amen.

Trevignano Romano - 21 novembre 2021

Message de Jésus : Mes frères, merci de me consoler aujourd'hui encore par votre présence. Mes frères et mes enfants, vous qui me demandez chaque jour dans votre cœur si vous en faites assez pour moi, je vous le dis en vérité : chaque fois que j'entends vos voix chanter des louanges et des prières, mes anges s'unissent à vous pour que le ciel et la terre ne fassent plus qu'un. Mes frères, faire ma Volonté, c'est s'aimer en vérité, être frères et unis, comme doit l'être mon peuple, en marchant et en suivant mes pas sur le chemin de l'amour mutuel et de la vérité. Je serai avec vous jusqu'à la fin de la Sainte Messe pour vous bénir l'un après l'autre, que la paix soit avec vous.
Votre Jésus.

Trevignano Romano – 23 novembre 2021

Ma fille, merci d'avoir écouté mon appel dans ton cœur. Criez et vous devez dire avec détermination que le grand déluge est sur le point de frapper cette humanité, au cours de laquelle une grande Croix sera vue par le monde entier, convertissez-vous d'urgence. Ma fille, demande d'ouvrir les cœurs à mon appel et de ressentir la forte douleur de mon Fils Jésus, bientôt l'hérésie de l'Église sera plus forte, tout le monde comprendra, au moins ceux qui ont eu une foi ferme, basée sur la parole de Dieu, le diable veut vous faire implanter sa marque, Attention !
Les projets sont mauvais, tout comme la dictature, le communisme, le mensonge et tout ce qui servira à vous contrôler, mais vous ne devez pas craindre, Dieu sait ce qui est pour votre bien et ce qui ne l'est pas, souvenez-vous de ces mots : « Qui voudra sauver sa vie la perdra, mais celui qui perdra sa vie à cause de moi la trouvera ».
Maintenant, je vous bénis avec votre conjoint et vos frères, au Nom du Père et du Fils et du Saint-Esprit, Amen.

Trevignano Romano – 27 novembre 2021
Message de Jésus : Mes enfants, qu'il est bon de vous voir réunis ici comme une seule famille. Mon enfant, le désastre de cette humanité n'est pas complètement terminé, ne vous laissez pas prendre par le mal, ne tombez pas dans ce filet diabolique, je suis avec vous, je vous l'ai promis et je tiens toujours mes promesses. Je suis qui Je suis, Je suis. Ma fille, je sais, je sais, combien de douleur et combien de déceptions vous éprouvez, combien de personnes se détournent, mais vous me laissez être le juste, ayez pitié d'eux, tant seront les choix, surtout de ceux que vous n'attendez pas, je les laisserai dans la tribulation jusqu'à ce qu'ils soient complètement purifiés et s'ils m'acceptent, ils viendront à moi, mais vous ne vous inquiétez pas, laissez les choses se passer ainsi.
Mes enfants, c'est ce qui arrivera, et quand je vous ai demandé de rester unis, vous n'avez pas compris. Je veux voir mon peuple proche les uns des autres, des familles qui naîtront, des jeunes qui s'aimeront. Oh ! mes enfants qui êtes ma mère, qui êtes mes sœurs, soyez ainsi, pères, mères, fils et sœurs de mon peuple. Je suis Père et Fils, vous devez donc marcher à mon imitation. Mes enfants, les puissants sont unis pour apporter la guerre et non la paix, souvenez-vous toujours de ces mots, ne vous laissez pas tromper, résistez et prenez soin les uns des autres, je vous en supplie. Je vous aime de tout l'amour que j'ai en moi, mais je vous demande de faire pénitence, de faire pénitence pour mon Église, de faire pénitence pour ceux qui se sont détournés et ne reconnaissent plus Dieu, un jour par semaine si vous le souhaitez, mais faites pénitence.
Mes enfants, il n'y a plus rien à laisser dans ce monde et vous n'imaginez pas ce que je vous ai préparé, tout sera merveilleux avec tant de joie, sans douleur et tant d'amour, laissons la calomnie à ce monde, pour moi seulement des paroles d'amour

et moi pour vous. Les élus seront emmenés et conduits là où j'ai déjà préparé leur monde, mais certains seront contraints de rester sur terre, afin que tout recommence avec mon aide. Oh ! mes enfants bien-aimés, mes frères, si vous saviez combien mon amour pour vous est grand, mais malgré tout, de mon cœur continue de couler du Sang, mon Cœur et celui de ma Mère ressentent la forte douleur pour cette Terre et pour cette humanité. Je serai avec vous et vous bénirai un par un. Mon enfant, avec les larmes de ma Mère, faites le signe de la croix à chacun d'eux, afin qu'ils soient protégés, Amen. Apportez la paix à vos enfants dans vos maisons, apportez ma paix.
Je vous bénis maintenant au Nom du Père, de mon Très Saint Nom et de celui du Saint-Esprit, Amen.

Trevignano Romano - 30 novembre 2021
Mes enfants, merci d'avoir répondu à mon appel dans vos coeurs. Chers enfants, la douleur dans mon coeur est toujours plus forte, car ce qui arrive, la colère de Dieu ne peut plus être arrêtée, parce qu'après le temps qui a été donné, beaucoup ne se convertissent toujours pas, profitez-en maintenant pour revenir à Dieu. Mes enfants, priez pour l'Amérique qui va payer un lourd tribut, elle a rejeté Dieu et lui a tourné le dos, malgré mes appels incessants. Un très fort tremblement de terre sera ressenti partout. Mes enfants, priez pour l'évêque de Rome, car lorsqu'il reviendra de voyage, il pleurera pour tout ce qui se passera. Les tourments de ces temps ne doivent pas vous détourner de la prière, mais la renforcer, je vous le demande en tant que Mère pour ses enfants. Je vous bénis maintenant au Nom du Père, du Fils et du Saint-Esprit, Amen.

Trevignano Romano – 3 décembre 2021
Chers enfants, merci d'avoir répondu à mon appel dans votre

cœur. Enfants, mes petits, pliez les genoux en prière et ressentez l'esprit de sacrifice. Mes enfants, je vois votre cœur et je sais que vous n'êtes pas prêts pour ce qui va arriver, mais combien mes enfants messagers vous ont prévenus, pourtant vous êtes toujours sourds à mon appel maternel, regardez tous les signes qui sont autour de vous, et pourtant vous ne voulez pas voir, pourquoi avez-vous peur de décider, alors que le diable vous pique avec son poison ?
Vous avez changé dans vos habitudes, dans votre vie, dans votre famille et tout va vers l'abîme, s'il vous plaît retournez à Dieu, votre seul salut, n'avez-vous pas encore appris qu'il n'y a pas de paix, de vérité et d'amour sans mon doux Jésus ? Préparez-vous à la rencontre avec lui et vous vous élèverez vers une nouvelle vie. Maintenant, je vous bénis au Nom du Père, du Fils et du Saint-Esprit.
Ayez le courage de témoigner de votre foi. Nombreuses seront les grâces qui descendront sur vous aujourd'hui.

Trevignano Romano - 7 décembre 2021
Mes enfants, merci d'avoir répondu à mon appel dans vos cœurs. Mes enfants, je vous demande de ne pas suivre les fausses lumières du monde, ce n'est pas ainsi que vous sortirez des ténèbres, mais avec la plus grande confiance en Dieu, Il vous protégera, n'ayez pas peur.
Préparez vos refuges, notamment dans vos maisons.
Priez pour l'Église, qui sera détruite puis renaîtra, Jésus est près de vous.Croyez aux paroles d'une Mère, tout sera merveilleux et ce sera la renaissance pour vous et pour le monde. Priez beaucoup, continuez à être lumière, afin que mes anges puissent vous reconnaître. Je passerai près de vous pour vous bénir un par un et pour que la paix descende dans vos cœurs ; ne soyez pas confus, mais ouvrez-vous à l'amour de Dieu et

rien ne vous manquera. Maintenant, je vous bénis au Nom du Père, du Fils et du Saint-Esprit, Amen.

Message pour la Pologne
Chers enfants, prenez-vous la main, même quand tout vous est devenu impossible, ayez confiance en Dieu, qui ne vous abandonnera pas. Utilisez la ruse du serpent et la pureté de la colombe, rien ne vous fera défaut.

Trevignano Romano – 8 décembre 2021
Groupe de prière en Pologne
Mes enfants, merci d'avoir plié les genoux. Aujourd'hui je suis ici avec vous et j'en appelle aux convertis et aux non-convertis, à ceux qui croient en mes apparitions ou non, aux croyants et aux non-croyants, je prie pour que pendant l'Avertissement vous puissiez répondre au dernier acte de miséricorde.
Mes enfants, préparez-vous, car ce ne sera pas long et je veux que vous puissiez vous agenouiller ce jour-là pour demander pardon et reconnaître le Sauveur du monde.
Souvenez-vous que sa mort a servi à votre salut et qu'Il reviendra pour vous sauver et vous libérer des chaînes du malin. Je serai avec vous jusqu'à la fin de la prière.
Je vous laisse avec ma Bénédiction maternelle, au Nom du Père, du Fils et du Saint-Esprit, Amen.

Trevignano Romano – 13 décembre 2021
La statue représentant le Sacré-Cœur de Jésus a commencé à suinter de l'huile parfumée dès le matin du 13 décembre et a continué dans les heures suivantes. De nombreuses personnes sont venues chez nous pour la prière du Saint Rosaire, puis Jésus a laissé son message à Gisella.

Message de Jésus : Mes enfants et frères, je vous regarde pendant que vous pliez les genoux en prière et me remplissez de bonheur. Priez pour soulager mon cœur souffrant, aidez-moi ! Les enfants, cette grâce vous attire vers moi, mais si vous saviez combien le moment est proche de vous embrasser à nouveau ! Prenez un peu de cette huile bénie et apportez-la dans vos maisons pour les temps sombres. Maintenant mes frères, un à la fois, approchez-vous de moi et je vous bénirai, que la paix soit avec vous. Je demande beaucoup de cénacles dans cette maison bénie où je me trouve.

Trevignano Romano – 21 décembre 2021

Chers enfants, merci d'être ici en prière et d'avoir répondu à mon appel dans votre cœur. Mes enfants, mais combien de questions vous posez-vous ! Vous devez offrir, tout offrir, je vous protégerai du pire des maux. Vous, mes enfants, vous vous réjouissez quand je vous demande d'être des anges de lumière sur terre, mais tout ce qui naît de la beauté a besoin de purification, ne vous posez pas trop de questions, mon Jésus a donné tant de grâce et il était tout pour vous. Je suis avec vous, profitez de ces moments pour réfléchir notamment à l'humilité, encore pour certains la route est encore longue et fatigante, restez proches parmi vos frères et entraidez-vous. Priez pour la paix dans le monde, priez beaucoup. Maintenant, je vous bénis au Nom du Père, du Fils, du Saint-Esprit, Amen.

Trevignano Romano – 28 décembre 2021

Chers enfants, merci d'avoir répondu à mon appel dans votre cœur et pour avoir plié les genoux dans la prière. Mes enfants, mes petits, vous n'êtes pas tous prêts pour les épreuves qui entrent dans votre vie, vous perdez la tête et laissez le diable vous conduire sans réfléchir, vous ne comprenez pas encore que vous serez forgés comme le fer, jusqu'à ce que vous soyez complètement soumis à Dieu, qui peut tout, même si à vos yeux cela semble impossible, mais vous, les enfants, vous êtes têtus et souvent présomptueux. Ce Noël, qui a vraiment prié avec le cœur pour la naissance de Jésus ? Vous étiez trop occupés avec les choses du monde mais pas avec la prière, réfléchissez et veillez car le temps est venu de grandir spirituellement. Je veux vous sauver parce que vous êtes mes enfants, la vraie foi se voit pendant la tempête, le chemin vers Dieu est semé d'embûches, mais vous continuez à chercher des raccourcis et des choses faciles, et ce n'est pas la bonne voie. Priez avec le cœur ouvert et non avec peur et angoisse, offrez tout à Jésus et ayez confiance en Lui. Maintenant je vous laisse avec ma bénédiction maternelle au Nom du Père, du Fils et du Saint-Esprit, Amen.

Trevignano Romano – 29 décembre 2021

Mes enfants, merci d'avoir répondu à mon appel dans votre cœur. Chers enfants, c'est l'heure de la justice. Enfants, que le monde renouvelé sera beau ! Quand tout sera fini, vous verrez que les Cieux et la Terre auront une lumière merveilleuse, où seuls la paix et l'amour prévaudront.

Mes enfants, ce sont les temps où le mal se révélera, vous verrez de vos yeux, qui a vécu en faisant semblant et qui a maintenant choisi d'être pris par les ténèbres, vous verrez la séparation entre le bien et le mal, n'ayez pas peur, c'est le moment de la collecte. Soyez forts, car les épreuves ne sont pas terminées et vous devrez être prêts à affronter tout cela et quand vous penserez que tout semblera perdu, mon Jésus et moi interviendrons ensemble avec mes anges. Venez mes enfants, buvez à la source de l'amour, je serai toujours avec vous.

Maintenant, je vous bénis au Nom du Père, du Fils du Saint-Esprit, Amen.

ANNÉE 2022

Trevignano Romano – 1er janvier 2022
Message de Jésus 2h00 du matin

Ma fille et ma soeur, merci de m'avoir accueilli dans ton coeur. Ma fille, en ces temps, tu as vu le désespoir, la mort et la calomnie autour de toi ; peut-être as-tu pensé que tu avais été abandonnée par Moi ? Tu es toujours prête à te plaindre, mais je t'ai consolée de nombreuses fois et tu ne l'as pas remarqué. Mes enfants et mes frères, Dieu vous attend dans l'amour et la joie, je vous ai divisés pour vous aider à réfléchir, je vous ai mis à l'épreuve chaque jour saint et vous n'avez pas toujours réfléchi. Combien de paix et de joie je voudrais donner à ces cœurs souvent endurcis. Je voudrais que vous réfléchissiez, mais combien de fois ai-je demandé à vos mains de vous conduire vers les eaux calmes et, au lieu de cela, vous avez préféré la tempête, croyant que vous étiez capables de tout résoudre sans mon aide, mais rappelez-vous que je suis le Chemin, la Vérité et la Vie et que je suis le seul à pouvoir vous aider, si seulement vous vouliez vraiment vous confier à moi. C'est moi seul qui peux vous serrer la main quand vous me demandez de l'aide de tout votre cœur et c'est encore moi qui peux vous donner la consolation que vous méritez quand vous vous sentez seuls. Mes enfants, mon heure est proche, entrez dans l'Arche de l'alliance, de la paix, de l'amour et de la fraternité, ce n'est qu'ainsi que vous pourrez surmonter la tempête qui s'annonce.

Je vous ai enseigné beaucoup de choses en ce temps et peut-être qu'en relisant calmement mes paroles, vous pourrez comprendre ma volonté, je veux vous voir tous entrer dans mon Royaume. Maintenant je vous bénis au nom de la Très Sainte

Trinité, soyez toujours prêts à combattre avec Moi, mes Anges, mes Archanges et ma Très Sainte Mère et nous réussirons à vaincre le mal absolu et à ouvrir les portes du bien infini. Votre cher Jésus.

Trevignano Romano – 3 janvier 2022
Mes enfants, merci d'avoir répondu à mon appel dans votre cœur. Enfants, c'est une joie de vous voir unis d'une seule voix, d'un même cœur, soyez toujours une famille unie, soyez mères, pères et frères, les uns avec les autres.
Mes enfants, combien cela vous coûtera de ce que vous verrez en ces temps qui arriveront, mais confiez tout à Jésus, Il ne vous abandonnera pas et continuera à consoler votre cœur et votre âme. Enfants, si vous saviez combien il y a de beauté dans le Royaume de Dieu, déjà prêt pour vous, regardez vers l'avenir avec joie car après la purification de la terre il n'y aura plus que l'amour, la paix et la joie.
Beaucoup, en cette année, seront également guéris de maux horribles, alors ayez la foi et offrez toutes vos souffrances.
Méfiez-vous de l'antéchrist qui travaille déjà en silence, c'est pourquoi je vous demande d'augmenter votre foi, sinon vous ne pourrez même pas surmonter l'Avertissement qui est proche. Enfants, aujourd'hui beaucoup de grâces descendront sur vous, témoignez et ayez le courage de la vraie foi.
Maintenant, je vous bénis au Nom du Père, du Fils et du Saint-Esprit, Amen.

Aujourd'hui mes anges sont parmi vous et prient avec vous.

Trevignano Romano – 8 janvier 2022
Mes chers enfants, merci d'avoir écouté et répondu à mon appel dans vos coeurs. Mes enfants, je vous demande une

conversion urgente, ne remarquez-vous pas que même les jours se sont accélérés ? Mais grâce à vos prières, tout va très vite, je sais que vous voudriez que tout se termine rapidement, mais tout ce qui est dans l'Ecriture doit s'accomplir. Mes enfants, dans cette bataille spirituelle, vous devez être prêts et en première ligne, vous qui êtes des soldats de la lumière. Mes enfants, bientôt un autre virus mortel apparaîtra, soyez prêts à vous battre en faveur des exigences de Jésus. Mes enfants, la guerre est prête, quand je vous demanderai de faire des réserves, ce ne sera pas seulement pour vous, mais aussi pour aider vos frères, car tout est sur le point de s'effondrer, y compris l'économie qui amènera la famine dans peu de temps. Mes enfants, écoutez mes paroles et gardez-les précieusement. Je vous laisse maintenant avec ma bénédiction maternelle au nom du Père, du Fils et du Saint Esprit. Je suis avec vous, je vous aime et je ne vous abandonnerai jamais.

Trevignano Romano – 15 janvier 2022

Chers enfants, merci d'avoir écouté et répondu à mon appel dans vos coeurs. Mes enfants, priez pour les prêtres qui sont perdus et pour mon Eglise où le diable s'infiltre. Mes chers enfants, priez pour les gouvernants afin qu'ils ne réalisent pas leur projet. Mes enfants, l'humanité est maintenant sans retour vers l'abîme, priez et mettez tout dans les plaies de mon Fils Jésus. Mes enfants, vous verrez beaucoup de choses que vos yeux n'ont jamais vues, chantez les louanges du Seigneur, votre unique salut. Cela m'attriste beaucoup de voir la saleté sur cette terre, que mon Père a bénie avec tant d'amour, mais maintenant vous ne croyez plus en Dieu, chacun a créé ses propres idoles, trop de mes enfants vivent avec la méchanceté, confessez-vous et soyez prêts chaque jour. Bientôt mes anges descendront pour réconforter mes pauvres enfants affligés, renforcer votre foi et ouvrir vos coeurs à la grâce afin d'être transformés, c'est le moment. Maintenant je vous bénis au nom du Père, du Fils et du Saint-Esprit, amen.

Trevignano Romano – 18 janvier 2022

Chers enfants, merci d'avoir répondu à mon appel dans votre cœur. Chère fille, tu dois dire à tout le monde qu'ils n'ont rien à craindre s'ils sont dans le Seigneur.
Je demande qu'il y ait unité dans la prière, ne soyez pas tentés par la peur, mais unissez-vous, vous savez à quel point la prière communautaire est forte ! Soyez vigilants et n'agissez pas comme des vierges folles, mais remplissez vos lampes d'huile.
Mes enfants, Jésus emmène beaucoup d'âmes avec lui, souvenez-vous : une sera prise et une autre sera laissée.
Quand vous voudrez atteindre Dieu et que vous serez prêts, le Seigneur se fera un plaisir d'accueillir ces âmes au ciel, beaucoup devront à la place se purifier et d'autres resteront sur terre pour continuer leur mission, alors comme vous pouvez le comprendre, ne soyez pas liés aux choses du monde, mais priez pour vos âmes.
Allez à la messe et participez au sacrifice, nourrissez-vous du Corps de mon Fils, pendant que vous êtes dans le temps.
La persécution sera grande quand ils décideront d'unifier les religions.
Maintenant, je vous laisse avec ma bénédiction maternelle au Nom du Père, du Fils et du Saint-Esprit, Amen.

Trevignano Romano – 22 janvier 2022

Chers enfants aimants, merci d'avoir répondu à mon appel dans votre cœur et merci d'avoir fléchi les genoux.
Mes enfants, regardez autour de vous, plus rien n'est comme avant, mais vous, cherchez l'amour, soyez amour pour vos

frères, soyez amour pour ceux qui souffrent, mes vrais enfants de lumière expriment l'amour et c'est presque tangible.
Mes enfants, je vous le répète, n'ayez pas peur, ne soyez pas dans l'angoisse car ces sentiments ne viennent pas de Dieu, soyez légers pour vos frères et conseillez-leur de se réfugier dans mon Cœur Immaculé et dans celui de mon Fils Jésus, où ils trouveront joie et consolation.
Priez pour l'Amérique car elle sera piétinée. Je suis à côté de vous, n'ayez pas peur de tout ce que vous verrez car tout se renouvellera, n'éprouvez pas de sentiments de colère, mais de pure joie. Maintenant je vous bénis au Nom du Père du Fils et du Saint-Esprit, Amen.

Trevignano Romano – 25 janvier 2022
Chers enfants, merci d'avoir répondu à mon appel dans votre cœur. Mes enfants, ce sont des temps difficiles et il viendra des moments où la confusion sera encore plus grande.
Enfants, priez beaucoup, afin que la guerre qui arrivera puisse être atténuée, le pouvoir de la prière est grand.
Priez pour l'Église, car la soif de pouvoir a dépassé toutes les limites et n'a plus rien à voir avec Dieu. Priez pour les saints prêtres, afin que la lumière puisse toujours les accompagner dans leur cheminement de vrais bergers. Lorsque vous priez et ressentez la paix dans votre cœur, je suis là avec vous pour vous protéger. Mes enfants, l'Avertissement est très, très proche, beaucoup s'agenouilleront, reconnaissant la puissance de Dieu, demandant pardon et beaucoup ne croiront pas car pris par la puissance de Satan et mourront sans repentir.
Soyez prêts les enfants, je vous préviens car je veux que tous mes enfants soient sauvés.
Maintenant je vous bénis au Nom du Père, du Fils et du Saint-Esprit, Amen.

Trevignano Romano – 29 janvier 2022

Mes enfants, merci d'être là et d'avoir répondu à mon appel dans votre cœur. Enfants, pliez toujours les genoux, les prières récitées avec foi et avec le cœur me réconfortent.

Mon cœur et celui de mon Fils Jésus saignent, je regarde cette humanité, qui tombe si facilement entre les griffes de Satan, tout cela pour une fausse liberté. Rappelez-vous mes enfants, que seule la prière vous rendra libres.

Pardonnez à ceux qui vous jugent sans comprendre. Ma fille, avant toi, Jésus a été accusé d'être possédé et fou ; pourtant, il était le Fils de Dieu. Ma fille, offre ton humiliation et ta douleur, un jour ils comprendront que tes paroles sont venues du ciel. Mes enfants, suivez mes indications, vivez les messages et priez beaucoup, ce n'est qu'ainsi que vous pourrez entrer dans le Royaume de Dieu, il y aura beaucoup de tentations, mais vous, enfants de mon Cœur, soyez fidèles et ouvrez vos cœurs pour faire grâce et apprendre à offrir et remercier. N'ayez jamais peur, avec Dieu près de vous, il n'y aura rien à craindre. Maintenant, je vous laisse ma bénédiction maternelle au Nom du Père, du Fils du Saint-Esprit, Amen.

Trevignano Romano - 3 février 2022

Mes enfants bien-aimés, merci d'être ici et de répondre à mon appel dans vos coeurs. Mes enfants, vous vivez les pires moments du déluge, vous avez eu tant de temps pour vous convertir, mais vous préférez le monde, vous préférez pécher souvent sans avoir compris qu'un jour vous serez face à face avec mon Jésus.

Priez, mes enfants, pour que vos prières détournent ce qui passe le plus méchamment dans l'esprit de vos hommes politiques. Aidez mon Fils Jésus par la prière. La terre tremblera. Mes enfants, mettez tout dans les plaies de Jésus, prenez mes

mains et je vous protégerai et vous amènerai à Lui.
Mes enfants, priez pour l'Église et pour les saints prêtres afin qu'ils restent toujours fidèles au véritable enseignement de la foi. Mes enfants, le temps est fini pour les méchants et la miséricorde sera infinie pour les justes. Je vous laisse maintenant avec ma bénédiction maternelle au Nom du Père, du Fils et du Saint-Esprit, Amen.

Aujourd'hui, nombreuses seront les grâces qui descendront sur vous.

Trevignano Romano - 5 février 2022
Mes enfants, merci d'avoir répondu à mon appel dans votre cœur et d'avoir fléchi les genoux dans la prière.
Mes enfants, dites à tous de revenir à Dieu, à ses lois et à ses Commandements, repentez-vous mes enfants et demandez la miséricorde de Dieu, qui peut être accordée dans la vraie repentance, confessez-vous. Jésus est proche, soyez toujours prêts. Mes enfants, méfiez-vous des eaux qui envahiront la terre qui est prête pour sa transformation.
Priez pour mes prêtres, car certains d'entre eux créent tant de confusion parmi mes enfants, priez pour que la lumière pénètre dans leurs cœurs.
Enfants, aujourd'hui je bénirai ces bougies, afin qu'elles puissent apporter la lumière du Saint-Esprit dans vos maisons. Je suis avec vous.
Maintenant je vous bénis, au Nom de la Très Sainte Trinité, Père, Fils et Saint-Esprit, Amen.

Trevignano Romano – 8 février 2022
Chère fille, merci d'avoir écouté mon appel dans ton cœur.
Ma fille, prie pour que les cœurs de pierre redeviennent des

cœurs de chair. L'humanité n'a pas encore compris qu'il s'agit d'une guerre spirituelle entre le bien et le mal, entre l'Église et l'anti-Église, entre le Christ et l'antéchrist, entre la vie éternelle et la perdition éternelle.
Mes enfants, vous échangez le mal contre le bien et le bien contre le mal, vous ne réagissez pas et vous ne voulez pas vous réveiller de cette torpeur démoniaque, rappelez-vous que bientôt vous serez devant le jugement de Dieu.
Mes enfants, n'acceptez pas tout ce qui vient du mal, mais acceptez seulement le bien, vivez les Saintes Ecritures, approchez-vous dignement de la confession et de l'Eucharistie, sans profaner le Corps de mon Fils, qui est de plus en plus tourmenté. Jésus et ses disciples n'ont pas gardé le silence ; suivez leur exemple. Mes enfants, l'Occident va déclencher une guerre contre la Russie et la Chine, ces événements doivent vous unir et non vous isoler car c'est seulement de cette manière que vous serez plus forts. Maintenant, je vous bénis au Nom du Père, du Fils et du Saint-Esprit, Amen.

Trevignano Romano 12 février 2022
Chers enfants, je vous remercie d'avoir répondu à mon appel dans votre cœur. Enfants bien-aimés, je vous en prie, revenez à Dieu avec une foi authentique, faites-le rapidement, ne perdez plus de temps parce que le temps est passé. Mes enfants, vous verrez des choses très étranges à vos yeux, mais je vous dis : n'ayez jamais peur. Mes enfants, les temps que vous traverserez seront pires, mais rappelez-vous, n'ayez pas peur du temps qui s'achève, mais soyez joyeux du monde merveilleux qui vous attend. La nouvelle Jérusalem viendra bientôt.
Mes enfants, priez pour les puissants de la terre et pour les dirigeants de l'Église, afin qu'ils puissent éviter le grand schisme qui est sur le point de se produire. Souvenez-vous que je

suis la Mère et que vous êtes mes enfants. Je vous bénis maintenant au Nom de la Très Sainte Trinité, Père, Fils et Saint-Esprit, Amen.

Trevignano Romano – 14 février 2022
Message de Jésus à 2 heures du matin.

Mes enfants, adorez votre Dieu avec tout l'amour que vous avez dans votre cœur, agenouillez-vous devant le Roi des Rois, parlez-moi, je vous ai dit à l'avance que lorsque vous entendrez parler d'euthanasie, d'enfants contre les parents, de meurtriers sans scrupules et de vents de guerre, cela signifie que le temps est proche, mais n'ayez pas peur si vous restez avec moi. Priez, car cette humanité a transpercé mon cœur et vous vous tenez à mes côtés pour que je vous reconnaisse devant mon Père.

Enfants et frères, ouvrez vos cœurs à la grâce, vos oreilles à l'écoute, soyez essentiels sans penser à la fausse lumière de ce monde. Avec fierté et arrogance, ils ont détruit le paradis que mon Père vous a laissé. Humanité perverse, pas même un peu d'amour pour moi, pourtant j'ai pris vos péchés en embrassant la mort comme un agneau sacrificiel, tout vous a été pardonné. Vous vivez pire que Sodome et Gomorrhe, alors à quoi vous attendez-vous ?

Le temps de la miséricorde touche à sa fin et le temps de la justice va commencer. Mes prêtres ont souillé et utilisé Mon Très Saint Nom pour faire flotter des hérésies et des blasphèmes.

Oh ! combien grande sera leur douleur ! Mes enfants, tenez-moi compagnie encore un peu et consolez-moi de votre amour et je vous récompenserai généreusement.

Je vous aime et je vous bénis au Nom du Père, en mon nom et dans l'Esprit-Saint.

Trevignano Romano – 14 février 2022
Message de Jésus à 5h du matin.

Mes bien-aimés, cette nuit est si sombre, les ténèbres sont descendues sur la terre entière et vous, petits et sans défense, devant tout cela, vous ne pouvez rien faire, seulement prier Notre Père pour apaiser tout cela.

Les hommes d'Église font des massacres de cœurs, mais eux, qui devraient aimer, ont mis de côté le Fils de Dieu, embrassant tout ce qui leur convient.

Je demande aux prêtres qui, dans leur âme et leur esprit, me sont encore solidaires, de se préparer à accepter toutes les souffrances et les douleurs qui les atteindront.

Aidez ces fils distraits et perdus, je suis avec vous pour implorer tout cela afin qu'aucune âme ne soit enlevée à mon Père.

Ma sœur, cette nuit, la pire chose dont mon cœur pouvait être témoin s'est produite ; même les chefs d'État ne prennent pas position en mon Nom et pour cette raison, ta souffrance sera grande.

Vous, avec vos petites prières et la lumière de votre âme, avez rafraîchi mon cœur,

Revenez vers moi pour que rien ne puisse vous faire du mal.

Ma fille, les souffrances seront nombreuses et fortes, mais celui qui ouvre son cœur à mon Père n'a rien à craindre.

Vous, les élus, continuez à prier sans cesse pour que mon cœur transpercé puisse avoir un peu de fraîcheur.

Je poserai mes mains sur ceux qui m'invoquent et je les bénirai ainsi que leurs familles.

Priez à cœur ouvert avec ma Mère qui est si miséricordieuse et si pleine d'amour pour vous.

Maintenant, je vous bénis au Nom de mon Père, en mon Saint Nom et en l'Esprit-Saint.

Trevignano Romano – 19 février 2022
Mes enfants, merci d'avoir répondu à mon appel dans votre cœur. Enfants, je veux vous garder toujours sous mon manteau béni pour vous protéger et vous faire ressentir mon grand amour. Chers enfants, soyez fidèles à l'Évangile, nourrissez-vous du corps de mon Fils et de sa Sainte Parole, ne vous éloignez pas de Dieu pour ne pas être la proie facile de l'ennemi infernal. Mes enfants, embrassez l'espoir de nouveaux Cieux et d'une nouvelle Terre qui vous attendent, confiez-Lui tout, ne soyez pas des bourreaux d'injustices, attendez la miséricorde de Dieu, avec l'Avertissement beaucoup de choses vont changer, n'ayez pas peur. Enfants, soyez comme de vrais guerriers en première ligne, combattez pour la Foi qui vous libérera et avec l'arme du Saint Rosaire entre vos mains.
Maintenant, je vous laisse avec ma bénédiction maternelle au Nom du Père, du Fils et du Saint-Esprit, Amen.

Trevignano Romano – 24 février 2022
Enfants, merci d'avoir fléchi les genoux dans la prière et d'avoir répondu à mon appel dans vos cœurs.
Ma fille, je connais et partage ta douleur, moi Mère d'amour et de douleur, je souffre tellement de ne pas avoir été écoutée car tout cela ne serait pas arrivé. J'ai demandé plusieurs fois la consécration de la Russie à Mon Cœur Immaculé, mais mon cri de douleur est resté inaudible. Ma fille, cette guerre apportera la mort et la destruction, les vivants ne suffiront pas à enterrer les morts. Mes enfants, priez pour les personnes consacrées qui ont abandonné la charité, la vraie Foi et la morale, profanant le Corps de mon Fils, poussant les fidèles à de terribles erreurs et cela causera de terribles souffrances.
Mes enfants, priez, priez, priez beaucoup. Maintenant je vous bénis au Nom du Père, du Fils et du Saint-Esprit, Amen.

Trevignano Romano – 26 février 2022
Mes enfants, merci d'être ici en prière et de plier les genoux dans cette maison bénie. Enfants bien-aimés, n'ayez pas peur, bien que les temps soient très mauvais, la guerre atteindra aussi l'Europe et surtout Rome, ils ont tourné le dos à Dieu et pour cela ils subiront souffrance et destruction.
Enfants bien-aimés, Jésus prépare vos âmes, soyez plus spirituels, sinon vous ne serez que des cadavres qui font mécaniquement les mêmes choses chaque jour, sans jamais traiter avec l'esprit, qui est la chose la plus importante en ce moment. Les enfants, cette guerre ouvre les portes à l'antéchrist, mais ne comprenez-vous pas que les choses s'accélèrent ?
Ne voyez-vous pas que plus rien n'est comme avant ?
Mes enfants, vous garantissez la vraie foi à mes enfants, parlez de Dieu, je remets tout entre vos mains, priez pour la paix et pour ceux qui à cause de cette guerre auront quitté la terre, mais beaucoup atteindront bientôt le Ciel.
Chers enfants, je suis avec vous, avec Jésus, pour prier le Père. Maintenant, je vous bénis au Nom de la Sainte Trinité, Père, Fils et Saint-Esprit.

Trevignano Romano – 1er mars 2022
Enfants bien-aimés, merci d'avoir plié vos genoux dans la prière et pour avoir répondu à la mienne dans vos cœurs.
Mes enfants, priez pour la paix mondiale, car cette guerre durera à cause des dirigeants mondiaux qui continuent de penser seulement au pouvoir et aux choses du monde.
Mes enfants, la purification mettra tout le monde à l'épreuve, soyez du côté de Dieu. Priez pour un dirigeant politique qui subira une attaque.
Priez pour l'Église et pour tous les innocents, qui avec leur sang laveront les péchés de l'humanité.

Priez pour le gouvernement italien, parce qu'en son sein il y a un belliciste. Priez pour la France. Priez, car l'humanité perverse est la cause de tout cela. Maintenant je vous bénis, au Nom du Père, du Fils et du Saint-Esprit, Amen.

Trevignano Romano – 3 mars 2022

Enfants bien-aimés, merci d'avoir répondu à mon appel dans votre coeur et d'avoir plié les genoux dans la prière. Mes enfants, malgré tout ce que vous voyez autour de vous, vous ne vous rendez souvent pas compte et pensez que la guerre ne vous appartient pas parce qu'elle n'est pas chez vous, mais malheureusement ce n'est pas le cas, c'est la raison de mon appel continu à la conversion. Mes enfants, je vous en prie, acceptez tous mes messages avec amour, je vous guiderai pour que vous ne vous égariez pas, mais au lieu de vous rapprocher de Dieu, vous vous égarez. Mes enfants, le chemin que vous avez pris n'est pas bon, d'autres viendront, mais vous continuez à vivre votre petite vie sans penser qu'autour de vous, le diable détruit tout et que vous ne vous souciez pas de vos âmes. Croyez-vous que la vie se résume à cela ? Mais ne croyez-vous pas qu'il y a une damnation éternelle si vous êtes conduits par le diable ?

Mes enfants, priez pour le Moyen-Orient, l'avertissement est là. Soyez prêts, mes enfants, je vous en supplie. Ne manquez pas la confession et l'Eucharistie, car vous devrez vous rattraper lorsque vous ne pourrez plus les utiliser. Donnez-moi vos mains et je vous conduirai là où se trouvent la joie et l'amour pur. Je vous laisse la paix et l'apporte à vos familles. Je vous bénis au Nom du Père, du Fils et du Saint-Esprit, Amen.

[La Sainte Vierge dit qu'elle répandra aussi des grâces sur les personnes présentes, en particulier sur une jeune fille atteinte

d'une tumeur, certains d'entre vous ont prié à cette intention aujourd'hui].

Trevignano Romano – 8 mars 2022

Ma chère fille, merci d'avoir accepté mon appel dans ton cœur. Ma fille, je te prie de demander à tous mes enfants d'enlever l'orgueil qui sévit encore dans leur cœur. Assez de l'ivraie qui fait fuir les frères et assez de l'arrogance, mais fléchissez les genoux devant le Seigneur. Repentez-vous mes enfants, il n'est pas trop tard, repentez-vous jusqu'à la fin et ne vous laissez pas tenter par le diable, car sa ruse est piquante. Priez pour le monde, car il n'y aura plus de paix, faites pénitence chers enfants, il n'est plus temps de vivre pour les choses du monde, mais levez les yeux vers le ciel et soyez plus spirituels, votre élévation ne vous apportera que des bienfaits. La terre est maintenant composée d'une humanité perverse et sourde à mes appels de Mère. Je vous laisse maintenant avec ma bénédiction maternelle au Nom du Père, du Fils et du Saint-Esprit, Amen.

Trevignano Romano – 10 mars 2022

Message de Dieu le Père : Moi, votre Père, je suis ici pour vous rappeler que je vous aime tous. N'ayez pas peur, mon Fils a été le premier homme pris et traité d'hérétique par les pères de l'Église. De quoi avez-vous donc peur ? N'ayez pas peur.
Il a vaincu la mort et je serai toujours avec vous. Pourquoi ne comprenez-vous pas ? Parce que l'humanité ne comprend pas que je vous aime tous et qu'en tant que Père, je me sens le devoir d'être avec vous, de vous protéger. En tant que Père, je vous protégerai contre tous ceux qui vous traiteront d'hérétiques. Ne vous inquiétez pas. Voyez maintenant comment tout va tomber. Même votre refuge sera prêt pour ce moment.

Je fais tout pour que, lorsque Sainte Marie vous dira qu'il est temps de partir, vous alliez à la Croix Bleue (colline bénie de Trevignano Romano) et là, vous ne serez jamais touchés, parce que j'ai personnellement sanctifié ce lieu.
Ne vous inquiétez pas, laissez tomber les choses humaines et ayez la Foi, tout s'accomplira selon mon plan. Les anges, dans le lieu béni par moi, vous protégeront et vous mettront en sécurité, ils vous rendront invisibles et je ne vous décevrai pas. Je suis un Père bon, je suis un Père juste. Je vous aime mes enfants, je vous aime tellement, n'ayez pas peur, n'ayez pas peur, tout ce que vous aurez sera par ma seule grâce. Maintenant je vous laisse. Votre Père, Amen.

Trevignano Romano – 12 mars 2022
Mes enfants, merci de répondre à mon appel dans vos cœurs. Mes enfants, les cieux sont envahis par les ténèbres, qui prendront beaucoup d'âmes, y compris celles de l'Église. Accueillez vos frères sans crainte, car cela peut aussi vous arriver. Mes enfants, pour vous consoler, je vous dis qu'après les ruines sur terre, vous verrez descendre la nouvelle Jérusalem qui sera comme un paradis. Le monde renaîtra et se prosternera devant Dieu, il y aura une conversion du monde, y compris de la Chine, vous aurez de nombreuses années de paix, d'harmonie et beaucoup d'amour entre frères, n'ayez pas peur, car cette purification sera nécessaire pour renaître à neuf. La main et la protection sur cette colline bénie (colline de Trevignano Romano) seront toujours là et serviront à convertir beaucoup de gens. Un jour, vous verrez les anges se manifester ici avec la couronne du Sauveur sur les mains et, au son des lyres, ils chanteront des louanges et des hymnes au Seigneur. Je vous laisse maintenant avec ma bénédiction maternelle au Nom du Père, du Fils et du Saint-Esprit, Amen.

Trevignano Romano – 15 mars 2022

Mes chers enfants, merci d'avoir répondu à mon appel dans votre cœur et d'avoir fléchi les genoux dans la prière.

Enfants bien-aimés, quelle douleur je ressens dans mon cœur, je vous regarde, vous marchez sur un champ miné non seulement par des bombes, mais par le mal. Malgré mes innombrables appels vous doutez encore, pourtant moi votre Mère, j'ai toujours prévenu de ce qu'il adviendrait s'il n'y avait pas eu de vraie conversion en vous, écoutez-moi !

Mes enfants, je vous demande encore une fois : confiez votre vie et vos jours à Dieu, ayez foi en Lui, le Juste qui peut tout. Les hommes ne sont pas prêts pour ce qui va arriver soudainement, ils ne croient qu'aux voix du monde et non aux Saintes paroles d'une Mère qui pleure et pleure pour tout le monde. Je veux vous sauver, comprenez-vous cet avertissement ? La famine avancera sans pitié, il faudra s'entraider entre frères. Maintenant je vous bénis au Nom du Père, du Fils et du Saint-Esprit, Amen.

Trevignano Romano – 19 mars 2022

Mes enfants, merci d'avoir répondu à mon appel dans vos cœurs et d'avoir fléchi les genoux dans la prière. Mes chers enfants, soyez toujours prêts pour ce qui va arriver soudainement, l'Europe sera envahie… Priez pour l'Occident, priez pour le Pape, car c'est l'heure de sa grande douleur et de son inquiétude. Mes enfants, rappelez-vous que la prière est le seul médicament pour votre âme et votre corps, ouvrez vos cœurs à la Grâce, car ce n'est qu'ainsi que vous pourrez avoir la paix dans vos cœurs, malgré les temps sombres.

Chers enfants, n'ayez pas peur, mais prenez mes mains et je vous amènerai à mon Fils Jésus. Les enfants, la persécution sera grande, alors soyez toujours dans la foi même quand tout semble perdu, ayez confiance en Dieu, Il sera proche de vous chaque jour, jusqu'à la fin. Maintenant je vous bénis au Nom du Père, du Fils et du Saint-Esprit, Amen.

Trevignano Romano – 24 mars 2022

Chère fille, merci d'avoir écouté mon appel dans ton cœur. Les hommes ne comprennent toujours pas pourquoi je viens, je veux sauver cette humanité, ce à quoi je dis : cessez d'attiser votre curiosité en lisant mes messages, mais vivez-les.
Je vois mes enfants se perdre et je veux leur montrer le chemin. Je viens comme une Mère aimante pour montrer la lumière au milieu des ténèbres. Avec vos prières et la vraie foi, vous pouvez éviter la troisième guerre mondiale, mais vous restez enfermés dans vos coquilles et ne voyez pas au-delà, les catastrophes arrivent, mais n'abandonnez pas les sacrements. Malgré mes larmes, vos cœurs sont durs et vous ne laissez pas entrer la lumière, je demande que votre Foi ne soit pas seulement de paroles, mais d'actes, vous avez l'arme la plus puissante, la prière du Saint Rosaire, priez.
Au fil du temps, la foi chrétienne ne sera plus professée et vous serez contraints de vous cacher, préparez-vous à cela aussi, le communisme progresse avec célérité. Tout cela arrivera et sera la punition des hérésies, des impiétés et des blasphèmes qui ont été perpétrés jusqu'à présent.
Maintenant, mon enfant, je te laisse avec ma bénédiction maternelle, au Nom du Père, du Fils et du Saint-Esprit, Amen.

Trevignano Romano – 25 mars 2022

Ma fille, merci d'avoir accepté mon appel dans ton cœur.
Ma fille, ce jour-là, alors que je fredonnais des louanges à Dieu et que je demandais la paix pour toute la terre, voici qu'un ange merveilleux est venu illuminer la pièce et sa douce

voix m'a annoncé que j'aurais un fils par l'Esprit-Saint, malgré ma virginité, et m'a parlé de la grandeur de Jésus. J'ai prié toute ma vie pour la paix, comme je le fais aujourd'hui, mais les hommes ne m'ont pas écoutée et, aujourd'hui encore, ils ne m'écoutent pas. Ma fille, aujourd'hui, beaucoup croient que cette consécration peut avoir une validité, mais la guerre a commencé, mon Fils est en colère, parce que si elle avait été prononcée à temps, la paix serait descendue sur cette humanité, mais il n'en sera pas ainsi, parce que personne ne peut offenser Dieu. Mon enfant, tout sera légèrement atténué par les prières récitées avec une vraie foi.
Bientôt vous connaîtrez des temps sombres pour les raisons que je viens de vous dire, revenez à Dieu s'il vous plaît. Je vous bénis au Nom de la Sainte Trinité.

Trevignano Romano – 26 mars 2022
Mes enfants, merci d'avoir répondu à mon appel dans vos cœurs et d'avoir fléchi les genoux dans la prière.
Mes enfants, j'ai déjà parlé, je vous demande d'ouvrir vos cœurs à la grâce pour être dignes de tout ce que Dieu vous réserve. Enfants, priez pour la paix, mais avant tout pour la paix intérieure, ne vous perdez pas dans les choses éphémères, mais pensez plutôt à votre âme. Encore une fois je vous demande : convertissez-vous, regardez les temps sombres, n'attendez pas le jugement final de Dieu, mais soyez conscients de tout ce qui va arriver, si vous n'êtes pas prêts vous ne pourrez pas faire face à l'avertissement. Maintenant je vous bénis au Nom du Père, du Fils et du Saint-Esprit, Amen.

Trevignano Romano – 3 avril 2022
Enfants bien-aimés, merci de répondre à mon appel dans vos cœurs. Mes enfants, merci de plier les genoux dans la prière.

Ma fille, regarde mon cœur qui saigne, entouré d'une couronne d'épines. Mon cœur saigne parce que vous n'avez pas encore compris ce que sera la justice de Dieu, elle sera pire que le jour du déluge universel.
Priez, mes enfants, convertissez vos cœurs, changez vos vies afin que vous ne soyez pas pris au dépourvu. Mes enfants, bientôt un grand tremblement de terre s'abattra sur toute la terre pour réveiller vos consciences ; ne vous endormez pas mais soyez vigilants. Mes enfants, tout est malade, l'Église sera jugée car elle n'est plus qu'une institution politique et n'est plus confiée à Dieu. Priez pour les pasteurs qui sont perdus et priez pour la France. Ma fille, il faut leur dire de faire des réserves de nourriture et d'eau pour faire face aux temps obscurs. Mes enfants, je vous bénis maintenant au Nom de la Très Sainte Trinité, Père, Fils et Saint-Esprit, Amen.

Notre Dame était joyeuse aujourd'hui parce qu'elle voyait tant de gens unis dans la prière, mais elle était aussi triste et tenait dans ses mains un cœur qui saignait, entouré d'une couronne d'épines.

Trevignano Romano – 5 avril 2022
Ma fille, merci d'avoir répondu à mon appel dans ton cœur. Ma fille, cette humanité, au lieu de prier et de se confier à Dieu, cherche des lieux de refuge pour sauver sa vie, mais je vous le dis : il n'y aura pas de lieu, même le plus caché, devant le jugement de Dieu. Priez mon Coeur Immaculé et celui de mon Fils Jésus, ils seront les refuges les plus sûrs, ayez foi en Dieu et pensez davantage au salut de votre âme.
Ecoutez-moi avec amour et suivez le chemin que je vous ai indiqué dans votre coeur, alors vous garantirez l'accomplissement du Triomphe de mon Coeur Immaculé et vous en serez

les témoins. Consacrez-vous à moi et je vous protégerai sous mon manteau béni. Je vous bénis maintenant au Nom du Père, du Fils et du Saint-Esprit, Amen.

Trevignano Romano – 8 avril 2022

Message de Jésus : Mes frères, merci d'être ici sous ma croix. Frères, je vous ai donné aujourd'hui la grâce de la paix du cœur et de l'âme, mais une seule personne parmi vous témoignera de ma présence vivante en ce lieu. Mes frères, mettez tout dans mes blessures, surtout vos souffrances, afin que je puisse vous donner ma grâce et ma miséricorde. Frères, priez à cause de la guerre et pour l'humanité qui subit tant d'atrocités. Mes frères, reconnaissez-moi comme votre Roi, bientôt je serai avec vous avec tout mon amour.
Maintenant je vous bénis, en passant parmi vous, au Nom du Père, en mon Nom et dans le Saint-Esprit.

Trevignano Romano – 12 avril 2022

Je suis la Vierge Immaculée, l'épouse de l'Esprit-Saint, l'humble servante de Dieu, la Mère de Jésus, qui a été trahi, moqué et humilié. Aujourd'hui encore, cette épée me transperce le cœur. Mes enfants, vous êtes à la croisée des chemins, faites le bon choix, mon Fils vous attend. Je protégerai mes enfants fidèles et humbles, qui se sont distingués par leur courage et leur amour. Mes enfants, repentez-vous, reconnaissez votre Dieu comme le seul Dieu et Sauveur et, par sa grande miséricorde, il vous pardonnera.
Maintenant, je te bénis, ma fille bien-aimée, et je te remercie de m'avoir accueillie dans ton cœur, Père, Fils et Saint-Esprit.

Trevignano Romano – 16 avril 2022

Cher enfant, merci d'écouter mon appel dans ton cœur.

Je suis la Mère des Douleurs pour la mort de mon Fils, qui est encore crucifié aujourd'hui par les hommes et les faux bergers. Consolez mon coeur de Mère, j'ai vu mon Fils unique mourir crucifié, et moi avec lui, et j'ai eu une seconde douleur lorsqu'il a été déposé dans le sépulcre, fermé par une pierre, et je me suis sentie seule, mais je me souviens encore lorsque sur la croix il a dit : "Femme, voici ton Fils" et là je suis devenue votre Mère à tous, j'ai gardé la douleur dans mon coeur et dans le silence. Maintenant, mes enfants, consolez-moi par vos prières, comme je vous console lorsque vous m'invoquez.
Je vous laisse ma bénédiction maternelle au Nom du Père, du Fils et du Saint-Esprit, Amen.

Trevignano Romano – 19 avril 2022
Ma fille, merci d'avoir répondu à mon appel et d'avoir plié les genoux pour prier. Ma fille, la résurrection de mon Jésus doit être votre résurrection à tous, changez de vie, recherchez les choses du ciel, soyez prêts car mes enfants les plus fidèles recevront de nombreux cadeaux. Je vois la résurrection de certains d'entre vous et cela me réconforte.
Mon Fils sera vu par tous, croyants et non-croyants, ceux qui ont cru auront de grandes récompenses. Ma fille, les méchants sont déjà prêts, ils attendent un ordre, Rome sera frappée, mes fidèles seront persécutés, mais je vous dis : n'ayez pas peur, le diable a un but précis pour détruire tout ce qui représente la maison de Dieu, mais les enfers ne prévaudront pas. Continuez à prier avec assiduité !
Mes enfants, vos prières faites avec le cœur sont arrivées et beaucoup de souffrances seront atténuées mais ce qui est écrit s'accomplira, n'oubliez pas les prophéties, la peste et la guerre atteindront l'Europe. La terre est prête pour le grand tremblement de terre, mais rappelez-vous que je vous aime et que je

vous protégerai avec mes anges.
Je vous laisse maintenant avec ma bénédiction maternelle au Nom du Père, du Fils et du Saint-Esprit, Amen.

Trevignano Romano – 21 avril 2022
Mes enfants, merci d'avoir répondu à mon appel dans vos cœurs. Mes enfants, c'est aujourd'hui l'anniversaire de ma rencontre avec mon élue et je la remercie, ainsi que son époux, d'avoir toujours donné de son précieux temps pour mener à bien cette grande œuvre de Grâce. Mes enfants, je vous remercie également, vous qui avez soutenu tout cela avec votre foi, croyant en ma présence et acceptant les signes envoyés du ciel et pour ceux qui ont ouvert leur cœur, rien ne manquera, les grâces seront nombreuses, même les plus petites, dont parfois vous ne vous rendez pas compte. Mes enfants, mes enfants, je vous ai appelés un par un à être des témoins courageux et je suis ici, à nouveau, pour vous demander de m'aider à amener les âmes à Dieu. La prière pour l'événement d'aujourd'hui libérera beaucoup d'âmes. La peste viendra, priez pour la terre de mon Fils. Je vous bénis maintenant au Nom de la Sainte Trinité, Père, Fils et Saint-Esprit, Amen.

Trevignano Romano – 23 avril 2022
Chers enfants, merci d'avoir répondu à mon appel dans votre cœur. Mes enfants, combien d'amour je ressens pour vous ! Enfants bien-aimés, demain est le jour de la Divine Miséricorde, bientôt vous verrez Jésus avec ses rayons illuminant le monde, accueillez-le dans toute sa grâce et agenouillez-vous. Mes enfants, moi, votre mère, je ne vous demande qu'une chose : convertissez-vous, criez au monde avant qu'il ne soit trop tard.
Mes enfants, ne ridiculisez pas les prophéties en les rejetant,

mais accueillez-les, elles serviront à vous avertir de ce qui peut arriver, pour cela je vous demande de beaucoup prier. Mes enfants, Dieu nettoiera cette terre de ses ennemis et de sa puanteur et en récoltera tous les meilleurs fruits, en protégeant ceux qui ressentent un grand amour pour lui.
Je vous laisse maintenant, avec ma bénédiction maternelle, au Nom du Père, du Fils et du Saint-Esprit, Amen.

Trevignano Romano – 26 avril 2022
Message de Jésus : Mes enfants, pourquoi ne vous préoccupez-vous pas de mon oeuvre ? Je vous ai donné un lieu à suivre et à bénir, je vous ai dit qu'un jour ce lieu sera comme l'Eden et que vous ne ferez que surveiller et prendre soin de votre petit jardin. Frères, agissez comme mes Apôtres, quand je leur ai demandé de veiller, ils se sont endormis, ne soyez pas insensibles aux oeuvres de Dieu et respectez avec amour le lieu béni par mon Père, où je pose mes pieds et où ma très sainte Mère vous instruit pour les temps à venir. Un jour, il sera votre refuge, ne l'oubliez pas. Priez pour le Pape et pour mon Église, car ils chancellent, la terre continuera à trembler. Je vous laisse maintenant avec ma bénédiction au Nom du Père, de mon Très Saint Nom et du Saint-Esprit.

Trevignano Romano – 30 avril 2022
Mes enfants, merci d'avoir répondu à mon appel dans vos cœurs. Mes chers enfants, je connais vos coeurs et je vous dis: venez ici, dans ce lieu béni, où je prendrai vos mains pour vous relever quand vous tombez, je sécherai vos larmes quand vous êtes affligés et je vous consolerai quand vous êtes désespérés. Je suis là, votre tendre Mère, pour vous aider et je suis toujours là comme votre maître sur votre chemin.
Suivez les commandements qui vous sont laissés et nourris-

sez-vous des sacrements. Mes enfants, la guerre va avancer. Priez car la sécheresse sera grande à cause du manque d'eau. Priez pour les prêtres et pour les âmes qui se perdent, car le mal est malheureusement entré dans la maison de Dieu.
Je vous laisse maintenant avec ma bénédiction maternelle au Nom du Père, du Fils et du Saint-Esprit, Amen.

Trevignano Romano – 3 mai 2022

Chers enfants, merci d'avoir répondu à mon appel dans votre cœur. Enfants bien-aimés, combien de tendresse mon cœur de Mère ressent-il lorsque je vois mes enfants qui fléchissent les genoux avec une grande foi. Enfants, vous serez bientôt témoins de l'avertissement, de la rencontre avec mon Jésus qui vous aime tant, attendez ce geste de miséricorde, non avec crainte, mais avec joie.
Enfants bien-aimés, confessez-vous pour être prêts pour sa venue, veillez toujours, les enfants, je vous aime et je veux vous guider comme une Mère ; grande sera la souffrance pour ceux qui ne veulent pas reconnaître Dieu. Mes enfants, priez pour l'Église et surtout pour les évêques, les cardinaux et les prêtres, afin qu'ils abandonnent tout orgueil et commencent à proclamer la Parole de Dieu, afin qu'ils ne s'occupent plus de politique, mais soient, comme Pierre, des pêcheurs d'âmes.
Maintenant, je vous donne ma bénédiction maternelle au Nom du Père, du Fils et du Saint-Esprit, Amen.

Trevignano Romano – 6 mai 2022

Chère fille, merci de m'accueillir dans ton cœur. Vous ne devez jamais avoir peur, car lorsque vous proclamerez la Sainte Parole, je serai avec vous.
L'Église, aujourd'hui, a élevé des murs entre mon Fils et la vraie doctrine et malgré les souffrances qu'elle cause au Saint

et Très Sacré Cœur de Jésus, Il est là pour la protéger.
L'Église, au lieu de nourrir mes enfants, du Corps et du Sang de Jésus, s'est aliénée sa présence et malgré cela, Il est toujours prêt à offrir Son aide. J'appelle au repentir !
Ma fille, la franc-maçonnerie et leur force maléfique extravagante ont éloigné les représentants de l'Église de la vraie foi chrétienne, insultant le Corps de Jésus, l'offrant de manière incorrecte et forçant mes enfants à ne pas s'agenouiller et à le recevoir sur leurs mains, proclamant un grand mensonge.
Je vous demande : revenez à la vraie foi et permettez-moi de vous aider dans les moments sombres qui viendront.
Je vous le dis : la véritable Église renaîtra et sera plus grande et plus luxuriante. Maintenant, je vous conseille de prier, car le temps disponible s'épuise. Je vous bénis au Nom du Père, du Fils et du Saint-Esprit, Amen.

Trevignano Romano – 10 mai 2022

Chers enfants, merci d'avoir répondu à mon appel dans vos coeurs. Je vois que beaucoup d'entre vous s'inquiètent des temps qui viennent, mais je suis ici pour vous réconforter, pensez que tout le mal sera vaincu et vous, mes soldats combattants, vous aurez les grâces et la miséricorde, vous verrez de vos yeux, vous toucherez de vos mains toutes les grâces qui descendront. Chers enfants, priez beaucoup et ainsi, avec moi, vous serez témoins de la victoire de mon Coeur Immaculé. Priez pour l'Église, priez pour le Japon et la Chine afin qu'ils soient soulagés de la douleur qu'ils causent.
Mes enfants, regardez le ciel, vous y verrez les signes des temps. Je vous laisse maintenant avec ma bénédiction maternelle au Nom du Père, du Fils et du Saint-Esprit, Amen.

Trevignano Romano – 13 mai 2022
Chers enfants, merci d'être ici et de répondre à mon appel dans vos cœurs. Mes enfants, priez, priez, aujourd'hui comme alors (apparition à Fatima) je continue à demander des prières et la conversion. Si tout avait été fait comme je l'ai demandé, vous auriez connu la paix ; au contraire, les portes de l'enfer se sont ouvertes et vous, mes petits, si vous ne vous affermissez pas dans la foi, vous marcherez sur le chemin de la perdition. Je suis ici, avec un cœur brisé, pour tout ce que vous permettez. Mes enfants, regardez l'Église, elle ne veut pas me reconnaître comme Corédemptrice, je suis la Reine du ciel et de la terre, celle qui vous conduit à mon Fils Jésus, je suis sa Mère et la Mère de vous tous, acceptez cette vérité.
Mes enfants, priez pour mes enfants ukrainiens, qui ont été jetés dans deux fosses encore vivants. Mes enfants, la terre va trembler de plus en plus, mais n'ayez pas peur, car je suis là pour vous protéger, il n'y a plus de temps, soyez de plus en plus spirituels et regardez les signes du ciel et de la terre.
Maintenant je vous laisse, avec ma bénédiction maternelle, au Nom du Père, du Fils et du Saint-Esprit, Amen.

Trevignano Romano – 17 mai 2022
Mes enfants, merci d'être ici en prière. Fils bien-aimés, aujourd'hui encore je vous remercie d'avoir répondu à mon appel. Mon cœur est brisé par tout ce qui arrivera. Je vois beaucoup de cœurs fermés, beaucoup de mes enfants sont perdus et n'écoutent pas mon appel d'amour. Mes enfants, je vous demande d'être des témoins courageux, il n'y a plus de temps, écoutez les paroles de votre Mère, faites le plein d'eau, de nourriture et de médicaments, tout est sur le point de se terminer. S'il vous plaît les enfants, aidez-moi. Maintenant Je vous bénis au Nom du Père, du Fils et du Saint-Esprit, Amen.

Trevignano Romano – 21 mai 2022
Mes enfants, merci d'être ici dans la prière et de répondre à mon appel dans vos cœurs. Mes enfants, vous vivez des temps sombres et, à l'avenir, ils deviendront des ténèbres, mais vous regardez toujours vers la lumière.
Combien de fois Jésus vous a-t-il promis de vous protéger, vous a-t-il déjà déçu ? Combien de fois avez-vous été en difficulté, et pourtant Il ne vous a jamais abandonné.
Mes enfants, mes enfants, n'ayez jamais peur, quoi qu'il arrive, priez, priez beaucoup, couvrez la terre de vos prières, priez pour les prêtres qui défient Dieu, priez pour les puissants car ils complotent. Mes enfants, ils veulent vous enlever votre liberté, mais ayez la foi et soyez dans la vérité, elle seule vous rendra libres. Maintenant, je vous bénis au Nom du Père, du Fils et du Saint-Esprit, Amen.

Trevignano Romano – 24 mai 2022
Mes chers enfants, merci d'avoir répondu à mon appel dans votre cœur. Les enfants, même quand vous vous croyez seuls, moi, votre Mère, je suis là. Les enfants, la guerre et la famine se feront sentir de plus en plus fortes, mais la foi en Dieu vous protégera, n'ayez pas peur. Dans cette période, soyez unis et ne soyez pas un moyen de discorde. Enfants, priez pour les évêques hypocrites et pervers, priez pour l'Église qui saigne, ainsi que pour mon Fils. Priez pour le Pape, maintenant je vous laisse avec ma bénédiction maternelle au Nom du Père, du Fils et du Saint-Esprit, Amen.

Trevignano Romano – 28 mai 2022
Enfants bien-aimés, merci d'avoir répondu à mon appel dans votre cœur. Mes enfants, seule une prière intense et incessante consolera mon cœur béni et endolori et celui de mon Fils.

Mes enfants, priez car vous ne savez pas ce qui vient, la nuit noire est toute proche, allumez les bougies bénies dans vos maisons. Mes enfants, les anges se battent avec des épées, mais vous, le Saint Rosaire entre vos mains, continuez cette prière qui m'est si chère. Mes enfants, ouvrez vos cœurs pour que la joie et l'espérance puissent entrer car je viens vous préparer, n'ayez pas peur de ce que vous verrez, car mon Manteau béni est sur vous. Levez vos bras et louez le Seigneur. Enfants bien-aimés, souvenez-vous toujours de mon amour infini de Mère pour vous. Maintenant, je vous bénis au Nom de la Sainte Trinité, Père, Fils et Saint-Esprit, Amen.

Trevignano Romano - 31 mai 2022

Message de Jésus : Mes enfants et mes frères, merci d'avoir plié le genou sous ma croix. Frères, nourrissez-vous de ce que je vous ai laissé, ma présence vivante, en Corps et en Sang. Adorez le Saint Sacrement et les grâces que vous recevrez seront nombreuses. Mes enfants, profitez de ces moments où vous pouvez disposer librement de mon Corps, car bientôt ils vous tromperont en disant que ce n'est qu'un souvenir. Moi, en personne, je vous donne cet avertissement, lisez souvent le Saint Évangile, tout ceci sera effacé et vous devrez le faire en secret. Je le dis, c'est la très sainte vérité. Mes frères, demandez la consolation et l'union entre frères, ouvrez vos coeurs à la puissance de l'Esprit-Saint, qui fera de vous des hommes nouveaux. Soyez au service des plus faibles, soyez humbles et abandonnez l'orgueil et l'arrogance, en particulier ceux qui, en lisant mes messages et ceux de ma Mère, ridiculisent tout, mais s'ils se contentaient de lire, de méditer et de prier, je répondrais moi-même dans leur coeur. Maintenant, je vous bénis au Nom du Père, en mon Nom et au Nom du Saint-Esprit, Amen. Votre Jésus.

Trevignano Romano – 3 juin 2022
Chers enfants, merci de répondre à mon appel dans vos cœurs. Mes enfants, merci de plier les genoux dans la prière. Mes enfants, attendez l'Avertissement, qui est plus proche que vous ne le pensez, mais attendez-le avec une grande joie, l'amour de Dieu vous fera voir des choses merveilleuses, celui qui aura peur, c'est parce qu'il ne s'est pas encore libéré du péché, malgré mon appel continu. Mes enfants, c'est le temps de votre purification et vous devez le vivre en l'acceptant pleinement. Mes enfants, je vous en prie, je touche encore la terre parce que je veux que vous soyez sauvés. Si vous vivez mes messages avec humilité, prière et fraternité, vous serez comme le petit reste, qui est resté près de mon Jésus, vous serez des apôtres et aurez le courage de la foi. Je vous laisse maintenant avec ma bénédiction maternelle au Nom du Père, du Fils et du Saint-Esprit, Amen.

Je serai avec vous jusqu'à la fin de la prière.

Trevignano Romano – 4 juin 2022
Ma fille, malgré mes larmes vous continuez à vivre dans l'indifférence, même mes enfants préférés n'ont pas l'humilité du silence et de la contemplation. Mes enfants, je pleure parce que je sais ce qui va arriver bientôt et vous continuez à vivre comme si vous ne connaissiez pas la vérité.
Mes enfants, le sang sera versé dans l'Église. Priez pour les puissants car ils veulent vous conduire à la mort. Le substrat de la terre se réchauffera tellement que de nombreux poissons de la mer mourront également. Mes enfants, revenez à Dieu, votre seul salut et convertissez-vous.
Maintenant je vous bénis, au Nom du Père, du Fils et du Saint-Esprit, Amen.

Trevignano Romano – 7 juin 2022

Mes enfants, merci d'avoir répondu à mon appel dans vos coeurs. Mes enfants, l'Église de Pierre sera également très attaquée de l'intérieur, combien de traîtres il y a, même parmi ceux qui ont été appelés à la vocation, mais qui maintenant trahissent mon Fils. Mes enfants, la guerre continuera et prendra de nombreux pays, priez pour la France et l'Italie, ce sont elles qui subiront de nombreuses pertes. Priez pour l'Amérique, car elle sera anéantie. Mes enfants, je vous demande de toujours regarder la lumière de Dieu, même quand tout sera plus difficile, ne perdez jamais espoir. Priez pour ceux dont le cœur est fermé, afin qu'ils soient sauvés pendant l'Avertissement, les temps approchent. Priez pour que même le pire des pécheurs puisse être sauvé devant le Roi des Rois. Enfants, prenez garde, la famine se répandra rapidement, ainsi que d'autres maladies à venir. Mes enfants, ne troquez jamais vos âmes pour un morceau de pain, écoutez mes paroles. Mes enfants, toute cette douleur va cesser, mais maintenant nous avons besoin de votre courage en tant que soldats de la lumière criant la vérité, n'ayez jamais peur, je suis là pour vous protéger. Observez les variations climatiques, des fortes chaleurs viendront les grands froids, des tornades viendront les fortes grêles, habituez-vous aux changements, car ils seront nombreux. Je vous laisse maintenant avec ma bénédiction maternelle au Nom du Père, du Fils et du Saint-Esprit, Amen.

Trevignano Romano – 11 juin 2022

Chers enfants, merci d'avoir répondu à mon appel dans votre coeur. Enfants bien-aimés, priez pour l'Église, parce que de nombreux évêques se dressent les uns contre les autres pour le pouvoir. Le communisme progresse, il entrera aussi dans l'Église et vous ne le comprenez pas encore. Beaucoup de mes enfants viendront de partout, parce que la famine progresse. L'Amérique se fera connaître. Mes enfants, vous avez le libre arbitre, mais vous l'utilisez très mal et cela ne signifie pas faire tout ce que vous voulez même en péchant, nourrissez-vous du Saint Évangile et de l'Eucharistie. Mes enfants, je vous bénis maintenant au Nom du Père, du Fils et du Saint-Esprit, Amen.

Trevignano Romano, 11 juin 2022
Message de Jésus à Gisella en extase.
Mes enfants, je suis si las, si las, il y a trop de méchanceté. C'est le temps de l'antéchrist, il vous tourmentera toujours.
Mes enfants, ne soyez pas hypocrites, aimez-moi, aimez-vous pour de vrai et pardonnez. La nuit noire arrive, ceux qui seront avec moi seront avec moi pour toujours. Je vous ai mis à votre place et maintenant mon décompte commence ; vous n'êtes pas encore prêts mais si vous n'avez pas abandonné tout ce qui est du monde, vous ne pourrez jamais entrer dans mon Royaume. Priez mes enfants, priez beaucoup. Mes traîtres, dans mon Église, continuent à m'affliger, ils continuent à me faire du mal, ils se battent pour le pouvoir, ils n'ont pas compris que je suis le seul à pouvoir décider de toutes les actions. Ah ! ce libre choix, ils en jouent.
Oh ! ma fille, tu dois être plus tenace, plus dure, leur expliquer que les temps sont révolus, mais ne t'attriste pas car je suis avec toi. Ils ne croient pas mes prophéties et celles de ma Mère, ils ne croient pas, mais comment feront-ils quand viendra la nuit noire et que tout sera accompli, à qui demanderont-ils de l'aide ? Beaucoup se convertiront, mais beaucoup mourront, ils auront peur, ils n'ont pas compris que je suis votre tout, votre Dieu. Je suis ici et je vous regarde, je vous écoute et je scrute vos cœurs. Mes enfants, soyez comme des frères, soyez unis, réconfortez ceux qui sont dans le besoin, récon-

fortez-vous les uns les autres, serrez-vous les uns contre les autres comme une seule famille en mon nom, mais vous devez être unis, bientôt le pire arrivera, mais ne comprenez-vous pas que sans moi tout sera perdu ?
Je vous bénis, pensez, réfléchissez et méditez mes paroles !
Je vous bénis, mes enfants, soyez des guerriers, ne tombez jamais, mon Esprit-Saint entrera en chacun de vous pour vous rendre plus forts, vous donner la force et la paix. Je vous aime tous, un par un. Je vous bénis toujours au Nom du Père, de mon Très Saint Nom et du Saint-Esprit.
Mes enfants, je vous caresse en passant, un par un, vous sentirez le souffle de l'Esprit et vous comprendrez que je suis ici.

Trevignano Romano – 14 juin 2022
Chers enfants, merci de répondre à mon appel dans vos cœurs. Mes enfants, comme vous êtes beaux quand vous vous agenouillez pour prier. Ecoutez ce que j'ai à vous dire, écoutez mes messages, souvenez-vous qu'ils sont pour le salut de l'humanité. Vous avez des yeux pour regarder, mais vous ne voyez pas, des oreilles pour écouter et vous n'entendez pas. Mes enfants, priez pour la France, elle va beaucoup souffrir. Convertissez-vous ! Je vous laisse maintenant avec ma bénédiction maternelle, au Nom du Père, du Fils et du Saint-Esprit, Amen.

Trevignano Romano – 21 juin 2022
Chers enfants, je vous remercie d'être ici en prière et de plier les genoux. Ma fille, tu dois dire aux prêtres que leur confusion se situe entre le coeur et la bouche, c'est pourquoi ils sèment la confusion parmi mes enfants et ils ne comprennent toujours pas que la transsubstantiation du pain et du vin a lieu avec la consécration et la descente de l'Esprit-Saint qui se

transforme en Corps, en Sang et en Divinité. Mes enfants, priez beaucoup, car la terre est un immense désert et là où il y a de l'eau, elle fera beaucoup de mal.
Mes enfants, mes anges chantent leur complainte parce que mon Fils Jésus est déchiré de douleur, priez et aimez mon Jésus et souvenez-vous qu'il est mort pour vous et pour vous libérer du péché. L'évêque de Rome sera attaqué précisément par ceux qui le soutiennent. Je vous bénis maintenant au Nom du Père, du Fils et du Saint-Esprit, Amen.

Trevignano Romano – 25 juin 2022
Mes enfants, merci d'avoir répondu à mon appel dans vos coeurs. Enfants bien-aimés, en ces temps particuliers, n'abandonnez jamais la prière et soyez conscients des grâces qui descendent sur vous et remerciez toujours.
Mes enfants, vous êtes favorisés à mes yeux et devant Notre Père. C'est la raison des apparitions dans le monde entier afin que vous soyez avertis des dangers que vous courez si vous abandonnez Dieu. Mes enfants, remerciez et respectez les prophètes qui ont été appelés à la mission, ils dirigent l'Église, c'est-à-dire vous tous. L'Église n'est pas seulement constituée de temples, Jésus lui-même a parfois abattu les murs. Mes enfants, ce sont aussi des temps de grâce et vous en verrez beaucoup tomber, ils serviront à ouvrir les yeux de ceux qui ne croient pas que le ciel est uni à la terre et que Jésus est proche de chacun d'entre vous. Priez pour l'Espagne. Je vous bénis maintenant au Nom du Père, du Fils et du Saint-Esprit, Amen.

Trevignano Romano – 28 juin 2022
Message de Dieu le Père : Chers enfants, moi, votre Père, je désire que chacun de vous se souvienne que je suis souvent là où vous êtes. Je connais tous vos besoins et tout ce que vous

désirez, comme je souhaite vous voir venir à moi avec confiance et amour ! Ne vous laissez pas séduire par les vices qui mènent à la ruine totale. Mes enfants, mon amour pour vous est si grand que je ne ressens pas une joie égale à celle d'être parmi les hommes. Voici que je dis à ceux qui sont en état de péché : n'ignorez pas cet appel de l'amour, sinon je ne pourrai pas entrer en vous, je voudrais que vous vous gardiez du péché. Je vous regarde, mais vous ignorez que je suis là et que je vous appelle avec ma grande joie, je voudrais toujours être à vos côtés avec l'espoir qu'un jour vous retourniez à votre Père, ce serait un bel acte d'amour. Je suis la source vivante, je voudrais être pour vous la joie sans fin, mon Fils Jésus est en moi et je suis en lui et notre amour qui est l'Esprit-Saint nous maintient unis. Venez boire à cette source et votre joie sera grande jusqu'à l'éternité.
Ne soyez pas indifférents à cet amour, alors seulement vous serez bénis, croyez cette vérité. Profitez de ces temps difficiles, suivez les Ecritures et surtout les dix Commandements. Mes enfants, appelez-moi une seule fois du nom de "Père" et vous aurez la certitude de la vie éternelle.
A vous, mes fils, qui travaillez pour ma gloire et vous efforcez de me faire connaître et aimer, je dis que votre récompense sera grande et que vous aurez beaucoup plus dans l'éternité. A vous, mes fils prêtres, je vous exhorte à faire connaître cet amour paternel que j'ai pour vous tous en particulier, vous devez travailler pour que ma volonté s'accomplisse, ne perdez pas votre temps avec les choses du monde et ne soyez pas inactifs, mais faites connaître mon pouvoir, je ne désire qu'être aimé, et à vous qui ne faites pas ma volonté en ce moment, je vous dis : Malheur ! Je m'adresse à mes enfants, parlez de moi, ne me rejetez pas, je ne veux pas de sacrifices, je veux de l'amour et du respect.

Regardez le crucifix, le Saint Sacrement, les Saintes Écritures, afin de comprendre à quel point Je vous ai aimés et si les familles veulent m'aimer davantage, me connaître davantage, m'invoquer davantage, je leur donnerai ma paix, ma Miséricorde et je serai votre tout qui suffira à tout, ne rejetez pas cette joie, je voudrais que vous profitiez de cette lumière qui illuminera vos vies. Maintenant je vous bénis les enfants au Nom de la Très Sainte Trinité.

Trevignano Romano – 3 juillet 2022

Chers enfants, précieux à mon cœur et au cœur de Jésus, merci d'être ici en prière et de plier les genoux. Je regarde ces petits en prière et je souhaite que vous soyez comme eux, avec un cœur pur ! Rappelez-vous ce que Jésus a dit : les petits entreront dans mon Royaume. Mes enfants, je vous en conjure, si vous ne vous convertissez pas, ce sera pire que le déluge universel, je ne veux pas vous effrayer mais vous avertir, revenez à Dieu les mains jointes, en pliant les genoux, le cœur et l'âme tournés vers l'unique Sauveur, pour vivre ensuite dans l'éternité au paradis. Mes enfants, il y aura des tremblements de terre, des sécheresses et des nuages, le mal et le malin sont entrés dans l'Église et mon Fils n'y est plus. Regardez autour de vous, car vous ne reconnaîtrez plus vos frères. Je vous demande la prière, le jeûne et l'amour fraternel. Maintenant je vous bénis, au Nom du Père, du Fils et du Saint-Esprit, Amen.
Beaucoup de grâces descendront sur vous aujourd'hui, soyez-en les témoins !

Trevignano Romano – 5 juillet 2022

Enfants bien-aimés, merci d'être ici en prière et de répondre à mon appel dans vos coeurs. Mes enfants, soyez toujours unis, réparez toutes les horreurs qui se produisent sur terre, en réci-

tant le chapelet du très précieux Sang de Jésus.
Mes enfants, regardez les changements qui se produisent sur la terre, mais les changements spirituels seront également importants, habituez-vous à ces changements, car rien ne reviendra comme avant. Mes enfants, priez, car le chef d'État de l'Amérique sera fortement attaqué. Je viens à nouveau vous donner une caresse, je souhaite vous réconforter dans ce monde malsain et pervers. Maintenant je vous bénis au Nom du Père, du Fils et du Saint-Esprit, Amen.

Trevignano Romano – 9 juillet 2022
Cénacle de Francavilla Fontana Br
Mes chers enfants, merci d'avoir répondu à mon appel dans vos coeurs. Mes enfants, ayez le courage de faire votre choix maintenant parce que votre vie en dépendra, plus vous vous rapprochez de la lumière, plus vous serez éclairés, plus vous vous rapprochez du mal, plus le diable vous engloutira facilement. Mes enfants, choisissez Dieu pour toujours, s'il vous plaît mes enfants, continuez à faire des cercles de prière, ouvrez vos cœurs et vos maisons et je vous bénirai et je serai toujours avec vous pour vous guider. Je vous bénis maintenant au Nom du Père, du Fils et du Saint-Esprit, Amen.

Trevignano Romano – 15 juillet 2022
Message de Jésus : Ma fille et ma sœur bien-aimée, écrivez au monde. Aujourd'hui, il y a pire que le virus que vous avez tant craint ; Il s'agit de la luxure, la méchanceté, la confusion et l'égoïsme qui sévissent dans les cœurs et les esprits de cette humanité. L'apostasie règne parce que mes consacrés ne croient pas en l'existence de Satan et de ses ruses, ils ne parlent pas du péché qui fait des ravages, le faisant passer pour un péché ordinaire.

Je viendrai pour séparer le bien du mal, revenez à Moi, avant qu'il ne soit trop tard, vous ne suivez plus Mes enseignements, vous tolérez le mal et vous courbez la tête devant lui. Ceux qui adoptent des lois contraires à celles de Mon Père seront vomis et ressentiront la brûlure du feu éternel. Les châtiments seront pour la purification de cette humanité perverse. Faites votre choix, Je vous le dis, afin que vous soyez conscients. Réveillez-vous, car le temps est révolu, beaucoup rejettent ma Miséricorde, alors que je leur ai montré des miracles, mais ils sont aveugles et sourds. Je dis aux hommes politiques : au nom de Dieu, arrêtez maintenant ! Je détruirai vos plans, Moi seul peux décider de la fin de l'homme, vos plans sataniques seront balayés, avec vous, la justice de mon Père tonnera si fort que tout l'univers tremblera.
Ceux qui suivent les lois de Dieu ne doivent pas craindre, mais se réjouir, car le royaume de Dieu est proche.
La paix soit avec vous, Amen.

Trevignano Romano – 16 juillet 2022
Chers enfants, merci d'être ici en prière et d'avoir fléchi les genoux. Mes enfants, l'Italie paiera cher les décisions des politiciens. Des volcans vont entrer en éruption, regardez les événements qui vont se passer sur terre, pour que vous puissiez croire et revenir à Dieu. Enfants bien-aimés, bientôt la chaîne de Satan sera plus forte, n'acceptez pas ce qu'il y a de plus dangereux qu'ils vous proposeront, ils veulent prendre vos esprits et vous manipuler. Attention !
Enfants, ayez toujours votre regard fixé sur la lumière, cette lumière que vous verrez et qui vous donnera la paix et l'amour, la lumière qui vous transformera pour ne vivre que pour le bien. Je vous aime les enfants et je vous bénis au Nom de la Très Sainte Trinité, Amen.

Trevignano Romano – 19 juillet 022
Mes enfants, merci d'être ici en prière et de plier les genoux. Mes enfants, moi, votre Mère, je serai votre réconfort avec mon Fils Jésus. Mes enfants, pourquoi vous étonnez-vous, mon Fils a été persécuté, vous serez aussi persécutés.
Mes enfants, vous serez très attaqués par le mal, mais écoutez mes paroles, soyez forts dans la prière, soyez des soldats de la lumière, chassez la peur de vos coeurs et de vos esprits et croyez en Jésus qui sauvera tous ses frères et soeurs fidèles, soyez la lumière pour ce monde de ténèbres et quand vous êtes dans le désespoir invoquez moi et je serai avec vous. Je vous bénis au Nom du Père, du Fils et du Saint-Esprit, Amen.

Trevignano Romano – 23 juillet 2022
Mes enfants, merci d'être ici en prière et de répondre à mon appel dans vos cœurs. Mes enfants, c'est le temps de l'injustice, soyez humbles et faites pénitence.
Mes enfants, l'évêché de Rome est en grande difficulté, priez pour les prêtres, l'Église est et sera toujours une et sainte, mais certaines âmes vivant en son sein seront prises par le mal. Venez ici, en ce lieu béni par le Père et buvez à la fontaine de mon Fils Jésus. Mes enfants, les ouragans vont se multiplier, il y aura bientôt une attaque du mal, je vous en prie, croyez mes paroles. Mes enfants, mon Fils séparera le mal du bien, continuez à prier, les temps seront de plus en plus difficiles, de nouveaux virus apparaîtront, votre liberté est en jeu. Soyez des guerriers de la lumière. Maintenant je vous bénis au Nom du Père, du Fils et du Saint-Esprit, Amen.

Trevignano Romano – 24 juillet 2022
Campagnano Romano : Enfants, merci d'être ici en prière, je bénis cette maison, parce que comme les premiers chrétiens, il

y a la prière et le partage. Préparez vos abris, car la persécution des chrétiens a commencé, mais vous ne devez pas avoir peur. (Galates 6 -7/9) "Ne vous y trompez pas, on ne se moque pas de Dieu. Chacun récoltera ce qu'il a semé. Celui qui sème dans la chair moissonnera de la chair la corruption ; celui qui sème dans l'Esprit moissonnera de l'Esprit la vie éternelle. Ne nous lassons pas de faire le bien, car si nous ne nous lassons pas, nous moissonnerons au temps convenable. C'est pourquoi, puisque nous en avons l'occasion, faisons du bien à tous, et surtout à nos frères dans la foi. Maintenant, je vous bénis et je laisse ma paix dans vos cœurs, Amen.

Trevignano Romano – 30 juillet 2022

Chers enfants, je vous remercie d'avoir répondu à mon appel dans votre cœur et d'avoir plié les genoux dans la prière. Mes enfants, vous vous trouverez bientôt dans une période très difficile, plus difficile que vous ne l'imaginez. Mes enfants, soyez unis et écoutez les paroles d'une Mère aimante, l'antéchrist agit, vous en viendrez au point où vous ne pourrez plus rien acheter sans sa permission, faites des réserves et réagissez. Enfants bien-aimés, priez pour les prêtres, Satan agit, il enlèvera tout ce qui est sacré, à commencer par les tabernacles et les vêtements sacerdotaux, en disant que vous êtes tous pareils. Les fidèles consacrés souffriront beaucoup, mais Jésus et moi serons près d'eux. Mes enfants, je vous en prie, aimez-vous les uns les autres et unissez-vous dans l'amour de Dieu, ce n'est qu'ainsi que vous serez victorieux. De nouvelles maladies apparaîtront, encore un peu et vous serez encore dans vos prisons. Enfants, la catastrophe économique est proche, aidez-vous les uns les autres, invoquez-moi et je serai avec vous. Je vous aime, mes enfants, priez, priez beaucoup. Je vous bénis maintenant au Nom de la Très Sainte Trinité, Amen.

Trevignano Romano – 3 août 2022
Chers enfants bénis, merci d'être ici et de répondre à mon appel dans vos coeurs. Mes enfants, réjouissez-vous car la venue de Jésus est proche, ouvrez vos cœurs, je suis ici pour toucher la terre afin d'apporter l'amour dans vos vies et de vous préparer pour le plus beau jour, celui où vous verrez mon Jésus arriver sur un nuage du ciel. Croyez au Christ Jésus, l'unique amour profond et le Rédempteur. Enfants bien-aimés, soyez prêts et je vous placerai au premier rang pour jouir de l'émerveillement. Mes enfants, aimez et louez Jésus, votre Sauveur, qui viendra vous donner une terre purifiée du mal et vous donner une terre où tout sera nouveau. Je vous bénis maintenant au Nom de la Très Sainte Trinité, Amen. Aujourd'hui, de nombreuses grâces vont descendre sur vous, soyez-en témoins !

Trevignano Romano – 9 août 2022
Cénacle de Rimini : Mes enfants, merci d'avoir répondu à mon appel dans vos coeurs. Mes enfants, l'humanité est dans la balance, je vous en prie, mes enfants, revenez à Dieu et à ses lois, il est miséricordieux et si vous demandez le pardon, il vous l'accordera. Mes enfants, les guerres commenceront, elles se termineront, mais ensuite elles continueront, priez, car vous n'avez plus de temps, que votre oui soit oui, que votre non soit non. Je viens sans cesse vers vous pour vous instruire et vous vous détournez souvent.
Mes enfants, croyez mes paroles afin d'être préparés, votre chemin sera plutôt ardu et impraticable, mais celui qui a le Saint Rosaire comme ancre sera sauvé. Mes enfants, suivez les dix Commandements, regardez mon Fils et vous verrez la lumière. Mes enfants, il y aura un fort tremblement de terre, des nuées continues, mais je vous demande de prier sous la

croix de mon Fils et vous et vos familles serez bénis. Je vous bénis maintenant au Nom du Père, du Fils et du Saint-Esprit, Amen.

Trevignano Romano – 13 août 2022

Enfants bien-aimés, merci d'être ici, je vous ai appelés et vous avez répondu dans votre cœur. Enfants, priez parce que le temps de la purification est sur vous, priez pour l'Église et pour les jeunes parce que leurs âmes se perdent. Regardez les mouvements de la terre, ce sont tous des signes pour vous.
Mes enfants, priez avec le cœur, pas seulement avec des mots comme le faisaient les païens, que vos prières soient pleines d'amour pour mon Divin Fils, c'est seulement ainsi que vous pourrez soulager nos souffrances.
Maintenant, je vous bénis au Nom de la Sainte Trinité, Amen.

Trevignano Romano – 14 août 2022

Chère fille, merci d'avoir répondu à mon appel dans ton cœur. Ma fille, demain c'est la fête de mon Assomption au ciel, Jean était à côté de moi à ce moment-là, il avait orné mon petit lit de fleurs fraîches et parfumées. Après que je me sois endormie, une lumière éblouissante a envahi la petite chambre, mais une lumière encore plus forte s'est superposée, rendant la petite chambre pleine de petites lumières qui brillaient de nombreuses couleurs, et les anges m'ont soulevée et m'ont conduite à la rencontre de mon Fils Jésus.
Ma fille, je touche encore la terre pour aider l'humanité à se convertir et à aimer Dieu comme je l'ai aimé, sois comme moi et porte dans ton cœur les souffrances de ces temps que tu vis et de ceux que tu vivras, sache que je serai toujours à tes côtés pour te consoler. Vous ne pouvez même pas imaginer la joie que j'ai ressentie lorsque j'ai rencontré mon Fils et c'est ainsi

que j'aimerais que votre rencontre se fasse lorsqu'il viendra bientôt. Maintenant, je vous bénis au Nom du Père, du Fils et du Saint-Esprit, Amen.

Trevignano Romano – 20 août 2022

Chers enfants bénis, merci de plier les genoux dans la prière et d'écouter mon appel dans vos cœurs. Mon Fils vous a demandé de boire au pied de la croix, mais beaucoup ne cherchent pas des eaux fraîches et bénies, mais des eaux saumâtres. Personne ou peu voient tout ce qui se passe sur la terre ; le ciel vous envoie des signes pour que vous priiez davantage, mais beaucoup persistent dans leur aveuglement. Mes enfants, le désert avance et vous serez envahis par d'autres frères. Mes enfants, priez pour les prêtres car ils ne sont pas tous des bergers, ils n'amènent pas les brebis au bercail.

Mes enfants, écoutez et regardez, ne vous laissez pas distraire et convertissez-vous, c'est très urgent. Je vous bénis maintenant au Nom du Père, du Fils et du Saint-Esprit, Amen.

Trevignano Romano – 23 août 2022

Chers enfants, merci d'avoir répondu à mon appel dans vos cœurs. Mes enfants, priez, priez beaucoup, parce que le monde est en grand danger, l'humanité est en grand danger, même l'Église ferme ses portes. Mes enfants, un schisme va bientôt faire trembler l'Église de Rome, plongée dans les ténèbres. Mes enfants, rappelez-vous que je suis ici chaque jour avec mon Jésus, n'ayez pas peur parce que vous aurez toujours notre réconfort, quand vous invoquez nos noms.

Enfants, priez en particulier pour la France, parce qu'elle a perdu la foi, les signaux envoyés du ciel seront très forts et évidents. Maintenant je vous bénis au Nom du Père, du Fils et du Saint-Esprit, Amen.

Trevignano Romano – 27 août 2022
Chers enfants, merci d'avoir écouté mon appel dans votre cœur et d'avoir fléchi les genoux dans la prière. Ma fille, conduis mon peuple vers Dieu, n'aie pas peur, je portais aussi un grand poids dans mon cœur, mais tu auras la grâce de pouvoir être plus forte. Priez, les enfants, pour les centrales nucléaires de l'Est, car le danger pour mes enfants commence. Priez pour l'Église et soyez unis au nom de Jésus-Christ. Mes enfants, je touche la terre et marche sur mon pèlerinage terrestre pour retirer mes enfants de la boue, pourtant je vois encore qu'ils refusent la grâce.
Ma fille, n'aie pas peur, je serai toujours à tes côtés et je vous bénis tous au Nom du Père, du Fils et du Saint-Esprit, Amen.

Trevignano Romano – 30 août 2022
Ma fille, merci de m'accueillir dans ton cœur. L'humanité descend dans l'abîme, mes enfants ont perdu la raison, beaucoup de prêtres confus vont quitter les églises qui déjà se vident de fidèles. Oh ! ma fille, tout se déroule rapidement. Beaucoup devraient s'unir et combattre, non pas avec des armes, mais avec la prière, conduisant le troupeau à un seul berger qui est Jésus-Christ. Je demande aux dirigeants : faites le tour du monde pour apporter la paix, sinon une grande guerre vous aspirera. À présent, les temps du Grand Monarque se préparent, qui achève sa préparation pour son entrée, il sera revêtu du Saint-Esprit et apportera la paix au temps de l'antéchrist et de la véritable persécution chrétienne. Merci mes enfants pour vos prières, car elles sèchent mes larmes. Beaucoup de grâces descendront aujourd'hui.
Priez pour l'Église et pour la Russie. Le grand serpent avancera, mais moi, l'Immaculée Conception, je l'écraserai.
Maintenant, je vous bénis au Nom de la Sainte Trinité, Amen.

Trevignano Romano – 3 septembre 2022

Chers enfants, merci de répondre à mon appel dans votre coeur. Mes petits enfants, votre foi me touche, car je connais vos difficultés, mais lorsque vous priez et faites une demande à mon Fils Jésus, il fait descendre la providence, et vous êtes ici à genoux en train de prier avec le chapelet dans les mains. Mes enfants, cette terre sera purifiée par le feu, mais elle sera aussi bénie par l'eau qui coulera des lieux mariaux pour la guérison de l'âme et du corps. Mes enfants, priez pour la Russie et priez pour que l'énergie nucléaire ne soit pas touchée.

Priez pour l'Église qui règne dans la confusion. Aujourd'hui, il y a parmi vous une personne qui veut entrer dans la prêtrise, vous devez dire que Jésus a besoin de saints prêtres. Jésus bénit ces nouveaux époux. Aujourd'hui, de nombreuses grâces descendront sur vous. Mes enfants, ne perdez pas la voie du chemin, de la vérité et de la vie. Maintenant je vous bénis au Nom de la Sainte Trinité, Amen.

Trevignano Romano – 6 septembre 2022

Mes enfants, merci d'avoir répondu à mon appel dans vos cœurs, mais où sont mes autres enfants ? Priez et jeûnez, le monde est une coquille de nombreux péchés à commencer par l'avortement, l'orgueil, le manque de respect pour son propre corps, temple du Saint-Esprit, la luxure effrénée, la guerre, les conflits et le matérialisme. Les dirigeants sont pris dans le mal, les prêtres n'ont plus de respect pour mon Fils Jésus.

Vous êtes pris par les choses du monde et ne vous souciez pas de votre âme. Je touche la terre pour vous avertir que la colère de Dieu sera grande, en particulier pour l'Italie et Rome, le siège de Pierre.

Mes enfants, je suis ici et je tends les bras en attendant le repentir et la conversion de ces enfants, à qui tout serait pardonné s'ils revenaient à Dieu. Enfants bien-aimés, je vous bénis maintenant au Nom du Père, du Fils et du Saint-Esprit, Amen.

Trevignano Romano – 12 septembre 2022

Ma fille, merci de m'avoir accueillie dans la prière. L'heure du combat a sonné, vous avez donné naissance à une humanité impie, vous avez permis à une idole d'entrer dans l'Église à la place de Dieu et vous l'avez adorée à sa place.

Mes enfants, soyez unis dans la vraie doctrine de la foi sans perdre courage, ouvrez vos cœurs à l'Esprit-Saint, soyez constants et guerriers. Vous serez marginalisés et persécutés, mais n'ayez pas peur, mon Fils interviendra. Je suis près de vous tous les jours et je vous préserverai des fléaux.

Je vous laisse maintenant avec ma bénédiction maternelle au Nom du Père, du Fils et du Saint-Esprit, Amen.

Trevignano Romano – 13 septembre 2022

Message de Jésus : Mes enfants et mes frères, merci d'être ici et de plier le genou sous ma croix. Mes enfants, je touche cette colline et cette terre bénies, afin que les grâces soient nombreuses. Mes frères, je vous regarde chaque jour et je suis heureux de voir que beaucoup d'entre vous évitent le péché et ont les yeux tournés vers la lumière. Ecoutez ce que dit ma et votre très sainte Mère, ne craignez pas les temps de tristesse qui vous attendent car lorsque vous viendrez ici, vous pourrez vous réjouir dans le pur bonheur, tout est prêt.

Je vous bénis maintenant, au Nom du Père, en mon Nom et au Nom de l'Esprit-Saint. Je serai avec vous tout au long de la prière, élevez vos chapelets et approchez-vous du pied de la Croix et je les bénirai.

Votre cher Jésus

Trevignano Romano – 15 septembre 2022
Mes enfants, merci d'honorer cette journée par la prière. Enfants bien-aimés, combien est grand mon amour pour vous, mais aussi ma douleur. Dieu vous avait donné la terre, un paradis, et vous l'avez empoisonnée, vous mangez du fiel en croyant qu'il est doux, vous n'avez plus le sens du bien et du mal, vous vous approchez de tout ce qui vous tue, mais mes paroles, certains d'entre vous les ont mises de côté et ne les ont pas chéries, vous avez perdu la paix. Priez pour la Russie et pour les hommes politiques qui vous feront souffrir.
Je vous laisse maintenant avec la bénédiction de la Sainte Trinité, Amen.

Trevignano Romano – 17 septembre 2022
Mes enfants bien-aimés, merci d'avoir répondu à l'appel de votre coeur. Mes enfants, des temps terribles vous attendent mais vous devez vous battre et continuer à être des guerriers de la lumière, n'ayez pas peur, la peur détruit la foi, mais l'amour et la confiance la renforcent.
Enfants bien-aimés, combattez pour l'amour de Dieu et vous gagnerez dans son amour. Je vous en prie, mes enfants, ne vous abandonnez pas aux ruses du diable, ce sont des temps d'épreuve. Priez pour l'Angleterre, dont le déclin a commencé.
Je vous laisse maintenant avec ma bénédiction au Nom du Père, du Fils et du Saint-Esprit, Amen.

Trevignano Romano – 20 septembre 2022
Chers enfants, merci d'avoir répondu à mon appel dans votre cœur. Mes enfants, comme je voudrais que la foi, l'amour et l'espérance prévalent dans toutes les familles et que tout aille mieux, au lieu de laisser entrer le diable menteur qui apporte la discorde, le doute et les querelles.

Mes enfants, regardez autour de vous, la nature se rebelle, les volcans vont s'enflammer, la terre va tellement trembler.
Mes enfants, dans l'Église fondée par Pierre, mon Fils n'est plus reconnu. Je ressens votre douleur et je vous demande de la laisser dans ce lieu béni, et j'interviendrai. Mes enfants, je vous laisse maintenant avec ma bénédiction maternelle au Nom du Père, du Fils et du Saint-Esprit, Amen.

Trevignano Romano – 24 septembre 2022
Chers enfants bénis, merci de répondre à mon appel dans vos cœurs. Mes enfants, n'ayez pas peur, je connais vos cœurs et je sais qu'ils sont plongés dans la peur de tout ce qui vous entoure. Mes chers enfants, si votre foi est forte, vous aurez la paix dans vos coeurs, sinon l'anxiété prendra le dessus.
Priez pour les prêtres, la puanteur de la maison de Satan s'étend jusqu'à l'Église de Pierre. La guerre avance sans merci, les eaux envahiront les villes et les volcans feront sentir leur force. Mes enfants, priez ensemble, soyez fortement unis, priez Jésus d'agir dans vos coeurs. Je vous bénis maintenant au Nom du Père, du Fils et du Saint-Esprit, Amen.

Trevignano Romano – 27 septembre 2022
Mes doux enfants, merci de répondre à mon appel dans vos coeurs et merci de plier les genoux dans la prière. Mes enfants, mes larmes sont nombreuses pour ceux qui ne comprennent pas, ne croient pas, blasphèment et ne se convertissent pas, moi, en tant que Mère, je veux sauver tous mes enfants.
Mon Jésus vous prodigue de nombreuses grâces, mais vous êtes souvent plus attirés par les choses du monde qui vous invitent à la perdition et vous ne remarquez pas les belles choses que vous avez chaque jour, malheureusement l'orgueil et l'arrogance vous accompagnent.

Mes enfants, enseignez à vos enfants la récitation du Saint Rosaire. Mes enfants, je vous demande d'aller dans les rues du monde pour annoncer l'Évangile, dire à tous que Jésus reviendra bientôt et que vous devez vous préparer. Maintenant, je vous bénis au Nom de la Très Sainte Trinité, Amen.

Trevignano Romano – 3 octobre 2022

Mes chers enfants, merci d'être ici en prière et de plier les genoux. Enfants bénis, votre humble prière nous réconforte, moi et mon Jésus. Mes enfants, ne craignez pas ce qui est à venir car j'ai déjà répandu mon manteau ici, aujourd'hui et sur tous ceux qui ont une vraie foi. Mes enfants, nourrissez-vous du Corps et du Sang de mon Fils Jésus, il vous les a laissés, non pas en souvenir, mais en sa présence réelle et vivante.
Mes enfants, veillez à ce que le modernisme de l'Église ne vous souille pas, soyez fidèles au véritable Magistère de la foi. Jésus vous regarde et vous envoie l'Esprit de discernement sur ce qui est juste, ce qui est de Dieu et ce qui ouvre la porte à l'abîme de Satan. Mes enfants, je suis avec vous et ne vous abandonnerai jamais. Marchez sur le chemin de la sainteté. Maintenant je vous bénis au Nom du Père, du Fils et du Saint-Esprit.

Notre Dame a ensuite ajouté que de nombreuses grâces descendront sur ceux qui prient le chapelet au Très Précieux Sang de Jésus.

Trevignano Romano - 7 octobre 2022

Chers enfants bénis, je vous remercie d'être ici et de plier les genoux pour prier. Mes enfants, je suis la Reine du Rosaire, du ciel et de la terre, et je vous demande d'intensifier la récitation des rosaires et de prier avec les enfants ; protégez-vous du mal

qui s'empare du monde.
Mes enfants, priez pour la Corée, priez pour les gouvernants qui prennent de mauvaises décisions, priez pour les saints prêtres massacrés par les attentats.
Mes enfants, je vous demande de vous consacrer à mon Coeur Immaculé, pour votre protection. Maintenant, je vous bénis au Nom du Père, du Fils et du Saint-Esprit, Amen.

Trevignano Romano – 11 octobre 2022
Mes enfants, merci d'avoir répondu à mon appel dans vos cœurs et d'avoir plié les genoux dans la prière.
Mes enfants, combien mon coeur souffre pour l'humanité qui est dans la balance ! Mes enfants, vous qui êtes éveillés, réveillez les consciences de vos frères et priez pour vos âmes. L'humanité a échangé l'amour contre la haine, la prière contre le blasphème, le don que Dieu a laissé pour vous (l'Eucharistie) est maintenant quelque chose qui n'a pas de sens.
Mes enfants, c'est le temps de la grâce et de nombreux miracles vont se produire, priez pour que Dieu ait de la miséricorde. Les grandes puissances s'attaquent les unes aux autres à cause de la proximité de tant de démons qui les conduisent à la grande guerre. L'Italie souffrira de la faim, mais vous, mes enfants, restez toujours unis au nom du Seigneur et n'ayez confiance qu'en Lui, car c'est seulement en Lui que se trouve la victoire. Faites aussi des cénacles de prière dans vos familles, consacrez-vous à mon Coeur Immaculé et je vous protégerai.
Mes enfants, vous êtes attirés par de fausses lumières et de grandes inventions, mais lorsque tout s'effondrera, la déception sera énorme, ouvrez vos coeurs et priez. Maintenant je vous bénis, au Nom du Père, du Fils et du Saint-Esprit, Amen.

Trevignano Romano – 16 octobre 2022
Maison Mariale, au-dessus de Campofelice di Roccella (PA)
Chers enfants, merci d'être ici en prière et de répondre à mon appel dans vos cœurs. Mes enfants, merci de me permettre d'être ici avec vous, de vous accorder tant de bénédictions. Priez dans ce lieu béni avec mon fils bien-aimé, qui aime Jésus comme le fils d'un père (la Madone faisait référence au Père Giulio Maria Scozzaro). Mes enfants, les routes seront sinueuses pour arriver à Jésus, mais vous aurez les bénédictions et la force pour vous soutenir. Je vous en prie, mes enfants, soyez fidèles à la Parole et à l'Évangile.
Je vous bénis maintenant au Nom de la Très Sainte Trinité : Père, Fils et Saint-Esprit.

- La Sainte Vierge a ajouté que le dernier livre du Père Julius (Qu'est-ce que la véritable Église du Christ ?) fera trembler les soi-disant enfants de Dieu.

- Elle a également dit : beaucoup de grâces descendront aujourd'hui.

- Pendant la Messe, après la Consécration, alors que l'Eucharistie était portée haut, Gisella a vu St Pio de Pietrelcina à l'autel, à côté et à gauche du Père Giulio Scozzaro qui célébrait la Messe, et St Pio a dit à Gisella : « Je prépare ce fils de ma famille à la vie : Je prépare mon fils à la sainteté ».

Trevignano Romano – 18 octobre 2022
Chère fille, merci de m'avoir accueilli dans ton coeur.
Vous devez dire au monde de se préparer spirituellement aux attaques du diable ; l'humanité va pleurer et grincer des dents.

Je demande de réparer toutes les offenses faites à mon Fils bien-aimé. Je parle à travers cette âme bien-aimée, je vous montre les signes de ma présence et pourtant de nombreux enfants sont sourds à mon appel.
L'humanité ne comprend toujours pas que les offenses, les blasphèmes, les sacrilèges commis même par mes enfants bien-aimés (les prêtres) seront leur condamnation éternelle.
Ils vivent des choses matérielles sans observer toutes les choses du ciel. Mes enfants, soyez humbles, pliez toujours les genoux en prière, vivez les Commandements et nourrissez-vous du Corps et du Sang du Rédempteur.
Maintenant, je vous bénis au Nom du Père, du Fils et du Saint-Esprit, Amen.

Trevignano Romano – 23 octobre 2022
Lieu Thouars (France) : Mes enfants, aujourd'hui, beaucoup de grâces vont descendre et beaucoup de rayons de lumière vont entrer dans vos vies. Moi-même, au cours de l'Eucharistie, je passerai parmi vous pour vous bénir un par un, au Nom du Père, du Fils et du Saint-Esprit, Amen.

Trevignano Romano – 25 octobre 2022
Chers enfants, merci d'être ici en prière et de plier les genoux. Mes enfants, regardez autour de vous ce monde malade. Beaucoup pensent que ce temps est la fin, mais il y aura bien pire, vous ne pouvez pas imaginer à quel point le diable peut être cruel. Beaucoup d'entre vous disent qu'ils connaissent mon Fils Jésus, avec leur bouche, mais pas avec leur coeur. Ma fille, choisie et aimée de Dieu, tu recevras bientôt de mon Fils le manteau de gloire et l'épée de justice, afin que tout soit pour la gloire de Dieu. Jésus est avec vous.
Mes enfants, soyez toujours prêts pour le combat spirituel qui

sera ardu, mais mes anges se battront pour vous. Mes enfants, je vous bénis et que la paix soit avec vous, Amen.

Trevignano Romano – 29 octobre 2022
Chers enfants, merci d'être ici en prière et de plier les genoux. Mes enfants, regardez autour de vous ce monde malade. Beaucoup pensent que ce temps est la fin, mais il y aura bien pire, vous ne pouvez pas imaginer à quel point le diable peut être cruel. Beaucoup d'entre vous disent qu'ils connaissent mon Fils Jésus, avec leur bouche, mais pas avec leur coeur. Ma fille, choisie et aimée de Dieu, tu recevras bientôt de mon Fils le manteau de gloire et l'épée de justice, afin que tout soit pour la gloire de Dieu. Jésus est avec vous. Mes enfants, soyez toujours prêts pour le combat spirituel qui sera ardu, mais mes anges se battront pour vous. Mes enfants, je vous bénis et que la paix soit avec vous, Amen.

Trevignano Romano – 3 novembre 2022
Mes enfants, merci d'être ici et de répondre à mon appel dans vos cœurs. Mes enfants, mes larmes coulent pour ceux qui ne tiennent pas compte de mon appel. Je pleure pour ceux qui blasphèment et pour les prêtres qui ne sont pas fidèles à Dieu. Je pleure pour ceux qui, malgré les signes des temps, sont attachés aux fausses lumières du monde. Mes enfants, je vous supplie de vous convertir, les temps seront durs. Priez pour que votre Père soit miséricordieux. Il y aura une famine dans le monde et il y aura une pénurie de nourriture. Mes enfants, pourvoyez à vos besoins et à ceux de vos frères. Le cœur des hommes devient de plus en plus dur et c'est ainsi que Satan les conduira dans l'abîme. Mes enfants, invoquez-moi quand vous souffrez et je serai avec vous. Invoquez mon Fils Jésus et il changera la souffrance en paix et la tristesse en joie.

Soyez fermes dans la foi, beaucoup ne connaissent pas Dieu et ne veulent pas le connaître, pourtant il est Père et ne veut pas vous perdre. Mes enfants, suivez le chemin de la sainteté, lisez l'Évangile et la Parole et vous y trouverez tout ce dont vous avez besoin. Aimez-vous comme Dieu vous a aimés.
Je vous laisse maintenant avec ma bénédiction maternelle, au Nom du Père, du Fils et du Saint-Esprit, Amen.

Trevignano Romano – 5 novembre 2022
Cénacle à Bastia Umbra (Pg)
Enfants bien-aimés, merci d'être ici en prière et de répondre à mon appel dans vos cœurs. Enfants bien-aimés, les fléaux seront aussi nombreux que les péchés du monde, il y aura des tremblements de terre et des inondations et vous ne comprenez toujours pas les avertissements du ciel. Mes enfants, ne vous lassez pas de faire des réserves car je vous le répète, la famine viendra soudainement.
Mes enfants, les temps d'épreuves seront lourds mais priez et relevez vos esprits. Priez pour l'Église. Enfants bien-aimés, soyez confiants car le temps nouveau n'est pas loin, ce sera un temps d'amour, de paix où il n'y aura pas de douleur, mais seulement de la joie et enfin vous ne travaillerez que pour le bien. Je vous laisse maintenant avec ma bénédiction maternelle au Nom du Père, du Fils et du Saint-Esprit, Amen.

Trevignano Romano – 8 novembre 2022
Chère fille, merci de m'avoir accueilli dans ton coeur.
Ma fille, tu dois dire à tout le monde d'aimer et de pardonner. N'ayez pas peur pour demain si vous êtes dans le Christ, je comprends ceux qui aiment et ont la foi et se sentent différents de ce monde, qui est pris dans les choses frivoles, les mensonges et les conduites non chrétiennes.

Vos prières atténueront la colère de Dieu.
Mes enfants, ayez toujours la paix, l'amour et l'espérance dans vos cœurs. Je ne viens pas pour vous effrayer, mais pour vous demander de vous convertir. Je suis une mère qui aime ses enfants.
Mes enfants, l'Archange Michel sera à vos côtés pour vous libérer du mal qui vous entoure. Jésus arrive et le paradis vous attend. Maintenant, je vous bénis au Nom du Père, du Fils et du Saint-Esprit, Amen.

Trevignano Romano – 9 novembre 2022
Chers frères et sœurs
Hier (9 novembre 2022), j'ai reçu un message de notre très douce Mère du Ciel dans lequel elle m'a annoncé qu'à partir de cette date – les messages que je reçois également pendant la semaine, que j'avais l'habitude de partager avec vous, précisément pour partager ses appels affectueux de Mère – bien que je continue à les recevoir, je ne pourrai plus les divulguer, mais seulement « les garder dans mon cœur et dans mon journal avec amour ». Le seul message que je pourrai rendre public sera celui qu'Elle continuera à nous donner tous les 3 du mois sur la colline de Trevignano Romano.
Nous ne connaissons pas les véritables raisons de ce changement, mais nous sommes certains que la Reine du Ciel travaille toujours pour notre bien et notre salut.
Cette nouvelle disposition de sa part nous permettra de nous préparer et d'accueillir avec davantage d'amour, Ses paroles qu'Elle nous donnera tous les 3 du mois, comme soutien et aide pour notre conversion et notre croissance spirituelle.
Je vous embrasse tous, que la Vierge vous bénisse.
Votre Gisella.
J'ai appris qu'hier encore, notre Église catholique commémo-

rait la fête de la dédicace de la basilique du Latran à Rome, qui, comme nous le savons tous, est la basilique papale dans laquelle se trouve la chaire de l'évêque de Rome.

Trevignano Romano – 3 décembre 2022

Chers enfants, merci d'être ici dans la prière et de répondre à mon appel dans vos cœurs.

Mes enfants, je vous demande à nouveau une vraie conversion. La prière avec le cœur sera portée au Ciel, afin que Dieu puisse entendre vos demandes, vos louanges, vos remerciements. Précieux enfants, beaucoup se sont livrés à l'attrait du Malin, mais soyez droits, justes, charitables, humbles, et allumez une bougie bénie lorsque vous priez pour échapper aux ténèbres qui vous saisissent.

Enfants chéris, je vous aime avec tout l'amour d'une Mère et je veux que vous soyez tous sauvés.

Chers enfants, priez pour l'Église, rappelez-vous que Dieu est miséricordieux et bon et malgré ce que vous verrez arriver, ne perdez jamais la foi et l'espérance. Dieu veut votre bien et veut vous combler de grâces. Ne rejetez pas son immense amour. Enfants infidèles, je vous le dis : ouvrez les yeux et voyez aussi la justice de Dieu tomber sur cette terre.

Mes fidèles enfants, n'ayez pas peur, soyez proches de Dieu avec vos cœurs.

Mes enfants, priez pour l'Amérique, elle va payer cher l'injustice et les lois perverses.

Je vous laisse maintenant avec ma bénédiction maternelle, au Nom du Père, du Fils et du Saint-Esprit, Amen.

La Vierge nous rappelle à nouveau de lire et de méditer le livre de l'Apocalypse de l'apôtre Saint Jean.

ANNÉE 2023

Trevignano Romano – 3 janvier 2023

Chers enfants, merci d'avoir répondu à mon appel dans vos coeurs. Mes enfants, les temps que vous allez vivre seront durs et c'est pourquoi je vous demande d'augmenter votre prière et en particulier la prière du Saint Rosaire, une arme puissante contre le mal.

Mes enfants, maintenant plus qu'avant vous avez besoin de protection, vous n'avez plus le paratonnerre qui prie pour vous mais vous devez être prêts et vous préparer à cette transformation de votre âme. Laissez la lumière vous toucher, ne vous laissez pas saisir par l'iniquité. Aujourd'hui, le mal se réjouit en croyant avoir gagné, en emportant les âmes, en leur faisant croire que les lumières du monde, le pouvoir et la convoitise, sont plus importantes que la prière et Dieu.

Mes enfants, le feu tombera du ciel parce que la terre a besoin d'être purifiée. Il y aura plus de catastrophes naturelles, de tremblements de terre et d'inondations que jamais auparavant. Je demande des prières pour l'Église et pour les hommes qui la composent, corrompus, ils se sont égarés, beaucoup de prêtres, d'évêques et de cardinaux sont dans la confusion. Je demande aux prêtres d'écouter et de croire mes paroles, sinon l'enfer les attend. Mes enfants, je veux vous sauver et je n'ai plus de mots, aidez-moi mes enfants les plus doux. Mon Père vous observe et aujourd'hui, les grâces qui descendront parmi vous seront nombreuses. Témoignez. Je vous dis que le Saint Père est en présence de Dieu au Paradis et vous demande de vous aimer les uns les autres. Un chef d'Etat sera attaqué, la guerre envahira l'Europe. Maintenant, je vous bénis au Nom du Père, du Fils et du Saint-Esprit, Amen.

Gisella : J'ai aussi vu Jésus miséricordieux, je crois qu'il a envoyé tant de miséricorde sur nous tous aujourd'hui.

Trevignano Romano – 3 février 2023

Chers enfants, merci de répondre à mon appel dans vos cœurs.
Mes bien-aimés, soyez proches des sacrements.
Mes enfants, suivez l'Évangile et marchez sur le chemin de la sainteté, Jésus est à vos côtés lorsque vous l'invoquez avec le coeur. Mes enfants, éliminez de votre vie les vices et tous les péchés que vous commettez, car ce n'est pas le chemin qui mène à Dieu. Je voudrais vous rappeler que la volonté de Dieu n'est pas d'être le premier ou d'être aimé, mais d'être humble et petit, c'est seulement ainsi que vous pourrez entrer dans le Royaume des Cieux.
Mes enfants, je vous demande de prier pour le Moyen-Orient, pour l'Italie et pour la France, priez pour vos frères car l'humanité va vers l'abîme. Ouvrez vos coeurs à l'action de l'Esprit-Saint. Mes enfants, la persécution a commencé pour vous, vous vous battrez entre frères, Pierre ne peut pas diriger la barque car le péché l'entoure partout, ainsi que l'iniquité, c'est pourquoi Jésus continue à pleurer. Je vous bénis maintenant au Nom du Père, du Fils et du Saint-Esprit, Amen.
Les grâces qui descendront aujourd'hui seront nombreuses, témoignez et bénissez aussi tous les objets sacrés que vous portez.

Trevignano Romano – 3 mars 2023

Mes enfants, merci d'écouter mon appel dans vos cœurs et de plier vos genoux dans la prière. Mes enfants, je vous demande de revenir à Dieu, sans Lui vous ne pouvez rien faire. Apprenez à écouter la voix de Jésus dans votre coeur et pendant la prière.

Mes enfants, vous êtes dans le monde mais vous n'êtes pas du monde. Sans Dieu, votre vie aurait un autre sens. Soyez toujours prêts, parce que cette bataille sera forte et tout éclatera en une guerre sérieuse, mais vous continuez à vivre comme toujours et avec indifférence.
Ouvrez vos cœurs, mes enfants, vos cœurs de pierre, et laissez entrer la lumière de Dieu. Ne vous laissez pas tenter par Satan, il sait qu'il va perdre et il vous attaque beaucoup plus, mais soyez certains que le bien gagnera toujours. Soyez des lumières dans le monde pour balayer les ténèbres qui vous recouvrent.
Priez mes enfants, priez pour mes enfants bien-aimés et pour l'Église. Je touche maintenant vos cœurs pour témoigner de ma présence en ce lieu béni. Priez sous le crucifix de Jésus et il vous bénira.
Je vous laisse maintenant avec ma bénédiction maternelle, au Nom du Père, du Fils et du Saint-Esprit.

Trevignano Romano – 3 avril 2023
Mes enfants, merci d'être ici en prière et de répondre à mon appel dans vos cœurs. Enfants bien-aimés, c'est le moment et l'heure du choix. Je vous le demande en tant que Mère des Douleurs : choisissez Dieu.
Mes enfants, les enfants des ténèbres vous saisissent, souvenez-vous que la souffrance offerte sera une grâce. Ayez le courage de la foi sans reculer et, en tant que soldats de la lumière, armez-vous du Saint Rosaire et marchez. Je suis toujours à vos côtés. La résurrection est proche. N'ayez pas peur, ne craignez rien. Mes enfants, soyez toujours proches des sacrements.
Je vous laisse maintenant avec ma bénédiction maternelle, au Nom du Père, du Fils et du Saint-Esprit, Amen.

Trevignano Romano 3 mai 2023
Mes enfants, Je suis la Mère de Miséricorde.
Chers enfants, n'ayez pas peur parce que je suis toujours à vos côtés. Les enfants, priez sous la croix de Mon Jésus afin qu'Il puisse ouvrir vos cœurs et les nourrir de l'amour de Dieu.
Les enfants, priez pour que la Miséricorde couvre le monde, en particulier cette humanité qui va vers l'autodestruction. Mes enfants, maintenant la justice de Dieu devra faire son chemin, prier les enfants, prier beaucoup, la purification sera difficile mais nécessaire. Maintenant, je vous bénis au nom du Père, du Fils et du Saint-Esprit. Amen.

Trevignano Romano 3 juin 2023
Enfants bien-aimés, merci d'être ici en prière et merci d'avoir fléchi les genoux. Mes enfants, c'est le temps de tribulation qui sera de plus en plus difficile mais je vous demande la prière qui est le meilleur remède pour vos âmes.
Enfants, priez pour que le Saint-Esprit descende sur vous, qu'il guérisse toutes les blessures, demandez la grâce du pardon et de l'amour entre frères. La route qui mène à Jésus est difficile, mais avec une foi vraie et authentique, vous pourrez surmonter tous les écueils les plus dangereux. Ayez une foi vive et témoignez de l'amour de Jésus, je serai toujours avec vous, n'ayez pas peur. Maintenant je vous bénis au nom du Père et du Fils et du Saint-Esprit, amen.

Aujourd'hui beaucoup de grâces descendront sur vous.

Retrouvez chaque mois les nouveau message sur le site :
https://lareginadelrosario.org/
Vous pouvez mettre la traduction en français.

Armes spirituelles

Dieu nous donne des armes pour les temps dans lesquels nous sommes. Nous avons décidés de les diffuser ainsi qu'une nourriture spirituelle solide pour nos âmes.

Nous diffusons :

- Les livres de consécration à Dieu par Marie
En 33 en 33 jours et en 9 mois.
- Le scapulaire brun avec la notice explicative
- Des représentations des Coeurs Unis de Jésus et Marie avec la notice d'intronisation
- Des chapelets de combat et toutes sortes de chapelets pour accompagner votre prière du Rosaire.
- Des médailles miraculeuses, st Michel Archange, saint Benoît, saint Joseph et scapulaire.
- Livre "Le règne de l'antéchrist est à nos portes" par Fabienne Guerrero
- Images de ND de Medjugorje et Guadalupe.
- Nous organisons la célébration de messes à vos intentions et pour la guérison de l'histoire familiale.
- Nous allumons des bougies pour vos intentions
- Huiles de prière (voir ci-contre)
- Des cierges et des bougies
- Eau de Lourdes et eau de Lorette

PARTAGER

Afin de vraiment nous aider et pour garder ensemble nos cœurs unis, vous pouvez vous abonner à l'une de nos revues.

+ La Bonne Nouvelle
Que des bonnes nouvelles et de l'espérance ! À l'intérieur, des témoignages de guérisons, de réconciliations, de conversions et une catéchèse de base. 38€ par an.

+ SMS de Jésus !
Recevez quotidiennement un verset de l'Evangile du jour, une photo biblique et une mission prière sur votre téléphone portable. 20€ prix de l'abonnement à vie !

+ La revue "Voici ta Mère !"
Le mensuel *Voici ta Mère* est une revue de spiritualité riche en prières, enseignements et témoignages...
Une revue nourrissante !
38€ par an.

+ Notre site marial : www.mariereine.com

+ Le Rosaire Mondial
Le Rosaire pour la victoire de Jésus par Marie
Rejoignez-nous sur www.rosary-world.com

Nos pèlerinages:
https://pelerinages.labonnenouvelle.net

Informations et abonnements à : La Bonne Nouvelle
8 rue Roger Lévy - 47180 Sainte Bazeille (France)
Tél : 05.53.20.99.86 - site : www.labonnenouvelle.fr

La Bonne Nouvelle
CHANTS POUR JÉSUS

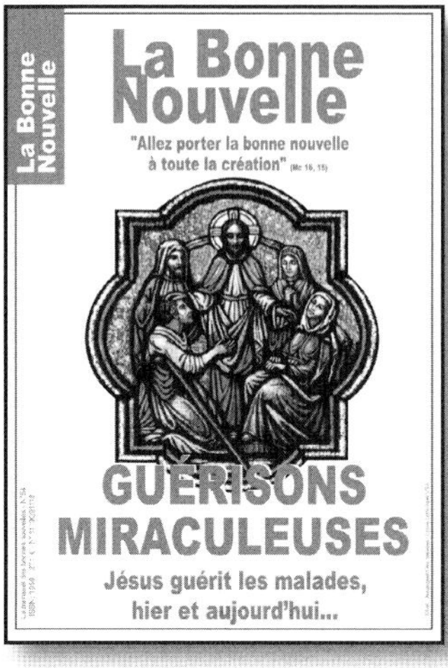
La Bonne Nouvelle
La Bonne Nouvelle
"Allez porter la bonne nouvelle à toute la création" (Mc 16, 15)
GUÉRISONS MIRACULEUSES
Jésus guérit les malades, hier et aujourd'hui...

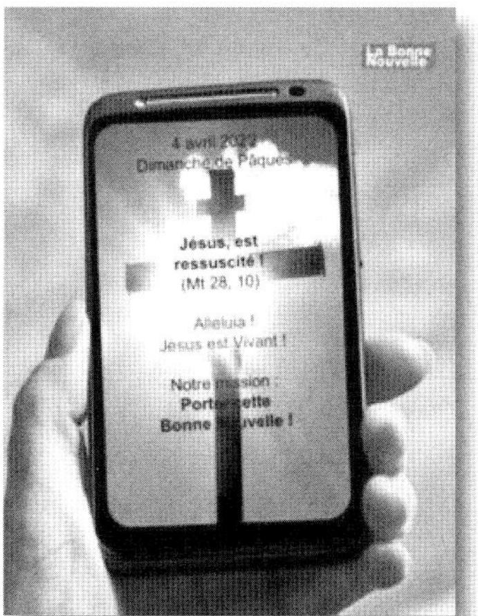
La Bonne Nouvelle
Jésus, est ressuscité !
(Mt 28, 10)
Alleluia !

Comment prier le chapelet ?

Voici ta Mère !
Tout à Jésus par Marie !
Le chapelet
Pourquoi le prier ?
Depuis quand le prie-t-on ?
Comment le prier ?
Des témoignages extraordinaires !

LIVRES DE NOS ÉDITIONS

Par Thierry Fourchaud

Consécration à Dieu par Marie : Un livre magnifique pour donner toute sa vie à Dieu par les mains de Marie : 15€

Le chemin de Croix et de guérison : Livre illustré à partir des photos du film de Mel Gibson "*la Passion du Christ*". Le livre : 6€

Le Rosaire : Les 20 mystères du Rosaire et une explication du pape Jean-Paul II.
Le livre : 7€ (Existe aussi en double CD : 8€)

La mort : témoignages de vie !
Une bombe d'espérance !
Le livre : 10€

Occultisme, qu'en penser ?
Beaucoup de témoignages ! Savoir où sont les dangers et comment réagir ! Le livre : 10€

9 mois pour renaître !
Un chemin de consécration à Dieu par Marie à vivre sur 9 mois, le temps d'une grossesse... Le livre : 10€

Le secret du couple : Pourquoi et comment rester en couple toute une vie ?
Le livre : 5€

Je serai guéri ! "Seigneur, dis une seule parole et je serai guéri!" Un chemin de guérison et de libération. Le livre : 10€

Par Myriam Fourchaud

Livre de consécration de nos vieux jours Et si nous portions plus de fruits qu'à 20 ans ?
Le livre : 10€

Femme, deviens ce que tu es ! Un livre de guérison intérieure pour les femmes.
Le livre : 12€

+ 50 LIVRETS à 5€ l'unité ou 10 livrets au choix pour 40€
Vous pouvez cocher les 10 livrets de votre choix ci-dessous.

o Neuvaine au Précieux Sang de Jésus
o Votre messe ne sera plus jamais la même !
o Prions pour nos prêtres
o Sainte Hildegarde
o 31 prières à Notre Dame
o Prier avec les Archanges
o Un an avec Notre Dame
o Mon cher Ange Gardien
o Les miracles du Rosaire
o Le poids des mots
o Une prière toute simple
o Recevez ma Miséricorde !
o Victoire par le chapelet !
o Le chapelet de libération
o Prier avec sainte Rita
o Sacré-Coeur de Jésus, sauvez-nous !
o S'occuper des enfants partis trop tôt
o Chemin de Croix
o Consécration au Saint-Esprit
o Pourquoi et comment pardonner ?
o Chapelet pour guérir de la peur
o Neuvaine pour tous
o Prier pour nos enfants
o Démonstration de l'existence de Dieu
o Itapiranga
o La Franc-Maçonnerie
o Prières à saint Joseph
o Annonçons Jésus à nos frères Musulmans
o Prières de délivrance
o Neuvaine au Saint Esprit
o Un an avec votre ange gardien
o Un cri vers le Ciel
o Medjugorje
o Padre Pio
o Divination, qu'en penser ?
o Saint Charbel
o Neuvaine de protection
o Laissons Jésus guérir notre famille
o Rien n'est impossible à Dieu !
o Le chapelet de louange
o Guide de survie spirituelle
o Un an avec les saints
o Expulsez les démons
o Le rosaire avec Jean-Paul II
o Don Dolindo
o Prier pour les mamaldes
o Remèdes du Ciel
o Prophéties
o La Divine Volonté
o Marie rose mystique

NOTES PERSONNELLES